2022
全国企业创新调查年鉴

国家统计局社会科技和文化产业统计司 编

中国统计出版社
China Statistics Press

图书在版编目（CIP）数据

全国企业创新调查年鉴．2022 / 国家统计局社会科技和文化产业统计司编．-- 北京 ：中国统计出版社，2022.11
ISBN 978-7-5230-0025-0

Ⅰ．①全… Ⅱ．①国… Ⅲ．①企业创新－中国－2022－年鉴 Ⅳ．①F279.23-54

中国版本图书馆 CIP 数据核字(2022)第 213968 号

全国企业创新调查年鉴 2022

作　　者/国家统计局社会科技和文化产业统计司
责任编辑/李　冲
执行编辑/张　怡
封面设计/李　静
出版发行/中国统计出版社有限公司
通信地址/北京市丰台区西三环南路甲 6 号　邮政编码/100073
发行电话/邮购（010）63376909　书店（010）68783171
网　　址/http://www.zgtjcbs.com/
印　　刷/河北鑫兆源印刷有限公司
经　　销/新华书店
开　　本/880mm×1230mm　1/16
字　　数/500 千字
印　　张/20.5
版　　别/2022 年 11 月第 1 版
版　　次/2022 年 11 月第 1 次印刷
定　　价/380.00 元

《全国企业创新调查年鉴2022》
编 辑 人 员

总 编 辑： 万东华

副总编辑： 关晓静

编辑人员： 李 胤 张启龙 罗秋实 林 梅 夏 爽
焦智康 汪 泱 魏 臻 陈律涛 张孟浩

责任编辑： 李 冲

执行编辑： 罗秋实 汪 泱

编者说明

《全国企业创新调查年鉴》是国家统计局社会科技和文化产业统计司编辑的反映我国企业创新活动年度调查结果的统计资料书。

为全面了解我国企业创新进展状况，更好地服务创新驱动发展战略，国家统计局在2014年全国企业创新调查的基础上，从 2016 年起对全国企业创新情况进行年度调查。调查范围涉及工业，建筑业，批发和零售业，交通运输、仓储和邮政业，信息传输、软件和信息技术服务业，租赁和商务服务业，科学研究和技术服务业，水利、环境和公共设施管理业等创新活动相对密集的行业。调查的主要内容包括企业开展各类创新活动的基本情况，企业创新投入及产出、产学研合作创新、创新信息来源、创新阻碍因素、知识产权、创新战略目标及相关情况，以及企业家对创新的认识、创新激励措施实施、创新政策落实效果等情况。

本书收录了我国企业创新调查最新年度（2021 年）的主要统计数据，是较为全面反映我国当前企业创新活动开展情况的统计资料书。全书共分为十二个部分：第一部分为企业创新主要指标情况，第二至第十部分按各行业规模（限额）以上企业创新调查主要指标和主要分组进行了汇总分列，第十一部分为规模以下企业创新调查的主要指标和主要分组情况，第十二部分为国际比较情况。最后附有调查简要技术说明和主要统计指标解释。

本书有关符号说明：各表中的“空格”表示该项统计指标数据不足本表最小单位数、数据不详或无该项数据；“#”表示其中的主要项；“*”或“①”表示本表下有注解。

本书全国数据均不包含香港特别行政区、澳门特别行政区和台湾省。本书未对因调查方法不同等原因产生的与其它调查数据差异进行技术处理，也未对因四舍五入产生的误差做配平处理。

目 录

一、企业创新主要指标（2021 年）

二、规模（限额）以上企业创新活动总体情况（2021 年）

三、规模（限额）以上企业产品和工艺创新情况（2021 年）

四、规模（限额）以上企业新产品或新工艺情况（2021 年）

五、规模（限额）以上企业产品或工艺创新活动类型及创新费用情况（2021 年）

六、规模（限额）以上企业组织和营销创新情况（2021 年）

七、规模（限额）以上企业创新信息来源及创新合作情况（2021 年）

八、规模（限额）以上企业创新阻碍因素、知识产权及创新战略目标相关情况（2021 年）

九、规模（限额）以上企业企业家对创新的认识情况（2021 年）

十、规模（限额）以上企业创新政策效果情况（2021 年）

十一、规模以下企业创新及相关情况（2021 年）

十二、国际比较

附录

一、企业创新主要指标（2021年）

1-1 规模(限额)以上企业创新基本情况

指 标	单位	合计	1.工业	2.建筑业	3.服务业	#高技术产业
一、企业基本情况						
企业数①	个	978847	441574	63278	473995	45586
二、创新活动总体情况						
在规模(限额)以上企业中,						
开展创新活动的企业数	个	433152	274714	19938	138500	37662
#实现创新企业	个	401901	251763	19052	131086	35268
#同时实现四种创新企业②	个	74599	57688	1886	15025	10397
#既实现产品或工艺创新,也实现组织或营销创新的企业	个	183877	136076	6323	41478	22861
#实现产品或工艺创新,未实现组织或营销创新的企业	个	88394	73210	2479	12705	8979
#实现组织或营销创新,未实现产品或工艺创新的企业	个	129630	42477	10250	76903	3428
开展创新活动企业占比	%	44.3	62.2	31.5	29.2	82.6
#实现创新企业占比	%	41.1	57.0	30.1	27.7	77.4
#同时实现四种创新企业占比	%	7.6	13.1	3.0	3.2	22.8
#既实现产品或工艺创新,也实现组织或营销创新的企业占比	%	18.8	30.8	10.0	8.8	50.1
#实现产品或工艺创新,未实现组织或营销创新的企业占比	%	9.0	16.6	3.9	2.7	19.7
#实现组织或营销创新,未实现产品或工艺创新的企业占比	%	13.2	9.6	16.2	16.2	7.5
三、产品和工艺创新情况						
(一)产品和工艺创新分布情况						
在规模(限额)以上企业中,						
开展产品或工艺创新活动企业数	个	324368	245005	10703	68660	36103
#实现产品或工艺创新企业	个	272271	209286	8802	54183	31840
#实现产品创新企业	个	195492	157938	4187	33367	25996
#实现工艺创新企业	个	222507	170200	8214	44093	25690
未开展产品或工艺创新活动企业数	个	654479	196569	52575	405335	9483
开展产品或工艺创新活动企业占比	%	33.1	55.5	16.9	14.5	79.2
#实现产品或工艺创新企业占比	%	27.8	47.4	13.9	11.4	69.8
#实现产品创新企业占比	%	20.0	35.8	6.6	7.0	57.0
#实现工艺创新企业占比	%	22.7	38.5	13.0	9.3	56.4
#1.同时实现产品和工艺创新企业占比	%	14.9	26.9	5.7	4.9	43.5
2.仅实现产品创新企业占比	%	5.1	8.9	0.9	2.1	13.5
3.仅实现工艺创新企业占比	%	7.8	11.6	7.3	4.4	12.8
4.仅有正在进行或中止的产品或工艺创新活动企业占比	%	5.3	8.1	3.0	3.1	9.4
(二)产品创新开发情况						
在实现产品创新企业中,以下列形式进行开发的企业占比						
本企业独立开发或与集团内企业合作开发	%	84.0	87.3	64.9	70.6	88.8
本企业与境内其他企业合作开发	%	10.1	8.0	20.6	18.7	11.4
本企业与境内研究机构或高等学校合作开发	%	8.5	8.2	16.5	8.8	10.0
本企业与境外企业或机构合作开发	%	1.8	1.6	2.3	2.7	2.1
在其他单位开发的基础上调整或改进,或委托其他企业或机构开发	%	7.9	6.0	22.5	15.1	6.4
其他	%	8.4	6.6	18.9	15.6	5.4
(三)工艺创新开发情况						
在实现工艺创新企业中,以下列形式进行开发的企业占比						

注:①企业数指实际参与全国企业创新调查的企业数,以下各表同。
②四种创新指产品创新、工艺创新、组织创新、营销创新,其中产品创新和工艺创新合称为技术创新。

1-1 续表 1

指　标	单位	合计	1.工业	2.建筑业	3.服务业	#高技术产业
本企业独立开发或与集团内企业合作开发	%	73.0	78.7	55.6	54.2	81.2
本企业与境内其他企业合作开发	%	12.9	11.4	16.4	18.1	14.9
本企业与境内研究机构或高等学校合作开发	%	7.7	7.8	13.0	6.6	9.2
本企业与境外企业或机构合作开发	%	1.5	1.4	1.3	1.9	1.9
在其他单位开发的基础上调整或改进，或委托其他企业或机构开发	%	14.0	10.7	26.4	24.4	11.2
其他	%	13.1	10.2	22.9	22.5	8.3
(四)新产品情况						
在实现产品创新企业中有市场新产品的企业占比	%	58.2	58.1	65.0	58.2	63.7
新产品销售收入	亿元	459366.1	295566.7	65301.1	98498.4	81742.6
新产品销售收入占营业收入的比重	%	16.2	22.5	27.1	7.7	39.3
1.仅市场新的产品	%	6.2	7.0	9.0	2.1	11.7
2.仅本企业新的产品	%	10.1	12.9	18.1	5.6	18.6
四、产品或工艺创新活动类型及创新费用情况						
(一)产品或工艺创新活动类型						
在开展产品或工艺创新活动企业中，有下列活动形式的企业占比						
内部研发	%	61.2	69.1	45.1	35.7	75.0
外部研发	%	8.4	7.4	11.8	11.8	14.7
获得机器设备和软件	%	59.9	71.1	31.7	24.0	74.8
从外部获取相关技术	%	3.4	1.3	11.4	9.8	2.2
相关培训	%	37.4	36.3	46.7	40.2	46.0
市场推介	%	17.6	16.6	22.3	20.3	23.2
相关设计	%	18.0	19.9	6.4	13.0	27.4
其他创新活动	%	24.2	24.0	30.0	24.2	32.6
(二)企业创新费用支出情况③						
创新费用支出合计	亿元	37313.4	28789.5	1983.9	6540.0	8938.1
1.内部研发经费支出	亿元	21101.9	17514.2	739.8	2847.9	5684.6
所占比重	%	56.6	60.8	37.3	43.5	63.6
2.外部研发经费支出	亿元	1921.4	1283.3	20.8	617.4	781.8
所占比重	%	5.1	4.5	1.0	9.4	8.7
3.获得机器设备和软件经费支出	亿元	13259.5	9020.0	1222.4	3017.1	2127.8
所占比重	%	35.5	31.3	61.6	46.1	23.8
4.从外部获取相关技术经费支出	亿元	1030.6	972.0	0.9	57.6	343.9
所占比重	%	2.8	3.4		0.9	3.8
五、组织和营销创新情况						
在规模(限额)以上企业中,						
实现组织或营销创新企业数	个	313507	178553	16573	118381	26289
#实现组织创新企业	个	248919	140014	15557	93348	21219
#实现营销创新企业	个	219400	133516	6128	79756	20050
实现组织或营销创新企业占比	%	32.0	40.4	26.2	25.0	57.7
#实现组织创新企业占比	%	25.4	31.7	24.6	19.7	46.5
#实现营销创新企业占比	%	22.4	30.2	9.7	16.8	44.0
#同时实现组织和营销创新企业占比	%	15.8	21.5	8.1	11.5	32.9
#仅实现组织创新企业占比	%	9.6	10.2	16.5	8.1	13.7
#仅实现营销创新企业占比	%	6.6	8.7	1.6	5.3	11.1

注：③创新费用及分项指标数据不包括资质等级二级建筑业企业、批发和零售业企业。以下各表同。

1-1 续表 2

指 标	单位	1.东部地区	2.中部地区	3.西部地区	4.东北地区
一、企业基本情况					
企业数	个	595742	197774	147354	37977
二、创新活动总体情况					
在规模(限额)以上企业中,					
开展创新活动的企业数	个	272620	90023	58297	12212
#实现创新企业	个	252977	82810	54784	11330
#同时实现四种创新企业	个	48189	16841	8049	1520
#既实现产品或工艺创新，也实现组织或营销创新的企业	个	118287	38630	22552	4408
#实现产品或工艺创新，未实现组织或营销创新的企业	个	62405	15838	8049	2102
#实现组织或营销创新，未实现产品或工艺创新的企业	个	72285	28342	24183	4820
开展创新活动企业占比	%	45.8	45.5	39.6	32.2
#实现创新企业占比	%	42.5	41.9	37.2	29.8
#同时实现四种创新企业占比	%	8.1	8.5	5.5	4.0
#既实现产品或工艺创新，也实现组织或营销创新的企业占比	%	19.9	19.5	15.3	11.6
#实现产品或工艺创新，未实现组织或营销创新的企业占比	%	10.5	8.0	5.5	5.5
#实现组织或营销创新，未实现产品或工艺创新的企业占比	%	12.1	14.3	16.4	12.7
三、产品和工艺创新情况					
(一)产品和工艺创新分布情况					
在规模(限额)以上企业中,					
开展产品或工艺创新活动企业数	个	213120	66203	37027	8018
#实现产品或工艺创新企业	个	180692	54468	30601	6510
#实现产品创新企业	个	132784	39340	19211	4157
#实现工艺创新企业	个	145146	45816	26106	5439
未开展产品或工艺创新活动企业数	个	382622	131571	110327	29959
开展产品或工艺创新活动企业占比	%	35.8	33.5	25.1	21.1
#实现产品或工艺创新企业占比	%	30.3	27.5	20.8	17.1
#实现产品创新企业占比	%	22.3	19.9	13.0	10.9
#实现工艺创新企业占比	%	24.4	23.2	17.7	14.3
#1.同时实现产品和工艺创新企业占比	%	16.3	15.5	10.0	8.1
2.仅实现产品创新企业占比	%	6.0	4.4	3.1	2.8
3.仅实现工艺创新企业占比	%	8.0	7.6	7.7	6.2
4.仅有正在进行或中止的产品或工艺创新活动企业占比	%	5.4	5.9	4.4	4.0
(二)产品创新开发情况					
在实现产品创新企业中,以下列形式进行开发的企业占比					
本企业独立开发或与集团内企业合作开发	%	85.1	82.9	79.4	82.1
本企业与境内其他企业合作开发	%	9.9	9.2	13.0	12.3
本企业与境内研究机构或高等学校合作开发	%	7.7	10.0	10.5	11.6
本企业与境外企业或机构合作开发	%	2.0	1.1	1.4	2.2
在其他单位开发的基础上调整或改进，或委托其他企业或机构开发	%	7.8	7.4	9.4	7.4
其他	%	8.0	8.9	10.2	9.2
(三)工艺创新开发情况					
在实现工艺创新企业中,以下列形式进行开发的企业占比					

1-1 续表 3

指 标	单位	1.东部地区	2.中部地区	3.西部地区	4.东北地区
本企业独立开发或与集团内企业合作开发	%	74.7	72.9	64.9	69.2
本企业与境内其他企业合作开发	%	12.8	11.9	15.0	14.2
本企业与境内研究机构或高等学校合作开发	%	7.0	9.3	8.9	9.1
本企业与境外企业或机构合作开发	%	1.7	1.2	1.1	1.6
在其他单位开发的基础上调整或改进，或委托其他企业或机构开发	%	13.9	12.8	16.5	13.4
其他	%	12.2	13.6	17.2	15.5
(四)新产品情况					
在实现产品创新企业中有市场新产品的企业占比	%	58.7	56.9	57.0	61.1
新产品销售收入	亿元	314873.9	85073.3	47912.9	11506.0
新产品销售收入占营业收入的比重	%	17.2	18.6	11.1	10.5
1.仅市场新的产品	%	6.6	6.7	4.0	4.8
2.仅本企业新的产品	%	10.5	11.9	7.1	5.7
四、产品或工艺创新活动类型及创新费用情况					
(一)产品或工艺创新活动类型					
在开展产品或工艺创新活动企业中，有下列活动形式的企业占比					
内部研发	%	61.8	65.3	53.1	50.3
外部研发	%	8.2	8.5	9.6	10.1
获得机器设备和软件	%	60.4	62.6	53.9	49.8
从外部获取相关技术	%	3.5	2.7	4.0	3.3
相关培训	%	36.9	36.5	42.1	39.3
市场推介	%	17.5	16.6	20.0	17.4
相关设计	%	18.7	16.0	18.0	15.1
其他创新活动	%	24.7	21.4	25.9	27.2
(二)企业创新费用支出情况					
创新费用支出合计	亿元	25287.7	6589.3	4255.8	1180.5
1.内部研发经费支出	亿元	14093.5	4076.4	2336.5	595.4
所占比重	%	55.7	61.9	54.9	50.4
2.外部研发经费支出	亿元	1500.3	193.1	170.6	57.5
所占比重	%	5.9	2.9	4.0	4.9
3.获得机器设备和软件经费支出	亿元	8928.9	2247.2	1657.6	425.8
所占比重	%	35.3	34.1	38.9	36.1
4.从外部获取相关技术经费支出	亿元	765.0	72.6	91.1	101.8
所占比重	%	3.0	1.1	2.1	8.6
五、组织和营销创新情况					
在规模(限额)以上企业中，					
实现组织或营销创新企业数	个	190572	66972	46735	9228
#实现组织创新企业	个	149585	53860	38210	7264
#实现营销创新企业	个	134201	48707	30456	6036
实现组织或营销创新企业占比	%	32.0	33.9	31.7	24.3
#实现组织创新企业占比	%	25.1	27.2	25.9	19.1
#实现营销创新企业占比	%	22.5	24.6	20.7	15.9
#同时实现组织和营销创新企业占比	%	15.6	18.0	14.9	10.7
#仅实现组织创新企业占比	%	9.5	9.2	11.0	8.4
#仅实现营销创新企业占比	%	6.9	6.6	5.8	5.2

1–2 规模(限额)以上企业创新相关情况

指 标	单位	合计	#工业	1.东部地区	2.中部地区	3.西部地区	4.东北地区
一、创新信息来源情况							
在开展创新活动企业中,下列信息对创新影响较大的企业占比							
企业内部信息或企业集团内部信息	%	37.7	39.1	37.8	37.0	38.2	38.1
来自高等学校或研究机构的信息	%	9.7	11.0	9.4	10.8	9.4	11.7
来自政府部门或行业协会的信息	%	26.9	24.3	25.5	27.9	31.7	29.5
来自设备、原材料、组件或软件供应商的信息	%	24.5	27.4	24.3	24.6	25.6	21.8
来自客户或消费者的信息	%	44.7	46.1	45.9	41.9	44.1	40.1
来自竞争对手、同行业其他企业的信息	%	28.8	27.9	29.3	26.2	31.1	23.8
来自咨询顾问、市场分析及中介机构的信息	%	11.0	9.5	11.2	9.9	12.0	10.2
来自商品交易会、展览会的信息，或来自文献、期刊、出版物的信息或互联网媒体的信息	%	19.8	21.8	21.7	16.5	16.6	18.0
其他	%	7.3	6.2	6.5	8.0	9.8	8.2
二、创新合作情况							
(一)创新合作开展情况							
开展创新合作的企业数	个	273354	178930	169266	58216	38577	7295
创新合作企业占全部企业的比重	%	27.9	40.5	28.4	29.4	26.2	19.2
在创新合作企业中,与下列伙伴开展合作的企业占比							
集团内其他企业	%	31.6	30.4	31.4	30.7	33.3	34.5
高等学校	%	25.0	28.1	24.4	26.6	23.9	30.3
研究机构	%	14.3	16.5	13.8	15.5	14.5	17.8
政府部门或行业协会	%	21.4	18.2	20.0	23.0	24.9	21.8
供应商	%	39.3	42.9	40.6	37.7	37.4	32.7
客户或消费者	%	48.5	48.3	50.0	46.1	47.0	42.3
竞争对手或同行业企业	%	20.6	18.1	20.7	19.8	22.3	15.9
咨询顾问、市场分析及中介机构	%	17.6	16.1	18.8	15.7	16.2	13.7
其他合作对象	%	19.6	16.3	19.1	19.1	22.3	19.9
(二)创新合作伙伴							
在创新合作企业中,下列合作伙伴对企业创新有较大价值的企业占比							
集团内其他企业	%	27.3	26.3	27.1	26.7	28.9	30.3
高等学校	%	21.0	23.8	20.4	22.7	19.8	26.0
研究机构	%	11.5	13.5	11.1	12.4	11.7	15.1
政府部门或行业协会	%	18.0	15.0	16.7	19.6	21.3	19.0
供应商	%	33.3	36.6	34.7	31.8	31.1	27.2
客户或消费者	%	44.3	44.4	46.0	41.5	42.2	38.4
竞争对手或同行业企业	%	17.1	15.1	17.3	16.2	18.3	13.2
咨询顾问、市场分析及中介机构	%	13.7	12.6	14.8	12.0	12.2	10.6
其他合作对象	%	14.2	11.7	13.8	13.7	16.6	14.8
(三)产学研合作形式							
开展产学研合作的企业数	个	83289	61958	50440	18942	11252	2655
在创新合作企业中产学研合作企业占比	%	30.5	34.6	29.8	32.5	29.2	36.4
在产学研合作企业中,以下列为主要合作形式的企业占比							
建立或参与创新联合体	%	22.7	21.0	22.1	23.1	24.3	25.5
合作共同完成科研项目	%	63.1	64.1	64.2	60.2	62.9	64.0
合作建立研发机构	%	19.7	20.0	19.9	21.2	16.4	19.6
开展联合人才培养	%	32.2	29.9	31.1	34.2	34.4	31.1

1-2 续表

指　标	单位	合计	#工业	1.东部地区	2.中部地区	3.西部地区	4.东北地区
聘用高校或研究机构人员到企业兼职	%	21.4	21.4	20.8	23.9	21.1	17.0
转化或实施知识产权产品或其他科研成果	%	14.8	14.8	15.5	14.1	13.1	14.1
使用科研场所或设备	%	9.8	10.1	10.0	9.1	10.1	10.1
使用检验检测等科研辅助服务	%	14.2	15.1	14.6	12.5	15.2	13.8
其他形式	%	16.2	15.2	15.7	16.0	18.6	16.0
三、创新阻碍因素情况							
在规模(限额)以上企业中，下列各项是创新主要阻碍因素的企业占比							
缺乏内部资金	%	10.9	12.3	10.1	12.2	12.7	10.2
缺乏风险投资	%	7.2	8.2	6.8	8.4	7.3	6.1
缺乏银行贷款	%	10.3	12.1	8.7	12.6	13.2	11.1
创新成本过高	%	21.1	28.8	21.7	21.3	19.8	15.1
缺乏人才或人才流失	%	29.5	38.8	29.8	30.1	29.3	22.3
缺乏技术信息	%	16.6	23.0	16.9	16.6	16.4	12.2
缺乏市场信息	%	10.3	11.1	10.1	10.4	11.5	9.1
难以找到创新合作伙伴	%	6.8	7.1	6.8	6.8	7.2	5.9
市场已被占领	%	3.4	2.9	3.3	3.3	4.0	3.1
不能确定市场需求	%	11.9	14.7	12.3	11.2	11.9	8.9
创新成果易被低成本模仿	%	5.4	8.1	6.2	4.7	4.0	3.1
没有创新的必要	%	15.0	11.4	14.0	14.8	19.2	15.8
四、知识产权及相关情况							
(一)采取知识产权保护或相关措施情况							
采取了知识产权保护或相关措施的企业数	个	488913	287370	303569	102894	66968	15482
采取了知识产权保护或相关措施的企业占全部企业的比重	%	49.9	65.1	51.0	52.0	45.4	40.8
在规模(限额)以上企业中，采取下列知识产权保护或相关措施的企业占比							
申请了发明专利	%	8.0	14.7	8.8	8.2	5.2	4.3
申请了实用新型或外观设计专利	%	11.5	22.3	12.9	11.3	7.0	7.0
申请了注册商标	%	10.5	15.0	11.3	9.8	8.9	7.3
进行了版权登记	%	3.2	3.3	3.7	2.6	2.3	1.9
形成了国家或行业技术标准	%	5.5	7.8	5.5	5.4	5.7	5.3
对技术秘密进行内部保护	%	11.6	18.0	12.2	11.3	10.1	9.1
应用了难以复制的复杂技术	%	2.5	3.5	2.5	2.8	2.2	1.9
发挥了时间上的先发优势	%	18.6	17.2	17.8	20.9	19.6	16.2
(二)专利情况							
年末拥有有效发明专利数	件	2171394	1691909	1622123	304412	189251	55608
五、未来创新战略目标制定情况							
制定创新战略目标的企业数	个	416751	239569	255331	87460	60166	13794
制定创新战略目标企业占规模(限额)以上企业的比重	%	42.6	54.3	42.9	44.2	40.8	36.3
在制定创新战略目标企业中,制定下列目标的企业占比							
保持本领域的国际领先地位	%	3.9	4.4	4.5	3.1	2.7	5.0
赶超同行业国际领先企业	%	4.3	5.1	4.8	3.6	3.4	4.4
赶超同行业国内领先企业	%	18.7	19.7	19.1	18.9	17.2	18.0
增加创新投入，提升企业竞争力	%	48.7	52.8	48.5	50.1	49.0	42.8
保持现有的技术水平和生产经营状况	%	19.0	15.2	18.3	18.8	21.1	23.0
其他目标	%	5.3	2.7	4.9	5.5	6.7	6.8

1−3 规模(限额)以上企业企业家对创新的认识及相关情况

指 标	单位	合计	#工业	1.东部地区	2.中部地区	3.西部地区	4.东北地区
一、企业家对创新的总体认识							
在企业家中,认为创新对企业的生存和发展							
起了重要作用的人员占比	%	42.1	44.5	43.8	40.8	41.7	39.3
起了一定作用的人员占比	%	50.6	49.0	49.6	52.4	50.4	50.8
不起作用的人员占比	%	7.4	6.5	6.6	6.8	7.9	9.9
二、创新成功影响因素情况							
在开展创新活动企业中,认为下列各项因素对创新成功影响程度为“高”的企业家占比							
有创新精神的企业家	%	68.4	70.8	71.2	71.6	64.3	62.3
充足的经费支持	%	62.9	65.3	66.2	65.7	58.7	56.8
高素质的人才	%	68.4	69.7	71.4	70.6	64.5	63.8
员工对企业的认同感	%	72.2	73.1	73.6	74.3	70.1	68.5
企业内部的激励措施	%	67.8	68.9	69.0	70.8	65.4	63.0
有效的技术战略或计划	%	64.7	66.0	67.5	66.6	61.4	59.6
畅通的信息渠道	%	65.1	66.1	67.0	67.6	62.3	60.3
可信赖的创新合作伙伴	%	59.1	60.2	61.5	62.1	55.5	54.3
优惠政策的扶持	%	61.9	63.9	62.8	65.9	59.5	56.1
三、创新激励措施及效果情况							
在开展创新活动企业中,认为下列措施对激励创新效果明显的企业家占比							
股权或期权	%	13.0	13.4	14.4	15.5	10.6	9.6
增加工资或奖金	%	60.0	63.3	62.2	64.6	55.7	53.6
汽车住房等物质奖励	%	12.7	13.8	12.7	16.8	10.3	10.5
岗位调整或升职机会	%	52.4	54.1	54.6	56.2	48.8	46.4
培训或深造机会	%	41.2	43.0	41.1	44.8	40.1	36.1
四、政策对创新的影响情况							
在开展创新活动企业中,认为下列政策效果明显的企业家占比							
企业研发费用加计扣除税收优惠政策	%	39.7	45.2	44.2	45.2	32.2	33.0
高新技术企业所得税优惠政策	%	32.2	36.3	35.7	38.0	24.8	28.2
企业研发活动专用仪器设备加速折旧政策	%	24.3	29.1	23.5	32.9	20.1	19.9
技术转让、技术开发收入免征增值税和技术转让减免所得税优惠政策	%	18.6	20.8	17.7	26.0	15.2	15.4
鼓励企业吸引和培养人才的相关政策	%	28.5	31.7	28.8	36.1	24.1	23.3
金融支持相关政策	%	28.5	32.9	26.4	38.3	25.7	21.9
创造和保护知识产权的相关政策	%	30.3	34.9	31.8	37.8	25.0	24.1
优先发展产业的支持政策	%	27.3	31.6	25.6	36.9	24.0	21.3
促进科技成果转化相关政策	%	26.6	31.0	26.5	35.2	21.8	22.0
关于推进大众创业万众创新的各项政策	%	23.4	27.1	21.8	33.4	19.4	18.5

注：从2021年起，企业家问卷由全面调查改为抽样调查。

二、规模（限额）以上企业创新活动总体情况（2021 年）

2-1 规模(限额)以上企业

项目	企业数(个)	开展创新活动企业数(个)	#实现创新企业	#同时实现四种创新企业	#既实现产品或工艺创新，也实现组织或营销创新的企业
总计	**978847**	**433152**	**401901**	**74599**	**183877**
#国有及国有控股①	74667	34703	31973	4531	14139
一、按规模分					
大型企业	23790	17526	16579	4512	10183
中型企业	148662	75293	71256	13816	33683
小型企业	631466	304096	280443	53112	130684
微型企业	174929	36237	33623	3159	9327
二、按登记注册类型分②					
内资企业	913031	398837	370393	68832	168633
国有企业	10648	3955	3649	437	1420
集体企业	3358	739	694	69	192
股份合作企业	1677	637	584	71	207
联营企业	329	127	119	10	47
#国有联营企业	149	60	56	5	21
有限责任公司	157390	73678	68167	11710	31614
#国有独资公司	15995	6907	6414	750	2561
股份有限公司	15229	10814	10164	3069	6383
私营企业	724209	308824	286959	53453	128742
其他企业	191	63	57	13	28
港、澳、台商投资企业	29956	15677	14464	2817	7197
合资经营企业	7200	4500	4196	938	2219
合作经营企业	437	187	164	30	78
港、澳、台商独资经营企业	21049	10073	9234	1576	4320
港、澳、台商投资股份有限公司	915	711	679	226	470
其他港、澳、台投资企业	355	206	191	47	110
外商投资企业	35860	18638	17044	2950	8047
中外合资经营企业	9472	6001	5518	1151	2936
中外合作经营企业	420	205	192	23	83
外资企业	24646	11562	10513	1563	4521
外商投资股份有限公司	930	676	645	190	418
其他外商投资企业	392	194	176	23	89
三、按行业分					
采矿业	11384	3745	3283	176	1150
制造业	412897	265039	243396	57377	133496
电力、热力、燃气及水生产和供应业	17293	5930	5084	135	1430
建筑业	63277	19938	19052	1886	6323
批发和零售业	321044	79314	78341	6811	19200
交通运输、仓储和邮政业	42857	8997	8597	541	2158
信息传输、软件和信息技术服务业	26768	20038	17227	4380	10167

注：①国有及国有控股企业指企业登记注册类型为“国有企业”、“国有联营企业”、“国有独资公司”或企业控股情况为“国有控股企业”的企业，以下各表同。
②按规模分小型企业和微型企业仅包括规模(限额)以上小型企业和微型企业。以下各表同。

创新活动总体情况

		在全部企业中占比(%)					
#实现产品或工艺创新，未实现组织或营销创新的企业	#实现组织或营销创新，未实现产品或工艺创新的企业	开展创新活动企业	实现创新企　业	同时实现四种创新企　业	既实现产品或工艺创新，也实现组织或营销创新的企业	实现产品或工艺创新，未实现组织或营销创新的企业	实现组织或营销创新，未实现产品或工艺创新的企业
88394	**129630**	**44.3**	**41.1**	**7.6**	**18.8**	**9.0**	**13.2**
6485	11349	46.5	42.8	6.1	18.9	8.7	15.2
3619	2777	73.7	69.7	19.0	42.8	15.2	11.7
13406	24167	50.6	47.9	9.3	22.7	9.0	16.3
66793	82966	48.2	44.4	8.4	20.7	10.6	13.1
4576	19720	20.7	19.2	1.8	5.3	2.6	11.3
78498	123262	43.7	40.6	7.5	18.5	8.6	13.5
603	1626	37.1	34.3	4.1	13.3	5.7	15.3
106	396	22.0	20.7	2.1	5.7	3.2	11.8
209	168	38.0	34.8	4.2	12.3	12.5	10.0
18	54	38.6	36.2	3.0	14.3	5.5	16.4
9	26	40.3	37.6	3.4	14.1	6.0	17.5
13192	23361	46.8	43.3	7.4	20.1	8.4	14.8
1211	2642	43.2	40.1	4.7	16.0	7.6	16.5
2000	1781	71.0	66.7	20.2	41.9	13.1	11.7
62358	95859	42.6	39.6	7.4	17.8	8.6	13.2
12	17	33.0	29.8	6.8	14.7	6.3	8.9
4340	2927	52.3	48.3	9.4	24.0	14.5	9.8
1291	686	62.5	58.3	13.0	30.8	17.9	9.5
47	39	42.8	37.5	6.9	17.8	10.8	8.9
2823	2091	47.9	43.9	7.5	20.5	13.4	9.9
143	66	77.7	74.2	24.7	51.4	15.6	7.2
36	45	58.0	53.8	13.2	31.0	10.1	12.7
5556	3441	52.0	47.5	8.2	22.4	15.5	9.6
1741	841	63.4	58.3	12.2	31.0	18.4	8.9
65	44	48.8	45.7	5.5	19.8	15.5	10.5
3575	2417	46.9	42.7	6.3	18.3	14.5	9.8
142	85	72.7	69.4	20.4	44.9	15.3	9.1
33	54	49.5	44.9	5.9	22.7	8.4	13.8
922	1211	32.9	28.8	1.5	10.1	8.1	10.6
70953	38947	64.2	58.9	13.9	32.3	17.2	9.4
1335	2319	34.3	29.4	0.8	8.3	7.7	13.4
2479	10250	31.5	30.1	3.0	10.0	3.9	16.2
3759	55382	24.7	24.4	2.1	6.0	1.2	17.3
934	5505	21.0	20.1	1.3	5.0	2.2	12.8
3567	3493	74.9	64.4	16.4	38.0	13.3	13.0

2-1 续表

项　目	企业数（个）	开展创新活动企业数（个）	#实现创新企业	#同时实现四种创新企业	#既实现产品或工艺创新，也实现组织或营销创新的企业
租赁和商务服务业	49930	12463	11684	994	3012
科学研究和技术服务业	27487	15548	13288	2132	6313
水利、环境和公共设施管理业	5910	2140	1949	167	628
四、按地区分					
东部地区	595742	272620	252977	48189	118287
中部地区	197774	90023	82810	16841	38630
西部地区	147354	58297	54784	8049	22552
东北地区	37977	12212	11330	1520	4408
北　京	29126	12732	10451	1399	4324
天　津	19934	6531	6054	927	2534
河　北	28166	11460	10955	1581	4482
山　西	16547	5246	5044	563	1895
内蒙古	7799	2317	2168	170	706
辽　宁	20409	6589	6046	851	2499
吉　林	7820	2490	2313	319	883
黑龙江	9748	3133	2971	350	1026
上　海	41506	15348	14134	2316	6393
江　苏	115450	54447	51224	9082	23204
浙　江	97951	52072	47867	9599	23301
安　徽	35672	18435	17630	4110	8949
福　建	48016	19165	18345	3224	7596
江　西	28950	12748	12311	2961	5938
山　东	71716	33561	31200	6186	13923
河　南	46269	18343	17478	2846	7139
湖　北	34239	17151	15014	3197	7242
湖　南	36097	18100	15333	3164	7467
广　东	141021	66433	61937	13787	32255
广　西	17358	6001	5501	717	2114
海　南	2856	871	810	88	275
重　庆	18471	8425	7866	1604	3748
四　川	36787	16030	15323	2414	6599
贵　州	11897	4908	4483	640	1821
云　南	11945	4916	4652	671	1899
西　藏	811	314	298	28	99
陕　西	20402	8136	7748	1188	3292
甘　肃	6085	2433	2253	233	792
青　海	1620	570	535	42	184
宁　夏	2744	1251	1153	162	529
新　疆	11435	2996	2804	180	769

		在全部企业中占比(%)					
#实现产品或工艺创新，未实现组织或营销创新的企业	#实现组织或营销创新，未实现产品或工艺创新的企业	开展创新活动企业	实现创新企业	同时实现四种创新企业	既实现产品或工艺创新，也实现组织或营销创新的企业	实现产品或工艺创新，未实现组织或营销创新的企业	实现组织或营销创新，未实现产品或工艺创新的企业
1088	7584	25.0	23.4	2.0	6.0	2.2	15.2
3075	3900	56.6	48.3	7.8	23.0	11.2	14.2
282	1039	36.2	33.0	2.8	10.6	4.8	17.6
62405	72285	45.8	42.5	8.1	19.9	10.5	12.1
15838	28342	45.5	41.9	8.5	19.5	8.0	14.3
8049	24183	39.6	37.2	5.5	15.3	5.5	16.4
2102	4820	32.2	29.8	4.0	11.6	5.5	12.7
2403	3724	43.7	35.9	4.8	14.8	8.3	12.8
1176	2344	32.8	30.4	4.7	12.7	5.9	11.8
2740	3733	40.7	38.9	5.6	15.9	9.7	13.3
964	2185	31.7	30.5	3.4	11.5	5.8	13.2
314	1148	29.7	27.8	2.2	9.1	4.0	14.7
1333	2214	32.3	29.6	4.2	12.2	6.5	10.8
345	1085	31.8	29.6	4.1	11.3	4.4	13.9
424	1521	32.1	30.5	3.6	10.5	4.4	15.6
3033	4708	37.0	34.1	5.6	15.4	7.3	11.3
13899	14121	47.2	44.4	7.9	20.1	12.0	12.2
15349	9217	53.2	48.9	9.8	23.8	15.7	9.4
3224	5457	51.7	49.4	11.5	25.1	9.0	15.3
3978	6771	39.9	38.2	6.7	15.8	8.3	14.1
2674	3699	44.0	42.5	10.2	20.5	9.2	12.8
6833	10444	46.8	43.5	8.6	19.4	9.5	14.6
2795	7544	39.6	37.8	6.2	15.4	6.0	16.3
2739	5033	50.1	43.9	9.3	21.2	8.0	14.7
3442	4424	50.1	42.5	8.8	20.7	9.5	12.3
12901	16781	47.1	43.9	9.8	22.9	9.1	11.9
884	2503	34.6	31.7	4.1	12.2	5.1	14.4
93	442	30.5	28.4	3.1	9.6	3.3	15.5
1345	2773	45.6	42.6	8.7	20.3	7.3	15.0
2511	6213	43.6	41.7	6.6	17.9	6.8	16.9
630	2032	41.3	37.7	5.4	15.3	5.3	17.1
589	2164	41.2	38.9	5.6	15.9	4.9	18.1
16	183	38.7	36.7	3.5	12.2	2.0	22.6
966	3490	39.9	38.0	5.8	16.1	4.7	17.1
231	1230	40.0	37.0	3.8	13.0	3.8	20.2
68	283	35.2	33.0	2.6	11.4	4.2	17.5
214	410	45.6	42.0	5.9	19.3	7.8	14.9
281	1754	26.2	24.5	1.6	6.7	2.5	15.3

2–2 规模以上工业

项目	企业数（个）	开展创新活动企业数（个）	#实现创新企业	#同时实现四种创新企业	#既实现产品或工艺创新，也实现组织或营销创新的企业
总计	**441574**	**274714**	**251763**	**57688**	**136076**
#国有及国有控股	25251	14973	13678	2572	7320
一、按规模分					
大型企业	8495	7627	7330	2588	5125
中型企业	38936	31171	29519	8664	18527
小型企业	343390	220368	201351	44869	107380
微型企业	50753	15548	13563	1567	5044
二、按登记注册类型分					
内资企业	398117	247895	227120	52899	123494
国有企业	2611	1216	1093	181	553
集体企业	893	312	281	43	114
股份合作企业	751	461	419	57	167
联营企业	90	49	45	8	23
#国有联营企业	44	25	22	4	8
有限责任公司	59915	37665	34715	7838	19587
#国有独资公司	4631	2447	2216	368	1105
股份有限公司	7940	6815	6498	2299	4510
私营企业	325864	201338	184036	42464	98524
其他企业	53	39	33	9	16
港、澳、台商投资企业	19750	12196	11271	2318	5906
合资经营企业	5349	3780	3530	836	1943
合作经营企业	289	143	125	22	62
港、澳、台商独资经营企业	13305	7592	6968	1245	3441
港、澳、台商投资股份有限公司	647	568	547	192	399
其他港、澳、台投资企业	160	113	101	23	61
外商投资企业	23707	14623	13372	2471	6676
中外合资经营企业	7135	5020	4633	1012	2546
中外合作经营企业	304	177	165	20	71
外资企业	15503	8819	7992	1258	3657
外商投资股份有限公司	586	501	486	164	343
其他外商投资企业	179	106	96	17	59
三、按行业分					
采矿业	**11384**	**3745**	**3283**	**176**	**1150**
煤炭开采和洗选业	4564	1406	1238	28	389
石油和天然气开采业	143	79	68	2	36
黑色金属矿采选业	1474	435	381	16	150
有色金属矿采选业	1173	490	411	19	146

企业创新活动总体情况

		在全部企业中占比(%)					
#实现产品或工艺创新，未实现组织或营销创新的企业	#实现组织或营销创新，未实现产品或工艺创新的企业	开展创新活动企业	实现创新企　业	同时实现四种创新企　业	既实现产品或工艺创新，也实现组织或营销创新的企业	实现产品或工艺创新，未实现组织或营销创新的企业	实现组织或营销创新，未实现产品或工艺创新的企业
73210	**42477**	**62.2**	**57.0**	**13.1**	**30.8**	**16.6**	**9.6**
3569	2789	59.3	54.2	10.2	29.0	14.1	11.0
1883	322	89.8	86.3	30.5	60.3	22.2	3.8
8439	2553	80.1	75.8	22.3	47.6	21.7	6.6
59396	34575	64.2	58.6	13.1	31.3	17.3	10.1
3492	5027	30.6	26.7	3.1	9.9	6.9	9.9
64412	39214	62.3	57.0	13.3	31.0	16.2	9.9
232	308	46.6	41.9	6.9	21.2	8.9	11.8
73	94	34.9	31.5	4.8	12.8	8.2	10.5
189	63	61.4	55.8	7.6	22.2	25.2	8.4
9	13	54.4	50.0	8.9	25.6	10.0	14.4
7	7	56.8	50.0	9.1	18.2	15.9	15.9
8743	6385	62.9	57.9	13.1	32.7	14.6	10.7
551	560	52.8	47.9	7.9	23.9	11.9	12.1
1444	544	85.8	81.8	29.0	56.8	18.2	6.9
53714	31798	61.8	56.5	13.0	30.2	16.5	9.8
8	9	73.6	62.3	17.0	30.2	15.1	17.0
3889	1476	61.8	57.1	11.7	29.9	19.7	7.5
1177	410	70.7	66.0	15.6	36.3	22.0	7.7
43	20	49.5	43.3	7.6	21.5	14.9	6.9
2513	1014	57.1	52.4	9.4	25.9	18.9	7.6
125	23	87.8	84.5	29.7	61.7	19.3	3.6
31	9	70.6	63.1	14.4	38.1	19.4	5.6
4909	1787	61.7	56.4	10.4	28.2	20.7	7.5
1579	508	70.4	64.9	14.2	35.7	22.1	7.1
62	32	58.2	54.3	6.6	23.4	20.4	10.5
3130	1205	56.9	51.6	8.1	23.6	20.2	7.8
115	28	85.5	82.9	28.0	58.5	19.6	4.8
23	14	59.2	53.6	9.5	33.0	12.8	7.8
922	**1211**	**32.9**	**28.8**	**1.5**	**10.1**	**8.1**	**10.6**
349	500	30.8	27.1	0.6	8.5	7.6	11.0
19	13	55.2	47.6	1.4	25.2	13.3	9.1
109	122	29.5	25.8	1.1	10.2	7.4	8.3
136	129	41.8	35.0	1.6	12.4	11.6	11.0

2-2 续表 1

项　　目	企业数（个）	开展创新活动企业数（个）	#实现创新企　　业	#同时实现四种创新企　　业	#既实现产品或工艺创新，也实现组织或营销创新的企业
非金属矿采选业	3707	1205	1066	105	385
开采专业及辅助性活动	318	127	117	6	43
其他采矿业	5	3	2		1
制造业	**412897**	**265039**	**243396**	**57377**	**133496**
农副食品加工业	23072	12554	11458	2291	5636
食品制造业	8869	5961	5533	1475	3288
酒、饮料和精制茶制造业	5666	3572	3288	731	1838
烟草制品业	126	107	94	26	69
纺织业	19785	11338	10205	1883	4550
纺织服装、服饰业	13179	5694	5068	813	2148
皮革、毛皮、羽毛及其制品和制鞋业	8325	4173	3735	703	1580
木材加工和木、竹、藤、棕、草制品业	11192	4460	3940	649	1570
家具制造业	7155	4252	3884	946	2132
造纸和纸制品业	7193	4007	3670	762	1886
印刷和记录媒介复制业	6585	3959	3627	790	1949
文教、工美、体育和娱乐用品制造业	9992	5959	5468	1255	2886
石油、煤炭及其他燃料加工业	2233	1238	1126	173	563
化学原料和化学制品制造业	23190	16185	14900	3411	8319
医药制造业	8631	7132	6486	1736	4086
化学纤维制造业	2084	1417	1305	296	658
橡胶和塑料制品业	23263	14965	13687	3174	7272
非金属矿物制品业	44114	22005	19580	3304	8891
黑色金属冶炼和压延加工业	5644	2904	2615	463	1229
有色金属冶炼和压延加工业	8415	5073	4561	967	2292
金属制品业	31244	19269	17527	3704	9105
通用设备制造业	30499	22883	21311	5563	12449
专用设备制造业	23866	18897	17611	4963	10788
汽车制造业	17259	12454	11588	2776	6544
铁路、船舶、航空航天和其他运输设备制造业	5611	4009	3709	859	2104
电气机械和器材制造业	30296	22868	21358	6163	13140
计算机、通信和其他电子设备制造业	24129	19513	18416	5442	11884
仪器仪表制造业	6031	5201	4943	1567	3325
其他制造业	1958	1320	1209	289	673
废弃资源综合利用业	2653	1328	1180	165	494
金属制品、机械和设备修理业	638	342	314	38	148
电力、热力、燃气及水生产和供应业	**17293**	**5930**	**5084**	**135**	**1430**
电力、热力生产和供应业	11101	3693	3133	67	883
燃气生产和供应业	3033	1113	1012	32	236
水的生产和供应业	3159	1124	939	36	311

		在全部企业中占比(%)					
#实现产品或工艺创新，未实现组织或营销创新的企业	#实现组织或营销创新，未实现产品或工艺创新的企业	开展创新活动企业	实现创新企业	同时实现四种创新企业	既实现产品或工艺创新，也实现组织或营销创新的企业	实现产品或工艺创新，未实现组织或营销创新的企业	实现组织或营销创新，未实现产品或工艺创新的企业
287	394	32.5	28.8	2.8	10.4	7.7	10.6
22	52	39.9	36.8	1.9	13.5	6.9	16.4
	1	60.0	40.0		20.0		20.0
70953	**38947**	**64.2**	**58.9**	**13.9**	**32.3**	**17.2**	**9.4**
2242	3580	54.4	49.7	9.9	24.4	9.7	15.5
1024	1221	67.2	62.4	16.6	37.1	11.5	13.8
523	927	63.0	58.0	12.9	32.4	9.2	16.4
17	8	84.9	74.6	20.6	54.8	13.5	6.3
3938	1717	57.3	51.6	9.5	23.0	19.9	8.7
1582	1338	43.2	38.5	6.2	16.3	12.0	10.2
1460	695	50.1	44.9	8.4	19.0	17.5	8.3
1250	1120	39.9	35.2	5.8	14.0	11.2	10.0
984	768	59.4	54.3	13.2	29.8	13.8	10.7
1056	728	55.7	51.0	10.6	26.2	14.7	10.1
1010	668	60.1	55.1	12.0	29.6	15.3	10.1
1572	1010	59.6	54.7	12.6	28.9	15.7	10.1
304	259	55.4	50.4	7.7	25.2	13.6	11.6
4471	2110	69.8	64.3	14.7	35.9	19.3	9.1
1444	956	82.6	75.1	20.1	47.3	16.7	11.1
503	144	68.0	62.6	14.2	31.6	24.1	6.9
4302	2113	64.3	58.8	13.6	31.3	18.5	9.1
5683	5006	49.9	44.4	7.5	20.2	12.9	11.3
868	518	51.5	46.3	8.2	21.8	15.4	9.2
1523	746	60.3	54.2	11.5	27.2	18.1	8.9
5416	3006	61.7	56.1	11.9	29.1	17.3	9.6
6685	2177	75.0	69.9	18.2	40.8	21.9	7.1
5026	1797	79.2	73.8	20.8	45.2	21.1	7.5
3882	1162	72.2	67.1	16.1	37.9	22.5	6.7
1157	448	71.4	66.1	15.3	37.5	20.6	8.0
5987	2231	75.5	70.5	20.3	43.4	19.8	7.4
4959	1573	80.9	76.3	22.6	49.3	20.6	6.5
1267	351	86.2	82.0	26.0	55.1	21.0	5.8
327	209	67.4	61.7	14.8	34.4	16.7	10.7
386	300	50.1	44.5	6.2	18.6	14.6	11.3
105	61	53.6	49.2	6.0	23.2	16.5	9.6
1335	**2319**	**34.3**	**29.4**	**0.8**	**8.3**	**7.7**	**13.4**
866	1384	33.3	28.2	0.6	8.0	7.8	12.5
194	582	36.7	33.4	1.1	7.8	6.4	19.2
275	353	35.6	29.7	1.1	9.8	8.7	11.2

2-2 续表 2

项　　目	企业数（个）	开展创新活动企业数（个）	#实现创新企　业	#同时实现四种创新企　业	#既实现产品或工艺创新，也实现组织或营销创新的企业
四、按地区分					
东部地区	264261	175514	161929	37095	87847
中部地区	100411	60354	54212	13759	29953
西部地区	60844	31509	28926	5720	15081
东北地区	16058	7337	6696	1114	3195
北　京	3077	2313	2037	329	1057
天　津	5659	3205	2940	629	1629
河　北	16101	8294	7902	1339	3720
山　西	6860	2890	2724	362	1236
内蒙古	3294	1256	1142	115	484
辽　宁	8490	4145	3762	627	1870
吉　林	3221	1366	1240	234	618
黑龙江	4347	1826	1694	253	707
上　海	9296	5622	5163	1047	2884
江　苏	56268	39050	36364	7331	18550
浙　江	53797	40840	37306	8510	19985
安　徽	19870	12926	12284	3470	7212
福　建	20167	11020	10338	2308	5346
江　西	15823	8943	8630	2570	4868
山　东	33064	21848	19897	5092	10749
河　南	21675	11008	10352	2121	5106
湖　北	16803	11313	9480	2592	5543
湖　南	19380	13274	10742	2644	5988
广　东	66269	43062	39752	10478	23817
广　西	8054	3366	2968	479	1428
海　南	563	260	230	32	110
重　庆	7310	4937	4539	1254	2726
四　川	16454	9046	8548	1768	4512
贵　州	5103	2760	2406	464	1229
云　南	4568	2435	2240	448	1171
西　藏	183	89	78	10	31
陕　西	7555	4007	3776	812	2087
甘　肃	2262	1167	1024	135	491
青　海	632	259	239	23	100
宁　夏	1384	832	746	123	399
新　疆	4045	1355	1220	89	423

		在全部企业中占比(%)					
#实现产品或工艺创新，未实现组织或营销创新的企业	#实现组织或营销创新，未实现产品或工艺创新的企业	开展创新活动企业	实现创新企业	同时实现四种创新企业	既实现产品或工艺创新，也实现组织或营销创新的企业	实现产品或工艺创新，未实现组织或营销创新的企业	实现组织或营销创新，未实现产品或工艺创新的企业
51717	22365	66.4	61.3	14.0	33.2	19.6	8.5
13637	10622	60.1	54.0	13.7	29.8	13.6	10.6
6197	7648	51.8	47.5	9.4	24.8	10.2	12.6
1659	1842	45.7	41.7	6.9	19.9	10.3	11.5
732	248	75.2	66.2	10.7	34.4	23.8	8.1
804	507	56.6	52.0	11.1	28.8	14.2	9.0
2461	1721	51.5	49.1	8.3	23.1	15.3	10.7
739	749	42.1	39.7	5.3	18.0	10.8	10.9
248	410	38.1	34.7	3.5	14.7	7.5	12.4
1090	802	48.8	44.3	7.4	22.0	12.8	9.4
255	367	42.4	38.5	7.3	19.2	7.9	11.4
314	673	42.0	39.0	5.8	16.3	7.2	15.5
1597	682	60.5	55.5	11.3	31.0	17.2	7.3
12376	5438	69.4	64.6	13.0	33.0	22.0	9.7
14165	3156	75.9	69.3	15.8	37.1	26.3	5.9
2844	2228	65.1	61.8	17.5	36.3	14.3	11.2
3219	1773	54.6	51.3	11.4	26.5	16.0	8.8
2395	1367	56.5	54.5	16.2	30.8	15.1	8.6
5946	3202	66.1	60.2	15.4	32.5	18.0	9.7
2329	2917	50.8	47.8	9.8	23.6	10.7	13.5
2334	1603	67.3	56.4	15.4	33.0	13.9	9.5
2996	1758	68.5	55.4	13.6	30.9	15.5	9.1
10365	5570	65.0	60.0	15.8	35.9	15.6	8.4
700	840	41.8	36.9	5.9	17.7	8.7	10.4
52	68	46.2	40.9	5.7	19.5	9.2	12.1
1098	715	67.5	62.1	17.2	37.3	15.0	9.8
1937	2099	55.0	52.0	10.7	27.4	11.8	12.8
502	675	54.1	47.1	9.1	24.1	9.8	13.2
429	640	53.3	49.0	9.8	25.6	9.4	14.0
6	41	48.6	42.6	5.5	16.9	3.3	22.4
696	993	53.0	50.0	10.7	27.6	9.2	13.1
169	364	51.6	45.3	6.0	21.7	7.5	16.1
46	93	41.0	37.8	3.6	15.8	7.3	14.7
184	163	60.1	53.9	8.9	28.8	13.3	11.8
182	615	33.5	30.2	2.2	10.5	4.5	15.2

2–3　资质等级以上建筑业

项　　目	企业数(个)	开展创新活动企业数(个)	#实现创新企业	#同时实现四种创新企业	#既实现产品或工艺创新，也实现组织或营销创新的企业
总　计	**63278**	**19938**	**19052**	**1886**	**6323**
#国有及国有控股	5714	3004	2854	387	1388
一、按规模分					
大型企业	3109	2488	2382	524	1522
中型企业	22128	8324	7872	744	2773
小型企业	27865	7331	7058	489	1645
微型企业	10176	1795	1740	129	383
二、按登记注册类型分					
内资企业	62960	19840	18959	1863	6274
国有企业	1101	386	370	39	123
集体企业	795	142	138	10	32
股份合作企业	124	32	30	3	9
联营企业	25	13	13	1	5
#国有联营企业	9	5	5		1
有限责任公司	11262	4654	4405	542	1908
#国有独资公司	1383	796	753	94	367
股份有限公司	817	407	381	82	216
私营企业	48830	14204	13620	1185	3980
其他企业	6	2	2	1	1
港、澳、台商投资企业	186	51	51	14	31
#合资经营企业	108	27	27	8	15
合作经营企业	6	2	2		1
港、澳、台商独资经营企业	60	13	13	1	7
港、澳、台商投资股份有限公司	11	9	9	5	8
外商投资企业	132	47	42	9	18
#中外合资经营企业	65	25	22	4	8
中外合作经营企业	6	1	1		
外资企业	55	16	14	3	7
外商投资股份有限公司	5	4	4	1	2
三、按行业分					
房屋建筑业	27824	8432	8110	756	2550
土木工程建筑业	13386	4884	4639	481	1744
建筑安装业	7297	2431	2280	268	829
建筑装饰、装修和其他建筑业	14770	4191	4023	381	1200

企业创新活动总体情况

		在全部企业中占比(%)					
#实现产品或工艺创新，未实现组织或营销创新的企业	#实现组织或营销创新，未实现产品或工艺创新的企业	开展创新活动企业	实现创新企　业	同时实现四种创新企　业	既实现产品或工艺创新，也实现组织或营销创新的企业	实现产品或工艺创新，未实现组织或营销创新的企业	实现组织或营销创新，未实现产品或工艺创新的企业
2479	**10250**	**31.5**	**30.1**	**3.0**	**10.0**	**3.9**	**16.2**
614	852	52.6	49.9	6.8	24.3	10.7	14.9
582	278	80.0	76.6	16.9	49.0	18.7	8.9
1163	3936	37.6	35.6	3.4	12.5	5.3	17.8
620	4793	26.3	25.3	1.8	5.9	2.2	17.2
114	1243	17.6	17.1	1.3	3.8	1.1	12.2
2460	10225	31.5	30.1	3.0	10.0	3.9	16.2
56	191	35.1	33.6	3.5	11.2	5.1	17.3
15	91	17.9	17.4	1.3	4.0	1.9	11.4
4	17	25.8	24.2	2.4	7.3	3.2	13.7
2	6	52.0	52.0	4.0	20.0	8.0	24.0
	4	55.6	55.6		11.1		44.4
797	1700	41.3	39.1	4.8	16.9	7.1	15.1
172	214	57.6	54.4	6.8	26.5	12.4	15.5
55	110	49.8	46.6	10.0	26.4	6.7	13.5
1530	8110	29.1	27.9	2.4	8.2	3.1	16.6
1		33.3	33.3	16.7	16.7	16.7	
8	12	27.4	27.4	7.5	16.7	4.3	6.5
6	6	25.0	25.0	7.4	13.9	5.6	5.6
	1	33.3	33.3		16.7		16.7
1	5	21.7	21.7	1.7	11.7	1.7	8.3
1		81.8	81.8	45.5	72.7	9.1	
11	13	35.6	31.8	6.8	13.6	8.3	9.8
8	6	38.5	33.8	6.2	12.3	12.3	9.2
	1	16.7	16.7				16.7
2	5	29.1	25.5	5.5	12.7	3.6	9.1
1	1	80.0	80.0	20.0	40.0	20.0	20.0
980	4580	30.3	29.1	2.7	9.2	3.5	16.5
759	2136	36.5	34.7	3.6	13.0	5.7	16.0
316	1135	33.3	31.2	3.7	11.4	4.3	15.6
424	2399	28.4	27.2	2.6	8.1	2.9	16.2

2-3 续表

项 目	企业数(个)	开展创新活动企业数(个)	#实现创新企业	#同时实现四种创新企业	#既实现产品或工艺创新，也实现组织或营销创新的企业
四、按地区分					
东部地区	29624	9476	9032	1032	3197
中部地区	14272	4947	4718	463	1607
西部地区	14401	4491	4334	313	1276
东北地区	4981	1024	968	78	243
北 京	1926	594	537	53	220
天 津	1372	412	384	43	139
河 北	1627	472	458	38	144
山 西	1470	433	418	39	154
内蒙古	555	133	130	12	36
辽 宁	2404	501	461	47	131
吉 林	1052	252	245	18	57
黑龙江	1525	271	262	13	55
上 海	1574	428	411	53	161
江 苏	5940	1704	1660	158	529
浙 江	4425	1382	1286	130	476
安 徽	2511	845	814	81	303
福 建	3139	1046	1015	114	322
江 西	1645	568	537	50	183
山 东	4941	1785	1715	214	569
河 南	4258	1532	1485	152	484
湖 北	2727	883	825	75	247
湖 南	1661	686	639	66	236
广 东	4552	1617	1533	224	623
广 西	904	309	296	30	94
海 南	128	36	33	5	14
重 庆	1462	408	382	31	120
四 川	4053	1317	1279	88	354
贵 州	1084	384	369	22	106
云 南	1357	410	398	31	115
西 藏	181	57	57	5	16
陕 西	2510	834	803	60	260
甘 肃	826	244	238	14	71
青 海	226	63	62	2	18
宁 夏	405	113	108	6	28
新 疆	838	219	212	12	58

		在全部企业中占比(%)					
#实现产品或工艺创新，未实现组织或营销创新的企业	#实现组织或营销创新，未实现产品或工艺创新的企业	开展创新活动企业	实现创新企　　业	同时实现四种创新企　　业	既实现产品或工艺创新，也实现组织或营销创新的企业	实现产品或工艺创新，未实现组织或营销创新的企业	实现组织或营销创新，未实现产品或工艺创新的企业
1413	4422	32.0	30.5	3.5	10.8	4.8	14.9
550	2561	34.7	33.1	3.2	11.3	3.9	17.9
403	2655	31.2	30.1	2.2	8.9	2.8	18.4
113	612	20.6	19.4	1.6	4.9	2.3	12.3
149	168	30.8	27.9	2.8	11.4	7.7	8.7
68	177	30.0	28.0	3.1	10.1	5.0	12.9
51	263	29.0	28.2	2.3	8.9	3.1	16.2
74	190	29.5	28.4	2.7	10.5	5.0	12.9
11	83	24.0	23.4	2.2	6.5	2.0	15.0
61	269	20.8	19.2	2.0	5.4	2.5	11.2
23	165	24.0	23.3	1.7	5.4	2.2	15.7
29	178	17.8	17.2	0.9	3.6	1.9	11.7
92	158	27.2	26.1	3.4	10.2	5.8	10.0
222	909	28.7	27.9	2.7	8.9	3.7	15.3
237	573	31.2	29.1	2.9	10.8	5.4	12.9
81	430	33.7	32.4	3.2	12.1	3.2	17.1
141	552	33.3	32.3	3.6	10.3	4.5	17.6
75	279	34.5	32.6	3.0	11.1	4.6	17.0
179	967	36.1	34.7	4.3	11.5	3.6	19.6
130	871	36.0	34.9	3.6	11.4	3.1	20.5
82	496	32.4	30.3	2.8	9.1	3.0	18.2
108	295	41.3	38.5	4.0	14.2	6.5	17.8
269	641	35.5	33.7	4.9	13.7	5.9	14.1
38	164	34.2	32.7	3.3	10.4	4.2	18.1
5	14	28.1	25.8	3.9	10.9	3.9	10.9
39	223	27.9	26.1	2.1	8.2	2.7	15.3
119	806	32.5	31.6	2.2	8.7	2.9	19.9
35	228	35.4	34.0	2.0	9.8	3.2	21.0
37	246	30.2	29.3	2.3	8.5	2.7	18.1
3	38	31.5	31.5	2.8	8.8	1.7	21.0
72	471	33.2	32.0	2.4	10.4	2.9	18.8
16	151	29.5	28.8	1.7	8.6	1.9	18.3
8	36	27.9	27.4	0.9	8.0	3.5	15.9
11	69	27.9	26.7	1.5	6.9	2.7	17.0
14	140	26.1	25.3	1.4	6.9	1.7	16.7

2–4 规模(限额)以上服务业

项目	企业数(个)	开展创新活动企业数(个)	#实现创新企业	#同时实现四种创新企业	#既实现产品或工艺创新，也实现组织或营销创新的企业
总计	**473995**	**138500**	**131086**	**15025**	**41478**
#国有及国有控股	43702	16726	15441	1572	5431
一、按规模分					
大型企业	12186	7411	6867	1400	3536
中型企业	87598	35798	33865	4408	12383
小型企业	260211	76397	72034	7754	21659
微型企业	114000	18894	18320	1463	3900
二、按登记注册类型分					
内资企业	451954	131102	124314	14070	38865
国有企业	6936	2353	2186	217	744
集体企业	1670	285	275	16	46
股份合作企业	802	144	135	11	31
联营企业	214	65	61	1	19
#国有联营企业	96	30	29	1	12
有限责任公司	86213	31359	29047	3330	10119
#国有独资公司	9981	3664	3445	288	1089
股份有限公司	6472	3592	3285	688	1657
私营企业	349515	93282	89303	9804	26238
其他企业	132	22	22	3	11
港、澳、台商投资企业	10020	3430	3142	485	1260
合资经营企业	1743	693	639	94	261
合作经营企业	142	42	37	8	15
港、澳、台商独资经营企业	7684	2468	2253	330	872
港、澳、台商投资股份有限公司	257	134	123	29	63
其他港、澳、台投资企业	194	93	90	24	49
外商投资企业	12021	3968	3630	470	1353
中外合资经营企业	2272	956	863	135	382
中外合作经营企业	110	27	26	3	12
外资企业	9088	2727	2507	302	857
外商投资股份有限公司	339	171	155	25	73
其他外商投资企业	212	87	79	5	29
三、按行业分					
批发和零售业	**321044**	**79314**	**78341**	**6811**	**19200**
批发业	203033	45361	44594	3825	11238
零售业	118011	33953	33747	2986	7962
交通运输、仓储和邮政业	**42857**	**8997**	**8597**	**541**	**2158**
铁路运输业	387	106	100	6	29
道路运输业	23250	4678	4478	282	1053
水上运输业	2602	590	557	26	137
航空运输业	435	158	145	18	56
管道运输业	106	41	37		9
多式联运和运输代理业	9094	1823	1748	115	465
装卸搬运和仓储业	5017	1132	1075	63	295
邮政业	1966	469	457	31	114
信息传输、软件和信息技术服务业	**26768**	**20038**	**17227**	**4380**	**10167**
电信、广播电视和卫星传输服务	3010	1493	1324	256	604
互联网和相关服务	4851	3283	2812	676	1581
软件和信息技术服务业	18907	15262	13091	3448	7982

企业创新活动总体情况

		在全部企业中占比(%)					
#实现产品或工艺创新，未实现组织或营销创新的企业	#实现组织或营销创新，未实现产品或工艺创新的企业	开展创新活动企业	实现创新企业	同时实现四种创新企业	既实现产品或工艺创新，也实现组织或营销创新的企业	实现产品或工艺创新，未实现组织或营销创新的企业	实现组织或营销创新，未实现产品或工艺创新的企业
12705	**76903**	**29.2**	**27.7**	**3.2**	**8.8**	**2.7**	**16.2**
2302	7708	38.3	35.3	3.6	12.4	5.3	17.6
1154	2177	60.8	56.4	11.5	29.0	9.5	17.9
3804	17678	40.9	38.7	5.0	14.1	4.3	20.2
6777	43598	29.4	27.7	3.0	8.3	2.6	16.8
970	13450	16.6	16.1	1.3	3.4	0.9	11.8
11626	73823	29.0	27.5	3.1	8.6	2.6	16.3
315	1127	33.9	31.5	3.1	10.7	4.5	16.2
18	211	17.1	16.5	1.0	2.8	1.1	12.6
16	88	18.0	16.8	1.4	3.9	2.0	11.0
7	35	30.4	28.5	0.5	8.9	3.3	16.4
2	15	31.3	30.2	1.0	12.5	2.1	15.6
3652	15276	36.4	33.7	3.9	11.7	4.2	17.7
488	1868	36.7	34.5	2.9	10.9	4.9	18.7
501	1127	55.5	50.8	10.6	25.6	7.7	17.4
7114	55951	26.7	25.6	2.8	7.5	2.0	16.0
3	8	16.7	16.7	2.3	8.3	2.3	6.1
443	1439	34.2	31.4	4.8	12.6	4.4	14.4
108	270	39.8	36.7	5.4	15.0	6.2	15.5
4	18	29.6	26.1	5.6	10.6	2.8	12.7
309	1072	32.1	29.3	4.3	11.3	4.0	14.0
17	43	52.1	47.9	11.3	24.5	6.6	16.7
5	36	47.9	46.4	12.4	25.3	2.6	18.6
636	1641	33.0	30.2	3.9	11.3	5.3	13.7
154	327	42.1	38.0	5.9	16.8	6.8	14.4
3	11	24.5	23.6	2.7	10.9	2.7	10.0
443	1207	30.0	27.6	3.3	9.4	4.9	13.3
26	56	50.4	45.7	7.4	21.5	7.7	16.5
10	40	41.0	37.3	2.4	13.7	4.7	18.9
3759	**55382**	**24.7**	**24.4**	**2.1**	**6.0**	**1.2**	**17.3**
2587	30769	22.3	22.0	1.9	5.5	1.3	15.2
1172	24613	28.8	28.6	2.5	6.7	1.0	20.9
934	**5505**	**21.0**	**20.1**	**1.3**	**5.0**	**2.2**	**12.8**
20	51	27.4	25.8	1.6	7.5	5.2	13.2
417	3008	20.1	19.3	1.2	4.5	1.8	12.9
86	334	22.7	21.4	1.0	5.3	3.3	12.8
19	70	36.3	33.3	4.1	12.9	4.4	16.1
8	20	38.7	34.9		8.5	7.5	18.9
195	1088	20.0	19.2	1.3	5.1	2.1	12.0
153	627	22.6	21.4	1.3	5.9	3.1	12.5
36	307	23.9	23.2	1.6	5.8	1.8	15.6
3567	**3493**	**74.9**	**64.4**	**16.4**	**38.0**	**13.3**	**13.0**
186	534	49.6	44.0	8.5	20.1	6.2	17.7
536	695	67.7	58.0	13.9	32.6	11.0	14.3
2845	2264	80.7	69.2	18.2	42.2	15.0	12.0

2-4 续表

项　目	企业数（个）	开展创新活动企业数（个）	#实现创新企业	#同时实现四种创新企业	#既实现产品或工艺创新，也实现组织或营销创新的企业
租赁和商务服务业	**49930**	**12463**	**11684**	**994**	**3012**
租赁业	3519	821	770	69	212
商务服务业	46411	11642	10914	925	2800
科学研究和技术服务业	**27487**	**15548**	**13288**	**2132**	**6313**
研究和试验发展	2597	2068	1749	394	1003
专业技术服务业	20679	10983	9445	1336	4283
科技推广和应用服务业	4211	2497	2094	402	1027
水利、环境和公共设施管理业	**5909**	**2140**	**1949**	**167**	**628**
水利管理业	155	49	46	4	20
生态保护和环境治理业	1287	654	555	67	233
公共设施管理业	4070	1320	1237	91	344
土地管理业	397	117	111	5	31
四、按地区分					
东部地区	301857	87630	82016	10062	27243
中部地区	83091	24722	23880	2619	7070
西部地区	72109	22297	21524	2016	6195
东北地区	16938	3851	3666	328	970
北　京	24123	9825	7877	1017	3047
天　津	12903	2914	2730	255	766
河　北	10438	2694	2595	204	618
山　西	8217	1923	1902	162	505
内蒙古	3950	928	896	43	186
辽　宁	9515	1943	1823	177	498
吉　林	3547	872	828	67	208
黑龙江	3876	1036	1015	84	264
上　海	30636	9298	8560	1216	3348
江　苏	53242	13693	13200	1593	4125
浙　江	39729	9850	9275	959	2840
安　徽	13291	4664	4532	559	1434
福　建	24710	7099	6992	802	1928
江　西	11482	3237	3144	341	887
山　东	33711	9928	9588	880	2605
河　南	20336	5803	5641	573	1549
湖　北	14709	4955	4709	530	1452
湖　南	15056	4140	3952	454	1243
广　东	70200	21754	20652	3085	7815
广　西	8400	2326	2237	208	592
海　南	2165	575	547	51	151
重　庆	9699	3080	2945	319	902
四　川	16280	5667	5496	558	1733
贵　州	5710	1764	1708	154	486
云　南	6020	2071	2014	192	613
西　藏	447	168	163	13	52
陕　西	10337	3295	3169	316	945
甘　肃	2997	1022	991	84	230
青　海	762	248	234	17	66
宁　夏	955	306	299	33	102
新　疆	6552	1422	1372	79	288

		在全部企业中占比(%)					
#实现产品或工艺创新，未实现组织或营销创新的企业	#实现组织或营销创新，未实现产品或工艺创新的企业	开展创新活动企业	实现创新企　业	同时实现四种创新企　业	既实现产品或工艺创新，也实现组织或营销创新的企业	实现产品或工艺创新，未实现组织或营销创新的企业	实现组织或营销创新，未实现产品或工艺创新的企业
1088	**7584**	**25.0**	**23.4**	**2.0**	**6.0**	**2.2**	**15.2**
84	474	23.3	21.9	2.0	6.0	2.4	13.5
1004	7110	25.1	23.5	2.0	6.0	2.2	15.3
3075	**3900**	**56.6**	**48.3**	**7.8**	**23.0**	**11.2**	**14.2**
395	351	79.6	67.3	15.2	38.6	15.2	13.5
2243	2919	53.1	45.7	6.5	20.7	10.8	14.1
437	630	59.3	49.7	9.5	24.4	10.4	15.0
282	**1039**	**36.2**	**33.0**	**2.8**	**10.6**	**4.8**	**17.6**
10	16	31.6	29.7	2.6	12.9	6.5	10.3
141	181	50.8	43.1	5.2	18.1	11.0	14.1
126	767	32.4	30.4	2.2	8.5	3.1	18.8
5	75	29.5	28.0	1.3	7.8	1.3	18.9
9275	45498	29.0	27.2	3.3	9.0	3.1	15.1
1651	15159	29.8	28.7	3.2	8.5	2.0	18.2
1449	13880	30.9	29.8	2.8	8.6	2.0	19.2
330	2366	22.7	21.6	1.9	5.7	1.9	14.0
1522	3308	40.7	32.7	4.2	12.6	6.3	13.7
304	1660	22.6	21.2	2.0	5.9	2.4	12.9
228	1749	25.8	24.9	2.0	5.9	2.2	16.8
151	1246	23.4	23.1	2.0	6.1	1.8	15.2
55	655	23.5	22.7	1.1	4.7	1.4	16.6
182	1143	20.4	19.2	1.9	5.2	1.9	12.0
67	553	24.6	23.3	1.9	5.9	1.9	15.6
81	670	26.7	26.2	2.2	6.8	2.1	17.3
1344	3868	30.4	27.9	4.0	10.9	4.4	12.6
1301	7774	25.7	24.8	3.0	7.7	2.4	14.6
947	5488	24.8	23.3	2.4	7.1	2.4	13.8
299	2799	35.1	34.1	4.2	10.8	2.3	21.1
618	4446	28.7	28.3	3.2	7.8	2.5	18.0
204	2053	28.2	27.4	3.0	7.7	1.8	17.9
708	6275	29.5	28.4	2.6	7.7	2.1	18.6
336	3756	28.5	27.7	2.8	7.6	1.7	18.5
323	2934	33.7	32.0	3.6	9.9	2.2	19.9
338	2371	27.5	26.2	3.0	8.3	2.2	15.7
2267	10570	31.0	29.4	4.4	11.1	3.2	15.1
146	1499	27.7	26.6	2.5	7.0	1.7	17.8
36	360	26.6	25.3	2.4	7.0	1.7	16.6
208	1835	31.8	30.4	3.3	9.3	2.1	18.9
455	3308	34.8	33.8	3.4	10.6	2.8	20.3
93	1129	30.9	29.9	2.7	8.5	1.6	19.8
123	1278	34.4	33.5	3.2	10.2	2.0	21.2
7	104	37.6	36.5	2.9	11.6	1.6	23.3
198	2026	31.9	30.7	3.1	9.1	1.9	19.6
46	715	34.1	33.1	2.8	7.7	1.5	23.9
14	154	32.5	30.7	2.2	8.7	1.8	20.2
19	178	32.0	31.3	3.5	10.7	2.0	18.6
85	999	21.7	20.9	1.2	4.4	1.3	15.2

2–5 规模以上高技术产业

项　　目	企业数（个）	开展创新活动企业数（个）	#实现创新企业	#同时实现四种创新企业	#既实现产品或工艺创新，也实现组织或营销创新的企业
总　计	**45586**	**37662**	**35268**	**10397**	**22861**
#国有及国有控股	2077	1900	1772	517	1179
一、按规模分					
大型企业	2057	1919	1840	667	1290
中型企业	6462	5874	5644	1880	3891
小型企业	33633	28271	26371	7559	16907
微型企业	3434	1598	1413	291	773
二、按登记注册类型分					
内资企业	38537	32533	30551	9377	20255
国有企业	154	136	119	39	80
集体企业	33	20	20	4	6
股份合作企业	51	39	38	7	21
联营企业	11	10	10	5	7
#国有联营企业	5	5	5	3	3
有限责任公司	7507	6559	6150	1813	4154
#国有独资公司	262	229	210	48	130
股份有限公司	1837	1773	1709	655	1255
私营企业	28931	23984	22493	6851	14725
其他企业	13	12	12	3	7
港、澳、台商投资企业	3055	2294	2128	474	1195
合资经营企业	731	646	611	156	380
合作经营企业	21	16	15	4	7
港、澳、台商独资经营企业	2103	1448	1328	256	689
港、澳、台商投资股份有限公司	158	150	144	47	98
其他港、澳、台投资企业	42	34	30	11	21
外商投资企业	3994	2835	2589	546	1411
中外合资经营企业	958	818	762	210	487
中外合作经营企业	17	14	11	1	6
外资企业	2826	1827	1650	286	799
外商投资股份有限公司	158	149	140	43	99
其他外商投资企业	35	27	26	6	20
三、按行业（高技术制造业）分					
医药制造业	**8631**	**7132**	**6486**	**1736**	**4086**
#化学药品制造	2568	2249	2047	490	1209
中成药生产	1590	1363	1221	313	801
生物药品制品制造	973	895	796	243	533

(制造业)创新活动总体情况

		在全部企业中占比(%)					
#实现产品或工艺创新，未实现组织或营销创新的企业	#实现组织或营销创新，未实现产品或工艺创新的企业	开展创新活动企业	实现创新企　业	同时实现四种创新企　业	既实现产品或工艺创新，也实现组织或营销创新的企业	实现产品或工艺创新，未实现组织或营销创新的企业	实现组织或营销创新，未实现产品或工艺创新的企业
8979	**3428**	**82.6**	**77.4**	**22.8**	**50.1**	**19.7**	**7.5**
452	141	91.5	85.3	24.9	56.8	21.8	6.8
504	46	93.3	89.5	32.4	62.7	24.5	2.2
1464	289	90.9	87.3	29.1	60.2	22.7	4.5
6714	2750	84.1	78.4	22.5	50.3	20.0	8.2
297	343	46.5	41.1	8.5	22.5	8.6	10.0
7292	3004	84.4	79.3	24.3	52.6	18.9	7.8
28	11	88.3	77.3	25.3	51.9	18.2	7.1
5	9	60.6	60.6	12.1	18.2	15.2	27.3
12	5	76.5	74.5	13.7	41.2	23.5	9.8
2	1	90.9	90.9	45.5	63.6	18.2	9.1
1	1	100.0	100.0	60.0	60.0	20.0	20.0
1414	582	87.4	81.9	24.2	55.3	18.8	7.8
63	17	87.4	80.2	18.3	49.6	24.0	6.5
340	114	96.5	93.0	35.7	68.3	18.5	6.2
5489	2279	82.9	77.7	23.7	50.9	19.0	7.9
2	3	92.3	92.3	23.1	53.8	15.4	23.1
754	179	75.1	69.7	15.5	39.1	24.7	5.9
187	44	88.4	83.6	21.3	52.0	25.6	6.0
7	1	76.2	71.4	19.0	33.3	33.3	4.8
513	126	68.9	63.1	12.2	32.8	24.4	6.0
39	7	94.9	91.1	29.7	62.0	24.7	4.4
8	1	81.0	71.4	26.2	50.0	19.0	2.4
933	245	71.0	64.8	13.7	35.3	23.4	6.1
226	49	85.4	79.5	21.9	50.8	23.6	5.1
4	1	82.4	64.7	5.9	35.3	23.5	5.9
660	191	64.7	58.4	10.1	28.3	23.4	6.8
37	4	94.3	88.6	27.2	62.7	23.4	2.5
6		77.1	74.3	17.1	57.1	17.1	
1444	**956**	**82.6**	**75.1**	**20.1**	**47.3**	**16.7**	**11.1**
613	225	87.6	79.7	19.1	47.1	23.9	8.8
181	239	85.7	76.8	19.7	50.4	11.4	15.0
178	85	92.0	81.8	25.0	54.8	18.3	8.7

2-5 续表 1

项　　目	企业数（个）	开展创新活动企业数（个）	#实现创新企　　业	#同时实现四种创新企　　业	#既实现产品或工艺创新，也实现组织或营销创新的企业
电子及通信设备制造业	**24835**	**20123**	**18975**	**5547**	**12189**
#电子工业专用设备制造	1698	1421	1336	364	856
光纤、光缆制造及锂离子电池制造	1747	1462	1376	452	917
#锂离子电池制造	1396	1168	1098	379	749
通信设备制造、雷达及配套设备制造	2395	2009	1894	551	1244
#通信系统设备制造	1143	996	945	269	617
通信终端设备制造	1138	906	843	249	548
雷达及配套设备制造	114	107	106	33	79
广播电视设备制造	661	521	494	123	307
非专业视听设备制造	1190	913	849	267	588
电子器件制造	5536	4608	4347	1315	2842
#电子真空器件制造	531	415	390	108	234
半导体分立器件制造	472	390	369	101	231
集成电路制造	1096	950	896	240	588
光电子器件制造	940	796	752	244	511
电子元件及电子专用设备制造	8660	6714	6323	1659	3799
#电阻电容电感元件制造	1278	960	899	237	520
电子专用材料制造	1877	1519	1434	356	867
电子电路制造	1826	1452	1382	346	832
智能消费设备制造	1397	1219	1167	415	852
其他电子设备制造	1551	1256	1189	401	784
计算机及办公设备制造业	**2934**	**2408**	**2282**	**743**	**1552**
#计算机整机制造	353	312	298	115	213
计算机零部件制造	1005	774	724	194	449
计算机外围设备制造	805	669	631	202	440
办公设备制造	282	210	200	66	137
医疗仪器设备及仪器仪表制造业	**8297**	**7239**	**6835**	**2200**	**4608**
#医疗仪器设备及器械制造	2701	2336	2172	713	1463
#医疗诊断、监护及治疗设备制造	821	742	672	225	460
医疗、外科及兽医用器械制造	682	580	549	187	368
通用仪器仪表制造	3723	3256	3110	987	2082
专用仪器仪表制造	1117	1007	949	300	659
信息化学品制造业	**175**	**137**	**126**	**29**	**81**
四、按地区分					
东部地区	30453	25521	24037	7034	15538
中部地区	8975	7258	6739	2208	4479
西部地区	5031	3992	3705	979	2365
东北地区	1127	891	787	176	479

		在全部企业中占比(%)					
#实现产品或工艺创新，未实现组织或营销创新的企业	#实现组织或营销创新，未实现产品或工艺创新的企业	开展创新活动企业	实现创新企业	同时实现四种创新企业	既实现产品或工艺创新，也实现组织或营销创新的企业	实现产品或工艺创新，未实现组织或营销创新的企业	实现组织或营销创新，未实现产品或工艺创新的企业
5140	**1646**	**81.0**	**76.4**	**22.3**	**49.1**	**20.7**	**6.6**
350	130	83.7	78.7	21.4	50.4	20.6	7.7
326	133	83.7	78.8	25.9	52.5	18.7	7.6
239	110	83.7	78.7	27.1	53.7	17.1	7.9
473	177	83.9	79.1	23.0	51.9	19.7	7.4
260	68	87.1	82.7	23.5	54.0	22.7	5.9
191	104	79.6	74.1	21.9	48.2	16.8	9.1
22	5	93.9	93.0	28.9	69.3	19.3	4.4
151	36	78.8	74.7	18.6	46.4	22.8	5.4
184	77	76.7	71.3	22.4	49.4	15.5	6.5
1164	341	83.2	78.5	23.8	51.3	21.0	6.2
106	50	78.2	73.4	20.3	44.1	20.0	9.4
114	24	82.6	78.2	21.4	48.9	24.2	5.1
245	63	86.7	81.8	21.9	53.7	22.4	5.7
194	47	84.7	80.0	26.0	54.4	20.6	5.0
1992	532	77.5	73.0	19.2	43.9	23.0	6.1
311	68	75.1	70.3	18.5	40.7	24.3	5.3
442	125	80.9	76.4	19.0	46.2	23.5	6.7
426	124	79.5	75.7	18.9	45.6	23.3	6.8
210	105	87.3	83.5	29.7	61.0	15.0	7.5
290	115	81.0	76.7	25.9	50.5	18.7	7.4
523	**207**	**82.1**	**77.8**	**25.3**	**52.9**	**17.8**	**7.1**
57	28	88.4	84.4	32.6	60.3	16.1	7.9
207	68	77.0	72.0	19.3	44.7	20.6	6.8
130	61	83.1	78.4	25.1	54.7	16.1	7.6
45	18	74.5	70.9	23.4	48.6	16.0	6.4
1664	**563**	**87.2**	**82.4**	**26.5**	**55.5**	**20.1**	**6.8**
470	239	86.5	80.4	26.4	54.2	17.4	8.8
144	68	90.4	81.9	27.4	56.0	17.5	8.3
126	55	85.0	80.5	27.4	54.0	18.5	8.1
810	218	87.5	83.5	26.5	55.9	21.8	5.9
216	74	90.2	85.0	26.9	59.0	19.3	6.6
36	**9**	**78.3**	**72.0**	**16.6**	**46.3**	**20.6**	**5.1**
6465	2034	83.8	78.9	23.1	51.0	21.2	6.7
1533	727	80.9	75.1	24.6	49.9	17.1	8.1
799	541	79.3	73.6	19.5	47.0	15.9	10.8
182	126	79.1	69.8	15.6	42.5	16.1	11.2

2-5 续表 2

项　　目	企业数(个)	开展创新活动企业数(个)	#实现创新企业	#同时实现四种创新企业	#既实现产品或工艺创新，也实现组织或营销创新的企业
北　京	937	869	759	124	418
天　津	583	459	424	111	284
河　北	837	637	614	147	369
山　西	257	207	195	51	125
内蒙古	111	95	89	14	53
辽　宁	552	443	399	92	246
吉　林	350	264	221	49	134
黑龙江	225	184	167	35	99
上　海	1311	1019	923	190	537
江　苏	6863	5734	5397	1325	3209
浙　江	4231	3749	3539	1094	2294
安　徽	1923	1628	1556	521	1074
福　建	1321	1081	1029	322	675
江　西	2105	1612	1561	560	1012
山　东	1922	1615	1535	513	1039
河　南	1366	1003	945	319	607
湖　北	1483	1288	1155	381	802
湖　南	1841	1520	1327	376	859
广　东	12379	10300	9766	3201	6684
广　西	499	337	301	65	168
海　南	69	58	51	7	29
重　庆	865	701	653	207	418
四　川	1764	1431	1362	367	882
贵　州	387	287	257	61	166
云　南	283	234	212	52	129
西　藏	16	13	10	2	4
陕　西	786	656	613	175	412
甘　肃	139	111	96	13	60
青　海	42	35	33	3	15
宁　夏	57	46	45	15	37
新　疆	82	46	34	5	21

		在全部企业中占比(%)					
#实现产品或工艺创新，未实现组织或营销创新的企业	#实现组织或营销创新，未实现产品或工艺创新的企业	开展创新活动企业	实现创新企业	同时实现四种创新企业	既实现产品或工艺创新，也实现组织或营销创新的企业	实现产品或工艺创新，未实现组织或营销创新的企业	实现组织或营销创新，未实现产品或工艺创新的企业
270	71	92.7	81.0	13.2	44.6	28.8	7.6
105	35	78.7	72.7	19.0	48.7	18.0	6.0
195	50	76.1	73.4	17.6	44.1	23.3	6.0
50	20	80.5	75.9	19.8	48.6	19.5	7.8
22	14	85.6	80.2	12.6	47.7	19.8	12.6
107	46	80.3	72.3	16.7	44.6	19.4	8.3
34	53	75.4	63.1	14.0	38.3	9.7	15.1
41	27	81.8	74.2	15.6	44.0	18.2	12.0
302	84	77.7	70.4	14.5	41.0	23.0	6.4
1677	511	83.5	78.6	19.3	46.8	24.4	7.4
1047	198	88.6	83.6	25.9	54.2	24.7	4.7
329	153	84.7	80.9	27.1	55.9	17.1	8.0
266	88	81.8	77.9	24.4	51.1	20.1	6.7
424	125	76.6	74.2	26.6	48.1	20.1	5.9
380	116	84.0	79.9	26.7	54.1	19.8	6.0
182	156	73.4	69.2	23.4	44.4	13.3	11.4
232	121	86.9	77.9	25.7	54.1	15.6	8.2
316	152	82.6	72.1	20.4	46.7	17.2	8.3
2216	866	83.2	78.9	25.9	54.0	17.9	7.0
65	68	67.5	60.3	13.0	33.7	13.0	13.6
7	15	84.1	73.9	10.1	42.0	10.1	21.7
166	69	81.0	75.5	23.9	48.3	19.2	8.0
305	175	81.1	77.2	20.8	50.0	17.3	9.9
52	39	74.2	66.4	15.8	42.9	13.4	10.1
32	51	82.7	74.9	18.4	45.6	11.3	18.0
1	5	81.3	62.5	12.5	25.0	6.3	31.3
125	76	83.5	78.0	22.3	52.4	15.9	9.7
13	23	79.9	69.1	9.4	43.2	9.4	16.5
8	10	83.3	78.6	7.1	35.7	19.0	23.8
7	1	80.7	78.9	26.3	64.9	12.3	1.8
3	10	56.1	41.5	6.1	25.6	3.7	12.2

三、规模（限额）以上企业产品和工艺创新情况（2021 年）

3−1 规模(限额)以上企业

项目	开展产品或工艺创新活动企业数(个)	#实现产品或工艺创新企业	#实现产品创新企业	#实现工艺创新企业	未开展产品或工艺创新活动企业数(个)
总　计	**324368**	**272271**	**195492**	**222507**	**654479**
#国有及国有控股	25240	20624	12316	17739	49427
一、按规模分					
大型企业	15430	13802	10046	12273	8360
中型企业	54437	47089	33562	39927	94225
小型企业	236208	197477	143717	158966	395258
微型企业	18293	13903	8167	11341	156636
二、按登记注册类型分					
内资企业	295013	247131	176767	202411	618018
国有企业	2528	2023	1144	1740	8120
集体企业	376	298	163	258	2982
股份合作企业	501	416	312	306	1176
联营企业	82	65	35	54	247
#国有联营企业	39	30	19	24	110
有限责任公司	54327	44806	29865	37711	103063
#国有独资公司	4640	3772	2074	3311	11355
股份有限公司	9567	8383	6702	7021	5662
私营企业	227582	191100	138517	155287	496627
其他企业	50	40	29	34	141
港、澳、台商投资企业	13411	11537	8637	9324	16545
合资经营企业	3993	3510	2657	2916	3207
合作经营企业	153	125	85	106	284
港、澳、台商独资经营企业	8428	7143	5263	5673	12621
港、澳、台商投资股份有限公司	664	613	525	508	251
其他港、澳、台投资企业	173	146	107	121	182
外商投资企业	15944	13603	10088	10772	19916
中外合资经营企业	5394	4677	3605	3777	4078
中外合作经营企业	174	148	85	125	246
外资企业	9606	8096	5848	6329	15040
外商投资股份有限公司	619	560	464	446	311
其他外商投资企业	151	122	86	95	241
三、按行业分					
采矿业	2731	2072	647	1927	8653
制造业	238293	204449	156704	165653	174604
电力、热力、燃气及水生产和供应业	3981	2765	587	2620	13312
建筑业	10703	8802	4187	8214	52574
批发和零售业	26304	22959	12241	19534	294740
交通运输、仓储和邮政业	3793	3092	1243	2773	39064
信息传输、软件和信息技术服务业	18495	13734	10836	10162	8273

产品和工艺创新分布情况

在全部企业中占比(%)							
开展产品或工艺创新活动企业	#实现产品或工艺创新企业	#实现产品创新企业	#实现工艺创新企业	1.同时实现产品和工艺创新企业	2.仅实现产品创新企业	3.仅实现工艺创新企业	4.仅有正在进行或中止的产品或工艺创新活动企业
33.1	**27.8**	**20.0**	**22.7**	**14.9**	**5.1**	**7.8**	**5.3**
33.8	27.6	16.5	23.8	12.6	3.9	11.1	6.2
64.9	58.0	42.2	51.6	35.8	6.4	15.8	6.8
36.6	31.7	22.6	26.9	17.8	4.8	9.1	4.9
37.4	31.3	22.8	25.2	16.7	6.1	8.5	6.1
10.5	7.9	4.7	6.5	3.2	1.5	3.3	2.5
32.3	27.1	19.4	22.2	14.5	4.9	7.7	5.2
23.7	19.0	10.7	16.3	8.1	2.7	8.3	4.7
11.2	8.9	4.9	7.7	3.7	1.2	4.0	2.3
29.9	24.8	18.6	18.2	12.0	6.6	6.2	5.1
24.9	19.8	10.6	16.4	7.3	3.3	9.1	5.2
26.2	20.1	12.8	16.1	8.7	4.0	7.4	6.0
34.5	28.5	19.0	24.0	14.5	4.5	9.5	6.0
29.0	23.6	13.0	20.7	10.1	2.9	10.6	5.4
62.8	55.0	44.0	46.1	35.1	8.9	11.0	7.8
31.4	26.4	19.1	21.4	14.2	4.9	7.3	5.0
26.2	20.9	15.2	17.8	12.0	3.1	5.8	5.2
44.8	38.5	28.8	31.1	21.4	7.4	9.7	6.3
55.5	48.8	36.9	40.5	28.7	8.3	11.8	6.7
35.0	28.6	19.5	24.3	15.1	4.3	9.2	6.4
40.0	33.9	25.0	27.0	18.0	7.0	8.9	6.1
72.6	67.0	57.4	55.5	45.9	11.5	9.6	5.6
48.7	41.1	30.1	34.1	23.1	7.0	11.0	7.6
44.5	37.9	28.1	30.0	20.2	7.9	9.8	6.5
56.9	49.4	38.1	39.9	28.6	9.5	11.3	7.6
41.4	35.2	20.2	29.8	14.8	5.5	15.0	6.2
39.0	32.8	23.7	25.7	16.6	7.2	9.1	6.1
66.6	60.2	49.9	48.0	37.6	12.3	10.3	6.3
38.5	31.1	21.9	24.2	15.1	6.9	9.2	7.4
24.0	18.2	5.7	16.9	4.4	1.3	12.5	5.8
57.7	49.5	38.0	40.1	28.6	9.4	11.6	8.2
23.0	16.0	3.4	15.2	2.6	0.8	12.6	7.0
16.9	13.9	6.6	13.0	5.7	0.9	7.3	3.0
8.2	7.2	3.8	6.1	2.7	1.1	3.3	1.0
8.9	7.2	2.9	6.5	2.2	0.7	4.3	1.6
69.1	51.3	40.5	38.0	27.1	13.3	10.8	17.8

3−1 续表

项目	开展产品或工艺创新活动企业数（个）	#实现产品或工艺创新企业	#实现产品创新企业	#实现工艺创新企业	未开展产品或工艺创新活动企业数（个）
租赁和商务服务业	5584	4100	2421	3259	44346
科学研究和技术服务业	13222	9388	6191	7574	14265
水利、环境和公共设施管理业	1262	910	435	791	4648
四、按地区分					
东部地区	213120	180692	132784	145146	382622
中部地区	66203	54468	39340	45816	131571
西部地区	37027	30601	19211	26106	110327
东北地区	8018	6510	4157	5439	29959
北　京	10098	6727	4699	5080	19028
天　津	4530	3710	2482	3053	15404
河　北	8062	7222	4475	6000	20104
山　西	3220	2859	1430	2502	13327
内蒙古	1280	1020	436	908	6519
辽　宁	4717	3832	2490	3200	15692
吉　林	1537	1228	797	1035	6283
黑龙江	1764	1450	870	1204	7984
上　海	11460	9426	6472	7507	30046
江　苏	43132	37103	25545	30235	72318
浙　江	44552	38650	31115	30055	53399
安　徽	13781	12173	9203	10207	21891
福　建	12998	11574	7914	9584	35018
江　西	9423	8612	7371	7104	19527
山　东	24492	20756	15864	16965	47224
河　南	11604	9934	6383	8561	34665
湖　北	13111	9981	7375	8225	21128
湖　南	15064	10909	7578	9217	21033
广　东	53297	45156	34005	36362	87724
广　西	3821	2998	1871	2552	13537
海　南	499	368	213	305	2357
重　庆	6019	5093	3892	4209	12452
四　川	10547	9110	5798	7719	26240
贵　州	3203	2451	1459	2113	8694
云　南	2993	2488	1482	2146	8952
西　藏	154	115	53	106	657
陕　西	5011	4258	2710	3642	15391
甘　肃	1364	1023	541	891	4721
青　海	334	252	122	212	1286
宁　夏	899	743	391	679	1845
新　疆	1402	1050	456	929	10033

在全部企业中占比(%)							
开展产品或工艺创新活动企业	#实现产品或工艺创新企业			1.同时实现产品和工艺创新企业	2.仅实现产品创新企业	3.仅实现工艺创新企业	4.仅有正在进行或中止的产品或工艺创新活动企业
		#实现产品创新企业	#实现工艺创新企业				
11.2	8.2	4.8	6.5	3.2	1.7	3.4	3.0
48.1	34.2	22.5	27.6	15.9	6.6	11.6	13.9
21.4	15.4	7.4	13.4	5.3	2.0	8.0	6.0
35.8	30.3	22.3	24.4	16.3	6.0	8.0	5.4
33.5	27.5	19.9	23.2	15.5	4.4	7.6	5.9
25.1	20.8	13.0	17.7	10.0	3.1	7.7	4.4
21.1	17.1	10.9	14.3	8.1	2.8	6.2	4.0
34.7	23.1	16.1	17.4	10.5	5.7	7.0	11.6
22.7	18.6	12.5	15.3	9.2	3.3	6.2	4.1
28.6	25.6	15.9	21.3	11.5	4.3	9.8	3.0
19.5	17.3	8.6	15.1	6.5	2.2	8.6	2.2
16.4	13.1	5.6	11.6	4.2	1.4	7.5	3.3
23.1	18.8	12.2	15.7	9.1	3.1	6.6	4.3
19.7	15.7	10.2	13.2	7.7	2.5	5.5	4.0
18.1	14.9	8.9	12.4	6.4	2.5	6.0	3.2
27.6	22.7	15.6	18.1	11.0	4.6	7.1	4.9
37.4	32.1	22.1	26.2	16.2	5.9	10.0	5.2
45.5	39.5	31.8	30.7	23.0	8.8	7.7	6.0
38.6	34.1	25.8	28.6	20.3	5.5	8.3	4.5
27.1	24.1	16.5	20.0	12.3	4.1	7.6	3.0
32.5	29.7	25.5	24.5	20.3	5.2	4.3	2.8
34.2	28.9	22.1	23.7	16.8	5.3	6.8	5.2
25.1	21.5	13.8	18.5	10.8	3.0	7.7	3.6
38.3	29.2	21.5	24.0	16.4	5.1	7.6	9.1
41.7	30.2	21.0	25.5	16.3	4.7	9.2	11.5
37.8	32.0	24.1	25.8	17.9	6.2	7.9	5.8
22.0	17.3	10.8	14.7	8.2	2.6	6.5	4.7
17.5	12.9	7.5	10.7	5.3	2.2	5.4	4.6
32.6	27.6	21.1	22.8	16.3	4.8	6.5	5.0
28.7	24.8	15.8	21.0	12.0	3.8	9.0	3.9
26.9	20.6	12.3	17.8	9.4	2.8	8.3	6.3
25.1	20.8	12.4	18.0	9.5	2.9	8.4	4.2
19.0	14.2	6.5	13.1	5.4	1.1	7.6	4.8
24.6	20.9	13.3	17.9	10.3	3.0	7.6	3.7
22.4	16.8	8.9	14.6	6.7	2.2	7.9	5.6
20.6	15.6	7.5	13.1	5.1	2.5	8.0	5.1
32.8	27.1	14.2	24.7	11.9	2.3	12.8	5.7
12.3	9.2	4.0	8.1	2.9	1.1	5.2	3.1

3-2 规模以上工业企业

项　目	开展产品或工艺创新活动企业数（个）	#实现产品或工艺创新企业	#实现产品创新企业	#实现工艺创新企业	未开展产品或工艺创新活动企业数（个）
总　计	**245005**	**209286**	**157938**	**170200**	**196569**
#国有及国有控股	12972	10889	7030	9406	12279
一、按规模分					
大型企业	7453	7008	5731	6315	1042
中型企业	29616	26966	21777	23014	9320
小型企业	196425	166776	125189	134067	146965
微型企业	11511	8536	5241	6804	39242
二、按登记注册类型分					
内资企业	220449	187906	141654	153093	177668
国有企业	972	785	496	682	1639
集体企业	234	187	103	167	659
股份合作企业	418	356	278	258	333
联营企业	39	32	18	26	51
#国有联营企业	19	15	9	13	25
有限责任公司	33188	28330	20259	23893	26727
#国有独资公司	2020	1656	996	1450	2611
股份有限公司	6560	5954	5039	5047	1380
私营企业	179005	152238	115438	123001	146859
其他企业	33	24	23	19	20
港、澳、台商投资企业	11177	9795	7499	7930	8573
合资经营企业	3505	3120	2416	2588	1844
合作经营企业	128	105	73	86	161
港、澳、台商独资经营企业	6878	5954	4482	4742	6427
港、澳、台商投资股份有限公司	557	524	459	436	90
其他港、澳、台投资企业	109	92	69	78	51
外商投资企业	13379	11585	8785	9177	10328
中外合资经营企业	4674	4125	3238	3323	2461
中外合作经营企业	156	133	76	112	148
外资企业	7962	6787	5005	5309	7541
外商投资股份有限公司	490	458	403	364	96
其他外商投资企业	97	82	63	69	82
三、按行业分					
采矿业	**2731**	**2072**	**647**	**1927**	**8653**
煤炭开采和洗选业	972	738	102	716	3592
石油和天然气开采业	72	55	6	54	71
黑色金属矿采选业	338	259	57	246	1136
有色金属矿采选业	386	282	108	260	787

产品和工艺创新分布情况

在全部企业中占比(%)							
开展产品或工艺创新活动企业	#实现产品或工艺创新企业	#实现产品创新企业	#实现工艺创新企业	1.同时实现产品和工艺创新企业	2.仅实现产品创新企业	3.仅实现工艺创新企业	4.仅有正在进行或中止的产品或工艺创新活动企业
55.5	**47.4**	**35.8**	**38.5**	**26.9**	**8.9**	**11.6**	**8.1**
51.4	43.1	27.8	37.3	22.0	5.9	15.3	8.2
87.7	82.5	67.5	74.3	59.3	8.2	15.0	5.2
76.1	69.3	55.9	59.1	45.8	10.2	13.3	6.8
57.2	48.6	36.5	39.0	26.9	9.5	12.1	8.6
22.7	16.8	10.3	13.4	6.9	3.4	6.5	5.9
55.4	47.2	35.6	38.5	26.8	8.7	11.6	8.2
37.2	30.1	19.0	26.1	15.1	3.9	11.1	7.2
26.2	20.9	11.5	18.7	9.3	2.2	9.4	5.3
55.7	47.4	37.0	34.4	24.0	13.0	10.4	8.3
43.3	35.6	20.0	28.9	13.3	6.7	15.6	7.8
43.2	34.1	20.5	29.5	15.9	4.5	13.6	9.1
55.4	47.3	33.8	39.9	26.4	7.4	13.5	8.1
43.6	35.8	21.5	31.3	17.1	4.4	14.3	7.9
82.6	75.0	63.5	63.6	52.0	11.4	11.5	7.6
54.9	46.7	35.4	37.7	26.5	9.0	11.3	8.2
62.3	45.3	43.4	35.8	34.0	9.4	1.9	17.0
56.6	49.6	38.0	40.2	28.5	9.4	11.6	7.0
65.5	58.3	45.2	48.4	35.2	9.9	13.2	7.2
44.3	36.3	25.3	29.8	18.7	6.6	11.1	8.0
51.7	44.8	33.7	35.6	24.6	9.1	11.1	6.9
86.1	81.0	70.9	67.4	57.3	13.6	10.0	5.1
68.1	57.5	43.1	48.8	34.4	8.8	14.4	10.6
56.4	48.9	37.1	38.7	26.9	10.2	11.8	7.6
65.5	57.8	45.4	46.6	34.1	11.2	12.4	7.7
51.3	43.8	25.0	36.8	18.1	6.9	18.8	7.6
51.4	43.8	32.3	34.2	22.8	9.5	11.5	7.6
83.6	78.2	68.8	62.1	52.7	16.0	9.4	5.5
54.2	45.8	35.2	38.5	27.9	7.3	10.6	8.4
24.0	**18.2**	**5.7**	**16.9**	**4.4**	**1.3**	**12.5**	**5.8**
21.3	16.2	2.2	15.7	1.8	0.5	13.9	5.1
50.4	38.5	4.2	37.8	3.5	0.7	34.3	11.9
22.9	17.6	3.9	16.7	3.0	0.9	13.7	5.4
32.9	24.0	9.2	22.2	7.3	1.9	14.8	8.9

3-2 续表 1

项　　目	开展产品或工艺创新活动企业数(个)	#实现产品或工艺创新企业	#实现产品创新企业	#实现工艺创新企业	未开展产品或工艺创新活动企业数(个)
非金属矿采选业	875	672	347	591	2832
开采专业及辅助性活动	85	65	27	59	233
其他采矿业	3	1		1	2
制造业	**238293**	**204449**	**156704**	**165653**	**174604**
农副食品加工业	9738	7878	5561	6353	13334
食品制造业	5090	4312	3374	3398	3779
酒、饮料和精制茶制造业	2909	2361	1684	1886	2757
烟草制品业	106	86	64	75	20
纺织业	10068	8488	6198	6868	9717
纺织服装、服饰业	4607	3730	2687	2867	8572
皮革、毛皮、羽毛及其制品和制鞋业	3653	3040	2490	2151	4672
木材加工和木、竹、藤、棕、草制品业	3575	2820	1905	2270	7617
家具制造业	3671	3116	2358	2451	3484
造纸和纸制品业	3446	2942	2057	2505	3747
印刷和记录媒介复制业	3460	2959	2016	2567	3125
文教、工美、体育和娱乐用品制造业	5241	4458	3436	3472	4751
石油、煤炭及其他燃料加工业	1054	867	475	754	1179
化学原料和化学制品制造业	14869	12790	9637	10315	8321
医药制造业	6725	5530	4094	4647	1906
化学纤维制造业	1325	1161	875	961	759
橡胶和塑料制品业	13492	11574	8810	9504	9771
非金属矿物制品业	18179	14574	9648	12276	25935
黑色金属冶炼和压延加工业	2509	2097	1376	1827	3135
有色金属冶炼和压延加工业	4558	3815	2759	3210	3857
金属制品业	17158	14521	10574	12061	14086
通用设备制造业	21615	19134	15526	15297	8884
专用设备制造业	17928	15814	12779	12658	5938
汽车制造业	11684	10426	8497	8519	5575
铁路、船舶、航空航天和其他运输设备制造业	3722	3261	2592	2638	1889
电气机械和器材制造业	21526	19127	15837	15284	8770
计算机、通信和其他电子设备制造业	18725	16843	14054	13518	5404
仪器仪表制造业	5071	4592	3942	3515	960
其他制造业	1182	1000	767	815	776
废弃资源综合利用业	1112	880	502	770	1541
金属制品、机械和设备修理业	295	253	130	221	343
电力、热力、燃气及水生产和供应业	**3981**	**2765**	**587**	**2620**	**13312**
电力、热力生产和供应业	2547	1749	345	1660	8554
燃气生产和供应业	602	430	99	408	2431
水的生产和供应业	832	586	143	552	2327

在全部企业中占比(%)							
开展产品或工艺创新活动企业	#实现产品或工艺创新企业	#实现产品创新企业	#实现工艺创新企业	1.同时实现产品和工艺创新企业	2.仅实现产品创新企业	3.仅实现工艺创新企业	4.仅有正在进行或中止的产品或工艺创新活动企业
23.6	18.1	9.4	15.9	7.2	2.2	8.8	5.5
26.7	20.4	8.5	18.6	6.6	1.9	12.0	6.3
60.0	20.0		20.0			20.0	40.0
57.7	**49.5**	**38.0**	**40.1**	**28.6**	**9.4**	**11.6**	**8.2**
42.2	34.1	24.1	27.5	17.5	6.6	10.0	8.1
57.4	48.6	38.0	38.3	27.7	10.3	10.6	8.8
51.3	41.7	29.7	33.3	21.3	8.4	11.9	9.7
84.1	68.3	50.8	59.5	42.1	8.7	17.5	15.9
50.9	42.9	31.3	34.7	23.1	8.2	11.6	8.0
35.0	28.3	20.4	21.8	13.8	6.5	7.9	6.7
43.9	36.5	29.9	25.8	19.2	10.7	6.6	7.4
31.9	25.2	17.0	20.3	12.1	4.9	8.2	6.7
51.3	43.6	33.0	34.3	23.7	9.3	10.6	7.8
47.9	40.9	28.6	34.8	22.5	6.1	12.3	7.0
52.5	44.9	30.6	39.0	24.7	6.0	14.3	7.6
52.5	44.6	34.4	34.7	24.5	9.9	10.2	7.8
47.2	38.8	21.3	33.8	16.2	5.1	17.6	8.4
64.1	55.2	41.6	44.5	30.9	10.7	13.6	9.0
77.9	64.1	47.4	53.8	37.2	10.2	16.6	13.8
63.6	55.7	42.0	46.1	32.4	9.6	13.7	7.9
58.0	49.8	37.9	40.9	29.0	8.9	11.9	8.2
41.2	33.0	21.9	27.8	16.7	5.2	11.2	8.2
44.5	37.2	24.4	32.4	19.6	4.8	12.8	7.3
54.2	45.3	32.8	38.1	25.6	7.2	12.5	8.8
54.9	46.5	33.8	38.6	26.0	7.9	12.6	8.4
70.9	62.7	50.9	50.2	38.3	12.6	11.8	8.1
75.1	66.3	53.5	53.0	40.3	13.2	12.7	8.9
67.7	60.4	49.2	49.4	38.2	11.0	11.2	7.3
66.3	58.1	46.2	47.0	35.1	11.1	11.9	8.2
71.1	63.1	52.3	50.4	39.6	12.7	10.9	7.9
77.6	69.8	58.2	56.0	44.5	13.8	11.6	7.8
84.1	76.1	65.4	58.3	47.5	17.9	10.8	7.9
60.4	51.1	39.2	41.6	29.7	9.4	11.9	9.3
41.9	33.2	18.9	29.0	14.8	4.1	14.2	8.7
46.2	39.7	20.4	34.6	15.4	5.0	19.3	6.6
23.0	**16.0**	**3.4**	**15.2**	**2.6**	**0.8**	**12.6**	**7.0**
22.9	15.8	3.1	15.0	2.3	0.8	12.6	7.2
19.8	14.2	3.3	13.5	2.5	0.7	10.9	5.7
26.3	18.6	4.5	17.5	3.5	1.1	14.0	7.8

3–2 续表 2

项 目	开展产品或工艺创新活动企业数（个）	#实现产品或工艺创新企业	#实现产品创新企业	#实现工艺创新企业	未开展产品或工艺创新活动企业数（个）
四、按地区分					
东部地区	160599	139564	107236	111579	103662
中部地区	52918	43590	33209	36424	47493
西部地区	25567	21278	14238	18168	35277
东北地区	5921	4854	3255	4029	10137
北 京	2198	1789	1434	1232	879
天 津	2855	2433	1759	2004	2804
河 北	6778	6181	3923	5108	9323
山 西	2249	1975	951	1758	4611
内蒙古	925	732	312	660	2369
辽 宁	3572	2960	1993	2456	4918
吉 林	1081	873	613	729	2140
黑龙江	1268	1021	649	844	3079
上 海	5190	4481	3251	3607	4106
江 苏	35668	30926	21800	25125	20600
浙 江	38851	34150	28475	26322	14946
安 徽	11242	10056	8011	8358	8628
福 建	9651	8565	6030	7156	10516
江 西	7764	7263	6615	5911	8059
山 东	19535	16695	13622	13495	13529
河 南	8584	7435	4971	6391	13091
湖 北	10416	7877	6181	6423	6387
湖 南	12663	8984	6480	7583	6717
广 东	39644	34182	26841	27397	26625
广 西	2728	2128	1407	1785	5326
海 南	229	162	101	133	334
重 庆	4420	3824	3203	3123	2890
四 川	7353	6449	4311	5516	9101
贵 州	2310	1731	1094	1496	2793
云 南	1933	1600	1010	1384	2635
西 藏	60	37	20	34	123
陕 西	3197	2783	1888	2390	4358
甘 肃	899	660	360	575	1363
青 海	196	146	75	121	436
宁 夏	709	583	310	536	675
新 疆	837	605	248	548	3208

在全部企业中占比(%)							
开展产品或工艺创新活动企业	#实现产品或工艺创新企业	#实现产品创新企业	#实现工艺创新企业	1.同时实现产品和工艺创新企业	2.仅实现产品创新企业	3.仅实现工艺创新企业	4.仅有正在进行或中止的产品或工艺创新活动企业
60.8	52.8	40.6	42.2	30.0	10.6	12.2	8.0
52.7	43.4	33.1	36.3	25.9	7.1	10.3	9.3
42.0	35.0	23.4	29.9	18.3	5.1	11.6	7.0
36.9	30.2	20.3	25.1	15.1	5.1	10.0	6.6
71.4	58.1	46.6	40.0	28.5	18.1	11.5	13.3
50.5	43.0	31.1	35.4	23.5	7.6	11.9	7.5
42.1	38.4	24.4	31.7	17.7	6.7	14.0	3.7
32.8	28.8	13.9	25.6	10.7	3.2	14.9	4.0
28.1	22.2	9.5	20.0	7.3	2.2	12.8	5.9
42.1	34.9	23.5	28.9	17.5	5.9	11.4	7.2
33.6	27.1	19.0	22.6	14.6	4.5	8.1	6.5
29.2	23.5	14.9	19.4	10.9	4.1	8.6	5.7
55.8	48.2	35.0	38.8	25.6	9.4	13.2	7.6
63.4	55.0	38.7	44.7	28.4	10.3	16.2	8.4
72.2	63.5	52.9	48.9	38.4	14.6	10.5	8.7
56.6	50.6	40.3	42.1	31.8	8.5	10.3	6.0
47.9	42.5	29.9	35.5	22.9	7.0	12.6	5.4
49.1	45.9	41.8	37.4	33.3	8.5	4.1	3.2
59.1	50.5	41.2	40.8	31.5	9.7	9.3	8.6
39.6	34.3	22.9	29.5	18.1	4.8	11.4	5.3
62.0	46.9	36.8	38.2	28.1	8.7	10.1	15.1
65.3	46.4	33.4	39.1	26.2	7.2	12.9	19.0
59.8	51.6	40.5	41.3	30.3	10.2	11.1	8.2
33.9	26.4	17.5	22.2	13.2	4.3	9.0	7.5
40.7	28.8	17.9	23.6	12.8	5.2	10.8	11.9
60.5	52.3	43.8	42.7	34.2	9.6	8.5	8.2
44.7	39.2	26.2	33.5	20.5	5.7	13.0	5.5
45.3	33.9	21.4	29.3	16.8	4.6	12.5	11.3
42.3	35.0	22.1	30.3	17.4	4.7	12.9	7.3
32.8	20.2	10.9	18.6	9.3	1.6	9.3	12.6
42.3	36.8	25.0	31.6	19.8	5.2	11.8	5.5
39.7	29.2	15.9	25.4	12.2	3.8	13.3	10.6
31.0	23.1	11.9	19.1	7.9	4.0	11.2	7.9
51.2	42.1	22.4	38.7	19.0	3.4	19.7	9.1
20.7	15.0	6.1	13.5	4.7	1.4	8.8	5.7

3-3 资质等级以上建筑业企业

项　目	开展产品或工艺创新活动企业数(个)	#实现产品或工艺创新企业	#实现产品创新企业	#实现工艺创新企业	未开展产品或工艺创新活动企业数(个)
总　计	**10703**	**8802**	**4187**	**8214**	**52575**
#国有及国有控股	2318	2002	973	1933	3396
一、按规模分					
大型企业	2303	2104	1163	2062	806
中型企业	4818	3936	1746	3679	17310
小型企业	2936	2265	1041	2034	24929
微型企业	646	497	237	439	9530
二、按登记注册类型分					
内资企业	10627	8734	4147	8151	52333
#国有企业	214	179	81	175	887
集体企业	56	47	21	43	739
股份合作企业	18	13	6	12	106
联营企业	8	7	2	7	17
有限责任公司	3196	2705	1326	2572	8066
#国有独资公司	625	539	265	519	758
股份有限公司	322	271	154	257	495
私营企业	6811	5510	2556	5083	42019
港、澳、台商投资企业	40	39	23	37	146
#合资经营企业	22	21	11	21	86
港、澳、台商独资经营企业	8	8	5	6	52
港、澳、台商投资股份有限公司	9	9	7	9	2
外商投资企业	36	29	17	26	96
#中外合资经营企业	20	16	9	15	45
外资企业	11	9	5	8	44
外商投资股份有限公司	4	3	2	2	1
三、按行业分					
房屋建筑业	4237	3530	1636	3312	23587
土木工程建筑业	3010	2503	1169	2362	10376
建筑安装业	1452	1145	615	1033	5845
建筑装饰、装修和其他建筑业	2004	1624	767	1507	12766

产品和工艺创新分布情况

在全部企业中占比(%)							
开展产品或工艺创新活动企业	#实现产品或工艺创新企业			1.同时实现产品和工艺创新企业	2.仅实现产品创新企业	3.仅实现工艺创新企业	4.仅有正在进行或中止的产品或工艺创新活动企业
		#实现产品创新企业	#实现工艺创新企业				
16.9	**13.9**	**6.6**	**13.0**	**5.7**	**0.9**	**7.3**	**3.0**
40.6	35.0	17.0	33.8	15.8	1.2	18.0	5.5
74.1	67.7	37.4	66.3	36.1	1.4	30.3	6.4
21.8	17.8	7.9	16.6	6.7	1.2	9.9	4.0
10.5	8.1	3.7	7.3	2.9	0.8	4.4	2.4
6.3	4.9	2.3	4.3	1.8	0.6	2.6	1.5
16.9	13.9	6.6	12.9	5.7	0.9	7.3	3.0
19.4	16.3	7.4	15.9	7.0	0.4	8.9	3.2
7.0	5.9	2.6	5.4	2.1	0.5	3.3	1.1
14.5	10.5	4.8	9.7	4.0	0.8	5.6	4.0
32.0	28.0	8.0	28.0	8.0		20.0	4.0
28.4	24.0	11.8	22.8	10.6	1.2	12.2	4.4
45.2	39.0	19.2	37.5	17.7	1.4	19.8	6.2
39.4	33.2	18.8	31.5	17.1	1.7	14.3	6.2
13.9	11.3	5.2	10.4	4.4	0.9	6.1	2.7
21.5	21.0	12.4	19.9	11.3	1.1	8.6	0.5
20.4	19.4	10.2	19.4	10.2		9.3	0.9
13.3	13.3	8.3	10.0	5.0	3.3	5.0	
81.8	81.8	63.6	81.8	63.6		18.2	
27.3	22.0	12.9	19.7	10.6	2.3	9.1	5.3
30.8	24.6	13.8	23.1	12.3	1.5	10.8	6.2
20.0	16.4	9.1	14.5	7.3	1.8	7.3	3.6
80.0	60.0	40.0	40.0	20.0	20.0	20.0	20.0
15.2	12.7	5.9	11.9	5.1	0.8	6.8	2.5
22.5	18.7	8.7	17.6	7.7	1.1	10.0	3.8
19.9	15.7	8.4	14.2	6.9	1.5	7.3	4.2
13.6	11.0	5.2	10.2	4.4	0.8	5.8	2.6

3-3 续表

项　　目	开展产品或工艺创新活动企业数（个）	#实现产品或工艺创新企业	#实现产品创新企业	#实现工艺创新企业	未开展产品或工艺创新活动企业数（个）
四、按地区分					
东部地区	5501	4610	2245	4331	24123
中部地区	2660	2157	1026	2017	11612
西部地区	2084	1679	742	1544	12317
东北地区	458	356	174	322	4523
北　京	452	369	172	347	1474
天　津	261	207	104	190	1111
河　北	220	195	89	188	1407
山　西	252	228	108	206	1218
内蒙古	57	47	18	46	498
辽　宁	260	192	109	168	2144
吉　林	98	80	40	71	954
黑龙江	100	84	25	83	1425
上　海	287	253	136	234	1287
江　苏	874	751	351	695	5066
浙　江	877	713	319	675	3548
安　徽	466	384	160	370	2045
福　建	523	463	212	442	2616
江　西	318	258	130	245	1327
山　东	911	748	367	706	4030
河　南	750	614	310	568	3508
湖　北	438	329	164	305	2289
湖　南	436	344	154	323	1225
广　东	1073	892	486	835	3479
广　西	164	132	62	124	740
海　南	23	19	9	19	105
重　庆	208	159	70	151	1254
四　川	580	473	212	432	3473
贵　州	180	141	49	133	904
云　南	189	152	76	141	1168
西　藏	21	19	7	18	160
陕　西	407	332	156	295	2103
甘　肃	107	87	35	78	719
青　海	30	26	8	24	196
宁　夏	51	39	16	36	354
新　疆	90	72	33	66	748

在全部企业中占比(%)							
开展产品或工艺创新活动企业	#实现产品或工艺创新企业	#实现产品创新企业	#实现工艺创新企业	1.同时实现产品和工艺创新企业	2.仅实现产品创新企业	3.仅实现工艺创新企业	4.仅有正在进行或中止的产品或工艺创新活动企业
18.6	15.6	7.6	14.6	6.6	0.9	8.0	3.0
18.6	15.1	7.2	14.1	6.2	1.0	7.9	3.5
14.5	11.7	5.2	10.7	4.2	0.9	6.5	2.8
9.2	7.1	3.5	6.5	2.8	0.7	3.7	2.0
23.5	19.2	8.9	18.0	7.8	1.1	10.2	4.3
19.0	15.1	7.6	13.8	6.3	1.2	7.5	3.9
13.5	12.0	5.5	11.6	5.0	0.4	6.5	1.5
17.1	15.5	7.3	14.0	5.9	1.5	8.2	1.6
10.3	8.5	3.2	8.3	3.1	0.2	5.2	1.8
10.8	8.0	4.5	7.0	3.5	1.0	3.5	2.8
9.3	7.6	3.8	6.7	2.9	0.9	3.8	1.7
6.6	5.5	1.6	5.4	1.6	0.1	3.9	1.0
18.2	16.1	8.6	14.9	7.4	1.2	7.4	2.2
14.7	12.6	5.9	11.7	5.0	0.9	6.7	2.1
19.8	16.1	7.2	15.3	6.4	0.9	8.9	3.7
18.6	15.3	6.4	14.7	5.8	0.6	8.9	3.3
16.7	14.8	6.8	14.1	6.1	0.7	8.0	1.9
19.3	15.7	7.9	14.9	7.1	0.8	7.8	3.6
18.4	15.1	7.4	14.3	6.6	0.9	7.7	3.3
17.6	14.4	7.3	13.3	6.2	1.1	7.1	3.2
16.1	12.1	6.0	11.2	5.1	0.9	6.1	4.0
26.2	20.7	9.3	19.4	8.0	1.3	11.4	5.5
23.6	19.6	10.7	18.3	9.4	1.3	8.9	4.0
18.1	14.6	6.9	13.7	6.0	0.9	7.7	3.5
18.0	14.8	7.0	14.8	7.0		7.8	3.1
14.2	10.9	4.8	10.3	4.2	0.5	6.1	3.4
14.3	11.7	5.2	10.7	4.2	1.0	6.4	2.6
16.6	13.0	4.5	12.3	3.8	0.7	8.5	3.6
13.9	11.2	5.6	10.4	4.8	0.8	5.6	2.7
11.6	10.5	3.9	9.9	3.3	0.6	6.6	1.1
16.2	13.2	6.2	11.8	4.7	1.5	7.0	3.0
13.0	10.5	4.2	9.4	3.1	1.1	6.3	2.4
13.3	11.5	3.5	10.6	2.7	0.9	8.0	1.8
12.6	9.6	4.0	8.9	3.2	0.7	5.7	3.0
10.7	8.6	3.9	7.9	3.2	0.7	4.7	2.1

3-4 规模(限额)以上服务业

项　目	开展产品或工艺创新活动企业数(个)	#实现产品或工艺创新企业	#实现产品创新企业	#实现工艺创新企业	未开展产品或工艺创新活动企业数(个)
总　计	**68660**	**54183**	**33367**	**44093**	**405335**
#国有及国有控股	9950	7733	4313	6400	33752
一、按规模分					
大型企业	5674	4690	3152	3896	6512
中型企业	20003	16187	10039	13234	67595
小型企业	36847	28436	17487	22865	223364
微型企业	6136	4870	2689	4098	107864
二、按登记注册类型分					
内资企业	63937	50491	30966	41167	388017
国有企业	1342	1059	567	883	5594
集体企业	86	64	39	48	1584
股份合作企业	65	47	28	36	737
联营企业	35	26	15	21	179
#国有联营企业	18	14	9	10	78
有限责任公司	17943	13771	8280	11246	68270
#国有独资公司	1995	1577	813	1342	7986
股份有限公司	2685	2158	1509	1717	3787
私营企业	41766	33352	20523	27203	307749
其他企业	15	14	5	13	117
港、澳、台商投资企业	2194	1703	1115	1357	7826
合资经营企业	466	369	230	307	1277
合作经营企业	24	19	12	19	118
港、澳、台商独资经营企业	1542	1181	776	925	6142
港、澳、台商投资股份有限公司	98	80	59	63	159
其他港、澳、台投资企业	64	54	38	43	130
外商投资企业	2529	1989	1286	1569	9492
中外合资经营企业	700	536	358	439	1572
中外合作经营企业	18	15	9	13	92
外资企业	1633	1300	838	1012	7455
外商投资股份有限公司	125	99	59	80	214
其他外商投资企业	53	39	22	25	159
三、按行业分					
批发和零售业	**26304**	**22959**	**12241**	**19534**	**294740**
批发业	16079	13825	7190	11809	186954
零售业	10225	9134	5051	7725	107786
交通运输、仓储和邮政业	**3793**	**3092**	**1243**	**2773**	**39064**
铁路运输业	57	49	18	41	330
道路运输业	1819	1470	646	1298	21431
水上运输业	279	223	70	210	2323
航空运输业	95	75	28	71	340
管道运输业	23	17	2	17	83
多式联运和运输代理业	796	660	269	584	8298
装卸搬运和仓储业	548	448	144	419	4469
邮政业	176	150	66	133	1790
信息传输、软件和信息技术服务业	**18495**	**13734**	**10836**	**10162**	**8273**
电信、广播电视和卫星传输服务	1071	790	543	630	1939
互联网和相关服务	2909	2117	1632	1538	1942
软件和信息技术服务业	14515	10827	8661	7994	4392

企业产品和工艺创新分布情况

在全部企业中占比(%)							
开展产品或工艺创新活动企业	#实现产品或工艺创新企业			1.同时实现产品和工艺创新企业	2.仅实现产品创新企业	3.仅实现工艺创新企业	4.仅有正在进行或中止的产品或工艺创新活动企业
		#实现产品创新企业	#实现工艺创新企业				
14.5	**11.4**	**7.0**	**9.3**	**4.9**	**2.1**	**4.4**	**3.1**
22.8	17.7	9.9	14.6	6.8	3.1	7.8	5.1
46.6	38.5	25.9	32.0	19.4	6.5	12.6	8.1
22.8	18.5	11.5	15.1	8.1	3.4	7.0	4.4
14.2	10.9	6.7	8.8	4.6	2.1	4.2	3.2
5.4	4.3	2.4	3.6	1.7	0.7	1.9	1.1
14.1	11.2	6.9	9.1	4.8	2.1	4.3	3.0
19.3	15.3	8.2	12.7	5.6	2.5	7.1	4.1
5.2	3.8	2.3	2.9	1.4	1.0	1.5	1.3
8.1	5.9	3.5	4.5	2.1	1.4	2.4	2.2
16.4	12.2	7.0	9.8	4.7	2.3	5.1	4.2
18.8	14.6	9.4	10.4	5.2	4.2	5.2	4.2
20.8	16.0	9.6	13.0	6.7	2.9	6.4	4.8
20.0	15.8	8.1	13.4	5.8	2.4	7.7	4.2
41.5	33.3	23.3	26.5	16.5	6.8	10.0	8.1
12.0	9.5	5.9	7.8	4.1	1.8	3.7	2.4
11.4	10.6	3.8	9.8	3.0	0.8	6.8	0.8
21.9	17.0	11.1	13.5	7.7	3.5	5.9	4.9
26.7	21.2	13.2	17.6	9.6	3.6	8.0	5.6
16.9	13.4	8.5	13.4	8.5		4.9	3.5
20.1	15.4	10.1	12.0	6.8	3.3	5.3	4.7
38.1	31.1	23.0	24.5	16.3	6.6	8.2	7.0
33.0	27.8	19.6	22.2	13.9	5.7	8.2	5.2
21.0	16.5	10.7	13.1	7.2	3.5	5.8	4.5
30.8	23.6	15.8	19.3	11.5	4.3	7.8	7.2
16.4	13.6	8.2	11.8	6.4	1.8	5.5	2.7
18.0	14.3	9.2	11.1	6.1	3.2	5.1	3.7
36.9	29.2	17.4	23.6	11.8	5.6	11.8	7.7
25.0	18.4	10.4	11.8	3.8	6.6	8.0	6.6
8.2	**7.2**	**3.8**	**6.1**	**2.7**	**1.1**	**3.3**	**1.0**
7.9	6.8	3.5	5.8	2.5	1.0	3.3	1.1
8.7	7.7	4.3	6.5	3.1	1.2	3.5	0.9
8.9	**7.2**	**2.9**	**6.5**	**2.2**	**0.7**	**4.3**	**1.6**
14.7	12.7	4.7	10.6	2.6	2.1	8.0	2.1
7.8	6.3	2.8	5.6	2.0	0.7	3.5	1.5
10.7	8.6	2.7	8.1	2.2	0.5	5.9	2.2
21.8	17.2	6.4	16.3	5.5	0.9	10.8	4.6
21.7	16.0	1.9	16.0	1.9		14.2	5.7
8.8	7.3	3.0	6.4	2.1	0.8	4.3	1.5
10.9	8.9	2.9	8.4	2.3	0.6	6.1	2.0
9.0	7.6	3.4	6.8	2.5	0.9	4.3	1.3
69.1	**51.3**	**40.5**	**38.0**	**27.1**	**13.3**	**10.8**	**17.8**
35.6	26.2	18.0	20.9	12.7	5.3	8.2	9.3
60.0	43.6	33.6	31.7	21.7	11.9	10.0	16.3
76.8	57.3	45.8	42.3	30.8	15.0	11.5	19.5

3-4 续表

项目	开展产品或工艺创新活动企业数(个)	#实现产品或工艺创新企业	#实现产品创新企业	#实现工艺创新企业	未开展产品或工艺创新活动企业数(个)
租赁和商务服务业	**5584**	**4100**	**2421**	**3259**	**44346**
租赁业	393	296	164	254	3126
商务服务业	5191	3804	2257	3005	41220
科学研究和技术服务业	**13222**	**9388**	**6191**	**7574**	**14265**
研究和试验发展	1958	1398	981	1164	639
专业技术服务业	9126	6526	4202	5242	11553
科技推广和应用服务业	2138	1464	1008	1168	2073
水利、环境和公共设施管理业	**1262**	**910**	**435**	**791**	**4647**
水利管理业	36	30	17	26	119
生态保护和环境治理业	540	374	180	333	747
公共设施管理业	635	470	228	398	3435
土地管理业	51	36	10	34	346
四、按地区分					
东部地区	47020	36518	23303	29236	254837
中部地区	10625	8721	5105	7375	72466
西部地区	9376	7644	4231	6394	62733
东北地区	1639	1300	728	1088	15299
北　京	7448	4569	3093	3501	16675
天　津	1414	1070	619	859	11489
河　北	1064	846	463	704	9374
山　西	719	656	371	538	7498
内蒙古	298	241	106	202	3652
辽　宁	885	680	388	576	8630
吉　林	358	275	144	235	3189
黑龙江	396	345	196	277	3480
上　海	5983	4692	3085	3666	24653
江　苏	6590	5426	3394	4415	46652
浙　江	4824	3787	2321	3058	34905
安　徽	2073	1733	1032	1479	11218
福　建	2824	2546	1672	1986	21886
江　西	1341	1091	626	948	10141
山　东	4046	3313	1875	2764	29665
河　南	2270	1885	1102	1602	18066
湖　北	2257	1775	1030	1497	12452
湖　南	1965	1581	944	1311	13091
广　东	12580	10082	6678	8130	57620
广　西	929	738	402	643	7471
海　南	247	187	103	153	1918
重　庆	1391	1110	619	935	8308
四　川	2614	2188	1275	1771	13666
贵　州	713	579	316	484	4997
云　南	871	736	396	621	5149
西　藏	73	59	26	54	374
陕　西	1407	1143	666	957	8930
甘　肃	358	276	146	238	2639
青　海	108	80	39	67	654
宁　夏	139	121	65	107	816
新　疆	475	373	175	315	6077

在全部企业中占比(%)							
开展产品或工艺创新活动企业	#实现产品或工艺创新企业			1.同时实现产品和工艺创新企业	2.仅实现产品创新企业	3.仅实现工艺创新企业	4.仅有正在进行或中止的产品或工艺创新活动企业
		#实现产品创新企业	#实现工艺创新企业				
11.2	**8.2**	**4.8**	**6.5**	**3.2**	**1.7**	**3.4**	**3.0**
11.2	8.4	4.7	7.2	3.5	1.2	3.8	2.8
11.2	8.2	4.9	6.5	3.1	1.7	3.3	3.0
48.1	**34.2**	**22.5**	**27.6**	**15.9**	**6.6**	**11.6**	**13.9**
75.4	53.8	37.8	44.8	28.8	9.0	16.1	21.6
44.1	31.6	20.3	25.3	14.1	6.2	11.2	12.6
50.8	34.8	23.9	27.7	16.9	7.0	10.8	16.0
21.4	**15.4**	**7.4**	**13.4**	**5.3**	**2.0**	**8.0**	**6.0**
23.2	19.4	11.0	16.8	8.4	2.6	8.4	3.9
42.0	29.1	14.0	25.9	10.8	3.2	15.1	12.9
15.6	11.5	5.6	9.8	3.8	1.8	5.9	4.1
12.8	9.1	2.5	8.6	2.0	0.5	6.5	3.8
15.6	12.1	7.7	9.7	5.3	2.4	4.4	3.5
12.8	10.5	6.1	8.9	4.5	1.6	4.4	2.3
13.0	10.6	5.9	8.9	4.1	1.7	4.7	2.4
9.7	7.7	4.3	6.4	3.0	1.3	3.4	2.0
30.9	18.9	12.8	14.5	8.4	4.4	6.1	11.9
11.0	8.3	4.8	6.7	3.2	1.6	3.5	2.7
10.2	8.1	4.4	6.7	3.1	1.4	3.7	2.1
8.8	8.0	4.5	6.5	3.1	1.4	3.5	0.8
7.5	6.1	2.7	5.1	1.7	1.0	3.4	1.4
9.3	7.1	4.1	6.1	3.0	1.1	3.1	2.2
10.1	7.8	4.1	6.6	2.9	1.1	3.7	2.3
10.2	8.9	5.1	7.1	3.3	1.8	3.8	1.3
19.5	15.3	10.1	12.0	6.7	3.3	5.2	4.2
12.4	10.2	6.4	8.3	4.5	1.9	3.8	2.2
12.1	9.5	5.8	7.7	4.0	1.8	3.7	2.6
15.6	13.0	7.8	11.1	5.9	1.9	5.3	2.6
11.4	10.3	6.8	8.0	4.5	2.3	3.5	1.1
11.7	9.5	5.5	8.3	4.2	1.2	4.1	2.2
12.0	9.8	5.6	8.2	3.9	1.6	4.3	2.2
11.2	9.3	5.4	7.9	4.0	1.4	3.9	1.9
15.3	12.1	7.0	10.2	5.1	1.9	5.1	3.3
13.1	10.5	6.3	8.7	4.5	1.8	4.2	2.6
17.9	14.4	9.5	11.6	6.7	2.8	4.8	3.6
11.1	8.8	4.8	7.7	3.7	1.1	4.0	2.3
11.4	8.6	4.8	7.1	3.2	1.6	3.9	2.8
14.3	11.4	6.4	9.6	4.6	1.8	5.1	2.9
16.1	13.4	7.8	10.9	5.3	2.6	5.6	2.6
12.5	10.1	5.5	8.5	3.9	1.7	4.6	2.3
14.5	12.2	6.6	10.3	4.7	1.9	5.6	2.2
16.3	13.2	5.8	12.1	4.7	1.1	7.4	3.1
13.6	11.1	6.4	9.3	4.6	1.8	4.6	2.6
11.9	9.2	4.9	7.9	3.6	1.3	4.3	2.7
14.2	10.5	5.1	8.8	3.4	1.7	5.4	3.7
14.6	12.7	6.8	11.2	5.3	1.5	5.9	1.9
7.3	5.7	2.7	4.8	1.8	0.9	3.0	1.6

3–5 规模以上高技术产业(制造业)

项　目	开展产品或工艺创新活动企业数(个)	#实现产品或工艺创新企业	#实现产品创新企业	#实现工艺创新企业	未开展产品或工艺创新活动企业数(个)
总　计	**36103**	**31840**	**25996**	**25690**	**9483**
#国有及国有控股	1861	1631	1357	1332	216
一、按规模分					
大型企业	1896	1794	1591	1616	161
中型企业	5763	5355	4581	4600	699
小型企业	27058	23621	19064	18668	6575
微型企业	1386	1070	760	806	2048
二、按登记注册类型分					
内资企业	31210	27547	22555	22236	7327
国有企业	132	108	85	94	22
集体企业	14	11	8	10	19
股份合作企业	37	33	22	27	14
联营企业	9	9	6	8	2
#国有联营企业	4	4	3	4	1
有限责任公司	6339	5568	4504	4583	1168
#国有独资公司	222	193	154	154	40
股份有限公司	1754	1595	1409	1326	83
私营企业	22914	20214	16512	16182	6017
其他企业	11	9	9	6	2
港、澳、台商投资企业	2194	1949	1583	1572	861
合资经营企业	625	567	473	453	106
合作经营企业	15	14	11	11	6
港、澳、台商独资经营企业	1371	1202	950	972	732
港、澳、台商投资股份有限公司	149	137	124	110	9
其他港、澳、台投资企业	34	29	25	26	8
外商投资企业	2699	2344	1858	1882	1295
中外合资经营企业	799	713	580	594	159
中外合作经营企业	14	10	6	10	3
外资企业	1712	1459	1127	1160	1114
外商投资股份有限公司	147	136	122	98	11
其他外商投资企业	27	26	23	20	8
三、按高技术行业(制造业)分					
医药制造业	**6725**	**5530**	**4094**	**4647**	**1906**
#化学药品制造	2191	1822	1338	1551	377
中成药生产	1275	982	665	819	315
生物药品制品制造	875	711	531	585	98

产品和工艺创新分布情况

在全部企业中占比(%)							
开展产品或工艺创新活动企业	#实现产品或工艺创新企业	#实现产品创新企业	#实现工艺创新企业	1.同时实现产品和工艺创新企业	2.仅实现产品创新企业	3.仅实现工艺创新企业	4.仅有正在进行或中止的产品或工艺创新活动企业
79.2	**69.8**	**57.0**	**56.4**	**43.5**	**13.5**	**12.8**	**9.4**
89.6	78.5	65.3	64.1	50.9	14.4	13.2	11.1
92.2	87.2	77.3	78.6	68.7	8.7	9.9	5.0
89.2	82.9	70.9	71.2	59.2	11.7	12.0	6.3
80.5	70.2	56.7	55.5	42.0	14.7	13.5	10.2
40.4	31.2	22.1	23.5	14.4	7.7	9.0	9.2
81.0	71.5	58.5	57.7	44.7	13.8	13.0	9.5
85.7	70.1	55.2	61.0	46.1	9.1	14.9	15.6
42.4	33.3	24.2	30.3	21.2	3.0	9.1	9.1
72.5	64.7	43.1	52.9	31.4	11.8	21.6	7.8
81.8	81.8	54.5	72.7	45.5	9.1	27.3	
80.0	80.0	60.0	80.0	60.0		20.0	
84.4	74.2	60.0	61.1	46.9	13.1	14.2	10.3
84.7	73.7	58.8	58.8	43.9	14.9	14.9	11.1
95.5	86.8	76.7	72.2	62.1	14.6	10.1	8.7
79.2	69.9	57.1	55.9	43.1	13.9	12.8	9.3
84.6	69.2	69.2	46.2	46.2	23.1		15.4
71.8	63.8	51.8	51.5	39.5	12.3	12.0	8.0
85.5	77.6	64.7	62.0	49.1	15.6	12.9	7.9
71.4	66.7	52.4	52.4	38.1	14.3	14.3	4.8
65.2	57.2	45.2	46.2	34.2	10.9	12.0	8.0
94.3	86.7	78.5	69.6	61.4	17.1	8.2	7.6
81.0	69.0	59.5	61.9	52.4	7.1	9.5	11.9
67.6	58.7	46.5	47.1	35.0	11.6	12.2	8.9
83.4	74.4	60.5	62.0	48.1	12.4	13.9	9.0
82.4	58.8	35.3	58.8	35.3		23.5	23.5
60.6	51.6	39.9	41.0	29.3	10.6	11.7	9.0
93.0	86.1	77.2	62.0	53.2	24.1	8.9	7.0
77.1	74.3	65.7	57.1	48.6	17.1	8.6	2.9
77.9	**64.1**	**47.4**	**53.8**	**37.2**	**10.2**	**16.6**	**13.8**
85.3	71.0	52.1	60.4	41.6	10.6	18.8	14.4
80.2	61.8	41.8	51.5	31.6	10.3	19.9	18.4
89.9	73.1	54.6	60.1	41.6	13.0	18.5	16.9

3-5 续表 1

项　目	开展产品或工艺创新活动企业数（个）	#实现产品或工艺创新企业	#实现产品创新企业	#实现工艺创新企业	未开展产品或工艺创新活动企业数（个）
电子及通信设备制造业	**19287**	**17329**	**14361**	**14005**	**5548**
#电子工业专用设备制造	1363	1206	958	965	335
光纤、光缆制造及锂离子电池制造	1395	1243	1013	1041	352
#锂离子电池制造	1113	988	811	834	283
通信设备制造、雷达及配套设备制造	1933	1717	1464	1307	462
#通信系统设备制造	973	877	762	650	170
通信终端设备制造	854	739	614	582	284
雷达及配套设备制造	106	101	88	75	8
广播电视设备制造	504	458	378	344	157
非专业视听设备制造	872	772	668	560	318
电子器件制造	4454	4006	3360	3269	1082
#电子真空器件制造	385	340	273	283	146
半导体分立器件制造	375	345	291	285	97
集成电路制造	930	833	687	658	166
光电子器件制造	781	705	599	596	159
电子元件及电子专用设备制造	6402	5791	4684	4858	2258
#电阻电容电感元件制造	920	831	672	674	358
电子专用材料制造	1448	1309	1055	1100	429
电子电路制造	1374	1258	990	1114	452
智能消费设备制造	1174	1062	936	820	223
其他电子设备制造	1190	1074	900	841	361
计算机及办公设备制造业	**2324**	**2075**	**1759**	**1615**	**610**
#计算机整机制造	301	270	229	219	52
计算机零部件制造	735	656	534	528	270
计算机外围设备制造	650	570	491	429	155
办公设备制造	203	182	160	148	79
医疗仪器设备及仪器仪表制造业	**7035**	**6272**	**5301**	**4865**	**1262**
#医疗仪器设备及器械制造	2249	1933	1566	1550	452
#医疗诊断、监护及治疗设备制造	726	604	482	478	95
医疗、外科及兽医用器械制造	563	494	402	407	119
通用仪器仪表制造	3177	2892	2485	2219	546
专用仪器仪表制造	985	875	754	647	132
信息化学品制造业	**131**	**117**	**95**	**100**	**44**
四、按地区分					
东部地区	24670	22003	18170	17410	5783
中部地区	6889	6012	4936	5061	2086
西部地区	3707	3164	2425	2684	1324
东北地区	837	661	465	535	290

在全部企业中占比(%)							
开展产品或工艺创新活动企业	#实现产品或工艺创新企业			1.同时实现产品和工艺创新企业	2.仅实现产品创新企业	3.仅实现工艺创新企业	4.仅有正在进行或中止的产品或工艺创新活动企业
		#实现产品创新企业	#实现工艺创新企业				
77.7	**69.8**	**57.8**	**56.4**	**44.4**	**13.4**	**12.0**	**7.9**
80.3	71.0	56.4	56.8	42.2	14.2	14.6	9.2
79.9	71.2	58.0	59.6	46.4	11.6	13.2	8.7
79.7	70.8	58.1	59.7	47.1	11.0	12.7	9.0
80.7	71.7	61.1	54.6	44.0	17.1	10.6	9.0
85.1	76.7	66.7	56.9	46.8	19.9	10.1	8.4
75.0	64.9	54.0	51.1	40.2	13.8	11.0	10.1
93.0	88.6	77.2	65.8	54.4	22.8	11.4	4.4
76.2	69.3	57.2	52.0	39.9	17.2	12.1	7.0
73.3	64.9	56.1	47.1	38.3	17.8	8.7	8.4
80.5	72.4	60.7	59.1	47.4	13.3	11.7	8.1
72.5	64.0	51.4	53.3	40.7	10.7	12.6	8.5
79.4	73.1	61.7	60.4	48.9	12.7	11.4	6.4
84.9	76.0	62.7	60.0	46.7	16.0	13.3	8.9
83.1	75.0	63.7	63.4	52.1	11.6	11.3	8.1
73.9	66.9	54.1	56.1	43.3	10.8	12.8	7.1
72.0	65.0	52.6	52.7	40.3	12.3	12.4	7.0
77.1	69.7	56.2	58.6	45.1	11.1	13.5	7.4
75.2	68.9	54.2	61.0	46.3	7.9	14.7	6.4
84.0	76.0	67.0	58.7	49.7	17.3	9.0	8.0
76.7	69.2	58.0	54.2	43.0	15.0	11.2	7.5
79.2	**70.7**	**60.0**	**55.0**	**44.3**	**15.7**	**10.8**	**8.5**
85.3	76.5	64.9	62.0	50.4	14.4	11.6	8.8
73.1	65.3	53.1	52.5	40.4	12.7	12.1	7.9
80.7	70.8	61.0	53.3	43.5	17.5	9.8	9.9
72.0	64.5	56.7	52.5	44.7	12.1	7.8	7.4
84.8	**75.6**	**63.9**	**58.6**	**46.9**	**17.0**	**11.7**	**9.2**
83.3	71.6	58.0	57.4	43.8	14.2	13.6	11.7
88.4	73.6	58.7	58.2	43.4	15.3	14.9	14.9
82.6	72.4	58.9	59.7	46.2	12.8	13.5	10.1
85.3	77.7	66.7	59.6	48.7	18.1	10.9	7.7
88.2	78.3	67.5	57.9	47.1	20.4	10.8	9.8
74.9	**66.9**	**54.3**	**57.1**	**44.6**	**9.7**	**12.6**	**8.0**
81.0	72.3	59.7	57.2	44.6	15.1	12.6	8.8
76.8	67.0	55.0	56.4	44.4	10.6	12.0	9.8
73.7	62.9	48.2	53.3	38.7	9.5	14.7	10.8
74.3	58.7	41.3	47.5	30.1	11.2	17.4	15.6

3-5 续表 2

项　目	开展产品或工艺创新活动企业数（个）	#实现产品或工艺创新企业	#实现产品创新企业	#实现工艺创新企业	未开展产品或工艺创新活动企业数（个）
北　京	855	688	568	443	82
天　津	446	389	314	314	137
河　北	602	564	422	445	235
山　西	199	175	116	152	58
内蒙古	90	75	44	64	21
辽　宁	423	353	265	281	129
吉　林	237	168	118	136	113
黑龙江	177	140	82	118	48
上　海	989	839	606	667	322
江　苏	5532	4886	3746	3921	1331
浙　江	3655	3341	3004	2618	576
安　徽	1548	1403	1160	1174	375
福　建	1033	941	784	754	288
江　西	1512	1436	1329	1204	593
山　东	1564	1419	1225	1162	358
河　南	890	789	628	661	476
湖　北	1250	1034	813	880	233
湖　南	1490	1175	890	990	351
广　东	9936	8900	7479	7057	2443
广　西	298	233	174	196	201
海　南	58	36	22	29	11
重　庆	661	584	497	487	204
四　川	1327	1187	907	1002	437
贵　州	270	218	160	189	117
云　南	205	161	114	138	78
西　藏	13	5	3	5	3
陕　西	620	537	425	456	166
甘　肃	103	73	44	64	36
青　海	34	23	12	16	8
宁　夏	46	44	33	44	11
新　疆	40	24	12	23	42

在全部企业中占比(%)							
开展产品或工艺创新活动企业	#实现产品或工艺创新企业	#实现产品创新企业	#实现工艺创新企业	1.同时实现产品和工艺创新企业	2.仅实现产品创新企业	3.仅实现工艺创新企业	4.仅有正在进行或中止的产品或工艺创新活动企业
91.2	73.4	60.6	47.3	34.5	26.1	12.8	17.8
76.5	66.7	53.9	53.9	41.0	12.9	12.9	9.8
71.9	67.4	50.4	53.2	36.2	14.2	17.0	4.5
77.4	68.1	45.1	59.1	36.2	8.9	23.0	9.3
81.1	67.6	39.6	57.7	29.7	9.9	27.9	13.5
76.6	63.9	48.0	50.9	35.0	13.0	15.9	12.7
67.7	48.0	33.7	38.9	24.6	9.1	14.3	19.7
78.7	62.2	36.4	52.4	26.7	9.8	25.8	16.4
75.4	64.0	46.2	50.9	33.1	13.1	17.8	11.4
80.6	71.2	54.6	57.1	40.5	14.1	16.6	9.4
86.4	79.0	71.0	61.9	53.9	17.1	8.0	7.4
80.5	73.0	60.3	61.1	48.4	11.9	12.6	7.5
78.2	71.2	59.3	57.1	45.2	14.2	11.9	7.0
71.8	68.2	63.1	57.2	52.1	11.0	5.1	3.6
81.4	73.8	63.7	60.5	50.4	13.4	10.1	7.5
65.2	57.8	46.0	48.4	36.6	9.4	11.8	7.4
84.3	69.7	54.8	59.3	44.4	10.4	14.9	14.6
80.9	63.8	48.3	53.8	38.3	10.0	15.5	17.1
80.3	71.9	60.4	57.0	45.5	14.9	11.5	8.4
59.7	46.7	34.9	39.3	27.5	7.4	11.8	13.0
84.1	52.2	31.9	42.0	21.7	10.1	20.3	31.9
76.4	67.5	57.5	56.3	46.2	11.2	10.1	8.9
75.2	67.3	51.4	56.8	40.9	10.5	15.9	7.9
69.8	56.3	41.3	48.8	33.9	7.5	15.0	13.4
72.4	56.9	40.3	48.8	32.2	8.1	16.6	15.5
81.3	31.3	18.8	31.3	18.8		12.5	50.0
78.9	68.3	54.1	58.0	43.8	10.3	14.2	10.6
74.1	52.5	31.7	46.0	25.2	6.5	20.9	21.6
81.0	54.8	28.6	38.1	11.9	16.7	26.2	26.2
80.7	77.2	57.9	77.2	57.9		19.3	3.5
48.8	29.3	14.6	28.0	13.4	1.2	14.6	19.5

3−6 规模(限额)以上企业产品

项 目	实现产品创新企业数(个)	在实现产品创新企业中，以下列形式进行开发的企业占比(%)				
		本企业独立开发或与集团内企业合作开发	本企业与境内其他企业合作开发	本企业与境内研究机构或高等学校合作开发	本企业与境外企业或机构合作开发	在其他单位开发的基础上调整或改进，或委托其他企业或机构开发
总 计	**195492**	**84.0**	**10.1**	**8.5**	**1.8**	**7.9**
#国有及国有控股	12316	83.2	24.7	19.3	2.3	10.5
一、按规模分						
大型企业	10046	88.9	22.7	20.1	4.6	8.6
中型企业	33562	85.0	13.3	11.2	2.6	8.4
小型企业	143717	84.2	8.4	7.2	1.4	7.4
微型企业	8167	70.0	11.3	5.8	2.0	13.0
二、按登记注册类型分						
内资企业	176767	83.7	10.0	8.6	1.3	8.1
国有企业	1144	76.0	24.1	18.7	1.7	14.3
集体企业	163	67.5	14.1	8.0	1.2	14.1
股份合作企业	312	84.0	4.5	4.5		8.0
联营企业	35	88.6	20.0	14.3		8.6
#国有联营企业	19	94.7	15.8	21.1		10.5
有限责任公司	29865	85.2	15.3	11.9	1.6	8.3
#国有独资公司	2074	81.8	29.2	21.4	2.2	11.3
股份有限公司	6702	89.3	16.9	19.1	2.4	6.6
私营企业	138517	83.2	8.4	7.4	1.2	8.0
其他企业	29	89.7	24.1	24.1	6.9	6.9
港、澳、台商投资企业	8637	88.4	10.6	7.5	4.5	6.1
合资经营企业	2657	89.3	10.8	9.7	3.1	6.2
合作经营企业	85	88.2	11.8	12.9		9.4
港、澳、台商独资经营企业	5263	87.5	9.9	5.2	5.3	6.1
港、澳、台商投资股份有限公司	525	91.2	16.0	18.5	4.2	5.0
其他港、澳、台投资企业	107	94.4	15.9	5.6	6.5	5.6
外商投资企业	10088	85.5	11.6	6.5	7.2	6.0
中外合资经营企业	3605	87.0	12.8	8.5	6.0	5.2
中外合作经营企业	85	91.8	8.2	10.6	8.2	2.4
外资企业	5848	84.0	10.7	4.4	8.2	6.5
外商投资股份有限公司	464	92.2	12.9	17.5	5.2	6.3
其他外商投资企业	86	88.4	16.3	8.1	3.5	3.5
三、按行业分						
采矿业	647	82.1	11.3	11.9	1.4	6.2
制造业	156704	87.4	8.0	8.2	1.6	6.0
电力、热力、燃气及水生产和供应业	587	78.7	13.8	9.7	0.7	6.6
建筑业	4187	64.9	20.6	16.5	2.3	22.5
批发和零售业	12241	51.3	18.7	6.3	4.0	21.7
交通运输、仓储和邮政业	1243	53.3	22.9	6.0	2.6	21.2
信息传输、软件和信息技术服务业	10836	88.2	18.3	8.3	1.5	9.5

创新和工艺创新开发情况

	实现工艺创新企业数(个)	在实现工艺创新企业中，以下列形式进行开发的企业占比(%)					
其他		本企业独立开发或与集团内企业合作开发	本企业与境内其他企业合作开发	本企业与境内研究机构或高等学校合作开发	本企业与境外企业或机构合作开发	在其他单位开发的基础上调整或改进，或委托其他企业或机构开发	其他
8.4	**222507**	**73.0**	**12.9**	**7.7**	**1.5**	**14.0**	**13.1**
5.9	17739	67.4	27.1	15.2	1.5	19.2	10.1
4.3	12273	77.9	28.5	18.6	3.1	16.5	6.1
7.0	39927	71.8	17.1	9.3	1.9	16.5	11.1
8.5	158966	74.1	10.7	6.7	1.3	12.7	13.3
18.0	11341	56.4	12.1	5.1	1.8	19.5	25.5
8.7	202411	72.5	12.6	7.9	1.2	14.2	13.6
10.2	1740	61.1	24.3	14.1	1.2	23.0	14.3
20.2	258	51.6	13.6	5.4	1.6	24.0	22.1
9.6	306	75.8	6.2	5.6	0.3	11.8	13.1
11.4	54	64.8	16.7	5.6		25.9	14.8
	24	75.0	16.7	8.3		25.0	
7.1	37711	71.8	18.5	10.2	1.3	16.1	11.5
6.6	3311	63.9	28.3	15.8	1.5	20.4	11.2
4.1	7021	78.4	23.3	16.9	1.9	13.4	7.0
9.2	155287	72.6	10.6	6.9	1.1	13.6	14.4
10.3	34	58.8	23.5	5.9	2.9	17.6	26.5
5.8	9324	78.8	14.8	6.8	3.1	11.9	8.5
5.1	2916	79.9	16.1	8.7	2.2	10.8	7.7
7.1	106	74.5	17.0	10.4	0.9	15.1	8.5
6.4	5673	78.1	13.0	5.1	3.6	12.5	9.2
3.8	508	81.7	24.8	14.6	3.5	11.6	4.7
1.9	121	78.5	22.3	6.6	5.0	13.2	9.1
5.8	10772	77.6	16.3	5.7	5.8	11.9	7.8
4.6	3777	78.5	18.0	7.4	3.9	11.6	7.0
4.7	125	74.4	16.8	7.2	4.8	13.6	7.2
7.0	6329	77.0	14.9	4.1	7.2	11.9	8.4
1.3	446	78.9	23.1	15.0	3.6	14.1	5.8
2.3	95	80.0	11.6	5.3	3.2	12.6	11.6
8.5	1927	59.4	19.3	14.9	1.0	17.2	16.7
6.6	165653	79.3	11.1	7.7	1.4	10.4	10.1
9.4	2620	56.4	22.5	9.4	1.2	20.5	15.1
18.9	8214	55.6	16.4	13.0	1.3	26.4	22.9
28.6	19534	36.8	16.9	4.4	2.5	30.8	33.8
21.2	2773	41.3	20.1	4.4	1.2	29.9	25.7
5.0	10162	80.0	18.9	7.2	1.3	15.4	8.5

3-6 续表

项 目	实现产品创新企业数(个)	在实现产品创新企业中，以下列形式进行开发的企业占比(%)				
		本企业独立开发或与集团内企业合作开发	本企业与境内其他企业合作开发	本企业与境内研究机构或高等学校合作开发	本企业与境外企业或机构合作开发	在其他单位开发的基础上调整或改进，或委托其他企业或机构开发
租赁和商务服务业	2421	68.8	19.2	6.2	2.3	14.2
科学研究和技术服务业	6191	82.4	18.9	15.7	2.5	10.9
水利、环境和公共设施管理业	435	69.2	17.2	16.8	1.1	15.9
四、按地区分						
东部地区	132784	85.1	9.9	7.7	2.0	7.8
中部地区	39340	82.9	9.2	10.0	1.1	7.4
西部地区	19211	79.4	13.0	10.5	1.4	9.4
东北地区	4157	82.1	12.3	11.6	2.2	7.4
北 京	4699	86.3	18.2	9.4	2.7	9.2
天 津	2482	83.8	14.5	9.3	2.4	7.4
河 北	4475	86.7	7.0	6.8	0.8	5.9
山 西	1430	76.4	12.8	12.7	0.8	8.9
内蒙古	436	74.3	13.8	11.7	2.3	10.8
辽 宁	2490	83.8	12.4	12.0	2.8	7.2
吉 林	797	80.3	13.3	13.3	2.3	8.4
黑龙江	870	78.7	11.3	8.7	0.6	7.0
上 海	6472	84.2	16.2	8.2	4.4	9.1
江 苏	25545	82.9	10.2	11.3	2.3	8.3
浙 江	31115	86.9	6.6	5.6	1.2	6.2
安 徽	9203	82.6	9.9	13.8	1.3	8.4
福 建	7914	82.2	10.1	7.5	2.0	8.9
江 西	7371	85.1	7.3	6.4	1.1	6.6
山 东	15864	84.5	8.7	8.0	1.3	6.6
河 南	6383	82.3	8.3	9.4	0.8	8.1
湖 北	7375	80.6	10.5	10.4	1.4	7.7
湖 南	7578	85.1	8.8	8.2	1.0	5.8
广 东	34005	85.9	11.0	6.4	2.4	9.0
广 西	1871	80.4	13.1	11.4	1.7	11.3
海 南	213	70.0	22.5	7.5	1.9	9.4
重 庆	3892	82.5	13.1	6.6	1.6	8.7
四 川	5798	81.7	12.2	10.7	1.2	7.7
贵 州	1459	76.6	13.2	10.7	1.2	10.4
云 南	1482	78.1	15.0	9.4	1.5	10.6
西 藏	53	58.5	17.0	11.3	1.9	20.8
陕 西	2710	77.1	12.5	13.4	1.4	9.8
甘 肃	541	71.2	11.6	13.5	0.7	13.9
青 海	122	77.0	9.0	13.1	1.6	6.6
宁 夏	391	78.3	16.1	16.1	1.0	6.1
新 疆	456	65.8	15.8	13.8	2.4	17.3

其他	实现工艺创新企业数(个)	在实现工艺创新企业中，以下列形式进行开发的企业占比(%)					
		本企业独立开发或与集团内企业合作开发	本企业与境内其他企业合作开发	本企业与境内研究机构或高等学校合作开发	本企业与境外企业或机构合作开发	在其他单位开发的基础上调整或改进，或委托其他企业或机构开发	其他
16.1	3259	49.9	18.3	4.5	1.9	25.2	22.5
7.6	7574	70.4	19.8	13.0	1.6	17.9	11.3
12.6	791	58.5	14.5	11.0	1.1	22.5	17.8
8.0	145146	74.7	12.8	7.0	1.7	13.9	12.2
8.9	45816	72.9	11.9	9.3	1.2	12.8	13.6
10.2	26106	64.9	15.0	8.9	1.1	16.5	17.2
9.2	5439	69.2	14.2	9.1	1.6	13.4	15.5
3.9	5080	72.3	20.8	8.4	1.9	18.5	8.0
6.8	3053	70.3	16.3	7.1	2.0	16.7	11.3
7.3	6000	74.1	9.7	6.3	0.8	11.2	13.7
12.5	2502	60.0	14.0	10.6	1.0	17.5	18.4
11.9	908	59.0	20.0	10.8	0.8	20.7	15.0
7.9	3200	71.5	14.7	9.0	1.8	12.7	13.8
10.2	1035	68.0	15.0	10.6	1.5	14.3	15.7
12.3	1204	64.1	12.5	8.0	1.3	14.5	19.9
6.8	7507	72.5	19.3	7.0	3.5	16.5	10.7
8.2	30235	72.5	13.0	9.8	2.0	14.0	12.6
7.2	30055	79.2	9.5	5.4	1.0	10.8	10.0
9.4	10207	72.3	13.7	12.9	1.4	13.4	14.1
10.2	9584	73.3	12.1	6.9	1.7	14.0	13.8
9.3	7104	77.9	9.7	6.6	1.2	10.1	13.6
8.2	16965	74.3	11.8	7.6	1.1	12.4	12.3
7.9	8561	68.9	11.1	7.8	0.9	15.4	14.1
8.9	8225	70.1	13.6	9.8	1.5	14.1	13.5
8.2	9217	79.2	10.5	8.0	0.9	9.4	11.2
9.0	36362	74.6	13.7	5.6	2.0	16.1	13.7
11.8	2552	64.3	14.5	8.6	1.6	19.1	19.5
14.1	305	57.7	20.0	7.2	2.3	19.7	20.0
8.2	4209	71.3	14.1	6.5	1.0	14.5	13.8
8.6	7719	68.2	13.7	9.0	1.2	14.3	15.2
14.3	2113	62.4	15.1	8.7	1.1	15.9	22.4
11.6	2146	63.5	17.1	8.9	0.9	17.6	18.2
17.0	106	37.7	19.8	8.5	2.8	34.9	23.6
10.8	3642	61.0	15.5	10.5	1.0	17.9	17.7
15.5	891	57.7	15.3	9.2	0.7	20.2	22.9
13.1	212	50.9	17.9	9.0	1.9	21.2	20.3
8.4	679	68.6	17.2	13.0	0.6	12.8	12.8
14.5	929	49.5	14.6	9.7	1.5	23.5	24.3

3-7 规模以上工业企业产品

项目	实现产品创新企业数(个)	在实现产品创新企业中，以下列形式进行开发的企业占比(%)			
		本企业独立开发或与集团内企业合作开发	本企业与境内其他企业合作开发	本企业与境内研究机构或高等学校合作开发	本企业与境外企业或机构合作开发
总计	**157938**	**87.3**	**8.0**	**8.2**	**1.6**
#国有及国有控股	7030	88.5	20.0	18.7	2.3
一、按规模分					
大型企业	5731	91.6	19.1	19.8	5.5
中型企业	21777	90.3	10.8	12.1	2.5
小型企业	125189	86.8	7.1	7.1	1.2
微型企业	5241	82.5	7.5	5.6	1.0
二、按登记注册类型分					
内资企业	141654	87.2	7.8	8.3	1.1
国有企业	496	85.3	22.2	21.8	1.6
集体企业	103	80.6	13.6	3.9	1.0
股份合作企业	278	87.8	3.6	4.3	
联营企业	18	100.0	16.7		
国有联营企业	9	100.0			
有限责任公司	20259	89.1	11.6	11.1	1.3
#国有独资公司	996	91.4	23.9	20.9	1.9
股份有限公司	5039	91.0	14.6	20.4	2.4
私营企业	115438	86.8	6.8	7.3	1.0
其他企业	23	95.7	26.1	26.1	8.7
港、澳、台商投资企业	7499	89.7	8.9	7.7	4.0
合资经营企业	2416	90.5	9.9	9.9	3.1
合作经营企业	73	91.8	5.5	9.6	
港、澳、台商独资经营企业	4482	88.8	7.9	5.4	4.5
港、澳、台商投资股份有限公司	459	92.2	14.8	18.5	4.6
其他港、澳、台投资企业	69	94.2	8.7	7.2	5.8
外商投资企业	8785	86.9	10.3	6.7	6.7
中外合资经营企业	3238	87.2	11.8	8.6	6.2
中外合作经营企业	76	93.4	6.6	9.2	6.6
外资企业	5005	86.0	9.2	4.5	7.3
外商投资股份有限公司	403	93.8	12.4	19.1	5.0
其他外商投资企业	63	92.1	14.3	6.3	4.8
三、按行业分					
采矿业	**647**	**82.1**	**11.3**	**11.9**	**1.4**
#煤炭开采和洗选业	102	80.4	17.6	15.7	2.9
石油和天然气开采业	6	83.3	33.3		
黑色金属矿采选业	57	80.7	10.5	14.0	
有色金属矿采选业	108	79.6	17.6	22.2	0.9
非金属矿采选业	347	83.9	5.5	6.3	1.2
开采专业及辅助性活动	27	77.8	33.3	25.9	3.7

创新和工艺创新开发情况

		实现工艺创新企业数(个)	在实现工艺创新企业中，以下列形式进行开发的企业占比(%)					
在其他单位开发的基础上调整或改进，或委托其他企业或机构开发	其他		本企业独立开发或与集团内企业合作开发	本企业与境内其他企业合作开发	本企业与境内研究机构或高等学校合作开发	本企业与境外企业或机构合作开发	在其他单位开发的基础上调整或改进，或委托其他企业或机构开发	其他
6.0	**6.6**	**170200**	**78.7**	**11.4**	**7.8**	**1.4**	**10.7**	**10.2**
6.7	3.7	9406	72.7	26.4	15.6	1.6	14.5	7.8
6.2	3.4	6315	83.2	28.1	18.8	4.0	12.3	4.6
5.2	4.1	23014	81.4	16.6	10.6	2.0	10.5	5.8
6.0	7.1	134067	78.4	9.8	6.9	1.2	10.5	10.9
7.5	10.0	6804	70.9	9.8	5.3	1.3	13.0	16.4
6.0	6.8	153093	78.5	11.0	7.9	1.1	10.7	10.6
7.9	6.0	682	70.4	24.3	14.4	1.6	19.2	9.4
9.7	11.7	167	64.1	15.0	4.2	1.2	17.4	12.6
7.6	6.8	258	82.2	4.7	5.4	0.4	12.0	8.1
5.6	11.1	26	84.6	15.4			19.2	11.5
11.1		13	84.6	7.7			23.1	
5.6	5.5	23893	77.6	16.5	10.0	1.2	11.8	9.4
6.1	2.8	1450	71.0	29.0	16.7	1.6	14.6	7.5
5.4	3.3	5047	81.7	21.9	18.3	2.0	10.6	5.6
6.1	7.2	123001	78.6	9.5	7.1	1.0	10.4	11.0
8.7	8.7	19	84.2	21.1	5.3	5.3	10.5	10.5
5.4	5.4	7930	81.3	13.6	7.1	2.8	10.4	7.7
5.5	4.6	2588	82.5	15.3	9.0	2.0	9.4	6.7
8.2	5.5	86	73.3	12.8	8.1	1.2	14.0	9.3
5.4	6.2	4742	80.7	11.8	5.4	3.2	10.8	8.5
4.8	3.3	436	83.0	22.7	15.1	3.2	10.3	4.4
5.8	1.4	78	80.8	12.8	7.7	5.1	10.3	11.5
5.3	5.3	9177	80.2	15.5	6.0	5.5	10.2	7.0
4.9	4.4	3323	80.0	17.2	7.6	4.0	10.3	6.4
1.3	3.9	112	76.8	16.1	7.1	3.6	10.7	7.1
5.7	6.3	5309	80.1	13.9	4.1	6.6	9.9	7.5
5.5	1.0	364	82.4	22.3	17.3	3.6	12.1	4.7
3.2	1.6	69	87.0	13.0	5.8	4.3	10.1	8.7
6.2	**8.5**	**1927**	**59.4**	**19.3**	**14.9**	**1.0**	**17.2**	**16.7**
5.9	12.7	716	46.5	25.3	19.3	0.6	21.5	20.1
	16.7	54	81.5	40.7	40.7	3.7	16.7	5.6
5.3	3.5	246	63.8	13.8	11.4		17.9	16.7
4.6	5.6	260	72.3	21.2	17.3	2.3	12.3	5.8
6.3	8.9	591	65.1	11.0	6.8	1.0	14.6	17.8
14.8	7.4	59	62.7	23.7	22.0	3.4	11.9	22.0

3-7 续表 1

项　　目	实现产品创新企业数(个)	在实现产品创新企业中，以下列形式进行开发的企业占比(%)			
		本企业独立开发或与集团内企业合作开发	本企业与境内其他企业合作开发	本企业与境内研究机构或高等学校合作开发	本企业与境外企业或机构合作开发
制造业	**156704**	**87.4**	**8.0**	**8.2**	**1.6**
农副食品加工业	5561	84.3	6.2	10.5	1.0
食品制造业	3374	87.1	7.3	12.3	1.2
酒、饮料和精制茶制造业	1684	82.5	8.2	13.1	1.0
烟草制品业	64	87.5	21.9	7.8	1.6
纺织业	6198	85.5	6.8	6.5	1.1
纺织服装、服饰业	2687	83.2	7.5	4.2	1.9
皮革、毛皮、羽毛及其制品和制鞋业	2490	87.3	4.6	2.5	1.2
木材加工和木、竹、藤、棕、草制品业	1905	83.7	5.1	5.0	0.8
家具制造业	2358	85.8	6.8	3.4	1.7
造纸和纸制品业	2057	87.5	5.5	5.3	0.7
印刷和记录媒介复制业	2016	86.0	6.6	5.2	0.9
文教、工美、体育和娱乐用品制造业	3436	86.6	7.4	5.2	2.8
石油、煤炭及其他燃料加工业	475	84.8	11.2	12.0	0.6
化学原料和化学制品制造业	9637	88.6	7.3	11.9	1.3
医药制造业	4094	84.0	16.2	15.8	2.1
化学纤维制造业	875	87.4	6.9	11.1	1.9
橡胶和塑料制品业	8810	86.7	6.7	6.0	1.4
非金属矿物制品业	9648	86.5	5.9	7.0	0.7
黑色金属冶炼和压延加工业	1376	87.4	9.1	11.3	1.0
有色金属冶炼和压延加工业	2759	86.6	7.4	11.3	1.2
金属制品业	10574	86.2	7.1	6.3	1.3
通用设备制造业	15526	89.0	6.8	8.2	1.4
专用设备制造业	12779	89.1	7.5	9.7	1.5
汽车制造业	8497	85.7	11.7	6.7	2.8
铁路、船舶、航空航天和其他运输设备制造业	2592	86.2	14.2	11.0	2.7
电气机械和器材制造业	15837	89.2	7.5	7.2	1.8
计算机、通信和其他电子设备制造业	14054	89.3	10.8	8.1	2.3
仪器仪表制造业	3942	90.8	10.3	10.9	1.6
其他制造业	767	88.8	7.7	4.8	1.3
废弃资源综合利用业	502	87.1	4.4	9.6	0.8
金属制品、机械和设备修理业	130	82.3	17.7	13.1	1.5
电力、热力、燃气及水生产和供应业	**587**	**78.7**	**13.8**	**9.7**	**0.7**
电力、热力生产和供应业	345	79.1	14.2	10.4	1.2
燃气生产和供应业	99	77.8	13.1	6.1	
水的生产和供应业	143	78.3	13.3	10.5	

		实现工艺创新企业数(个)	在实现工艺创新企业中，以下列形式进行开发的企业占比(%)					
在其他单位开发的基础上调整或改进，或委托其他企业或机构开发	其他		本企业独立开发或与集团内企业合作开发	本企业与境内其他企业合作开发	本企业与境内研究机构或高等学校合作开发	本企业与境外企业或机构合作开发	在其他单位开发的基础上调整或改进，或委托其他企业或机构开发	其他
6.0	**6.6**	**165653**	**79.3**	**11.1**	**7.7**	**1.4**	**10.4**	**10.1**
4.1	6.9	6353	73.2	9.6	10.2	0.9	10.0	12.6
5.0	6.6	3398	79.2	10.5	12.4	1.0	9.2	9.1
4.2	7.4	1886	74.2	10.9	14.0	1.0	7.4	11.9
4.7	3.1	75	70.7	41.3	20.0	1.3	16.0	8.0
5.6	7.7	6868	78.5	8.9	6.3	1.1	9.6	10.4
6.9	9.8	2867	73.9	10.7	3.9	2.0	11.8	13.3
5.5	8.1	2151	81.6	6.6	2.6	1.3	8.4	10.6
5.7	9.9	2270	76.7	6.2	4.0	1.3	8.8	14.9
6.6	9.3	2451	79.7	8.7	3.6	1.8	9.2	12.6
5.5	6.9	2505	75.6	9.2	4.7	1.0	12.3	11.9
8.0	8.7	2567	76.0	9.3	4.6	0.8	13.9	11.9
5.5	7.8	3472	80.2	9.4	5.2	2.4	9.0	9.6
7.4	5.9	754	74.3	15.0	10.6	0.8	13.9	9.2
4.6	5.1	10315	80.1	11.9	11.4	1.2	9.0	8.6
6.5	5.4	4647	77.4	19.6	14.9	2.1	10.8	8.2
5.9	5.9	961	79.8	10.8	10.0	1.5	10.0	9.1
5.9	7.9	9504	79.5	9.3	5.8	1.3	10.1	11.3
5.5	7.7	12276	75.4	9.0	6.2	0.8	11.4	12.9
7.2	6.8	1827	77.6	11.9	9.9	0.8	11.7	10.0
5.8	7.2	3210	77.5	11.5	10.6	1.1	10.6	11.0
6.6	7.6	12061	77.8	9.5	5.9	1.2	11.2	11.6
5.5	5.8	15297	81.8	10.3	7.7	1.4	9.5	8.8
5.6	5.7	12658	82.2	10.6	8.8	1.3	9.4	9.0
7.4	5.9	8519	79.4	14.9	6.4	1.9	11.2	8.1
7.4	5.9	2638	78.8	16.0	9.3	1.9	11.3	8.6
6.4	6.3	15284	82.0	11.4	6.8	1.6	10.5	9.4
6.9	5.7	13518	81.6	14.3	7.3	2.1	12.1	8.5
5.1	4.6	3515	83.8	13.5	9.3	1.3	9.8	7.2
5.2	7.8	815	81.8	9.9	4.7	1.7	10.3	9.8
5.2	8.2	770	77.8	9.0	9.0	1.2	11.9	10.8
10.8	4.6	221	72.9	19.9	10.4	1.4	12.7	10.4
6.6	**9.4**	**2620**	**56.4**	**22.5**	**9.4**	**1.2**	**20.5**	**15.1**
7.0	10.1	1660	56.9	25.3	10.5	1.4	20.7	13.3
6.1	11.1	408	57.1	17.2	4.9	1.0	19.9	18.1
6.3	6.3	552	54.3	17.9	9.2	0.9	20.3	18.3

3-7 续表 2

项目	实现产品创新企业数(个)	在实现产品创新企业中，以下列形式进行开发的企业占比(%)			
		本企业独立开发或与集团内企业合作开发	本企业与境内其他企业合作开发	本企业与境内研究机构或高等学校合作开发	本企业与境外企业或机构合作开发
四、按地区分					
东部地区	107236	87.9	7.7	7.2	1.8
中部地区	33209	86.4	7.5	9.8	0.9
西部地区	14238	85.3	10.8	10.8	1.1
东北地区	3255	87.2	10.9	12.0	2.2
北　京	1434	90.3	12.5	8.2	3.5
天　津	1759	89.1	11.8	7.7	2.7
河　北	3923	89.4	6.1	6.4	0.7
山　西	951	83.2	10.4	13.5	0.7
内蒙古	312	81.7	12.2	13.5	1.9
辽　宁	1993	88.6	11.1	12.3	2.6
吉　林	613	85.0	11.3	13.7	2.4
黑龙江	649	84.9	9.9	9.2	0.6
上　海	3251	90.8	11.4	8.1	3.6
江　苏	21800	85.8	8.9	11.2	2.3
浙　江	28475	88.6	5.4	5.3	1.0
安　徽	8011	85.5	8.5	13.9	1.2
福　建	6030	87.4	7.4	7.2	1.8
江　西	6615	88.1	6.1	6.2	1.0
山　东	13622	87.6	7.1	7.6	1.1
河　南	4971	87.0	5.9	9.4	0.5
湖　北	6181	83.4	9.0	10.1	1.0
湖　南	6480	88.4	7.2	7.9	0.8
广　东	26841	88.4	9.0	5.9	2.4
广　西	1407	87.1	9.6	10.9	1.2
海　南	101	82.2	20.8	7.9	2.0
重　庆	3203	86.5	11.7	5.8	1.4
四　川	4311	85.9	10.4	11.6	1.0
贵　州	1094	82.2	11.4	10.8	0.9
云　南	1010	86.5	11.2	9.6	1.1
西　藏	20	75.0	5.0	20.0	
陕　西	1888	85.0	10.1	14.6	1.2
甘　肃	360	80.0	9.2	15.6	0.8
青　海	75	86.7	4.0	13.3	1.3
宁　夏	310	82.3	13.5	18.1	1.0
新　疆	248	77.4	12.5	16.5	1.2

			在实现工艺创新企业中，以下列形式进行开发的企业占比(%)					
在其他单位开发的基础上调整或改进，或委托其他企业或机构开发	其他	实现工艺创新企业数(个)	本企业独立开发或与集团内企业合作开发	本企业与境内其他企业合作开发	本企业与境内研究机构或高等学校合作开发	本企业与境外企业或机构合作开发	在其他单位开发的基础上调整或改进，或委托其他企业或机构开发	其他
6.1	6.6	111579	79.7	11.1	6.8	1.6	10.8	9.9
5.5	6.9	36424	78.7	10.8	9.6	1.0	9.5	10.3
6.0	6.5	18168	73.3	14.0	9.7	1.0	12.2	11.9
5.3	5.7	4029	75.8	14.0	9.4	1.7	10.6	10.6
6.3	2.0	1232	81.4	19.8	7.8	2.6	11.0	4.9
5.1	4.1	2004	78.0	15.2	6.3	2.4	12.8	7.7
4.7	5.8	5108	78.2	8.7	6.1	0.7	9.1	11.7
4.6	7.8	1758	65.6	13.2	11.4	0.6	14.5	13.7
8.3	6.7	660	65.8	22.1	13.0	0.5	16.8	10.3
5.0	5.2	2456	77.4	14.5	9.0	1.7	10.3	9.5
6.0	6.0	729	75.7	14.5	11.7	1.8	10.4	9.6
5.4	7.2	844	71.0	12.0	8.6	1.7	11.5	14.7
5.9	4.3	3607	81.4	17.6	7.3	3.1	11.5	7.4
7.0	6.3	25125	76.9	12.1	9.8	1.9	11.8	10.0
5.3	6.5	26322	82.7	8.1	5.1	0.9	8.6	8.6
6.8	7.7	8358	77.3	13.0	13.8	1.3	10.6	11.3
5.7	7.4	7156	80.2	9.6	6.7	1.5	9.8	10.7
5.1	7.8	5911	84.0	8.5	6.6	1.1	7.0	10.5
4.8	6.5	13495	80.7	10.4	7.5	1.0	9.0	8.9
5.3	5.3	6391	75.5	9.9	8.1	0.7	11.6	10.3
6.0	6.7	6423	75.3	12.5	10.0	1.3	10.8	10.3
4.2	6.2	7583	84.5	8.9	8.0	0.8	6.3	8.4
7.4	7.7	27397	79.0	12.5	5.5	2.1	13.2	11.8
6.3	7.5	1785	72.3	12.5	8.6	1.3	14.9	14.6
5.0	4.0	133	75.2	19.5	10.5	2.3	15.8	9.8
6.7	6.2	3123	80.3	13.6	5.9	1.0	10.4	9.0
5.3	5.9	5516	75.1	12.4	9.8	1.0	10.4	11.1
6.6	10.0	1496	70.6	14.1	9.3	1.0	11.8	16.4
5.9	5.9	1384	74.0	16.2	9.8	0.7	12.6	11.1
5.0	5.0	34	55.9	26.5	11.8	2.9	14.7	11.8
5.5	5.9	2390	69.3	14.8	12.3	0.9	12.7	12.5
7.2	8.1	575	66.8	16.3	10.8	1.0	16.2	16.0
2.7	5.3	121	58.7	17.4	10.7	3.3	16.5	12.4
4.2	5.5	536	74.1	16.4	14.7	0.6	10.6	8.0
8.5	7.7	548	60.2	12.8	11.9	1.8	19.0	17.7

3–8 资质等级以上建筑业企业产品

项　　目	实现产品创新企业数(个)	在实现产品创新企业中，以下列形式进行开发的企业占比(%)				
		本企业独立开发或与集团内企业合作开　　发	本企业与境内其他企业合作开　　发	本企业与境内研究机构或高等学校合作开发	本企业与境外企业或机构合作开发	在其他单位开发的基础上调整或改进，或委托其他企业或机构开发
总　计	**4187**	**64.9**	**20.6**	**16.5**	**2.3**	**22.5**
#国有及国有控股	973	81.4	36.1	34.6	2.3	15.4
一、按规模分						
大型企业	1163	83.4	35.4	33.3	2.0	15.9
中型企业	1746	64.5	15.9	11.1	1.9	21.0
小型企业	1041	49.7	12.5	8.0	2.8	30.5
微型企业	237	43.9	18.6	10.5	4.2	30.4
二、按登记注册类型分						
内资企业	4147	64.7	20.6	16.4	2.3	22.5
#国有企业	81	74.1	30.9	24.7	2.5	22.2
集体企业	21	52.4	14.3	9.5	4.8	38.1
股份合作企业	6	50.0	16.7	16.7		16.7
有限责任公司	1326	76.2	29.8	26.9	2.0	17.7
#国有独资公司	265	78.5	37.0	32.1	2.6	15.5
股份有限公司	154	76.6	31.2	26.0	1.3	10.4
私营企业	2556	57.9	15.0	10.1	2.4	25.6
港、澳、台商投资企业	23	82.6	26.1	34.8		17.4
#合资经营企业	11	81.8	18.2	36.4		9.1
港、澳、台商独资经营企业	5	80.0				40.0
港、澳、台商投资股份有限公司	7	85.7	57.1	57.1		14.3
外商投资企业	17	82.4	5.9	5.9	5.9	17.6
#中外合资经营企业	9	77.8				
外资企业	5	80.0	20.0	20.0	20.0	40.0
三、按行业分						
房屋建筑业	1636	60.1	19.9	15.5	2.3	25.1
土木工程建筑业	1169	72.1	26.9	24.0	2.8	19.9
建筑安装业	615	69.3	18.4	11.9	1.1	19.2
建筑装饰、装修和其他建筑业	767	60.6	14.3	10.6	2.2	23.5

创新和工艺创新开发情况

其他	实现工艺创新企业数(个)	在实现工艺创新企业中，以下列形式进行开发的企业占比(%)					
		本企业独立开发或与集团内企业合作开发	本企业与境内其他企业合作开发	本企业与境内研究机构或高等学校合作开发	本企业与境外企业或机构合作开发	在其他单位开发的基础上调整或改进，或委托其他企业或机构开发	其他
18.9	**8214**	**55.6**	**16.4**	**13.0**	**1.3**	**26.4**	**22.9**
7.5	1933	72.7	27.7	24.8	1.4	21.2	8.2
6.3	2062	76.3	29.2	28.4	1.4	19.9	7.4
19.4	3679	56.0	12.5	9.5	1.2	26.4	21.7
28.7	2034	38.8	10.8	5.2	1.3	31.4	36.9
33.3	439	33.9	13.9	6.6	2.1	33.0	40.1
18.9	8151	55.5	16.3	13.0	1.3	26.4	22.9
17.3	175	65.1	23.4	23.4	1.7	23.4	14.9
38.1	43	37.2	7.0	4.7	2.3	37.2	44.2
16.7	12	41.7	8.3	8.3		16.7	33.3
11.3	2572	67.7	23.4	20.5	1.2	23.3	12.6
7.5	519	70.9	25.0	22.2	1.3	21.8	9.6
13.0	257	70.4	26.8	22.2	0.8	20.2	15.6
23.0	5083	48.4	12.1	8.4	1.4	28.4	28.5
17.4	37	81.1	29.7	24.3	2.7	18.9	18.9
27.3	21	81.0	23.8	23.8	4.8	19.0	23.8
	6	100.0				33.3	33.3
14.3	9	66.7	66.7	44.4		11.1	
23.5	26	76.9	3.8	3.8		15.4	23.1
33.3	15	73.3	6.7				33.3
20.0	8	75.0		12.5		50.0	12.5
21.3	3312	50.6	16.5	12.7	1.2	27.5	26.5
13.2	2362	63.4	19.5	18.8	1.7	24.3	15.3
17.6	1033	61.0	15.7	10.0	1.2	23.8	22.1
23.5	1507	50.8	11.5	6.6	1.1	28.7	27.2

3-8 续表

项目	实现产品创新企业数(个)	在实现产品创新企业中，以下列形式进行开发的企业占比(%)				
		本企业独立开发或与集团内企业合作开发	本企业与境内其他企业合作开发	本企业与境内研究机构或高等学校合作开发	本企业与境外企业或机构合作开发	在其他单位开发的基础上调整或改进，或委托其他企业或机构开发
四、按地区分						
东部地区	2245	68.1	21.4	17.2	2.2	20.4
中部地区	1026	62.7	18.0	15.9	1.9	24.6
西部地区	742	59.6	22.2	15.9	3.4	24.9
东北地区	174	59.2	19.0	12.1	1.1	27.0
北　京	172	82.0	32.0	22.7	1.2	19.8
天　津	104	72.1	27.9	21.2	2.9	14.4
河　北	89	60.7	20.2	20.2	3.4	18.0
山　西	108	67.6	15.7	16.7		23.1
内蒙古	18	66.7	22.2	11.1		11.1
辽　宁	109	59.6	18.3	15.6	0.9	27.5
吉　林	40	60.0	22.5	7.5	2.5	32.5
黑龙江	25	56.0	16.0	4.0		16.0
上　海	136	80.1	25.7	22.1	1.5	17.6
江　苏	351	58.7	22.5	16.8	2.6	23.1
浙　江	319	67.7	17.2	15.7	1.9	19.4
安　徽	160	55.6	19.4	19.4	3.1	30.0
福　建	212	63.2	19.3	17.0	2.8	18.9
江　西	130	69.2	21.5	10.8	2.3	20.8
山　东	367	62.7	19.3	17.7	2.5	25.9
河　南	310	61.3	17.1	14.5	2.6	26.1
湖　北	164	62.2	18.9	20.1	1.2	21.3
湖　南	154	64.3	16.2	14.3	0.6	23.4
广　东	486	73.9	19.5	14.0	1.9	18.3
广　西	62	67.7	29.0	16.1	3.2	37.1
海　南	9	55.6	22.2			11.1
重　庆	70	61.4	24.3	15.7	2.9	27.1
四　川	212	62.3	22.2	14.2	3.3	17.9
贵　州	49	63.3	24.5	18.4	8.2	24.5
云　南	76	57.9	22.4	10.5	1.3	25.0
西　藏	7	42.9	14.3	28.6		14.3
陕　西	156	53.2	21.8	19.9	4.5	28.2
甘　肃	35	48.6	17.1	14.3		40.0
青　海	8	75.0	25.0	37.5		12.5
宁　夏	16	62.5	6.3	6.3		18.8
新　疆	33	57.6	18.2	18.2	6.1	27.3

其他	实现工艺创新企业数(个)	在实现工艺创新企业中，以下列形式进行开发的企业占比(%)					
		本企业独立开发或与集团内企业合作开发	本企业与境内其他企业合作开发	本企业与境内研究机构或高等学校合作开发	本企业与境外企业或机构合作开发	在其他单位开发的基础上调整或改进，或委托其他企业或机构开发	其他
16.7	4331	59.5	17.3	14.3	1.3	25.5	19.3
19.5	2017	54.8	14.5	11.7	1.3	27.6	24.9
23.5	1544	47.0	16.5	11.5	1.4	27.5	28.8
24.1	322	50.6	14.3	10.9	0.9	24.8	28.6
6.4	347	74.6	23.6	17.9	0.6	21.6	6.9
13.5	190	63.2	22.1	16.3	0.5	24.2	14.2
23.6	188	53.2	12.2	16.0	1.6	22.3	27.1
21.3	206	57.3	16.0	11.2	0.5	25.7	24.8
16.7	46	43.5	15.2	4.3		23.9	37.0
19.3	168	50.0	14.3	14.3	1.2	24.4	25.6
25.0	71	53.5	18.3	11.3	1.4	31.0	28.2
44.0	83	49.4	10.8	3.6		20.5	34.9
9.6	234	69.2	24.4	15.4	2.1	21.4	12.0
21.9	695	51.4	17.6	13.5	2.3	26.2	25.0
12.9	675	61.9	13.5	16.3	0.7	25.3	16.1
23.8	370	48.9	16.5	11.6	2.2	29.7	28.6
21.2	442	54.8	20.1	15.2	2.0	26.5	20.8
17.7	245	59.2	11.4	9.8	1.6	25.7	22.0
18.3	706	53.1	14.0	13.3	1.1	28.2	25.1
15.5	568	51.4	13.4	11.1	1.4	31.2	25.2
20.7	305	53.4	16.1	14.4	0.7	26.6	24.6
22.1	323	63.8	14.2	12.1	1.2	22.3	22.9
17.1	835	64.4	16.6	11.4	1.0	26.2	17.5
19.4	124	58.9	19.4	14.5	1.6	28.2	22.6
22.2	19	26.3	26.3			21.1	47.4
15.7	151	44.4	19.2	15.9	0.7	27.8	27.8
22.2	432	45.1	16.9	11.1	2.3	24.8	29.2
28.6	133	46.6	14.3	12.0	1.5	25.6	33.8
26.3	141	51.1	17.0	9.2		30.5	27.0
28.6	18	11.1	11.1	11.1		55.6	38.9
26.3	295	47.8	14.6	10.5	2.0	28.5	29.2
34.3	78	42.3	16.7	10.3		29.5	30.8
25.0	24	41.7	12.5	12.5		33.3	29.2
37.5	36	55.6	11.1	11.1		16.7	36.1
12.1	66	47.0	21.2	12.1		33.3	18.2

3–9 规模(限额)以上服务业企业产品

项　　目	实现产品创新企业数(个)	在实现产品创新企业中，以下列形式进行开发的企业占比(%)				
		本企业独立开发或与集团内企业合作开　　发	本企业与境内其他企业合作开　　发	本企业与境内研究机构或高等学校合作开发	本企业与境外企业或机构合作开发	在其他单位开发的基础上调整或改进，或委托其他企业或机构开发
总　计	**33367**	**70.6**	**18.7**	**8.8**	**2.7**	**15.1**
#国有及国有控股	4313	74.8	29.7	16.9	2.2	15.6
一、按规模分						
大型企业	3152	86.0	24.6	15.8	3.9	10.3
中型企业	10039	77.1	18.4	9.3	2.9	13.2
小型企业	17487	67.6	18.0	7.7	2.2	16.0
微型企业	2689	47.9	18.0	5.7	3.9	22.1
二、按登记注册类型分						
内资企业	30966	70.1	18.6	9.1	2.2	15.5
国有企业	567	68.1	24.9	15.2	1.6	18.9
集体企业	39	41.0	15.4	17.9		12.8
股份合作企业	28	53.6	10.7	3.6		10.7
联营企业	15	86.7	20.0	26.7		6.7
#国有联营企业	9	100.0	22.2	33.3		
有限责任公司	8280	77.1	22.1	11.6	2.1	13.4
#国有独资公司	813	71.1	33.1	18.6	2.5	16.2
股份有限公司	1509	84.9	23.2	14.1	2.4	10.3
私营企业	20523	66.3	16.7	7.5	2.2	16.6
其他企业	5	60.0	20.0			
港、澳、台商投资企业	1115	79.7	21.7	5.6	8.0	10.4
合资经营企业	230	77.4	20.0	7.0	3.0	13.0
合作经营企业	12	66.7	50.0	33.3		16.7
港、澳、台商独资经营企业	776	79.5	21.5	4.3	10.1	10.2
港、澳、台商投资股份有限公司	59	84.7	20.3	13.6	1.7	5.1
其他港、澳、台投资企业	38	94.7	28.9	2.6	7.9	5.3
外商投资企业	1286	76.1	20.1	5.1	10.8	10.2
中外合资经营企业	358	85.2	22.9	7.3	5.0	8.1
中外合作经营企业	9	77.8	22.2	22.2	22.2	11.1
外资企业	838	71.8	19.1	3.7	13.7	11.2
外商投资股份有限公司	59	81.4	16.9	6.8	6.8	11.9
其他外商投资企业	22	77.3	22.7	13.6		
三、按行业分						
批发和零售业	**12241**	**51.3**	**18.7**	**6.3**	**4.0**	**21.7**
批发业	7190	54.7	20.4	7.0	4.7	20.1
零售业	5051	46.5	16.1	5.3	3.0	24.0
交通运输、仓储和邮政业	**1243**	**53.3**	**22.9**	**6.0**	**2.6**	**21.2**
铁路运输业	18	72.2	27.8	27.8		22.2
道路运输业	646	50.3	21.4	5.9	2.6	22.3
水上运输业	70	57.1	44.3	14.3		18.6
航空运输业	28	60.7	42.9	14.3		
管道运输业	2	50.0	100.0	50.0		
多式联运和运输代理业	269	55.0	20.4	3.3	4.5	21.9
装卸搬运和仓储业	144	58.3	18.8	3.5	2.1	21.5
邮政业	66	51.5	22.7	3.0		18.2
信息传输、软件和信息技术服务业	**10836**	**88.2**	**18.3**	**8.3**	**1.5**	**9.5**
电信、广播电视和卫星传输服务	543	72.0	33.0	7.6	1.5	15.7
互联网和相关服务	1632	86.7	17.3	6.3	1.5	9.5
软件和信息技术服务业	8661	89.5	17.5	8.7	1.5	9.1

创新和工艺创新开发情况

		在实现工艺创新企业中，以下列形式进行开发的企业占比(%)					
其他	实现工艺创新企业数(个)	本企业独立开发或与集团内企业合作开发	本企业与境内其他企业合作开发	本企业与境内研究机构或高等学校合作开发	本企业与境外企业或机构合作开发	在其他单位开发的基础上调整或改进，或委托其他企业或机构开发	其他
15.6	**44093**	**54.2**	**18.1**	**6.6**	**1.9**	**24.4**	**22.5**
9.1	6400	58.0	28.0	11.8	1.4	25.3	14.1
5.3	3896	70.4	28.9	13.1	2.5	21.7	7.8
11.4	13234	59.3	19.3	6.9	1.9	24.2	17.3
17.4	22865	51.9	16.0	5.8	1.7	24.2	25.0
32.4	4098	34.7	15.8	4.5	2.7	28.8	39.0
16.2	41167	53.5	17.9	6.8	1.6	24.6	23.2
12.9	883	53.2	24.3	12.0	0.8	25.8	18.0
33.3	48	20.8	14.6	10.4	2.1	35.4	35.4
35.7	36	41.7	16.7	5.6		8.3	41.7
6.7	21	47.6	19.0	9.5		33.3	14.3
	10	60.0	30.0	10.0		30.0	
10.5	11246	60.4	21.8	8.3	1.5	23.8	15.9
10.9	1342	53.7	28.8	12.4	1.5	26.1	15.9
6.0	1717	69.9	26.8	11.8	2.0	20.8	9.7
19.3	27203	49.8	15.5	5.7	1.7	25.1	27.2
20.0	13	23.1	30.8			30.8	46.2
8.3	1357	64.2	21.7	4.6	4.9	21.0	12.7
9.6	307	58.6	22.2	5.5	2.9	21.8	14.7
16.7	19	78.9	36.8	21.1		21.1	5.3
8.1	925	64.5	19.6	3.9	5.5	20.9	13.0
6.8	63	74.6	33.3	6.3	6.3	20.6	7.9
2.6	43	74.4	39.5	4.7	4.7	18.6	4.7
8.8	1569	62.2	21.4	4.6	8.1	22.2	12.2
5.0	439	67.0	24.1	6.2	3.4	21.9	10.3
11.1	13	53.8	23.1	7.7	15.4	38.5	7.7
10.9	1012	60.3	20.0	3.9	10.6	22.1	12.9
3.4	80	62.5	27.5	5.0	3.8	23.8	11.3
4.5	25	60.0	8.0	4.0		20.0	20.0
28.6	**19534**	**36.8**	**16.9**	**4.4**	**2.5**	**30.8**	**33.8**
25.1	11809	39.0	18.2	4.6	2.9	30.2	31.4
33.6	7725	33.4	15.0	4.1	2.0	31.5	37.5
21.2	**2773**	**41.3**	**20.1**	**4.4**	**1.2**	**29.9**	**25.7**
11.1	41	53.7	43.9	24.4		36.6	4.9
22.9	1298	37.7	18.5	4.1	1.0	31.7	27.7
7.1	210	45.2	31.9	10.0	1.9	31.0	16.7
7.1	71	52.1	39.4	8.5	1.4	23.9	12.7
	17	47.1	64.7	41.2		23.5	
19.3	584	42.1	17.6	1.7	1.5	28.1	26.2
24.3	419	44.6	14.3	2.6	1.0	29.6	26.3
28.8	133	45.1	21.8	3.8	0.8	21.8	33.8
5.0	**10162**	**80.0**	**18.9**	**7.2**	**1.3**	**15.4**	**8.5**
10.7	630	68.3	29.0	6.3	2.2	20.0	12.5
4.6	1538	79.0	18.9	5.9	1.2	15.5	8.1
4.7	7994	81.1	18.1	7.6	1.3	15.1	8.3

3-9 续表

项　目	实现产品创新企业数（个）	在实现产品创新企业中，以下列形式进行开发的企业占比(%)				
		本企业独立开发或与集团内企业合作开发	本企业与境内其他企业合作开发	本企业与境内研究机构或高等学校合作开发	本企业与境外企业或机构合作开发	在其他单位开发的基础上调整或改进，或委托其他企业或机构开发
租赁和商务服务业	**2421**	**68.8**	**19.2**	**6.2**	**2.3**	**14.2**
租赁业	164	68.9	14.0	3.7	2.4	15.9
商务服务业	2257	68.8	19.5	6.3	2.3	14.0
科学研究和技术服务业	**6191**	**82.4**	**18.9**	**15.7**	**2.5**	**10.9**
研究和试验发展	981	86.2	25.1	21.4	4.2	11.3
专业技术服务业	4202	81.3	17.4	14.8	2.0	11.0
科技推广和应用服务业	1008	83.0	19.0	14.3	2.7	10.0
水利、环境和公共设施管理业	**435**	**69.2**	**17.2**	**16.8**	**1.1**	**15.9**
水利管理业	17	52.9	35.3	11.8		11.8
生态保护和环境治理业	180	78.9	15.6	23.9	2.2	10.0
公共设施管理业	228	62.7	16.7	11.0	0.4	20.2
土地管理业	10	70.0	30.0	30.0		30.0
四、按地区分						
东部地区	23303	73.6	19.0	8.6	2.9	14.3
中部地区	5105	64.3	17.9	9.8	2.2	16.3
西部地区	4231	63.1	18.7	8.7	2.1	18.3
东北地区	728	64.6	17.2	9.9	2.6	12.2
北　京	3093	84.6	20.1	9.2	2.4	9.9
天　津	619	70.8	20.2	11.8	1.6	12.8
河　北	463	69.5	12.7	7.8	1.1	13.6
山　西	371	61.5	18.1	9.7	1.3	15.6
内蒙古	106	53.8	17.0	6.6	3.8	17.9
辽　宁	388	65.7	17.3	9.8	4.1	12.9
吉　林	144	66.0	19.4	13.2	1.4	11.8
黑龙江	196	61.2	15.3	7.7	0.5	11.2
上　海	3085	77.5	20.9	7.6	5.5	12.0
江　苏	3394	66.9	17.6	11.1	2.4	15.7
浙　江	2321	69.3	19.6	7.5	3.1	15.5
安　徽	1032	64.0	19.0	12.0	1.8	17.7
福　建	1672	65.8	18.8	7.5	2.8	19.5
江　西	626	56.7	17.1	8.5	1.8	19.6
山　东	1875	65.7	18.9	8.8	2.3	16.0
河　南	1102	66.7	16.7	8.0	1.2	15.2
湖　北	1030	66.6	17.9	10.7	3.8	15.9
湖　南	944	65.4	18.9	9.3	2.9	14.6
广　东	6678	76.5	18.3	7.8	2.6	14.7
广　西	402	59.2	22.9	12.4	3.0	24.6
海　南	103	59.2	24.3	7.8	1.9	13.6
重　庆	619	64.1	18.9	9.9	2.7	17.0
四　川	1275	70.8	16.6	7.2	1.9	14.2
贵　州	316	59.2	17.4	9.2	1.3	21.5
云　南	396	60.4	23.2	8.8	2.5	19.7
西　藏	26	50.0	26.9		3.8	34.6
陕　西	666	60.4	17.3	8.6	1.2	17.7
甘　肃	146	54.8	16.4	8.2	0.7	24.0
青　海	39	59.0	15.4	7.7	2.6	12.8
宁　夏	65	63.1	30.8	9.2	1.5	12.3
新　疆	175	50.9	20.0	9.1	3.4	28.0

其他	实现工艺创新企业数(个)	在实现工艺创新企业中，以下列形式进行开发的企业占比(%)					
		本企业独立开发或与集团内企业合作开发	本企业与境内其他企业合作开发	本企业与境内研究机构或高等学校合作开发	本企业与境外企业或机构合作开发	在其他单位开发的基础上调整或改进，或委托其他企业或机构开发	其他
16.1	**3259**	**49.9**	**18.3**	**4.5**	**1.9**	**25.2**	**22.5**
16.5	254	50.0	14.2	4.7	1.2	21.3	26.0
16.1	3005	49.9	18.6	4.5	1.9	25.5	22.2
7.6	**7574**	**70.4**	**19.8**	**13.0**	**1.6**	**17.9**	**11.3**
5.4	1164	77.2	24.6	17.0	3.2	16.3	8.3
8.4	5242	68.1	19.0	12.3	1.1	18.8	12.4
6.6	1168	73.8	18.4	12.5	2.0	15.3	9.3
12.6	**791**	**58.5**	**14.5**	**11.0**	**1.1**	**22.5**	**17.8**
5.9	26	53.8	19.2	15.4		23.1	11.5
7.2	333	74.2	15.0	15.0	0.9	18.0	6.9
17.1	398	47.7	13.6	8.0	1.3	25.4	27.1
20.0	34	35.3	17.6	2.9	2.9	32.4	20.6
13.6	29236	57.5	18.8	6.6	2.1	24.0	19.7
20.3	7375	49.2	16.8	7.0	1.8	24.9	26.4
20.4	6394	45.2	17.2	6.2	1.4	26.4	29.2
21.3	1088	50.6	15.1	7.3	1.5	20.3	29.6
4.6	3501	68.9	20.9	7.7	1.7	20.8	9.2
13.4	859	53.9	17.6	7.1	1.2	24.2	19.1
16.8	704	49.6	16.1	5.4	1.0	23.3	24.3
22.1	538	42.6	16.0	7.6	2.6	24.3	31.6
26.4	202	40.6	14.4	5.0	2.0	32.7	25.2
18.6	576	52.8	15.3	7.3	2.1	19.3	28.5
23.6	235	48.5	15.3	7.2	0.9	21.3	30.6
25.0	277	47.7	14.4	7.2	0.7	21.7	31.0
9.3	3666	64.0	20.7	6.2	4.0	21.0	13.9
19.2	4415	50.6	17.7	9.1	2.3	24.6	25.5
14.7	3058	52.6	20.2	5.5	1.6	26.5	20.4
20.9	1479	49.8	16.4	8.2	1.6	25.2	26.3
18.7	1986	52.6	19.3	6.0	2.3	26.5	23.8
24.0	948	44.7	16.6	5.8	1.6	25.4	30.2
18.5	2764	48.9	17.9	6.7	1.4	25.1	25.7
17.7	1602	48.7	14.9	5.5	1.3	24.9	25.2
19.6	1497	51.2	17.8	7.8	2.6	25.4	24.9
20.0	1311	52.5	18.8	7.4	1.4	24.0	24.6
13.5	8130	60.8	17.5	5.6	1.8	24.6	20.0
25.6	643	42.9	19.1	7.5	2.3	28.9	32.5
23.3	153	46.4	19.6	5.2	2.6	22.9	25.5
17.8	935	45.9	14.8	6.8	1.3	26.2	27.5
15.3	1771	52.3	17.2	6.2	1.6	23.7	24.7
26.9	484	41.3	18.4	5.8	1.4	26.0	38.0
23.2	621	42.8	19.2	6.6	1.6	25.6	32.0
23.1	54	35.2	18.5	5.6	3.7	40.7	25.9
21.0	957	44.1	17.7	6.1	0.8	27.6	27.1
29.5	238	40.8	12.2	5.0		26.9	37.0
25.6	67	40.3	20.9	4.5		25.4	31.3
15.4	107	45.8	23.4	4.7	0.9	22.4	29.0
24.6	315	31.4	16.5	5.4	1.3	29.2	37.1

3-10 规模以上高技术产业(制造业)

项　目	实现产品创新企业数(个)	在实现产品创新企业中，以下列形式进行开发的企业占比(%)				
		本企业独立开发或与集团内企业合作开发	本企业与境内其他企业合作开发	本企业与境内研究机构或高等学校合作开发	本企业与境外企业或机构合作开发	在其他单位开发的基础上调整或改进，或委托其他企业或机构开发
总　计	**25996**	**88.8**	**11.4**	**10.0**	**2.1**	**6.4**
#国有及国有控股	1357	90.8	26.3	20.3	2.6	7.4
一、按规模分						
大型企业	1591	91.7	20.1	17.1	6.7	6.8
中型企业	4581	90.5	13.9	13.4	2.8	6.1
小型企业	19064	88.3	10.0	8.7	1.6	6.4
微型企业	760	84.5	13.3	7.5	1.4	8.9
二、按登记注册类型分						
内资企业	22555	88.8	11.5	10.3	1.5	6.5
国有企业	85	87.1	34.1	31.8	2.4	9.4
集体企业	8	62.5	12.5			
股份合作企业	22	77.3	13.6	13.6		22.7
联营企业	6	100.0	16.7			16.7
#国有联营企业	3	100.0				33.3
有限责任公司	4504	90.0	15.2	11.7	1.6	5.9
#国有独资公司	154	93.5	31.8	24.0	1.3	10.4
股份有限公司	1409	91.0	19.3	19.0	2.8	5.5
私营企业	16512	88.3	9.7	9.1	1.3	6.6
其他企业	9	100.0	44.4	33.3	11.1	11.1
港、澳、台商投资企业	1583	89.9	9.4	8.3	5.4	6.3
合资经营企业	473	91.3	10.1	11.4	4.0	6.8
合作经营企业	11	100.0	18.2			
港、澳、台商独资经营企业	950	88.5	8.1	5.2	6.1	6.5
港、澳、台商投资股份有限公司	124	91.9	15.3	21.0	5.6	4.0
其他港、澳、台投资企业	25	100.0	12.0	12.0	4.0	4.0
外商投资企业	1858	87.6	11.8	8.0	7.2	6.0
中外合资经营企业	580	88.6	13.3	11.7	7.1	4.7
中外合作经营企业	6	66.7		16.7	16.7	
外资企业	1127	86.3	11.0	5.5	7.7	6.8
外商投资股份有限公司	122	95.1	13.1	14.8	3.3	5.7
其他外商投资企业	23	91.3	13.0			4.3
三、按高技术行业(制造业)分						
医药制造业	**4094**	**84.0**	**16.2**	**15.8**	**2.1**	**6.5**
#化学药品制造	1338	81.2	23.9	14.8	2.3	6.7
中成药生产	665	80.8	19.2	20.9	2.6	7.7
生物药品制品制造	531	87.4	12.4	16.4	2.4	7.0

产品创新和工艺创新开发情况

		在实现工艺创新企业中，以下列形式进行开发的企业占比(%)					
其他	实现工艺创新企业数(个)	本企业独立开发或与集团内企业合作开发	本企业与境内其他企业合作开发	本企业与境内研究机构或高等学校合作开发	本企业与境外企业或机构合作开发	在其他单位开发的基础上调整或改进，或委托其他企业或机构开发	其他
5.4	**25690**	**81.2**	**14.9**	**9.2**	**1.9**	**11.2**	**8.3**
2.2	1332	82.6	26.6	15.0	1.7	11.8	4.9
3.6	1616	86.8	24.1	14.4	5.1	11.9	4.3
3.8	4600	82.5	19.6	11.3	2.5	11.5	5.3
5.8	18668	80.8	12.9	8.3	1.5	11.0	9.2
8.4	806	73.2	16.7	8.3	1.9	14.4	13.4
5.5	22236	81.1	14.8	9.5	1.3	11.4	8.6
3.5	94	79.8	27.7	13.8	1.1	16.0	6.4
50.0	10	80.0	10.0	10.0			10.0
4.5	27	66.7	3.7	14.8		25.9	3.7
33.3	8	100.0	37.5				25.0
	4	100.0					
5.0	4583	81.9	18.6	9.9	1.5	11.0	7.8
0.6	154	81.8	20.8	13.0		11.0	4.5
2.6	1326	82.8	25.0	16.5	2.3	10.5	5.6
5.8	16182	80.7	12.8	8.8	1.2	11.5	9.2
	6	83.3	33.3	16.7		16.7	
4.8	1572	83.2	15.6	8.0	4.1	11.1	6.2
3.2	453	84.1	17.4	9.3	3.5	10.6	5.1
	11	81.8	18.2			18.2	
5.8	972	82.1	13.7	6.2	4.4	11.1	6.8
4.0	110	90.0	25.5	18.2	3.6	12.7	4.5
4.0	26	80.8	15.4	11.5	7.7	11.5	15.4
5.1	1882	81.5	16.6	7.0	6.9	9.8	6.4
3.6	594	82.3	18.7	9.8	4.9	8.4	5.2
33.3	10	70.0	10.0		20.0	10.0	20.0
6.0	1160	80.9	15.4	4.8	7.8	10.1	7.0
1.6	98	82.7	18.4	15.3	5.1	17.3	3.1
4.3	20	90.0	15.0	10.0	10.0		15.0
5.4	**4647**	**77.4**	**19.6**	**14.9**	**2.1**	**10.8**	**8.2**
3.9	1551	75.8	27.9	15.3	2.8	11.5	5.6
6.3	819	75.7	23.6	17.1	2.3	10.7	6.7
4.7	585	81.2	18.1	14.9	2.2	12.1	7.7

3-10 续表 1

项　目	实现产品创新企业数(个)	在实现产品创新企业中，以下列形式进行开发的企业占比(%)				
		本企业独立开发或与集团内企业合作开发	本企业与境内其他企业合作开发	本企业与境内研究机构或高等学校合作开发	本企业与境外企业或机构合作开发	在其他单位开发的基础上调整或改进，或委托其他企业或机构开发
电子及通信设备制造业	**14361**	**89.5**	**10.1**	**8.4**	**2.1**	**6.8**
#电子工业专用设备制造	958	91.4	7.1	8.4	1.6	7.2
光纤、光缆制造及锂离子电池制造	1013	90.1	9.2	9.0	2.5	6.4
#锂离子电池制造	811	89.5	9.1	9.0	2.7	5.8
通信设备制造、雷达及配套设备制造	1464	89.1	13.7	10.5	1.9	7.3
#通信系统设备制造	762	90.4	12.3	11.7	2.0	6.3
通信终端设备制造	614	87.1	15.5	8.0	2.0	8.5
雷达及配套设备制造	88	90.9	13.6	17.0	1.1	8.0
广播电视设备制造	378	92.6	11.1	6.6	1.3	6.3
非专业视听设备制造	668	89.4	12.0	4.9	3.1	6.4
电子器件制造	3360	89.7	11.4	9.0	2.4	6.8
#电子真空器件制造	273	90.8	8.1	8.1	1.5	5.5
半导体分立器件制造	291	91.4	8.2	12.4	2.4	4.8
集成电路制造	687	91.8	15.6	9.9	4.1	6.8
光电子器件制造	599	89.6	11.9	8.8	2.3	7.5
电子元件及电子专用设备制造	4684	88.5	8.2	8.4	2.0	6.5
#电阻电容电感元件制造	672	87.8	8.5	8.8	1.8	5.8
电子专用材料制造	1055	89.1	6.6	11.8	1.6	3.6
电子电路制造	990	88.0	7.6	7.2	1.6	7.4
智能消费设备制造	936	89.4	12.1	8.2	1.4	7.5
其他电子设备制造	900	91.7	10.0	6.2	1.9	6.8
计算机及办公设备制造业	**1759**	**88.6**	**12.8**	**5.6**	**3.5**	**7.7**
#计算机整机制造	229	89.1	14.0	5.7	4.4	11.4
计算机零部件制造	534	86.3	11.6	3.4	3.9	7.7
计算机外围设备制造	491	88.2	12.4	5.7	2.9	7.9
办公设备制造	160	87.5	10.0	5.6	1.9	3.1
医疗仪器设备及仪器仪表制造业	**5301**	**90.9**	**10.0**	**10.5**	**1.9**	**5.0**
#医疗仪器设备及器械制造	1566	91.0	9.1	8.7	2.7	4.9
#医疗诊断、监护及治疗设备制造	482	92.5	9.8	10.0	2.3	3.7
医疗、外科及兽医用器械制造	402	89.8	8.0	9.7	2.5	4.7
通用仪器仪表制造	2485	90.9	9.9	11.3	1.3	5.4
专用仪器仪表制造	754	91.6	11.8	11.0	2.3	3.8
信息化学品制造业	**95**	**84.2**	**9.5**	**11.6**	**1.1**	**8.4**

		在实现工艺创新企业中，以下列形式进行开发的企业占比(%)					
其他	实现工艺创新企业数(个)	本企业独立开发或与集团内企业合作开发	本企业与境内其他企业合作开发	本企业与境内研究机构或高等学校合作开发	本企业与境外企业或机构合作开发	在其他单位开发的基础上调整或改进，或委托其他企业或机构开发	其他
5.6	**14005**	**82.0**	**13.8**	**7.6**	**2.0**	**11.8**	**8.6**
5.3	965	82.4	10.3	6.5	1.7	12.3	10.6
4.7	1041	85.0	12.3	9.1	1.9	10.1	8.6
5.1	834	84.9	12.2	8.9	2.0	9.6	9.2
5.4	1307	81.1	17.2	8.6	2.1	13.5	8.4
4.2	650	82.3	15.4	10.3	1.8	11.7	6.8
7.2	582	80.4	17.9	6.7	2.7	15.5	10.1
3.4	75	76.0	28.0	9.3		14.7	9.3
4.5	344	81.1	13.7	8.1	1.2	11.9	7.3
5.8	560	83.4	15.9	4.1	2.9	11.6	8.0
5.5	3269	82.5	14.6	7.6	2.4	11.2	8.4
5.1	283	82.0	11.3	8.5	1.4	10.6	9.5
4.1	285	85.3	14.0	9.1	2.1	6.3	6.3
5.8	658	81.8	21.0	9.4	3.8	11.4	7.0
3.8	596	84.9	14.6	6.9	2.7	10.1	6.4
6.2	4858	81.0	12.4	8.2	2.0	11.6	8.5
5.7	674	79.2	13.2	7.4	2.2	12.3	8.0
5.0	1100	82.1	13.3	12.6	2.2	7.1	6.1
7.4	1114	80.4	11.1	7.4	1.0	14.8	9.5
5.6	820	81.7	16.2	5.6	1.3	13.0	8.5
4.9	841	82.6	15.6	5.8	1.4	12.4	8.7
5.7	**1615**	**80.4**	**14.4**	**4.9**	**2.2**	**13.3**	**9.5**
7.4	219	83.1	15.5	5.5	3.2	16.0	10.5
6.2	528	77.1	13.1	4.0	2.7	14.4	10.4
6.5	429	81.1	13.5	4.4	1.6	12.1	10.0
5.6	148	81.1	12.2	5.4		7.4	7.4
4.9	**4865**	**83.4**	**13.2**	**9.3**	**1.4**	**9.6**	**7.5**
5.6	1550	82.8	12.6	8.8	1.7	9.2	8.0
5.8	478	82.8	13.8	7.7	1.7	11.1	9.0
4.5	407	82.8	12.5	10.1	1.7	8.1	6.6
4.2	2219	83.8	13.2	9.8	1.1	10.0	6.8
4.8	647	82.2	14.4	10.0	1.9	9.6	9.0
2.1	**100**	**83.0**	**11.0**	**9.0**		**8.0**	**8.0**

3-10 续表 2

项目	实现产品创新企业数(个)	在实现产品创新企业中，以下列形式进行开发的企业占比(%)				
		本企业独立开发或与集团内企业合作开发	本企业与境内其他企业合作开发	本企业与境内研究机构或高等学校合作开发	本企业与境外企业或机构合作开发	在其他单位开发的基础上调整或改进，或委托其他企业或机构开发
四、按地区分						
东部地区	18170	89.5	11.2	9.1	2.4	6.6
中部地区	4936	87.3	10.0	11.4	1.4	5.8
西部地区	2425	87.5	15.3	12.9	1.8	6.3
东北地区	465	86.2	14.0	15.7	2.6	5.2
北　京	568	91.4	12.3	7.6	2.8	5.8
天　津	314	89.8	17.2	12.7	4.1	6.1
河　北	422	92.2	12.3	10.2	1.4	5.2
山　西	116	78.4	14.7	17.2		6.9
内蒙古	44	86.4	20.5	9.1		9.1
辽　宁	265	87.2	13.6	14.3	3.0	5.3
吉　林	118	78.8	14.4	19.5	2.5	5.9
黑龙江	82	93.9	14.6	14.6	1.2	3.7
上　海	606	90.6	12.0	7.3	4.1	5.1
江　苏	3746	87.9	11.1	13.0	3.2	6.7
浙　江	3004	90.5	9.8	9.4	1.3	4.5
安　徽	1160	87.0	10.5	14.5	1.2	6.1
福　建	784	90.2	11.0	11.4	2.4	4.8
江　西	1329	87.4	8.4	8.1	1.6	5.6
山　东	1225	88.0	13.2	12.4	1.6	6.2
河　南	628	86.1	8.0	11.3	0.6	7.0
湖　北	813	84.1	12.9	13.4	1.7	6.9
湖　南	890	92.2	10.1	9.9	1.6	3.7
广　东	7479	89.7	11.0	6.4	2.3	8.0
广　西	174	86.2	13.2	16.1	3.4	7.5
海　南	22	50.0	59.1	13.6		
重　庆	497	88.5	14.7	8.5	1.8	6.6
四　川	907	88.3	14.7	13.0	1.7	5.6
贵　州	160	80.6	21.9	14.4	1.3	8.8
云　南	114	89.5	17.5	9.6	2.6	8.8
西　藏	3	33.3		33.3		
陕　西	425	89.6	16.2	15.1	2.1	5.2
甘　肃	44	72.7	11.4	25.0		6.8
青　海	12	66.7		8.3		8.3
宁　夏	33	84.8	9.1	24.2		3.0
新　疆	12	100.0		8.3		

	实现工艺创新企业数(个)	在实现工艺创新企业中，以下列形式进行开发的企业占比(%)					
其他		本企业独立开发或与集团内企业合作开发	本企业与境内其他企业合作开发	本企业与境内研究机构或高等学校合作开发	本企业与境外企业或机构合作开发	在其他单位开发的基础上调整或改进，或委托其他企业或机构开发	其他
5.4	17410	81.4	15.0	8.3	2.1	12.0	8.4
5.8	5061	82.0	13.2	10.8	1.4	9.4	8.5
4.2	2684	78.9	16.8	11.7	1.6	9.8	7.7
6.0	535	79.8	19.4	12.7	2.8	9.7	6.5
2.1	443	82.4	21.0	6.3	3.6	9.0	5.6
2.2	314	78.7	20.7	8.0	3.5	13.7	5.7
1.9	445	82.2	14.4	10.8	0.7	8.5	7.6
7.8	152	70.4	16.4	9.9		13.8	12.5
2.3	64	79.7	14.1	7.8		12.5	4.7
6.8	281	81.1	20.6	10.7	1.4	8.9	6.8
7.6	136	77.9	17.6	18.4	2.2	11.8	5.1
1.2	118	78.8	18.6	11.0	6.8	9.3	7.6
5.4	667	78.7	20.4	8.1	3.6	12.6	6.7
5.2	3921	80.5	15.0	11.8	2.7	11.2	7.4
4.2	2618	83.8	13.1	8.4	1.2	8.4	6.0
6.3	1174	81.1	14.9	14.7	1.6	9.0	9.2
4.7	754	81.7	14.1	9.7	1.9	12.1	8.5
7.2	1204	83.0	11.9	8.5	1.4	8.0	10.1
4.9	1162	81.7	14.5	12.3	1.3	10.2	7.7
4.8	661	81.8	12.0	9.8	0.5	10.1	7.4
5.0	880	79.0	15.1	11.6	1.8	13.0	7.6
3.9	990	86.3	11.2	9.3	1.6	7.1	6.8
6.8	7057	81.4	14.8	5.5	2.0	14.4	10.5
6.3	196	77.0	16.8	13.3	1.0	12.8	8.2
	29	62.1	37.9	13.8	3.4	24.1	3.4
4.0	487	82.8	15.2	8.4	2.1	11.3	7.6
4.0	1002	80.5	16.0	11.2	1.9	8.7	6.7
9.4	189	73.5	21.2	14.8	1.6	9.5	13.8
4.4	138	75.4	21.0	15.2	1.4	8.0	8.7
33.3	5	60.0	40.0				20.0
2.8	456	77.6	18.0	12.5	1.3	9.6	7.0
	64	64.1	15.6	17.2		10.9	12.5
16.7	16	56.3	18.8	12.5		18.8	12.5
	44	90.9	15.9	13.6		6.8	2.3
	23	65.2	13.0	17.4		13.0	4.3

四、规模（限额）以上企业新产品或新工艺情况（2021 年）

4–1 规模(限额)以上

项　目	实现产品创新企业数(个)	在实现产品创新企业中占比(%)	
		有市场新产品的企业	有本企业新产品的企业
总　计	**195492**	**58.2**	**100.0**
#国有及国有控股	12316	58.7	100.0
一、按规模分			
大型企业	10046	67.5	100.0
中型企业	33562	62.1	100.0
小型企业	143717	56.8	100.0
微型企业	8167	55.7	100.0
二、按登记注册类型分			
内资企业	176767	57.9	100.0
国有企业	1144	57.4	100.0
集体企业	163	58.9	100.0
股份合作企业	312	50.3	100.0
联营企业	35	45.7	100.0
#国有联营企业	19	42.1	100.0
有限责任公司	29865	58.3	100.0
#国有独资公司	2074	59.6	100.0
股份有限公司	6702	66.8	100.0
私营企业	138517	57.3	100.0
其他企业	29	55.2	100.0
港、澳、台商投资企业	8637	62.1	100.0
合资经营企业	2657	62.6	100.0
合作经营企业	85	63.5	100.0
港、澳、台商独资经营企业	5263	60.9	100.0
港、澳、台商投资股份有限公司	525	70.5	100.0
其他港、澳、台投资企业	107	65.4	100.0
外商投资企业	10088	61.9	100.0
中外合资经营企业	3605	63.7	100.0
中外合作经营企业	85	57.6	100.0
外资企业	5848	60.5	100.0
外商投资股份有限公司	464	67.5	100.0
其他外商投资企业	86	57.0	100.0
三、按行业分			
采矿业	647	36.5	100.0
制造业	156704	58.3	100.0
电力、热力、燃气及水生产和供应业	587	34.4	100.0
建筑业	4187	65.0	100.0
批发和零售业	12241	64.8	100.0
交通运输、仓储和邮政业	1243	50.2	100.0
信息传输、软件和信息技术服务业	10836	55.2	100.0

注：在占实现产品创新企业比重里，较低新颖度类别包含了较高新颖度类别；在占营业收入比重里，仅按最高的新颖度类别计算，较低新颖度类别未包含较高新颖度类别。以下各表同。

企业新产品情况

新产品销售收入（亿元）	新产品销售收入占营业收入的比重（%）		
		1.仅市场新的产品	2.仅本企业新的产品
459366.1	**16.2**	**6.2**	**10.1**
143698.4	16.4	6.0	10.3
267372.9	25.9	10.9	15.0
98382.3	12.2	4.3	7.9
82781.6	10.7	3.2	7.5
10829.3	4.9	1.4	3.6
362109.3	15.4	5.6	9.8
7873.9	9.3	3.5	5.8
175.1	3.8	1.3	2.4
244.7	11.2	3.8	7.4
114.7	12.0	2.8	9.1
81.6	11.6	2.6	9.0
155528.4	16.4	5.9	10.5
26475.1	15.3	5.1	10.3
49585.1	24.4	10.9	13.5
148356.8	13.4	4.5	8.9
230.6	37.4	30.4	7.0
48010.3	24.1	10.6	13.5
11505.2	22.5	11.7	10.8
301.5	14.2	4.4	9.8
29023.2	22.3	9.7	12.6
5761.3	42.7	17.5	25.1
1419.1	59.7	3.1	56.6
49246.5	17.3	7.6	9.7
23516.4	24.4	10.9	13.6
249.0	11.6	4.3	7.4
21454.1	12.6	5.3	7.3
3787.9	28.8	15.3	13.5
239.0	12.7	5.5	7.2
1958.3	3.4	0.4	3.0
292367.8	25.3	10.8	14.5
1240.6	1.3	0.1	1.1
65301.1	27.1	9.0	18.1
40817.4	4.1	1.1	3.0
7700.1	7.9	2.3	5.7
33129.6	35.9	9.6	26.3

4-1 续表

项 目	实现产品创新企业数（个）	在实现产品创新企业中占比(%)	
		有市场新产品的企业	有本企业新产品的企业
租赁和商务服务业	2421	53.7	100.0
科学研究和技术服务业	6191	54.2	100.0
水利、环境和公共设施管理业	435	52.6	100.0
四、按地区分			
东部地区	132784	58.7	100.0
中部地区	39340	56.9	100.0
西部地区	19211	57.0	100.0
东北地区	4157	61.1	100.0
北 京	4699	54.0	100.0
天 津	2482	58.5	100.0
河 北	4475	54.7	100.0
山 西	1430	54.3	100.0
内蒙古	436	54.4	100.0
辽 宁	2490	63.8	100.0
吉 林	797	56.6	100.0
黑龙江	870	57.7	100.0
上 海	6472	61.8	100.0
江 苏	25545	60.8	100.0
浙 江	31115	53.0	100.0
安 徽	9203	60.2	100.0
福 建	7914	58.0	100.0
江 西	7371	56.9	100.0
山 东	15864	55.8	100.0
河 南	6383	55.8	100.0
湖 北	7375	55.4	100.0
湖 南	7578	55.6	100.0
广 东	34005	64.6	100.0
广 西	1871	51.7	100.0
海 南	213	56.8	100.0
重 庆	3892	55.9	100.0
四 川	5798	58.9	100.0
贵 州	1459	52.0	100.0
云 南	1482	55.6	100.0
西 藏	53	69.8	100.0
陕 西	2710	60.4	100.0
甘 肃	541	64.1	100.0
青 海	122	54.1	100.0
宁 夏	391	58.8	100.0
新 疆	456	57.5	100.0

新产品销售收入(亿元)	新产品销售收入占营业收入的比重(%)		
		1.仅市场新的产品	2.仅本企业新的产品
4367.2	7.7	1.6	6.1
12062.8	34.7	11.8	22.9
421.4	6.6	1.8	4.9
314873.9	17.2	6.6	10.5
85073.3	18.6	6.7	11.9
47912.9	11.1	4.0	7.1
11506.0	10.5	4.8	5.7
31320.4	18.2	5.9	12.3
10063.0	13.3	3.6	9.7
12645.0	15.5	4.9	10.6
6252.1	10.2	3.0	7.2
1960.3	5.7	2.6	3.1
6278.7	9.7	4.0	5.7
3296.5	14.7	7.2	7.5
1930.9	8.6	4.5	4.1
31351.4	12.8	5.0	7.9
57328.9	19.2	7.7	11.5
47907.3	18.8	7.0	11.9
19093.3	25.6	9.1	16.5
13112.5	9.4	4.1	5.3
11370.6	17.5	7.6	10.0
35627.3	18.6	7.1	11.5
12652.2	13.7	6.4	7.3
19421.0	20.8	5.6	15.2
16284.0	22.8	8.2	14.6
74640.1	20.7	8.9	11.8
4927.6	11.2	3.9	7.3
877.9	5.2	1.9	3.3
8936.4	16.4	5.2	11.2
13077.9	13.0	4.7	8.3
2526.3	10.7	3.4	7.3
3025.1	8.2	2.9	5.3
75.2	4.3	1.5	2.7
9048.0	13.7	5.9	7.9
1652.0	7.6	2.3	5.3
574.1	9.1	4.2	4.9
786.4	8.6	1.8	6.7
1323.7	3.9	1.1	2.7

4-2 规模以上工业

项　　目	实现产品创新企业数(个)	在实现产品创新企业中的占比(%)		
		有国际市场新产品的企业	有国内市场新产品的企业	有本企业新产品的企业
总　计	**157938**	**17.9**	**58.1**	**100.0**
#国有及国有控股	7030	14.2	59.9	100.0
一、按规模分				
大型企业	5731	34.9	71.8	100.0
中型企业	21777	25.8	64.7	100.0
小型企业	125189	16.1	56.6	100.0
微型企业	5241	10.7	50.7	100.0
二、按登记注册类型分				
内资企业	141654	16.2	57.5	100.0
国有企业	496	14.3	60.7	100.0
集体企业	103	8.7	59.2	100.0
股份合作企业	278	9.7	48.9	100.0
联营企业	18	16.7	55.6	100.0
#国有联营企业	9	11.1	44.4	100.0
有限责任公司	20259	15.4	59.0	100.0
#国有独资公司	996	12.0	61.1	100.0
股份有限公司	5039	22.6	68.7	100.0
私营企业	115438	16.1	56.8	100.0
其他企业	23	30.4	52.2	100.0
港、澳、台商投资企业	7499	32.8	63.0	100.0
合资经营企业	2416	27.6	63.1	100.0
合作经营企业	73	28.8	60.3	100.0
港、澳、台商独资经营企业	4482	35.4	61.9	100.0
港、澳、台商投资股份有限公司	459	35.3	73.4	100.0
其他港、澳、台投资企业	69	37.7	65.2	100.0
外商投资企业	8785	32.9	63.1	100.0
中外合资经营企业	3238	28.8	64.1	100.0
中外合作经营企业	76	27.6	55.3	100.0
外资企业	5005	35.2	62.2	100.0
外商投资股份有限公司	403	37.7	68.7	100.0
其他外商投资企业	63	31.7	61.9	100.0
三、按行业分				
采矿业	**647**	**4.6**	**36.5**	**100.0**
#煤炭开采和洗选业	102	2.9	32.4	100.0
石油和天然气开采业	6		16.7	100.0
黑色金属矿采选业	57	5.3	29.8	100.0
有色金属矿采选业	108	2.8	26.9	100.0

企业新产品情况

新产品销售收入（亿元）	新产品销售收入占营业收入的比重（%）			
		1.仅国际市场新的产品	2.仅国内市场新的产品	3.仅本企业新的产品
295566.7	**22.5**	**2.5**	**7.0**	**12.9**
61462.0	17.6	1.6	6.8	9.2
153342.6	28.3	4.5	9.8	14.0
68908.5	23.6	1.8	7.0	14.7
71279.5	16.1	0.8	4.1	11.3
2036.0	5.5	0.3	1.7	3.5
223524.5	21.7	1.9	6.7	13.0
3233.1	10.7	0.5	5.1	5.1
88.7	5.7	0.1	1.9	3.8
149.8	14.1	0.4	4.9	8.7
58.4	31.0	1.2	7.8	22.0
40.1	39.0		9.2	29.9
70550.3	19.4	2.0	6.2	11.2
7015.6	9.8	0.9	3.8	5.1
37150.6	31.8	3.8	11.7	16.4
112083.2	21.7	1.5	6.1	14.1
210.5	46.1	14.5	24.6	7.0
34472.7	30.0	7.5	8.1	14.4
10142.3	25.5	6.9	7.1	11.4
87.8	7.4	0.7	1.6	5.1
18253.8	28.8	8.0	7.9	12.8
4642.1	51.1	7.8	15.1	28.1
1346.7	84.4	0.9	1.7	81.9
37569.5	22.5	3.1	8.0	11.4
18662.2	27.1	2.7	11.6	12.9
235.4	12.8	0.7	3.8	8.2
15460.3	17.8	3.5	4.4	9.9
3101.1	34.6	4.0	15.4	15.1
110.5	19.8	1.8	6.3	11.7
1958.3	**3.4**		**0.4**	**3.0**
666.4	2.0		0.2	1.8
300.8	3.3		0.1	3.2
325.5	5.4		0.5	4.9
187.2	5.9		0.3	5.6

4-2 续表 1

项 目	实现产品创新企业数(个)	在实现产品创新企业中的占比(%)		
		有国际市场新产品的企业	有国内市场新产品的企业	有本企业新产品的企业
非金属矿采选业	347	5.2	41.2	100.0
开采专业及辅助性活动	27	11.1	48.1	100.0
制造业	**156704**	**18.1**	**58.3**	**100.0**
农副食品加工业	5561	8.0	45.2	100.0
食品制造业	3374	11.0	50.6	100.0
酒、饮料和精制茶制造业	1684	7.2	48.8	100.0
烟草制品业	64	31.3	71.9	100.0
纺织业	6198	17.5	52.8	100.0
纺织服装、服饰业	2687	18.9	50.2	100.0
皮革、毛皮、羽毛及其制品和制鞋业	2490	20.2	54.1	100.0
木材加工和木、竹、藤、棕、草制品业	1905	11.4	48.2	100.0
家具制造业	2358	22.3	54.5	100.0
造纸和纸制品业	2057	12.5	51.5	100.0
印刷和记录媒介复制业	2016	11.5	53.3	100.0
文教、工美、体育和娱乐用品制造业	3436	34.5	61.2	100.0
石油、煤炭及其他燃料加工业	475	5.3	50.9	100.0
化学原料和化学制品制造业	9637	14.3	57.3	100.0
医药制造业	4094	13.7	53.2	100.0
化学纤维制造业	875	15.9	55.9	100.0
橡胶和塑料制品业	8810	19.0	59.1	100.0
非金属矿物制品业	9648	11.2	50.5	100.0
黑色金属冶炼和压延加工业	1376	9.2	50.1	100.0
有色金属冶炼和压延加工业	2759	10.8	55.3	100.0
金属制品业	10574	18.0	56.9	100.0
通用设备制造业	15526	18.3	62.5	100.0
专用设备制造业	12779	20.9	65.2	100.0
汽车制造业	8497	15.4	58.2	100.0
铁路、船舶、航空航天和其他运输设备制造业	2592	21.2	64.0	100.0
电气机械和器材制造业	15837	22.4	61.7	100.0
计算机、通信和其他电子设备制造业	14054	26.8	65.8	100.0
仪器仪表制造业	3942	18.4	66.9	100.0
其他制造业	767	25.6	59.3	100.0
废弃资源综合利用业	502	4.4	45.2	100.0
金属制品、机械和设备修理业	130	10.8	43.1	100.0
电力、热力、燃气及水生产和供应业	**587**	**4.4**	**34.4**	**100.0**
电力、热力生产和供应业	345	4.9	35.1	100.0
燃气生产和供应业	99	5.1	30.3	100.0
水的生产和供应业	143	2.8	35.7	100.0

新产品销售收入（亿元）	新产品销售收入占营业收入的比重（%）	1.仅国际市场新的产品	2.仅国内市场新的产品	3.仅本企业新的产品
300.2	6.9		1.5	5.4
178.2	8.3	0.1	3.0	5.2
292367.8	**25.3**	**2.9**	**7.9**	**14.5**
4957.0	9.0	0.2	1.8	7.0
2944.4	13.7	1.1	4.3	8.3
1475.1	9.1	0.3	3.0	5.8
440.3	3.4	0.6	1.3	1.5
4997.5	18.8	1.9	4.8	12.1
2083.5	13.6	1.1	3.9	8.6
1427.9	12.5	1.4	2.9	8.1
1136.3	11.1	0.9	2.3	7.9
1831.8	22.2	3.1	6.2	12.9
3799.0	25.0	0.8	6.5	17.7
1694.4	20.9	0.8	6.4	13.6
2341.9	15.8	3.3	3.9	8.7
5069.9	9.0	0.1	1.5	7.4
18193.2	21.8	0.8	6.1	15.0
11045.1	37.4	5.6	8.8	22.9
2974.3	28.8	1.0	8.4	19.4
8241.5	27.2	2.8	8.0	16.4
10271.3	15.0	0.7	4.4	9.9
18594.3	19.3	0.3	4.6	14.3
12024.2	17.4	0.5	5.1	11.8
10722.1	21.8	1.5	5.8	14.5
16475.9	33.3	3.9	12.2	17.3
12869.9	34.2	2.8	11.4	19.9
30968.0	35.2	1.4	16.0	17.8
7743.5	45.5	7.2	19.1	19.3
35153.0	40.6	5.4	13.9	21.3
57651.9	39.4	10.6	11.7	17.2
3319.4	34.8	2.4	12.0	20.4
624.5	24.7	2.8	8.9	13.0
1135.1	11.9	0.6	2.7	8.5
161.8	10.3	0.3	2.8	7.1
1240.6	**1.3**		**0.1**	**1.1**
423.9	0.5		0.1	0.5
706.4	5.6	0.1	0.3	5.2
110.3	2.6		0.2	2.4

4-2 续表 2

项　　目	实现产品创新企业数(个)	在实现产品创新企业中的占比(%)		
		有国际市场新产品的企业	有国内市场新产品的企业	有本企业新产品的企业
四、按地区分				
东部地区	107236	21.4	59.2	100.0
中部地区	33209	10.6	55.8	100.0
西部地区	14238	10.1	54.0	100.0
东北地区	3255	14.8	61.0	100.0
北　京	1434	14.5	60.3	100.0
天　津	1759	17.5	60.3	100.0
河　北	3923	13.3	53.8	100.0
山　西	951	9.4	51.7	100.0
内蒙古	312	12.2	49.0	100.0
辽　宁	1993	19.1	65.1	100.0
吉　林	613	8.6	54.0	100.0
黑龙江	649	7.4	54.9	100.0
上　海	3251	25.7	69.8	100.0
江　苏	21800	20.5	61.2	100.0
浙　江	28475	19.4	52.8	100.0
安　徽	8011	14.0	59.8	100.0
福　建	6030	22.4	58.4	100.0
江　西	6615	10.7	56.0	100.0
山　东	13622	15.8	54.8	100.0
河　南	4971	10.1	53.7	100.0
湖　北	6181	10.4	53.5	100.0
湖　南	6480	6.8	54.9	100.0
广　东	26841	28.1	66.3	100.0
广　西	1407	10.7	48.6	100.0
海　南	101	8.9	53.5	100.0
重　庆	3203	10.9	53.5	100.0
四　川	4311	10.4	57.2	100.0
贵　州	1094	7.0	47.1	100.0
云　南	1010	8.5	48.9	100.0
西　藏	20	5.0	60.0	100.0
陕　西	1888	10.6	57.6	100.0
甘　肃	360	10.8	58.6	100.0
青　海	75	6.7	44.0	100.0
宁　夏	310	7.7	57.4	100.0
新　疆	248	6.0	55.6	100.0

新产品销售收入（亿元）	新产品销售收入占营业收入的比重（%）	1.仅国际市场新的产品	2.仅国内市场新的产品	3.仅本企业新的产品
198114.5	26.4	3.4	8.1	14.8
62308.0	22.7	1.9	6.9	13.9
25925.9	11.6	1.0	3.7	6.9
9218.3	14.5	0.6	6.3	7.6
8253.0	29.3	8.5	7.6	13.2
4814.1	20.9	1.7	5.1	14.1
9668.3	18.0	0.9	4.6	12.4
2940.6	8.7	0.7	2.8	5.3
1655.5	6.8	0.7	2.7	3.3
5010.9	13.7	0.6	5.3	7.8
2955.1	19.6	0.5	9.5	9.6
1252.2	10.6	0.5	5.4	4.7
10574.9	23.6	2.6	8.8	12.3
42622.4	27.8	3.3	8.4	16.1
36890.1	35.7	3.9	10.4	21.4
15101.7	33.8	1.8	10.7	21.3
7822.1	11.9	2.4	3.6	5.9
9575.0	21.3	2.0	7.7	11.6
27540.3	26.5	2.7	7.8	16.0
8825.8	15.5	4.1	3.9	7.5
13695.6	26.9	0.6	6.6	19.7
12169.2	27.9	1.3	9.5	17.0
49684.9	28.7	4.5	9.8	14.3
3033.5	13.6	0.7	3.9	9.1
244.5	9.1	0.6	3.4	5.1
6995.2	25.4	1.4	6.4	17.6
6138.8	11.3	1.5	3.5	6.3
1020.8	9.8	0.1	3.4	6.3
1205.6	6.8	0.1	2.4	4.4
5.4	1.3		0.4	0.9
3811.4	12.2	1.8	5.2	5.2
766.3	7.7	0.3	2.8	4.6
171.5	5.3	0.2	1.8	3.3
540.0	8.2	0.1	1.9	6.2
582.1	3.7	0.1	1.3	2.4

4–3 资质等级以上建筑业

项　目	实现产品创新企业数(个)	在实现产品创新企业中占比(%)	
		有市场新产品的企业	有本企业新产品的企业
总　计	**4187**	**65.0**	**100.0**
#国有及国有控股	973	67.7	100.0
一、按规模分			
大型企业	1163	71.7	100.0
中型企业	1746	59.9	100.0
小型企业	1041	64.8	100.0
微型企业	237	70.5	100.0
二、按登记注册类型分			
内资企业	4147	64.9	100.0
#国有企业	81	65.4	100.0
集体企业	21	71.4	100.0
股份合作企业	6	66.7	100.0
有限责任公司	1326	66.4	100.0
#国有独资公司	265	67.9	100.0
股份有限公司	154	72.7	100.0
私营企业	2556	63.6	100.0
港、澳、台商投资企业	23	65.2	100.0
#合资经营企业	11	81.8	100.0
港、澳、台商独资经营企业	5	20.0	100.0
港、澳、台商投资股份有限公司	7	71.4	100.0
外商投资企业	17	88.2	100.0
#中外合资经营企业	9	88.9	100.0
外资企业	5	80.0	100.0
三、按行业分			
房屋建筑业	1636	65.1	100.0
土木工程建筑业	1169	63.7	100.0
建筑安装业	615	62.1	100.0
建筑装饰、装修和其他建筑业	767	69.1	100.0

注：建筑业企业新产品销售收入根据企业填报产品新颖度情况推算。

企业新产品情况

新产品销售收入（亿元）	新产品销售收入占营业收入的比重（%）		
		1.仅市场新的产品	2.仅本企业新的产品
65301.1	**27.1**	**9.0**	**18.1**
43933.5	39.3	12.8	26.5
59365.0	37.6	12.6	25.0
5221.9	7.6	2.2	5.4
338.9	3.2	1.2	2.0
375.2	11.2	3.7	7.5
64510.4	27.1	9.0	18.1
1608.1	24.8	6.1	18.7
70.2	3.9	1.6	2.3
87.5	36.7	10.3	26.3
46373.3	36.9	12.5	24.4
10050.6	34.5	12.5	22.0
4275.3	37.4	12.2	25.2
12075.3	13.1	4.1	8.9
595.3	39.6	12.9	26.7
147.1	21.1	6.2	14.9
18.7	10.2	0.8	9.4
429.5	77.4	26.8	50.6
195.4	19.5	8.2	11.3
51.3	20.4	2.1	18.3
18.8	3.4	1.7	1.6
33933.4	24.8	8.4	16.4
26224.8	34.2	10.8	23.4
2760.0	20.2	7.0	13.1
2383.0	18.0	6.9	11.1

4-3 续表

项　　目	实现产品创新企业数(个)	在实现产品创新企业中占比(%)	
		有市场新产品的企业	有本企业新产品的企业
四、按地区分			
东部地区	2245	63.6	100.0
中部地区	1026	63.8	100.0
西部地区	742	70.9	100.0
东北地区	174	64.9	100.0
北　京	172	60.5	100.0
天　津	104	56.7	100.0
河　北	89	77.5	100.0
山　西	108	66.7	100.0
内蒙古	18	77.8	100.0
辽　宁	109	66.1	100.0
吉　林	40	67.5	100.0
黑龙江	25	56.0	100.0
上　海	136	60.3	100.0
江　苏	351	67.8	100.0
浙　江	319	57.7	100.0
安　徽	160	68.1	100.0
福　建	212	60.4	100.0
江　西	130	59.2	100.0
山　东	367	65.1	100.0
河　南	310	62.9	100.0
湖　北	164	64.6	100.0
湖　南	154	62.3	100.0
广　东	486	65.4	100.0
广　西	62	58.1	100.0
海　南	9	77.8	100.0
重　庆	70	77.1	100.0
四　川	212	70.3	100.0
贵　州	49	75.5	100.0
云　南	76	67.1	100.0
西　藏	7	71.4	100.0
陕　西	156	71.2	100.0
甘　肃	35	82.9	100.0
青　海	8	75.0	100.0
宁　夏	16	68.8	100.0
新　疆	33	69.7	100.0

新产品销售收入（亿元）	新产品销售收入占营业收入的比重（%）		
		1.仅市场新的产品	2.仅本企业新的产品
38761.8	28.9	10.3	18.5
14093.0	26.5	7.5	19.0
11651.2	24.6	7.4	17.2
795.1	14.0	5.2	8.7
6180.5	35.0	11.1	23.9
1707.7	37.2	10.2	27.0
1673.1	30.5	13.4	17.2
2217.6	44.3	10.2	34.2
56.4	4.8	0.8	4.0
457.9	16.2	6.2	9.9
199.8	13.6	3.8	9.8
137.4	9.9	4.7	5.2
5573.6	46.6	22.7	23.9
7299.3	24.1	7.8	16.3
3241.1	18.6	6.6	12.0
2076.7	29.0	7.6	21.4
2620.0	24.3	9.6	14.7
1108.7	18.8	5.7	13.2
4974.7	32.9	11.4	21.5
2428.3	26.0	10.3	15.7
3611.6	22.9	6.4	16.5
2650.0	26.6	6.4	20.2
5423.2	26.5	8.2	18.3
798.6	19.8	6.8	13.0
68.6	16.1	5.8	10.2
866.7	15.4	6.8	8.6
4275.1	30.9	8.9	22.0
743.4	25.6	9.6	16.0
860.8	21.9	7.0	14.9
7.0	2.5	0.6	1.9
2745.7	27.7	7.4	20.3
542.8	27.2	3.4	23.8
315.6	52.8	28.7	24.0
95.7	16.1	2.5	13.6
343.3	13.6	3.0	10.7

4-4 规模(限额)以上

项　　目	实现产品创新企业数(个)	在实现产品创新企业中占比(%)	
		有市场新产品的企业	有本企业新产品的企业
总　计	**33367**	**58.2**	**100.0**
#国有及国有控股	4313	54.8	100.0
一、按规模分			
大型企业	3152	58.1	100.0
中型企业	10039	56.9	100.0
小型企业	17487	58.0	100.0
微型企业	2689	64.3	100.0
二、按登记注册类型分			
内资企业	30966	58.5	100.0
国有企业	567	53.4	100.0
集体企业	39	51.3	100.0
股份合作企业	28	60.7	100.0
联营企业	15	33.3	100.0
#国有联营企业	9	33.3	100.0
有限责任公司	8280	55.5	100.0
#国有独资公司	813	55.0	100.0
股份有限公司	1509	59.6	100.0
私营企业	20523	59.8	100.0
其他企业	5	60.0	100.0
港、澳、台商投资企业	1115	55.6	100.0
合资经营企业	230	56.5	100.0
合作经营企业	12	83.3	100.0
港、澳、台商独资经营企业	776	55.0	100.0
港、澳、台商投资股份有限公司	59	47.5	100.0
其他港、澳、台投资企业	38	65.8	100.0
外商投资企业	1286	53.3	100.0
中外合资经营企业	358	59.2	100.0
中外合作经营企业	9	77.8	100.0
外资企业	838	50.5	100.0
外商投资股份有限公司	59	57.6	100.0
其他外商投资企业	22	40.9	100.0
三、按行业分			
批发和零售业	**12241**	**64.8**	**100.0**
批发业	7190	62.7	100.0
零售业	5051	67.7	100.0
交通运输、仓储和邮政业	**1243**	**50.2**	**100.0**
铁路运输业	18	44.4	100.0
道路运输业	646	49.5	100.0
水上运输业	70	55.7	100.0
航空运输业	28	50.0	100.0
管道运输业	2	50.0	100.0
多式联运和运输代理业	269	52.8	100.0
装卸搬运和仓储业	144	46.5	100.0
邮政业	66	50.0	100.0
信息传输、软件和信息技术服务业	**10836**	**55.2**	**100.0**
电信、广播电视和卫星传输服务	543	62.4	100.0
互联网和相关服务	1632	48.0	100.0
软件和信息技术服务业	8661	56.1	100.0

注：服务业企业新产品销售收入根据企业填报新颖度情况推算。

服务业企业新产品情况

新产品销售收入（亿元）	新产品销售收入占营业收入的比重（%）	1.仅市场新的产品	2.仅本企业新的产品
98498.4	**7.7**	**2.1**	**5.6**
38302.9	9.2	2.3	6.9
54665.2	16.5	4.6	12.0
24251.9	5.4	1.5	3.9
11163.2	3.4	1.0	2.5
8418.0	4.7	1.2	3.5
74074.5	6.8	1.9	4.9
3032.7	6.3	1.8	4.5
16.2	1.3	0.3	1.0
7.4	0.8	0.2	0.6
41.6	6.1	1.0	5.1
27.0	4.9	0.9	4.0
38604.9	8.4	2.2	6.2
9408.9	13.1	2.5	10.7
8159.2	10.8	3.6	7.2
24198.4	4.9	1.5	3.4
14.2	9.7	4.2	5.6
12942.3	15.7	3.8	11.9
1215.8	11.5	3.3	8.1
213.7	24.7	7.7	17.0
10750.6	16.2	3.8	12.4
689.7	17.9	3.4	14.4
72.4	9.3	4.1	5.1
11481.6	9.9	2.7	7.2
4802.9	17.7	2.5	15.2
13.6	4.8	2.7	2.0
5975.1	7.2	2.6	4.6
569.5	14.1	5.1	9.0
120.5	9.1	4.4	4.8
40817.4	**4.1**	**1.1**	**3.0**
33419.9	3.9	1.0	2.9
7397.5	5.5	1.7	3.9
7700.1	**7.9**	**2.3**	**5.7**
2050.3	15.9	4.6	11.3
2455.4	8.5	2.6	5.9
370.5	5.0	0.7	4.3
930.0	17.2	6.4	10.8
105.6	8.7	0.1	8.6
1360.8	5.4	1.3	4.1
181.6	2.6	0.9	1.7
245.9	2.7	0.6	2.0
33129.6	**35.9**	**9.6**	**26.3**
4304.8	22.2	6.8	15.4
13506.8	49.0	10.9	38.1
15318.0	33.8	10.0	23.9

4-4 续表

项 目	实现产品创新企业数(个)	在实现产品创新企业中占比(%)	
		有市场新产品的企业	有本企业新产品的企业
租赁和商务服务业	**2421**	**53.7**	**100.0**
租赁业	164	56.7	100.0
商务服务业	2257	53.5	100.0
科学研究和技术服务业	**6191**	**54.2**	**100.0**
研究和试验发展	981	61.8	100.0
专业技术服务业	4202	51.4	100.0
科技推广和应用服务业	1008	58.4	100.0
水利、环境和公共设施管理业	**435**	**52.6**	**100.0**
水利管理业	17	47.1	100.0
生态保护和环境治理业	180	51.1	100.0
公共设施管理业	228	54.4	100.0
土地管理业	10	50.0	100.0
四、按地区分			
东部地区	23303	55.9	100.0
中部地区	5105	62.7	100.0
西部地区	4231	64.8	100.0
东北地区	728	61.0	100.0
北 京	3093	50.7	100.0
天 津	619	53.6	100.0
河 北	463	57.2	100.0
山 西	371	57.4	100.0
内蒙古	106	66.0	100.0
辽 宁	388	56.4	100.0
吉 林	144	64.6	100.0
黑龙江	196	67.3	100.0
上 海	3085	53.5	100.0
江 苏	3394	57.3	100.0
浙 江	2321	55.0	100.0
安 徽	1032	62.4	100.0
福 建	1672	56.3	100.0
江 西	626	66.1	100.0
山 东	1875	61.0	100.0
河 南	1102	63.2	100.0
湖 北	1030	65.1	100.0
湖 南	944	59.5	100.0
广 东	6678	57.7	100.0
广 西	402	61.7	100.0
海 南	103	58.3	100.0
重 庆	619	65.4	100.0
四 川	1275	62.7	100.0
贵 州	316	65.5	100.0
云 南	396	70.5	100.0
西 藏	26	76.9	100.0
陕 西	666	65.6	100.0
甘 肃	146	73.3	100.0
青 海	39	69.2	100.0
宁 夏	65	63.1	100.0
新 疆	175	57.7	100.0

新产品销售收入(亿元)	新产品销售收入占营业收入的比重(%)		
		1.仅市场新的产品	2.仅本企业新的产品
4367.2	**7.7**	**1.6**	**6.1**
259.3	12.1	3.8	8.2
4107.9	7.5	1.5	6.0
12062.8	**34.7**	**11.8**	**22.9**
1653.0	42.9	21.0	22.0
9390.8	35.1	11.0	24.1
1019.1	24.7	8.5	16.2
421.4	**6.6**	**1.8**	**4.9**
15.4	5.4	0.8	4.6
153.6	14.8	3.8	11.0
237.5	7.6	2.2	5.4
14.9	0.8	0.1	0.6
77997.6	8.2	2.2	6.0
8672.4	6.7	1.9	4.8
10335.8	6.4	2.0	4.3
1492.7	3.7	1.3	2.4
16887.0	13.4	2.9	10.5
3541.2	7.4	1.5	5.9
1303.6	5.8	1.2	4.6
1093.9	4.8	0.7	4.1
248.3	2.8	0.5	2.3
809.9	3.2	1.0	2.2
141.5	2.4	0.9	1.5
541.2	5.9	2.6	3.2
15202.9	8.1	2.3	5.8
7407.2	6.4	2.3	4.2
7776.0	5.8	1.4	4.5
1914.9	8.4	3.1	5.4
2670.4	4.3	1.3	3.0
686.9	4.9	1.6	3.3
3112.3	4.3	1.2	3.1
1398.1	5.4	1.5	3.9
2113.8	7.9	2.0	6.0
1464.8	8.3	2.7	5.5
19532.0	11.8	3.4	8.4
1095.5	6.2	2.5	3.7
564.8	4.1	1.4	2.7
1074.5	5.0	1.4	3.6
2664.0	8.2	2.3	5.9
762.1	7.5	1.6	5.9
958.7	6.3	2.4	3.9
62.8	5.8	2.2	3.6
2490.9	10.1	3.8	6.3
343.0	3.5	1.2	2.3
87.0	3.5	1.1	2.4
150.7	7.5	1.1	6.5
398.3	2.5	0.6	1.9

4-5 规模以上高技术产业

项　目	实现产品创新企业数（个）	在实现产品创新企业中的占比(%)		
		有国际市场新产品的企业	有国内市场新产品的企业	有本企业新产品的企业
总　计	**25996**	**22.9**	**63.7**	**100.0**
#国有及国有控股	1357	15.9	65.4	100.0
一、按规模分				
大型企业	1591	43.5	75.1	100.0
中型企业	4581	28.6	67.1	100.0
小型企业	19064	20.1	62.1	100.0
微型企业	760	15.1	60.8	100.0
二、按登记注册类型分				
内资企业	22555	20.3	63.3	100.0
国有企业	85	18.8	65.9	100.0
集体企业	8	12.5	62.5	100.0
股份合作企业	22	22.7	63.6	100.0
联营企业	6	16.7	50.0	100.0
#国有联营企业	3		33.3	100.0
有限责任公司	4504	18.8	63.0	100.0
#国有独资公司	154	9.7	67.5	100.0
股份有限公司	1409	24.8	69.8	100.0
私营企业	16512	20.3	62.8	100.0
其他企业	9	33.3	55.6	100.0
港、澳、台商投资企业	1583	38.1	66.6	100.0
合资经营企业	473	32.3	67.2	100.0
合作经营企业	11	36.4	63.6	100.0
港、澳、台商独资经营企业	950	40.6	65.5	100.0
港、澳、台商投资股份有限公司	124	41.1	73.4	100.0
其他港、澳、台投资企业	25	36.0	68.0	100.0
外商投资企业	1858	41.3	66.9	100.0
中外合资经营企业	580	37.9	69.7	100.0
中外合作经营企业	6	66.7	66.7	100.0
外资企业	1127	43.4	65.4	100.0
外商投资股份有限公司	122	38.5	67.2	100.0
其他外商投资企业	23	34.8	69.6	100.0
三、按高技术行业（制造业）分				
医药制造业	**4094**	**13.7**	**53.2**	**100.0**
#化学药品制造	1338	15.2	51.9	100.0
中成药生产	665	4.4	49.2	100.0
生物药品制品制造	531	23.2	59.5	100.0
电子及通信设备制造业	**14361**	**25.7**	**65.6**	**100.0**
#电子工业专用设备制造	958	21.8	68.8	100.0
光纤、光缆制造及锂离子电池制造	1013	23.5	61.2	100.0
#锂离子电池制造	811	23.6	60.9	100.0
通信设备制造、雷达及配套设备制造	1464	24.9	66.8	100.0
#通信系统设备制造	762	21.1	64.8	100.0
通信终端设备制造	614	31.3	68.7	100.0
雷达及配套设备制造	88	12.5	70.5	100.0
广播电视设备制造	378	34.9	69.3	100.0
非专业视听设备制造	668	41.3	70.5	100.0
电子器件制造	3360	26.3	66.4	100.0
#电子真空器件制造	273	24.5	64.1	100.0
半导体分立器件制造	291	18.9	63.2	100.0
集成电路制造	687	22.4	64.6	100.0
光电子器件制造	599	29.4	69.1	100.0
电子元件及电子专用设备制造	4684	23.2	63.6	100.0
#电阻电容电感元件制造	672	22.3	64.6	100.0

(制造业)新产品情况

新产品销售收入（亿元）	新产品销售收入占营业收入的比重（%）			
		1.仅国际市场新的产品	2.仅国内市场新的产品	3.仅本企业新的产品
81742.6	**39.3**	**9.0**	**11.7**	**18.6**
12397.9	51.3	11.7	21.7	17.9
54997.1	45.1	13.4	13.8	17.9
15410.7	35.9	3.6	10.2	22.1
11101.2	27.4	2.1	7.4	17.9
233.5	9.9	0.4	2.6	6.9
53392.1	42.5	7.4	14.6	20.5
227.7	36.0	1.8	12.7	21.6
4.6	2.8		0.2	2.6
3.0	4.9	0.2	0.9	3.9
35.1	72.9	4.8	8.5	59.5
22.1	90.8		1.2	89.6
20613.4	42.1	10.2	14.1	17.9
921.8	53.1	24.4	10.7	18.1
10139.3	54.5	9.4	21.5	23.7
22346.5	39.1	4.4	13.0	21.7
22.3	13.8	0.9	3.4	9.4
17169.8	43.2	16.5	9.5	17.2
3984.5	36.3	19.5	6.9	10.0
13.8	39.6	1.2	7.0	31.5
10399.5	41.6	16.2	10.7	14.7
1511.3	62.3	15.7	13.4	33.2
1260.7	95.3	0.1	0.5	94.6
11180.7	26.3	6.8	5.1	14.4
3161.6	37.4	10.2	8.9	18.3
8.1	2.0	0.2	0.4	1.3
7410.9	22.9	5.8	3.8	13.4
566.4	48.7	15.5	13.9	19.3
33.8	42.0	0.8	24.3	16.9
11045.1	**37.4**	**5.6**	**8.8**	**22.9**
4369.6	34.2	2.1	10.2	22.0
1464.0	28.9	1.6	7.1	20.2
3483.9	60.2	21.5	6.6	32.2
54835.1	**41.5**	**10.3**	**12.7**	**18.5**
967.7	37.5	2.3	14.0	21.1
4986.1	50.0	7.3	15.9	26.8
4528.6	52.4	8.0	16.2	28.2
19730.2	46.9	15.2	14.4	17.2
3803.8	51.1	7.5	12.2	31.4
15826.0	46.1	17.0	14.9	14.2
100.5	33.7	0.3	17.2	16.2
792.5	36.7	10.4	11.3	15.0
3226.0	43.0	10.9	13.5	18.6
10779.7	35.7	8.4	10.7	16.5
397.9	33.2	13.0	7.1	13.1
396.6	24.8	1.4	5.4	17.9
2443.2	28.1	5.7	8.3	14.0
1350.4	34.8	6.5	12.1	16.1
10578.5	38.8	6.9	11.7	20.1
957.3	31.3	7.1	7.1	17.1

4-5 续表

项　　目	实现产品创新企业数(个)	在实现产品创新企业中的占比(%)		
		有国际市场新产品的企业	有国内市场新产品的企业	有本企业新产品的企业
电子专用材料制造	1055	19.8	63.4	100.0
电子电路制造	990	20.5	62.5	100.0
智能消费设备制造	936	28.5	67.8	100.0
其他电子设备制造	900	26.3	64.6	100.0
计算机及办公设备制造业	**1759**	**31.0**	**66.1**	**100.0**
#计算机整机制造	229	37.6	74.7	100.0
计算机零部件制造	534	32.0	63.1	100.0
计算机外围设备制造	491	33.8	64.0	100.0
办公设备制造	160	24.4	64.4	100.0
医疗仪器设备及仪器仪表制造业	**5301**	**20.2**	**65.7**	**100.0**
#医疗仪器设备及器械制造	1566	25.8	62.6	100.0
#医疗诊断、监护及治疗设备制造	482	27.2	63.9	100.0
医疗、外科及兽医用器械制造	402	24.9	61.9	100.0
通用仪器仪表制造	2485	16.1	67.5	100.0
专用仪器仪表制造	754	16.4	65.3	100.0
信息化学品制造业	**95**	**16.8**	**62.1**	**100.0**
四、按地区分				
东部地区	18170	26.2	65.2	100.0
中部地区	4936	14.7	59.7	100.0
西部地区	2425	16.2	61.2	100.0
东北地区	465	15.7	63.0	100.0
北　京	568	17.6	61.3	100.0
天　津	314	20.4	64.0	100.0
河　北	422	14.2	56.6	100.0
山　西	116	6.0	50.9	100.0
内蒙古	44	13.6	63.6	100.0
辽　宁	265	20.4	69.4	100.0
吉　林	118	12.7	58.5	100.0
黑龙江	82	4.9	48.8	100.0
上　海	606	34.0	69.6	100.0
江　苏	3746	24.6	65.4	100.0
浙　江	3004	20.1	59.0	100.0
安　徽	1160	18.5	61.8	100.0
福　建	784	24.6	65.1	100.0
江　西	1329	14.1	59.5	100.0
山　东	1225	13.7	59.0	100.0
河　南	628	12.3	57.2	100.0
湖　北	813	18.1	60.1	100.0
湖　南	890	10.1	59.7	100.0
广　东	7479	32.6	69.1	100.0
广　西	174	23.6	58.0	100.0
海　南	22	4.5	36.4	100.0
重　庆	497	15.5	55.7	100.0
四　川	907	17.9	65.2	100.0
贵　州	160	11.3	65.6	100.0
云　南	114	18.4	60.5	100.0
西　藏	3	33.3	66.7	100.0
陕　西	425	13.2	60.0	100.0
甘　肃	44	9.1	61.4	100.0
青　海	12	8.3	25.0	100.0
宁　夏	33	12.1	63.6	100.0
新　疆	12	8.3	50.0	100.0

新产品销售收入（亿元）	新产品销售收入占营业收入的比重（%）			
		1.仅国际市场新的产品	2.仅国内市场新的产品	3.仅本企业新的产品
3489.7	39.3	4.3	13.4	21.5
2586.4	40.9	8.0	12.9	20.0
2657.7	38.6	10.5	10.8	17.3
1116.7	32.8	6.0	9.2	17.7
8895.9	**32.5**	**9.6**	**8.6**	**14.3**
5717.5	33.2	11.3	9.1	12.9
1376.1	34.5	8.4	6.9	19.3
1036.6	30.5	8.2	7.6	14.6
165.1	18.8	2.3	4.8	11.7
4629.1	**34.0**	**2.6**	**10.6**	**20.9**
1423.1	31.2	3.1	7.0	21.1
627.3	32.4	2.6	6.7	23.1
400.8	34.4	3.5	7.8	23.1
2211.4	35.7	2.1	12.6	21.0
560.3	34.9	2.0	13.8	19.1
247.6	**37.1**	**2.6**	**9.9**	**24.6**
60632.7	43.5	10.1	13.1	20.2
13671.6	38.2	9.5	9.4	19.2
6444.7	22.2	4.1	6.8	11.4
993.6	27.1	1.2	17.5	8.4
5388.1	53.6	22.1	10.6	20.8
1296.5	38.8	7.6	9.7	21.5
882.3	41.0	5.7	10.5	24.8
361.9	20.2	8.1	3.0	9.0
94.5	18.5	1.1	5.2	12.3
567.4	25.2	0.5	17.3	7.4
163.0	19.9	3.5	6.7	9.7
263.2	43.7	0.5	33.0	10.1
1810.8	21.8	6.1	5.3	10.4
12471.1	39.7	8.6	11.2	19.8
7229.5	54.0	7.1	14.0	33.0
3180.6	52.2	4.2	12.2	35.8
3143.0	37.0	12.5	14.1	10.5
2830.7	36.4	7.3	14.0	15.2
3787.4	47.2	9.9	19.9	17.4
3067.3	33.5	22.4	3.3	7.8
2185.9	36.1	1.3	8.3	26.5
2045.1	41.3	6.2	13.7	21.3
24591.8	45.6	10.1	15.0	20.5
239.2	15.1	2.3	3.5	9.3
32.2	12.3		3.2	9.1
1923.4	24.7	2.9	5.4	16.5
2418.3	21.1	5.3	6.4	9.4
250.1	27.6	0.7	11.9	15.0
159.7	11.0	0.4	2.5	8.0
1008.2	25.0	6.6	11.7	6.7
126.4	28.2	4.1	18.1	6.0
45.9	17.6			17.6
171.2	42.8	0.3	11.9	30.6
7.8	5.0	0.1	1.8	3.2

4–6 资质等级以上建筑业企业

项　目	实现工艺创新企业数(个)	在实现工艺创新企业中占比(%)	
		有市场新工艺的企业	有本企业新工艺的企业
总　计	**8214**	**59.2**	**100.0**
#国有及国有控股	1933	59.5	100.0
一、按规模分			
大型企业	2062	64.5	100.0
中型企业	3679	53.5	100.0
小型企业	2034	61.5	100.0
微型企业	439	70.6	100.0
二、按登记注册类型分			
内资企业	8151	59.1	100.0
#国有企业	175	56.6	100.0
集体企业	43	79.1	100.0
股份合作企业	12	66.7	100.0
联营企业	7	42.9	100.0
有限责任公司	2572	59.0	100.0
#国有独资公司	519	61.5	100.0
股份有限公司	257	64.2	100.0
私营企业	5083	58.8	100.0
港、澳、台商投资企业	37	75.7	100.0
#合资经营企业	21	76.2	100.0
港、澳、台商独资经营企业	6	66.7	100.0
港、澳、台商投资股份有限公司	9	77.8	100.0
外商投资企业	26	61.5	100.0
#中外合资经营企业	15	53.3	100.0
外资企业	8	75.0	100.0
三、按行业分			
房屋建筑业	3312	60.3	100.0
土木工程建筑业	2362	57.9	100.0
建筑安装业	1033	53.8	100.0
建筑装饰、装修和其他建筑业	1507	62.2	100.0

注：在占实现工艺创新企业比重里，较低新颖度类别包含了较高新颖度类别；在占营业收入比重里，仅按最高的新颖度类别计算，较低新颖度类别未包含较高新颖度类别。

工艺创新新颖度类别情况

工艺创新贡献的营业收入（亿元）	工艺创新贡献的营业收入占营业收入的比重（%）		
		1.仅市场新的工艺	2.仅本企业新的工艺
97182.4	**40.4**	**12.0**	**28.4**
62215.8	55.7	16.2	39.5
84925.1	53.8	16.2	37.6
10877.7	15.8	4.1	11.7
672.2	6.4	2.2	4.1
707.4	21.2	5.4	15.7
96074.6	40.4	11.9	28.4
2487.1	38.4	8.7	29.7
125.3	6.9	3.0	3.9
103.7	43.4	14.1	29.4
38.0	42.1	7.4	34.7
65206.5	51.9	15.9	36.0
15561.9	53.4	17.5	35.9
6267.0	54.9	15.5	39.4
21840.6	23.6	6.5	17.2
856.1	57.0	20.5	36.5
287.3	41.2	13.7	27.5
58.9	32.1	12.2	19.9
449.4	81.0	28.7	52.3
251.7	25.1	13.3	11.8
75.9	30.1	13.6	16.5
33.1	5.9	2.6	3.3
52324.6	38.2	11.5	26.7
36621.2	47.7	13.8	33.9
4554.2	33.3	8.9	24.4
3682.4	27.9	9.3	18.5

4-6 续表

项　目	实现工艺创新企业数（个）	在实现工艺创新企业中占比(%)	
		有市场新工艺的企业	有本企业新工艺的企业
四、按地区分			
东部地区	4331	56.3	100.0
中部地区	2017	59.4	100.0
西部地区	1544	66.5	100.0
东北地区	322	60.6	100.0
北　京	347	51.6	100.0
天　津	190	50.0	100.0
河　北	188	66.0	100.0
山　西	206	57.8	100.0
内蒙古	46	65.2	100.0
辽　宁	168	60.7	100.0
吉　林	71	63.4	100.0
黑龙江	83	57.8	100.0
上　海	234	52.6	100.0
江　苏	695	56.1	100.0
浙　江	675	52.7	100.0
安　徽	370	58.1	100.0
福　建	442	57.9	100.0
江　西	245	54.7	100.0
山　东	706	57.6	100.0
河　南	568	60.6	100.0
湖　北	305	68.5	100.0
湖　南	323	54.8	100.0
广　东	835	59.2	100.0
广　西	124	54.8	100.0
海　南	19	78.9	100.0
重　庆	151	66.9	100.0
四　川	432	67.1	100.0
贵　州	133	71.4	100.0
云　南	141	68.1	100.0
西　藏	18	77.8	100.0
陕　西	295	64.4	100.0
甘　肃	78	75.6	100.0
青　海	24	62.5	100.0
宁　夏	36	66.7	100.0
新　疆	66	68.2	100.0

工艺创新贡献的营业收入（亿元）	工艺创新贡献的营业收入占营业收入的比重（%）	1.仅市场新的工艺	2.仅本企业新的工艺
55809.2	41.6	13.2	28.4
21567.9	40.6	10.9	29.7
18370.6	38.7	10.4	28.3
1434.7	25.2	7.1	18.1
8695.8	49.2	12.6	36.6
2197.7	47.9	11.9	36.0
2377.3	43.4	15.5	27.9
2586.7	51.7	11.7	40.0
387.4	32.7	9.5	23.2
723.4	25.5	7.8	17.7
348.7	23.7	6.2	17.5
362.6	26.1	6.5	19.6
6525.0	54.5	24.3	30.3
10341.6	34.1	10.2	24.0
6058.6	34.7	10.1	24.6
2970.2	41.5	10.6	30.9
4189.8	38.9	13.6	25.3
1913.5	32.5	9.0	23.5
6759.6	44.7	14.2	30.5
3264.3	35.0	12.5	22.5
6169.0	39.1	11.3	27.8
4664.2	46.8	9.5	37.3
8563.8	41.8	13.0	28.7
1638.3	40.6	12.7	27.9
100.1	23.5	9.8	13.7
1558.9	27.7	9.6	18.1
5396.5	38.9	10.0	28.9
1329.0	45.7	14.9	30.9
1906.4	48.5	12.5	36.1
12.7	4.6	2.5	2.1
3984.4	40.2	9.2	31.0
847.8	42.4	7.4	35.0
337.3	56.4	29.7	26.7
148.2	24.9	3.7	21.2
823.7	32.7	8.5	24.2

五、规模（限额）以上企业产品或工艺创新活动类型及创新费用情况（2021 年）

5-1 规模(限额)以上企业

项　　目	开展产品或工艺创新活动企业数(个)		
		内部研发	外部研发
总　计	**324368**	**61.2**	**8.4**
#国有及国有控股	25240	56.2	19.1
一、按规模分			
大型企业	15430	69.5	25.1
中型企业	54437	62.3	13.5
小型企业	236208	61.9	6.5
微型企业	18293	42.1	5.0
二、按登记注册类型分			
内资企业	295013	61.0	8.3
国有企业	2528	52.4	17.8
集体企业	376	44.9	4.5
股份合作企业	501	53.3	4.0
联营企业	82	43.9	8.5
#国有联营企业	39	35.9	2.6
有限责任公司	54327	56.9	13.0
#国有独资公司	4640	53.2	19.4
股份有限公司	9567	70.9	22.0
私营企业	227582	61.7	6.5
其他企业	50	74.0	22.0
港、澳、台商投资企业	13411	65.1	9.1
合资经营企业	3993	70.4	10.7
合作经营企业	153	56.9	5.9
港、澳、台商独资经营企业	8428	61.7	7.0
港、澳、台商投资股份有限公司	664	77.9	25.2
其他港、澳、台投资企业	173	68.8	12.7
外商投资企业	15944	61.7	10.4
中外合资经营企业	5394	66.5	12.9
中外合作经营企业	174	57.5	8.6
外资企业	9606	58.3	8.1
外商投资股份有限公司	619	74.6	22.9
其他外商投资企业	151	57.6	14.6
三、按行业分			
采矿业	2731	58.0	13.3
制造业	238293	69.5	7.3
电力、热力、燃气及水生产和供应业	3981	49.6	9.1
建筑业	10703	45.1	11.8
批发和零售业	26304	42.2	16.6
交通运输、仓储和邮政业	3793	14.1	3.8
信息传输、软件和信息技术服务业	18495	27.4	9.0

注：内部研发和外部研发数据不包括批发和零售业。以下各表同。

产品或工艺创新活动类型

在开展产品或工艺创新活动企业中，有下列活动形式的企业占比(%)					
获得机器设备和软件	从外部获取相关技术	相关培训	市场推介	相关设计	其他创新活动
59.9	**3.4**	**37.4**	**17.6**	**18.0**	**24.2**
53.2	7.9	46.1	19.1	12.2	31.3
56.3	10.6	53.9	25.3	19.5	35.2
52.5	6.3	44.1	20.8	18.2	27.3
62.7	2.3	35.5	16.5	18.2	23.0
47.9	3.2	29.4	15.2	13.8	21.3
59.7	3.4	37.1	17.5	17.8	23.7
46.2	8.2	44.5	16.9	11.1	29.0
48.9	2.4	32.4	12.8	11.4	21.8
60.7	1.4	27.1	11.0	14.4	15.4
51.2	7.3	47.6	13.4	9.8	23.2
56.4	7.7	48.7	15.4	7.7	25.6
55.3	5.6	42.9	19.3	16.0	28.3
50.4	8.0	45.9	18.1	10.5	30.5
65.1	6.9	50.0	27.8	23.5	33.5
60.8	2.7	35.1	16.7	18.1	22.2
50.0	2.0	42.0	18.0	12.0	38.0
64.0	3.1	40.0	18.1	20.9	27.1
68.9	2.6	41.9	18.7	19.7	27.5
65.4	3.9	35.9	14.4	14.4	20.9
60.9	2.9	38.3	16.5	20.8	26.3
74.8	5.9	50.9	34.2	30.4	35.8
57.8	9.2	37.6	17.9	17.9	30.1
58.6	4.2	41.7	18.2	19.7	31.3
65.3	4.4	41.5	18.4	19.4	30.5
58.0	5.7	47.1	14.4	16.1	31.6
54.3	3.9	41.1	17.3	19.7	31.6
69.5	5.2	50.9	32.5	25.0	34.2
53.6	6.6	47.0	18.5	16.6	31.8
56.5	1.0	30.3	5.6	3.0	20.7
71.5	1.3	36.5	17.0	20.4	24.1
58.5	1.2	27.7	3.6	1.6	21.1
31.7	11.4	46.7	22.3	6.4	30.0
23.7	9.2	43.9	27.1	20.3	25.4
28.2	8.1	34.7	12.6	4.9	22.8
21.5	9.6	36.7	18.8	9.9	22.9

5-1 续表

项　目	开展产品或工艺创新活动企业数(个)		
		内部研发	外部研发
租赁和商务服务业	5584	14.3	3.4
科学研究和技术服务业	13222	49.2	12.4
水利、环境和公共设施管理业	1262	38.4	6.7
四、按地区分			
东部地区	213120	61.8	8.2
中部地区	66203	65.3	8.5
西部地区	37027	53.1	9.6
东北地区	8018	50.3	10.1
北　京	10098	34.6	11.5
天　津	4530	51.6	9.3
河　北	8062	54.1	6.3
山　西	3220	40.6	9.0
内蒙古	1280	46.0	11.9
辽　宁	4717	55.5	9.8
吉　林	1537	37.0	10.1
黑龙江	1764	48.0	10.8
上　海	11460	43.1	10.8
江　苏	43132	70.2	9.3
浙　江	44552	63.0	7.1
安　徽	13781	64.5	10.9
福　建	12998	64.7	8.3
江　西	9423	70.5	5.7
山　东	24492	72.7	8.4
河　南	11604	63.9	8.0
湖　北	13111	59.5	9.2
湖　南	15064	74.2	7.7
广　东	53297	59.5	6.9
广　西	3821	45.2	5.9
海　南	499	44.9	16.6
重　庆	6019	65.9	8.7
四　川	10547	55.7	10.6
贵　州	3203	58.9	8.6
云　南	2993	54.6	11.0
西　藏	154	19.5	10.4
陕　西	5011	41.7	10.4
甘　肃	1364	46.1	11.6
青　海	334	40.1	8.7
宁　夏	899	71.4	9.6
新　疆	1402	32.7	9.2

在开展产品或工艺创新活动企业中，有下列活动形式的企业占比(%)					
获得机器设备和软件	从外部获取相关技术	相关培训	市场推介	相关设计	其他创新活动
20.6	8.1	36.8	18.2	8.7	21.4
28.0	12.1	41.3	12.9	7.8	25.6
30.1	10.9	35.4	12.5	6.7	22.9
60.4	3.5	36.9	17.5	18.7	24.7
62.6	2.7	36.5	16.6	16.0	21.4
53.9	4.0	42.1	20.0	18.0	25.9
49.8	3.3	39.3	17.4	15.1	27.2
36.5	6.8	35.6	18.1	12.9	24.8
40.6	4.3	43.3	18.9	16.5	29.4
69.7	2.1	34.8	15.6	14.3	20.9
63.2	3.6	42.0	16.6	11.6	26.0
59.3	2.8	42.8	18.1	13.4	25.2
40.4	3.0	39.9	17.5	14.2	28.6
62.7	3.8	40.1	16.9	16.2	25.0
63.7	3.7	37.1	17.7	16.4	25.5
45.6	6.9	43.4	21.3	18.2	30.5
53.8	3.1	37.7	15.5	15.9	24.0
74.1	2.1	27.3	12.8	17.3	19.5
64.9	3.3	45.1	20.0	20.0	25.9
34.3	3.3	34.7	17.2	18.9	23.0
76.8	2.3	36.9	17.0	16.8	21.6
61.4	2.9	35.1	16.6	16.1	21.0
25.6	2.8	36.8	17.2	15.7	21.6
70.9	2.9	34.7	15.8	15.8	20.2
72.9	2.1	28.7	13.5	13.2	17.1
68.3	4.2	44.0	22.6	25.5	30.7
65.9	5.0	42.8	19.8	18.1	30.1
52.1	5.0	38.7	20.2	17.2	23.8
54.4	3.3	40.8	18.3	18.7	23.8
58.7	3.8	41.7	19.9	18.5	25.3
35.2	3.5	34.7	17.8	16.9	22.7
46.8	4.4	48.5	23.3	20.6	27.5
43.5	5.2	41.6	22.1	16.9	18.2
49.7	4.0	45.5	22.7	19.8	28.0
42.4	4.9	40.0	21.8	15.0	24.6
56.6	7.2	40.1	16.5	12.6	27.5
72.4	3.7	42.7	18.9	13.9	27.0
51.4	5.0	41.7	18.6	12.3	26.7

5-2 规模以上工业企业

项　目	开展产品或工艺创新活动企业数（个）		
		内部研发	外部研发
总　计	**245005**	**69.1**	**7.4**
#国有及国有控股	12972	68.4	19.7
一、按规模分			
大型企业	7453	85.1	27.3
中型企业	29616	79.2	13.4
小型企业	196425	67.9	5.9
微型企业	11511	52.3	3.5
二、按登记注册类型分			
内资企业	220449	69.1	7.2
国有企业	972	64.2	18.4
集体企业	234	58.1	3.8
股份合作企业	418	57.7	3.8
联营企业	39	59.0	10.3
#国有联营企业	19	47.4	
有限责任公司	33188	68.7	12.1
#国有独资公司	2020	65.4	19.4
股份有限公司	6560	82.4	23.4
私营企业	179005	68.8	5.6
其他企业	33	90.9	21.2
港、澳、台商投资企业	11177	71.3	8.2
合资经营企业	3505	74.9	10.0
合作经营企业	128	61.7	4.7
港、澳、台商独资经营企业	6878	68.6	5.9
港、澳、台商投资股份有限公司	557	83.5	25.9
其他港、澳、台投资企业	109	78.9	11.0
外商投资企业	13379	66.4	9.6
中外合资经营企业	4674	69.9	12.3
中外合作经营企业	156	60.3	7.1
外资企业	7962	63.5	7.1
外商投资股份有限公司	490	82.4	23.3
其他外商投资企业	97	68.0	15.5
三、按行业分			
采矿业	**2731**	**58.0**	**13.3**
煤炭开采和洗选业	972	52.4	14.6
石油和天然气开采业	72	77.8	48.6
黑色金属矿采选业	338	55.6	10.4
有色金属矿采选业	386	61.7	19.7

产品或工艺创新活动类型

在开展产品或工艺创新活动企业中，有下列活动形式的企业占比(%)					
获得机器设备和软件	从外部获取相关技术	相关培训	市场推介	相关设计	其他创新活动
71.1	**1.3**	**36.3**	**16.6**	**19.9**	**24.0**
72.9	3.5	46.9	19.7	16.3	34.4
77.1	6.2	56.3	27.9	28.1	39.5
73.2	2.4	45.0	20.2	23.4	29.4
70.9	1.0	34.8	15.9	19.4	22.9
65.9	0.7	26.4	11.5	14.1	19.0
71.5	1.2	35.7	16.5	19.7	23.3
66.0	1.7	46.1	18.3	15.6	34.3
60.3	0.4	28.6	7.7	14.5	23.5
68.4	0.5	24.6	10.5	16.3	14.1
64.1		46.2	12.8	17.9	28.2
63.2		52.6	10.5	15.8	36.8
72.8	2.0	43.3	19.2	19.8	29.9
71.0	3.1	45.1	18.3	14.4	32.4
80.8	3.8	52.4	29.9	28.4	35.9
71.0	0.9	33.7	15.6	19.5	21.6
66.7	3.0	51.5	21.2	18.2	42.4
71.4	1.6	40.2	16.9	22.0	27.6
74.2	1.7	42.2	18.3	20.5	27.6
71.9	2.3	36.7	15.6	16.4	21.1
69.1	1.3	38.3	14.8	22.1	27.0
81.9	4.3	52.6	33.8	31.6	36.1
73.4	4.6	33.9	15.6	20.2	33.0
64.5	2.8	41.5	17.5	20.9	31.8
71.1	3.4	41.8	18.1	20.4	31.2
59.6	1.9	43.6	12.2	17.9	28.8
59.7	2.4	40.6	16.3	20.9	32.0
78.8	2.7	51.0	31.8	27.6	35.1
72.2	2.1	54.6	20.6	17.5	35.1
56.5	**1.0**	**30.3**	**5.6**	**3.0**	**20.7**
52.7	0.8	29.3	3.4	1.3	22.4
75.0		51.4	2.8	1.4	30.6
54.4	1.5	36.1	8.6	5.9	18.6
58.3	2.1	31.6	2.1	0.8	21.5

5-2 续表 1

项　　目	开展产品或工艺创新活动企业数(个)		
		内部研发	外部研发
非金属矿采选业	875	63.0	6.1
开采专业及辅助性活动	85	48.2	24.7
其他采矿业	3	33.3	33.3
制造业	**238293**	**69.5**	**7.3**
农副食品加工业	9738	62.1	5.4
食品制造业	5090	63.6	9.4
酒、饮料和精制茶制造业	2909	48.0	6.8
烟草制品业	106	73.6	40.6
纺织业	10068	65.5	3.4
纺织服装、服饰业	4607	59.3	2.6
皮革、毛皮、羽毛及其制品和制鞋业	3653	68.7	2.1
木材加工和木、竹、藤、棕、草制品业	3575	64.1	2.6
家具制造业	3671	60.7	2.8
造纸和纸制品业	3446	61.3	2.8
印刷和记录媒介复制业	3460	61.0	3.4
文教、工美、体育和娱乐用品制造业	5241	65.5	3.5
石油、煤炭及其他燃料加工业	1054	65.3	8.9
化学原料和化学制品制造业	14869	73.5	10.1
医药制造业	6725	77.5	27.3
化学纤维制造业	1325	75.5	7.8
橡胶和塑料制品业	13492	68.2	4.2
非金属矿物制品业	18179	66.5	4.2
黑色金属冶炼和压延加工业	2509	66.0	6.9
有色金属冶炼和压延加工业	4558	71.6	7.4
金属制品业	17158	67.1	3.8
通用设备制造业	21615	74.0	7.0
专用设备制造业	17928	74.4	9.4
汽车制造业	11684	69.8	8.3
铁路、船舶、航空航天和其他运输设备制造业	3722	75.0	11.4
电气机械和器材制造业	21526	73.0	6.9
计算机、通信和其他电子设备制造业	18725	73.8	10.3
仪器仪表制造业	5071	75.3	14.5
其他制造业	1182	65.4	4.6
废弃资源综合利用业	1112	66.7	6.3
金属制品、机械和设备修理业	295	63.4	10.2
电力、热力、燃气及水生产和供应业	**3981**	**49.6**	**9.1**
电力、热力生产和供应业	2547	49.4	10.3
燃气生产和供应业	602	50.5	5.6
水的生产和供应业	832	49.8	7.8

在开展产品或工艺创新活动企业中，有下列活动形式的企业占比(%)					
获得机器设备和软件	从外部获取相关技术	相关培训	市场推介	相关设计	其他创新活动
57.3	0.6	25.7	8.5	4.9	17.7
76.5	1.2	41.2	7.1	2.4	28.2
66.7		33.3			33.3
71.5	**1.3**	**36.5**	**17.0**	**20.4**	**24.1**
59.7	1.1	28.7	18.8	26.0	14.9
75.0	1.3	37.6	27.7	37.2	21.4
72.3	1.4	31.8	23.5	34.9	16.5
72.6	5.7	60.4	38.7	42.5	48.1
81.9	0.7	25.5	10.7	11.7	14.6
56.2	0.6	26.0	10.8	17.1	13.0
55.1	0.1	19.1	8.7	18.0	11.3
54.7	0.6	24.1	9.9	12.7	13.5
65.2	0.7	30.3	15.4	24.4	17.7
79.1	0.7	31.6	12.9	21.8	18.0
66.3	0.9	35.3	11.2	25.4	20.3
78.9	0.9	28.6	15.5	26.2	17.0
75.9	1.9	37.0	12.9	11.0	24.1
82.0	1.6	40.1	19.4	16.6	25.5
73.1	3.6	47.7	24.2	28.3	29.4
62.3	1.4	29.4	13.2	10.9	18.4
67.8	1.0	34.9	15.2	19.3	23.1
76.9	0.7	30.9	12.1	11.0	19.7
76.8	1.2	34.6	13.1	7.6	19.6
81.7	0.9	36.5	11.7	11.2	22.0
67.0	0.9	34.5	12.6	16.0	22.4
68.2	1.4	38.3	18.7	20.1	26.8
69.8	1.4	40.6	21.9	21.8	27.7
68.5	1.8	41.0	12.7	18.5	31.3
68.9	2.7	40.9	16.0	20.6	28.8
73.4	1.3	40.4	19.5	25.8	29.2
75.5	2.0	45.4	21.1	26.2	32.9
74.1	1.5	45.4	27.1	29.3	33.2
69.9	0.4	31.1	16.4	23.9	19.6
66.4	0.9	31.9	7.6	4.8	20.3
63.1	1.4	48.1	10.8	7.1	35.6
58.5	**1.2**	**27.7**	**3.6**	**1.6**	**21.1**
61.1	1.6	27.1	2.7	1.1	20.8
53.7	0.5	28.9	6.0	2.5	22.3
53.7	0.4	28.5	4.7	2.6	21.2

5-2 续表 2

项目	开展产品或工艺创新活动企业数（个）		
		内部研发	外部研发
四、按地区分			
东部地区	160599	70.0	6.9
中部地区	52918	71.4	7.7
西部地区	25567	62.1	8.9
东北地区	5921	54.0	9.4
北　京	2198	56.6	15.1
天　津	2855	57.8	8.1
河　北	6778	57.6	5.4
山　西	2249	43.4	8.0
内蒙古	925	52.1	12.8
辽　宁	3572	59.4	9.1
吉　林	1081	39.7	10.1
黑龙江	1268	50.9	9.7
上　海	5190	52.4	8.3
江　苏	35668	76.5	8.6
浙　江	38851	67.4	6.3
安　徽	11242	71.0	10.6
福　建	9651	71.6	6.3
江　西	7764	77.1	4.6
山　东	19535	80.1	7.2
河　南	8584	71.0	7.0
湖　北	10416	64.6	8.0
湖　南	12663	79.0	7.3
广　东	39644	67.3	5.5
广　西	2728	50.8	4.6
海　南	229	59.0	24.0
重　庆	4420	76.0	7.6
四　川	7353	65.3	10.1
贵　州	2310	68.9	7.7
云　南	1933	64.9	10.2
西　藏	60	25.0	15.0
陕　西	3197	48.7	10.0
甘　肃	899	52.3	10.2
青　海	196	46.9	7.7
宁　夏	709	78.4	9.0
新　疆	837	36.8	8.1

在开展产品或工艺创新活动企业中，有下列活动形式的企业占比(%)					
获得机器设备和软件	从外部获取相关技术	相关培训	市场推介	相关设计	其　他创新活动
72.3	1.3	35.9	16.7	20.8	24.4
71.9	1.1	34.8	15.3	17.1	21.0
65.5	1.4	40.6	18.5	20.5	26.3
58.4	1.4	40.1	17.7	18.0	28.4
90.8	2.1	45.1	26.2	24.3	34.7
50.3	1.0	45.5	20.2	22.0	31.0
77.8	1.0	33.0	14.7	15.2	20.5
77.3	1.1	39.9	14.6	12.1	26.1
70.6	1.2	42.1	17.2	14.7	26.5
45.7	1.3	41.5	18.0	16.9	30.0
78.1	1.5	40.0	17.5	20.1	25.7
77.5	1.7	36.4	16.8	19.2	26.0
68.8	1.3	48.0	23.5	25.5	36.4
60.2	1.4	37.1	14.5	16.8	23.5
81.4	1.1	25.7	11.9	18.0	19.0
74.0	1.6	45.2	19.4	21.8	26.3
39.1	1.1	33.8	15.8	20.2	22.4
87.7	0.9	35.9	15.6	17.4	21.1
70.4	1.2	33.1	15.6	17.2	20.1
25.8	0.9	34.2	15.6	17.5	21.4
82.4	1.1	32.5	14.4	16.7	19.9
82.1	0.9	26.2	12.3	13.7	16.1
83.1	1.6	44.4	22.7	29.2	31.3
80.8	1.5	41.4	17.6	19.9	30.8
86.0	2.2	39.3	18.3	23.6	23.1
65.3	1.3	40.1	17.0	21.3	24.3
71.9	1.4	40.2	19.1	21.3	25.7
38.7	1.2	31.9	15.2	18.8	21.6
54.7	1.3	46.4	21.5	23.6	28.4
60.0	1.7	31.7	16.7	16.7	21.7
62.7	1.7	45.3	22.0	23.6	29.4
48.8	1.9	37.9	18.2	16.4	23.5
75.5	2.0	37.2	12.8	12.8	28.1
83.2	1.0	41.7	18.2	14.8	26.5
65.4	1.7	39.8	15.5	14.3	26.9

5–3 资质等级以上建筑业企业

项　目	开展产品或工艺创新活动企业数（个）		
		内部研发	外部研发
总　计	**10703**	**45.1**	**11.8**
#国有及国有控股	2318	57.0	21.2
一、按规模分			
大型企业	2303	64.0	23.9
中型企业	4818	42.0	9.0
小型企业	2936	37.4	7.7
微型企业	646	34.8	9.0
二、按登记注册类型分			
内资企业	10627	45.0	11.8
#国有企业	214	51.9	16.8
集体企业	56	28.6	3.6
股份合作企业	18	33.3	
联营企业	8	37.5	
有限责任公司	3196	53.3	18.3
#国有独资公司	625	58.9	24.2
股份有限公司	322	60.6	19.6
私营企业	6811	40.3	8.4
港、澳、台商投资企业	40	50.0	12.5
#合资经营企业	22	45.5	4.5
港、澳、台商独资经营企业	8	50.0	12.5
港、澳、台商投资股份有限公司	9	55.6	22.2
外商投资企业	36	63.9	11.1
#中外合资经营企业	20	65.0	20.0
外资企业	11	45.5	
外商投资股份有限公司	4	100.0	
三、按行业分			
房屋建筑业	4237	41.4	10.7
土木工程建筑业	3010	52.4	17.1
建筑安装业	1452	47.9	10.3
建筑装饰、装修和其他建筑业	2004	39.8	7.3

产品或工艺创新活动类型

在开展产品或工艺创新活动企业中，有下列活动形式的企业占比(%)					
获得机器设备和软件	从外部获取相关技术	相关培训	市场推介	相关设计	其他创新活动
31.7	**11.4**	**46.7**	**22.3**	**6.4**	**30.0**
39.4	14.8	58.0	20.4	5.1	36.2
43.2	16.9	63.0	23.3	6.4	37.9
29.6	11.4	44.1	20.3	4.9	27.3
27.4	8.1	40.3	24.4	8.3	28.4
25.7	7.4	37.0	23.5	8.4	28.6
31.7	11.4	46.6	22.3	6.4	29.9
41.1	14.5	53.3	19.6	9.8	32.2
41.1	8.9	28.6	25.0	8.9	21.4
27.8		44.4	27.8	5.6	22.2
37.5	25.0	62.5			37.5
36.1	13.4	54.3	21.2	5.4	34.0
41.4	11.7	60.0	19.2	3.8	35.7
43.8	19.9	57.1	28.6	8.7	36.3
28.6	10.0	42.4	22.6	6.6	27.6
40.0	15.0	77.5	32.5	10.0	50.0
27.3	4.5	77.3	31.8	9.1	45.5
50.0	37.5	87.5	25.0		37.5
66.7	22.2	77.8	44.4	22.2	77.8
30.6	13.9	55.6	8.3	8.3	38.9
25.0	10.0	40.0			35.0
36.4	18.2	81.8	27.3	18.2	36.4
25.0		50.0		25.0	50.0
33.3	10.9	47.5	26.2	5.8	27.9
35.2	14.1	50.1	18.5	5.2	33.0
29.3	9.2	43.6	19.4	6.6	28.2
24.7	10.1	42.2	22.0	9.3	31.0

5-3 续表

项　　目	开展产品或工艺创新活动企业数(个)		
		内部研发	外部研发
四、按地区分			
东部地区	5501	46.3	11.8
中部地区	2660	48.5	12.0
西部地区	2084	37.8	11.9
东北地区	458	43.5	10.9
北　京	452	44.5	15.3
天　津	261	55.2	13.4
河　北	220	40.0	12.7
山　西	252	42.5	9.9
内蒙古	57	35.1	10.5
辽　宁	260	42.7	12.3
吉　林	98	46.9	15.3
黑龙江	100	42.0	3.0
上　海	287	44.3	12.9
江　苏	874	38.0	11.9
浙　江	877	42.8	10.8
安　徽	466	43.8	14.4
福　建	523	52.0	14.7
江　西	318	50.3	12.3
山　东	911	49.7	11.0
河　南	750	44.8	9.9
湖　北	438	48.4	16.2
湖　南	436	61.9	10.1
广　东	1073	51.0	9.3
广　西	164	43.9	8.5
海　南	23	39.1	13.0
重　庆	208	41.8	11.5
四　川	580	39.7	13.8
贵　州	180	38.3	11.7
云　南	189	48.1	11.6
西　藏	21	23.8	9.5
陕　西	407	27.5	11.1
甘　肃	107	29.9	16.8
青　海	30	36.7	16.7
宁　夏	51	58.8	5.9
新　疆	90	31.1	7.8

在开展产品或工艺创新活动企业中，有下列活动形式的企业占比(%)					
获得机器设备和软件	从外部获取相关技术	相关培训	市场推介	相关设计	其　他创新活动
30.9	12.4	47.1	21.2	7.1	30.1
31.4	10.5	47.2	23.8	5.6	28.7
35.1	10.4	47.0	23.2	5.3	31.1
28.2	10.0	38.0	22.7	7.0	30.1
28.8	11.1	52.4	18.6	6.4	31.9
32.2	11.9	42.5	18.8	6.9	33.3
40.9	10.0	50.5	27.7	9.1	29.5
37.7	11.1	52.4	19.0	4.4	26.6
45.6	5.3	47.4	12.3	3.5	28.1
29.2	9.6	39.2	26.2	7.7	29.6
31.6	13.3	38.8	21.4	8.2	31.6
22.0	8.0	34.0	15.0	4.0	30.0
37.6	10.8	52.3	23.3	6.6	31.0
28.3	13.3	45.1	19.6	7.4	27.6
29.1	13.8	43.9	18.6	4.2	27.6
30.5	13.7	48.3	25.3	6.4	32.8
28.3	13.2	40.7	20.7	7.1	30.4
30.5	8.5	47.8	30.2	4.4	25.5
32.8	10.9	48.7	23.2	7.5	28.5
30.9	10.0	44.8	23.3	6.9	29.5
31.3	10.0	45.0	22.1	5.3	26.7
30.3	9.2	49.1	22.5	4.1	28.7
30.8	13.0	50.3	23.0	9.2	33.7
34.1	15.9	49.4	26.8	8.5	34.1
26.1	8.7	21.7	21.7	4.3	30.4
32.7	13.9	41.8	22.6	2.9	26.9
33.6	8.6	45.7	24.0	6.7	30.2
31.1	11.7	45.0	24.4	3.9	30.6
38.1	8.5	49.7	13.8	3.2	34.9
19.0	9.5	42.9	33.3		19.0
36.4	10.1	50.6	24.1	5.7	31.5
44.9	5.6	44.9	31.8	3.7	35.5
23.3	13.3	30.0	16.7		26.7
37.3	13.7	47.1	23.5	9.8	33.3
35.6	13.3	54.4	23.3	4.4	33.3

5-4 规模(限额)以上服务业

项　　目	开展产品或工艺创新活动企业数(个)		
		内部研发	外部研发
总　计	**68660**	**35.7**	**11.8**
#国有及国有控股	9950	40.1	17.9
一、按规模分			
大型企业	5674	51.3	22.5
中型企业	20003	42.1	14.7
小型企业	36847	31.7	9.3
微型企业	6136	23.7	7.4
二、按登记注册类型分			
内资企业	63937	35.7	11.6
国有企业	1342	44.0	17.5
集体企业	86	19.8	7.0
股份合作企业	65	30.8	6.2
联营企业	35	28.6	8.6
#国有联营企业	18	22.2	5.6
有限责任公司	17943	35.8	13.8
#国有独资公司	1995	39.0	17.9
股份有限公司	2685	44.1	18.9
私营企业	41766	34.9	10.0
其他企业	15	40.0	26.7
港、澳、台商投资企业	2194	33.8	13.3
合资经营企业	466	37.8	16.3
合作经营企业	24	29.2	8.3
港、澳、台商独资经营企业	1542	31.1	11.8
港、澳、台商投资股份有限公司	98	48.0	21.4
其他港、澳、台投资企业	64	51.6	15.6
外商投资企业	2529	36.8	14.6
中外合资经营企业	700	44.0	16.9
中外合作经营企业	18	33.3	22.2
外资企业	1633	33.2	13.0
外商投资股份有限公司	125	43.2	22.4
其他外商投资企业	53	37.7	13.2
三、按行业分			
批发和零售业	**26304**	**42.2**	**16.6**
批发业	16079	46.7	18.6
零售业	10225	35.2	13.4
交通运输、仓储和邮政业	**3793**	**14.1**	**3.8**
铁路运输业	57	31.6	17.5
道路运输业	1819	14.6	3.8
水上运输业	279	22.6	10.4
航空运输业	95	15.8	5.3
管道运输业	23	52.2	34.8
多式联运和运输代理业	796	7.4	1.5
装卸搬运和仓储业	548	16.2	1.8
邮政业	176	6.8	0.6
信息传输、软件和信息技术服务业	**18495**	**27.4**	**9.0**
电信、广播电视和卫星传输服务	1071	21.9	6.4
互联网和相关服务	2909	28.2	8.6
软件和信息技术服务业	14515	27.6	9.2

企业产品或工艺创新活动类型

在开展产品或工艺创新活动企业中，有下列活动形式的企业占比(%)					
获得机器设备和软件	从外部获取相关技术	相关培训	市场推介	相关设计	其　他创新活动
24.0	**9.8**	**40.2**	**20.3**	**13.0**	**24.2**
30.7	12.0	42.1	18.0	8.5	26.1
34.2	13.8	47.1	22.8	13.5	28.5
27.3	10.8	42.7	21.8	13.7	24.3
22.0	9.0	38.8	19.0	12.5	23.5
16.4	7.4	34.3	21.3	13.7	24.9
23.8	9.7	40.2	20.1	12.9	24.1
32.6	11.8	42.0	15.4	8.0	24.7
23.3	3.5	45.3	18.6	4.7	17.4
20.0	7.7	38.5	9.2	4.6	21.5
40.0	11.4	45.7	17.1	2.9	14.3
50.0	11.1	44.4	22.2		16.7
26.3	10.7	40.2	19.0	10.8	24.4
32.3	11.8	42.4	17.6	8.7	26.9
29.2	13.1	43.4	22.6	13.4	27.4
22.1	8.9	40.0	20.6	14.0	23.7
13.3		20.0	13.3		26.7
26.6	10.3	38.3	23.8	15.5	24.3
31.8	9.0	38.2	21.5	14.4	26.0
33.3	12.5	33.3	8.3	4.2	20.8
24.2	10.2	38.1	24.1	15.5	23.5
35.7	13.3	38.8	35.7	24.5	30.6
31.3	17.2	43.8	21.9	14.1	25.0
28.2	11.5	42.5	22.3	13.8	28.6
27.6	11.3	39.3	21.0	13.4	25.7
44.4	38.9	77.8	33.3		55.6
28.2	10.9	43.3	22.0	13.9	29.6
34.4	15.2	50.4	36.0	15.2	30.4
18.9	13.2	32.1	15.1	15.1	24.5
23.7	**9.2**	**43.9**	**27.1**	**20.3**	**25.4**
24.1	9.9	42.8	24.6	18.9	27.6
23.0	8.1	45.8	31.0	22.4	21.8
28.2	**8.1**	**34.7**	**12.6**	**4.9**	**22.8**
35.1	14.0	31.6	17.5	1.8	31.6
26.8	7.7	33.6	14.0	5.6	22.7
33.0	9.3	30.5	8.6	2.5	25.8
33.7	9.5	37.9	20.0	8.4	29.5
30.4	4.3	47.8			34.8
24.1	8.0	35.8	13.1	4.5	21.5
30.8	8.2	38.0	6.9	2.6	22.3
39.2	7.4	35.8	17.0	10.2	19.3
21.5	**9.6**	**36.7**	**18.8**	**9.9**	**22.9**
21.5	12.9	36.5	22.7	9.2	22.5
17.3	8.2	32.0	18.9	9.4	19.1
22.4	9.7	37.7	18.4	10.0	23.7

5-4 续表

项　　目	开展产品或工艺创新活动企业数（个）		
		内部研发	外部研发
租赁和商务服务业	**5584**	**14.3**	**3.4**
租赁业	393	17.6	3.3
商务服务业	5191	14.0	3.4
科学研究和技术服务业	**13222**	**49.2**	**12.4**
研究和试验发展	1958	63.3	23.5
专业技术服务业	9126	48.3	10.1
科技推广和应用服务业	2138	40.1	11.6
水利、环境和公共设施管理业	**1262**	**38.4**	**6.7**
水利管理业	36	38.9	27.8
生态保护和环境治理业	540	52.4	10.2
公共设施管理业	635	27.1	2.8
土地管理业	51	31.4	2.0
四、按地区分			
东部地区	47020	35.5	11.9
中部地区	10625	39.3	11.4
西部地区	9376	32.0	11.3
东北地区	1639	38.9	12.2
北　京	7448	27.5	10.2
天　津	1414	38.5	11.2
河　北	1064	34.2	10.3
山　西	719	31.3	11.8
内蒙古	298	29.2	9.4
辽　宁	885	43.5	11.9
吉　林	358	26.0	8.7
黑龙江	396	40.2	16.2
上　海	5983	34.8	12.9
江　苏	6590	40.1	12.3
浙　江	4824	31.1	13.0
安　徽	2073	33.7	11.6
福　建	2824	43.5	13.9
江　西	1341	37.2	10.7
山　东	4046	42.1	13.7
河　南	2270	43.7	11.0
湖　北	2257	38.0	13.3
湖　南	1965	45.9	9.8
广　东	12580	35.6	11.2
广　西	929	29.1	9.5
海　南	247	32.4	10.1
重　庆	1391	37.3	11.7
四　川	2614	32.4	11.5
贵　州	713	31.6	10.8
云　南	871	33.3	12.6
西　藏	73	13.7	6.8
陕　西	1407	29.9	11.3
甘　肃	358	35.5	13.4
青　海	108	28.7	8.3
宁　夏	139	40.3	13.7
新　疆	475	25.7	11.4

在开展产品或工艺创新活动企业中，有下列活动形式的企业占比(%)					
获得机器设备和软件	从外部获取相关技术	相关培训	市场推介	相关设计	其　他创新活动
20.6	**8.1**	**36.8**	**18.2**	**8.7**	**21.4**
24.9	6.9	33.6	11.5	6.9	23.4
20.3	8.2	37.0	18.7	8.8	21.2
28.0	**12.1**	**41.3**	**12.9**	**7.8**	**25.6**
36.7	16.2	46.3	18.8	13.0	33.0
27.0	11.4	40.8	10.9	5.9	24.0
23.9	11.7	38.6	16.2	11.3	25.9
30.1	**10.9**	**35.4**	**12.5**	**6.7**	**22.9**
25.0	2.8	33.3		2.8	27.8
30.9	13.7	39.4	10.4	6.5	26.7
30.7	9.3	33.1	15.3	7.4	19.7
17.6	7.8	23.5	9.8	2.0	19.6
23.5	10.0	38.9	19.7	13.0	25.1
24.2	9.0	42.5	21.1	13.2	21.3
26.5	9.5	45.0	23.6	14.1	23.8
24.5	8.2	36.7	15.2	6.8	22.2
21.0	7.9	31.7	15.7	9.9	21.5
22.6	9.6	38.9	16.3	7.4	25.2
23.6	7.7	42.8	18.4	9.3	21.7
27.8	9.0	44.6	22.0	12.9	25.5
26.8	7.4	44.3	22.1	11.4	20.8
22.0	7.9	33.6	13.0	5.3	22.6
24.6	8.4	41.1	14.0	6.7	21.0
30.1	8.8	39.9	21.2	10.4	22.5
25.9	11.5	38.9	19.3	12.5	25.4
23.0	10.9	40.5	19.8	12.1	26.3
22.8	8.3	36.8	19.0	13.6	21.8
23.2	10.2	43.6	22.3	13.1	22.0
19.2	9.1	36.7	21.2	16.9	23.4
24.7	8.9	40.1	21.5	16.4	23.0
24.4	9.5	41.7	20.1	12.9	23.4
23.2	7.4	44.1	21.1	11.9	19.7
25.3	10.1	42.8	21.0	13.6	20.5
23.2	8.3	39.9	19.5	12.3	20.8
25.2	11.5	42.4	22.3	15.5	28.8
27.8	13.3	45.7	25.3	14.6	27.6
23.1	7.3	39.7	21.9	12.6	23.9
23.3	8.3	42.8	21.8	12.9	22.1
26.9	9.3	44.9	21.3	13.4	23.0
24.7	8.7	41.4	24.7	14.0	24.1
31.0	10.6	52.9	29.4	17.8	24.1
37.0	6.8	49.3	23.3	21.9	15.1
23.8	7.2	44.4	24.0	15.1	23.8
25.7	12.3	43.9	27.9	15.1	24.3
31.5	14.8	48.1	23.1	15.7	26.9
30.2	13.7	46.0	20.9	10.8	27.3
29.9	9.3	42.5	23.2	10.3	25.1

5—5 规模以上高技术产业(制造业)

项　目	开展产品或工艺创新活动企业数(个)		
		内部研发	外部研发
总　计	**36103**	**75.0**	**14.7**
#国有及国有控股	1861	81.2	29.5
一、按规模分			
大型企业	1896	89.3	29.2
中型企业	5763	85.4	22.9
小型企业	27058	72.8	12.3
微型企业	1386	55.6	8.6
二、按登记注册类型分			
内资企业	31210	75.1	14.8
国有企业	132	71.2	18.9
集体企业	14	42.9	
股份合作企业	37	62.2	13.5
联营企业	9	88.9	22.2
#国有联营企业	4	75.0	
有限责任公司	6339	76.0	20.1
#国有独资公司	222	77.5	22.1
股份有限公司	1754	85.6	34.4
私营企业	22914	74.1	11.8
其他企业	11	81.8	36.4
港、澳、台商投资企业	2194	77.6	14.2
合资经营企业	625	79.0	18.1
合作经营企业	15	80.0	6.7
港、澳、台商独资经营企业	1371	75.9	9.7
港、澳、台商投资股份有限公司	149	86.6	38.9
其他港、澳、台投资企业	34	82.4	20.6
外商投资企业	2699	72.0	14.5
中外合资经营企业	799	76.3	21.8
中外合作经营企业	14	57.1	
外资企业	1712	68.9	10.2
外商投资股份有限公司	147	84.4	26.5
其他外商投资企业	27	77.8	11.1
三、按高技术行业(制造业)分			
医药制造业	**6725**	**77.5**	**27.3**
#化学药品制造	2191	81.2	38.7
中成药生产	1275	76.7	33.6
生物药品制品制造	875	83.3	29.1

产品或工艺创新活动类型

在开展产品或工艺创新活动企业中，有下列活动形式的企业占比(%)					
获得机器设备和软件	从外部获取相关技术	相关培训	市场推介	相关设计	其　他创新活动
74.8	**2.2**	**46.0**	**23.2**	**27.4**	**32.6**
78.7	4.9	54.6	28.6	26.8	42.5
75.4	6.7	60.3	26.2	29.9	44.4
76.2	3.5	52.2	25.5	28.0	37.0
74.6	1.7	44.3	22.8	27.4	31.1
69.7	1.2	35.5	17.2	21.1	27.6
75.9	2.2	45.9	23.8	28.0	32.1
77.3		44.7	25.8	25.0	40.9
85.7		14.3		7.1	14.3
73.0		32.4	21.6	29.7	24.3
88.9		66.7	22.2	33.3	44.4
75.0		100.0	25.0	50.0	75.0
77.5	3.0	49.9	25.2	27.6	36.0
77.9	4.5	55.4	23.0	23.4	42.8
83.3	5.2	57.5	36.1	36.9	41.9
74.8	1.7	44.0	22.5	27.5	30.2
54.5		72.7	18.2	18.2	63.6
71.3	2.7	47.1	18.6	23.7	36.4
75.4	2.7	52.0	23.4	26.2	38.4
73.3	6.7	26.7	13.3		33.3
68.2	1.9	44.9	15.2	22.0	35.2
81.2	8.7	51.7	31.5	30.2	38.3
79.4	8.8	32.4	14.7	23.5	44.1
64.7	2.5	46.6	19.5	22.9	36.0
73.2	3.3	49.6	22.3	23.4	36.8
64.3		64.3	28.6	42.9	35.7
59.4	2.2	44.6	16.9	22.6	35.7
78.9	3.4	51.7	33.3	22.4	36.1
74.1		51.9	22.2	18.5	29.6
73.1	**3.6**	**47.7**	**24.2**	**28.3**	**29.4**
75.2	4.8	50.9	21.6	20.9	32.0
75.2	3.1	48.2	23.1	33.3	30.9
73.0	4.5	55.8	31.8	30.4	33.5

5−5 续表 1

项 目	开展产品或工艺创新活动企业数（个）		
		内部研发	外部研发
电子及通信设备制造业	**19287**	**74.4**	**10.0**
#电子工业专用设备制造	1363	72.3	9.7
光纤、光缆制造及锂离子电池制造	1395	77.1	9.7
#锂离子电池制造	1113	77.2	10.1
通信设备制造、雷达及配套设备制造	1933	72.3	14.9
#通信系统设备制造	973	70.9	15.1
通信终端设备制造	854	72.0	13.7
雷达及配套设备制造	106	86.8	22.6
广播电视设备制造	504	71.6	10.9
非专业视听设备制造	872	71.8	8.3
电子器件制造	4454	75.0	10.5
#电子真空器件制造	385	71.2	8.6
半导体分立器件制造	375	77.6	10.7
集成电路制造	930	74.3	17.8
光电子器件制造	781	78.6	10.0
电子元件及电子专用设备制造	6402	75.4	7.6
#电阻电容电感元件制造	920	78.2	6.4
电子专用材料制造	1448	80.4	11.2
电子电路制造	1374	74.5	5.3
智能消费设备制造	1174	73.5	13.2
其他电子设备制造	1190	74.0	12.4
计算机及办公设备制造业	**2324**	**69.9**	**11.4**
#计算机整机制造	301	62.1	13.0
计算机零部件制造	735	73.2	6.8
计算机外围设备制造	650	67.1	10.2
办公设备制造	203	77.3	13.8
医疗仪器设备及仪器仪表制造业	**7035**	**75.5**	**16.0**
#医疗仪器设备及器械制造	2249	75.2	18.1
#医疗诊断、监护及治疗设备制造	726	76.9	23.3
医疗、外科及兽医用器械制造	563	78.9	17.6
通用仪器仪表制造	3177	76.0	14.5
专用仪器仪表制造	985	74.1	18.7
信息化学品制造业	**131**	**76.3**	**15.3**
四、按地区分			
东部地区	24670	74.4	14.0
中部地区	6889	79.0	14.8
西部地区	3707	73.7	17.0
东北地区	837	66.9	24.1

在开展产品或工艺创新活动企业中，有下列活动形式的企业占比(%)					
获得机器设备和软件	从外部获取相关技术	相关培训	市场推介	相关设计	其　他创新活动
75.3	**1.9**	**45.0**	**20.2**	**24.8**	**32.9**
74.9	1.8	43.2	21.8	23.2	34.3
72.3	1.8	47.1	19.9	25.2	34.3
72.8	2.1	47.9	20.1	27.0	35.0
79.4	2.2	45.3	22.6	28.5	33.9
81.0	2.0	45.9	23.2	28.2	35.6
77.4	2.7	42.9	21.3	28.8	30.8
80.2	0.9	58.5	26.4	29.2	43.4
78.0	1.8	42.3	24.6	33.5	32.1
79.9	2.3	42.4	24.9	42.2	31.2
75.3	2.3	47.5	21.4	23.7	34.0
69.9	1.6	42.9	18.4	23.4	30.4
75.7	2.4	47.2	21.3	20.0	36.3
76.0	4.2	49.6	23.0	15.7	37.1
73.8	1.4	49.8	24.8	28.0	35.5
72.3	1.6	43.8	15.1	18.4	31.0
70.8	2.0	42.4	16.8	21.0	29.8
72.8	1.2	44.7	15.3	11.3	31.8
74.3	1.6	46.4	12.4	13.7	32.2
78.5	2.6	45.3	27.9	36.5	34.3
80.8	1.5	44.5	24.4	31.3	34.5
75.0	**2.1**	**47.6**	**28.4**	**35.6**	**34.4**
76.7	2.7	52.5	38.2	46.5	44.2
65.9	0.5	45.4	19.6	28.8	27.3
80.0	2.6	46.0	29.7	36.2	37.2
75.4	3.0	41.9	27.1	35.0	30.0
74.8	**1.7**	**46.3**	**29.4**	**31.9**	**33.8**
75.7	2.0	47.4	33.7	37.6	34.5
79.1	2.5	51.1	39.1	42.8	41.6
73.0	1.2	43.7	30.7	35.3	32.1
74.1	1.4	46.1	26.9	28.0	33.4
76.8	1.5	45.2	30.2	33.2	35.2
82.4	**4.6**	**40.5**	**19.1**	**15.3**	**24.4**
75.9	2.3	46.8	24.1	28.8	34.0
73.1	1.9	43.0	20.2	23.6	27.5
70.8	2.2	47.2	22.2	25.8	32.9
70.8	2.5	44.7	22.3	23.9	32.4

5-5 续表 2

项　目	开展产品或工艺创新活动企业数（个）		
		内部研发	外部研发
北　京	855	64.0	21.9
天　津	446	69.1	17.3
河　北	602	67.4	17.8
山　西	199	55.3	18.6
内蒙古	90	71.1	26.7
辽　宁	423	70.0	21.0
吉　林	237	57.4	26.2
黑龙江	177	72.3	28.8
上　海	989	62.4	14.1
江　苏	5532	80.4	15.1
浙　江	3655	76.2	17.6
安　徽	1548	74.8	16.5
福　建	1033	81.2	18.9
江　西	1512	83.4	10.3
山　东	1564	85.6	20.5
河　南	890	84.6	16.4
湖　北	1250	71.7	17.5
湖　南	1490	84.6	13.8
广　东	9936	70.6	9.2
广　西	298	57.4	10.7
海　南	58	79.3	63.8
重　庆	661	80.8	13.3
四　川	1327	76.9	18.0
贵　州	270	78.5	17.4
云　南	205	78.0	24.9
西　藏	13	53.8	30.8
陕　西	620	66.9	17.1
甘　肃	103	64.1	15.5
青　海	34	64.7	20.6
宁　夏	46	80.4	15.2
新　疆	40	60.0	27.5

在开展产品或工艺创新活动企业中，有下列活动形式的企业占比(%)					
获得机器设备和软件	从外部获取相关技术	相关培训	市场推介	相关设计	其　他创新活动
92.2	1.5	46.9	31.0	26.8	35.3
57.0	1.8	53.6	27.6	28.0	41.5
85.4	2.7	43.7	24.1	24.6	26.6
93.0	3.5	51.3	24.1	23.1	36.7
93.3	2.2	48.9	27.8	23.3	45.6
52.5	2.6	48.0	24.6	23.6	35.0
86.9	1.7	41.4	21.5	26.6	28.7
93.2	3.4	41.2	18.1	20.9	31.1
71.0	1.0	52.6	27.5	28.0	39.8
54.7	2.2	45.5	19.2	22.1	31.5
85.7	2.8	37.3	19.4	24.4	27.7
68.9	2.3	52.2	23.5	28.4	32.0
48.8	2.8	48.2	23.9	28.9	36.3
86.6	1.3	41.8	17.3	21.6	25.5
72.1	2.6	45.8	24.4	27.4	29.5
26.0	2.4	41.7	20.9	24.7	25.4
82.6	1.9	43.3	22.6	24.4	28.6
81.4	1.5	34.2	16.8	19.3	24.1
86.9	2.3	50.2	27.5	34.8	37.7
85.9	2.7	45.3	20.8	28.2	35.2
91.4	5.2	53.4	29.3	36.2	31.0
62.0	2.0	43.3	20.6	25.1	26.2
74.7	2.5	46.6	23.1	25.9	32.9
55.2	1.9	49.3	17.8	23.3	33.7
55.6	1.5	50.2	22.4	27.3	37.1
46.2	7.7	15.4	7.7	7.7	23.1
73.9	2.3	51.8	25.5	27.9	36.0
52.4	1.0	45.6	20.4	23.3	28.2
82.4	2.9	29.4	11.8	17.6	29.4
87.0	2.2	58.7	28.3	26.1	43.5
82.5	2.5	55.0	10.0	12.5	25.0

5–6 规模(限额)以上企业

项 目	创新费用支出合计(亿元)	1.内部研发经费支出	所占比重(%)
总 计	**37313.4**	**21101.9**	**56.6**
#国有及国有控股	10743.6	5262.3	49.0
一、按规模分			
大型企业	20885.2	10966.1	52.5
中型企业	7842.5	4652.5	59.3
小型企业	8217.4	5300.2	64.5
微型企业	368.3	183.1	49.7
二、按登记注册类型分			
内资企业	29646.4	16815.4	56.7
国有企业	624.3	310.3	49.7
集体企业	14.1	8.8	62.4
股份合作企业	15.2	9.7	63.8
联营企业	5.8	3.3	56.9
#国有联营企业	2.8	1.4	50.0
有限责任公司	12156.8	6395.8	52.6
#国有独资公司	1751.4	768.6	43.9
股份有限公司	4633.9	2486.4	53.7
私营企业	12171.7	7579.6	62.3
其他企业	24.5	21.4	87.3
港、澳、台商投资企业	3767.8	2107.0	55.9
合资经营企业	815.5	505.8	62.0
合作经营企业	20.9	15.0	71.8
港、澳、台商独资经营企业	2461.4	1301.3	52.9
港、澳、台商投资股份有限公司	429.6	270.2	62.9
其他港、澳、台投资企业	40.5	14.7	36.3
外商投资企业	3899.5	2179.6	55.9
中外合资经营企业	1802.4	963.1	53.4
中外合作经营企业	27.7	15.6	56.3
外资企业	1741.0	989.8	56.9
外商投资股份有限公司	307.2	197.8	64.4
其他外商投资企业	21.5	13.3	61.9
三、按行业分			
采矿业	648.2	370.5	57.2
制造业	27526.7	16914.3	61.4
电力、热力、燃气及水生产和供应业	614.7	229.4	37.3
建筑业	1983.9	739.8	37.3
批发和零售业	5.8	3.4	58.6
交通运输、仓储和邮政业	104.2	40.6	39.0
信息传输、软件和信息技术服务业	4621.2	1831.7	39.6

注：内部研发和外部研发数据不包括批发和零售业。以下各表同。

创新费用支出情况

2.外部研发经费支出	所占比重(%)	3.获得机器设备和软件经费支出	所占比重(%)	4.从外部获取相关技术经费支出	所占比重(%)
1921.4	**5.1**	**13259.5**	**35.5**	**1030.6**	**2.8**
565.5	5.3	4427.5	41.2	488.3	4.5
1333.4	6.4	7768.1	37.2	817.6	3.9
365.3	4.7	2695.6	34.4	129.1	1.6
200.3	2.4	2660.6	32.4	56.3	0.7
22.4	6.1	135.3	36.7	27.5	7.5
1458.5	4.9	10748.4	36.3	624.1	2.1
40.8	6.5	238.0	38.1	35.2	5.6
0.4	2.8	4.9	34.8		
0.3	2.0	5.2	34.2		
0.1	1.7	2.4	41.4		
		1.4	50.0		
723.5	6.0	4815.4	39.6	222.1	1.8
95.0	5.4	865.0	49.4	22.8	1.3
224.8	4.9	1824.0	39.4	98.7	2.1
467.4	3.8	3857.3	31.7	267.4	2.2
1.2	4.9	1.3	5.3	0.6	2.4
223.3	5.9	1404.6	37.3	32.9	0.9
36.8	4.5	263.5	32.3	9.4	1.2
0.2	1.0	5.7	27.3		
157.6	6.4	987.1	40.1	15.4	0.6
26.4	6.1	127.8	29.7	5.2	1.2
2.2	5.4	20.6	50.9	3.0	7.4
239.7	6.1	1106.6	28.4	373.6	9.6
65.0	3.6	471.3	26.1	303.0	16.8
0.4	1.4	11.2	40.4	0.5	1.8
154.2	8.9	531.6	30.5	65.4	3.8
17.8	5.8	86.9	28.3	4.7	1.5
2.4	11.2	5.7	26.5	0.1	0.5
42.1	6.5	234.8	36.2	0.8	0.1
1199.5	4.4	8457.7	30.7	955.2	3.5
41.7	6.8	327.6	53.3	16.0	2.6
20.8	1.0	1222.4	61.6	0.9	
0.2	3.4	2.1	36.2	0.1	1.7
8.3	8.0	54.6	52.4	0.7	0.7
431.5	9.3	2333.6	50.5	24.4	0.5

5-6 续表

项　　目	创新费用支出合计(亿元)	1.内部研发经费支出	所占比重(%)
租赁和商务服务业	224.6	91.2	40.6
科学研究和技术服务业	1542.0	859.0	55.7
水利、环境和公共设施管理业	42.4	22.0	51.9
四、按地区分			
东部地区	25287.7	14093.5	55.7
中部地区	6589.3	4076.4	61.9
西部地区	4255.8	2336.5	54.9
东北地区	1180.5	595.4	50.4
北　京	2794.3	1111.7	39.8
天　津	579.7	397.8	68.6
河　北	1021.1	628.0	61.5
山　西	454.5	208.9	46.0
内蒙古	271.6	161.3	59.4
辽　宁	691.7	406.2	58.7
吉　林	306.5	93.3	30.4
黑龙江	182.4	96.0	52.6
上　海	2601.8	1171.4	45.0
江　苏	4382.3	2973.7	67.9
浙　江	3269.3	1830.6	56.0
安　徽	1407.9	803.7	57.1
福　建	1184.4	841.1	71.0
江　西	731.5	416.7	57.0
山　东	2620.0	1724.3	65.8
河　南	1126.6	879.7	78.1
湖　北	1525.3	904.8	59.3
湖　南	1343.6	862.6	64.2
广　东	6785.4	3398.3	50.1
广　西	357.5	154.1	43.1
海　南	49.8	16.7	33.5
重　庆	711.8	469.3	65.9
四　川	1138.3	621.9	54.6
贵　州	279.9	141.4	50.5
云　南	346.2	201.6	58.2
西　藏	5.2	2.5	48.1
陕　西	665.8	382.2	57.4
甘　肃	159.9	72.0	45.0
青　海	35.3	17.2	48.7
宁　夏	124.2	55.8	44.9
新　疆	160.6	57.4	35.7

2.外部研发经费支出	所占比重(%)	3.获得机器设备和软件经费支出	所占比重(%)	4.从外部获取相关技术经费支出	所占比重(%)
20.2	9.0	108.9	48.5	4.3	1.9
156.2	10.1	498.7	32.3	28.1	1.8
0.9	2.1	19.4	45.8	0.1	0.2
1500.3	5.9	8928.9	35.3	765.0	3.0
193.1	2.9	2247.2	34.1	72.6	1.1
170.6	4.0	1657.6	38.9	91.1	2.1
57.5	4.9	425.8	36.1	101.8	8.6
170.1	6.1	1474.6	52.8	37.9	1.4
32.2	5.6	142.1	24.5	7.6	1.3
32.7	3.2	345.5	33.8	14.9	1.5
8.9	2.0	235.5	51.8	1.2	0.3
9.4	3.5	98.8	36.4	2.1	0.8
25.6	3.7	232.6	33.6	27.3	3.9
25.2	8.2	116.2	37.9	71.8	23.4
6.7	3.7	77.0	42.2	2.7	1.5
192.1	7.4	1051.1	40.4	187.2	7.2
164.4	3.8	1171.7	26.7	72.5	1.7
245.4	7.5	1138.1	34.8	55.2	1.7
52.4	3.7	532.9	37.9	18.9	1.3
24.1	2.0	296.6	25.0	22.6	1.9
15.7	2.1	291.9	39.9	7.2	1.0
98.6	3.8	763.8	29.2	33.3	1.3
26.5	2.4	214.0	19.0	6.4	0.6
52.1	3.4	560.4	36.7	8.0	0.5
37.4	2.8	412.6	30.7	31.0	2.3
531.0	7.8	2522.7	37.2	333.4	4.9
8.5	2.4	179.2	50.1	15.7	4.4
9.7	19.5	22.9	46.0	0.5	1.0
32.2	4.5	185.6	26.1	24.7	3.5
36.2	3.2	465.7	40.9	14.5	1.3
11.0	3.9	125.5	44.8	2.0	0.7
13.8	4.0	104.3	30.1	26.5	7.7
0.7	13.5	1.8	34.6	0.2	3.8
39.2	5.9	241.6	36.3	2.8	0.4
3.3	2.1	83.3	52.1	1.3	0.8
4.2	11.9	13.9	39.4		
3.2	2.6	64.6	52.0	0.6	0.5
8.8	5.5	93.7	58.3	0.7	0.4

5−7 规模以上工业企业

项　目	创新费用支出合计(亿元)	1.内部研发经费支出	所占比重(%)
总　计	**28789.5**	**17514.2**	**60.8**
#国有及国有控股	7923.5	4044.9	51.0
一、按规模分			
大型企业	14730.8	8258.5	56.1
中型企业	6191.9	4023.4	65.0
小型企业	7545.2	5061.3	67.1
微型企业	321.9	171.1	53.2
二、按登记注册类型分			
内资企业	23211.2	14136.8	60.9
国有企业	462.6	218.5	47.2
集体企业	11.1	7.8	70.3
股份合作企业	13.9	9.2	66.2
联营企业	4.8	3.1	64.6
#国有联营企业	2.1	1.4	66.7
有限责任公司	8403.7	4856.7	57.8
#国有独资公司	1136.0	512.0	45.1
股份有限公司	4018.4	2238.1	55.7
私营企业	10272.3	6782.0	66.0
其他企业	24.4	21.4	87.7
港、澳、台商投资企业	2270.2	1448.1	63.8
合资经营企业	723.8	470.5	65.0
合作经营企业	18.3	14.0	76.5
港、澳、台商独资经营企业	1101.2	695.7	63.2
港、澳、台商投资股份有限公司	393.0	255.1	64.9
其他港、澳、台投资企业	34.0	12.8	37.6
外商投资企业	3308.3	1929.3	58.3
中外合资经营企业	1683.1	899.0	53.4
中外合作经营企业	26.0	15.3	58.8
外资企业	1313.9	824.8	62.8
外商投资股份有限公司	270.1	179.6	66.5
其他外商投资企业	15.4	10.7	69.5
三、按行业分			
采矿业	**648.2**	**370.5**	**57.2**
煤炭开采和洗选业	301.8	143.3	47.5
石油和天然气开采业	143.3	92.9	64.8
黑色金属矿采选业	58.1	34.1	58.7
有色金属矿采选业	50.8	29.6	58.3

创新费用支出情况

2.外部研发经费支出	所占比重(%)	3.获得机器设备和软件经费支出	所占比重(%)	4.从外部获取相关技术经费支出	所占比重(%)
1283.3	**4.5**	**9020.0**	**31.3**	**972.0**	**3.4**
405.8	5.1	2999.4	37.9	473.4	6.0
877.8	6.0	4795.1	32.6	799.4	5.4
234.3	3.8	1837.9	29.7	96.3	1.6
159.4	2.1	2275.2	30.2	49.3	0.7
11.8	3.7	112.0	34.8	27.0	8.4
1018.3	4.4	7482.4	32.2	573.7	2.5
29.8	6.4	179.8	38.9	34.5	7.5
0.1	0.9	3.2	28.8		
0.3	2.2	4.4	31.7		
0.1	2.1	1.6	33.3		
		0.7	33.3		
461.4	5.5	2901.4	34.5	184.2	2.2
62.3	5.5	541.6	47.7	20.1	1.8
183.0	4.6	1504.2	37.4	93.1	2.3
342.4	3.3	2886.6	28.1	261.3	2.5
1.2	4.9	1.2	4.9	0.6	2.5
94.8	4.2	701.2	30.9	26.1	1.2
17.8	2.5	226.6	31.3	8.9	1.2
0.2	1.1	4.1	22.4		
48.7	4.4	344.8	31.3	12.0	1.1
26.0	6.6	107.3	27.3	4.6	1.2
2.2	6.5	18.5	54.4	0.5	1.5
170.2	5.1	836.6	25.3	372.2	11.3
56.7	3.4	425.2	25.3	302.2	18.0
0.3	1.2	9.9	38.1	0.5	1.9
97.6	7.4	326.4	24.8	65.1	5.0
13.9	5.1	72.2	26.7	4.4	1.6
1.7	11.0	2.9	18.8	0.1	0.6
42.1	**6.5**	**234.8**	**36.2**	**0.8**	**0.1**
15.7	5.2	142.4	47.2	0.4	0.1
20.6	14.4	29.8	20.8		
1.5	2.6	22.4	38.6	0.1	0.2
2.0	3.9	19.0	37.4	0.2	0.4

5-7 续表 1

项 目	创新费用支出合计(亿元)	1.内部研发经费支出	所占比重(%)
非金属矿采选业	39.2	29.8	76.0
开采专业及辅助性活动	55.0	40.6	73.8
其他采矿业	0.2	0.2	100.0
制造业	**27526.7**	**16914.3**	**61.4**
农副食品加工业	457.3	348.8	76.3
食品制造业	288.4	156.6	54.3
酒、饮料和精制茶制造业	206.3	65.2	31.6
烟草制品业	165.1	25.3	15.3
纺织业	392.8	231.7	59.0
纺织服装、服饰业	153.0	114.4	74.8
皮革、毛皮、羽毛及其制品和制鞋业	124.1	104.0	83.8
木材加工和木、竹、藤、棕、草制品业	112.3	90.1	80.2
家具制造业	146.5	102.0	69.6
造纸和纸制品业	256.3	136.1	53.1
印刷和记录媒介复制业	163.0	95.6	58.7
文教、工美、体育和娱乐用品制造业	180.4	107.6	59.6
石油加工、炼焦和核燃料加工业	479.6	188.3	39.3
化学原料和化学制品制造业	1589.7	857.1	53.9
医药制造业	1473.2	942.4	64.0
化学纤维制造业	212.6	169.3	79.6
橡胶和塑料制品业	760.7	518.1	68.1
非金属矿物制品业	961.4	552.6	57.5
黑色金属冶炼和压延加工业	2272.8	906.7	39.9
有色金属冶炼和压延加工业	853.7	475.3	55.7
金属制品业	963.1	683.0	70.9
通用设备制造业	1550.0	1119.1	72.2
专用设备制造业	1410.0	1035.4	73.4
汽车制造业	2487.9	1414.6	56.9
铁路、船舶、航空航天和其他运输设备制造业	962.9	620.2	64.4
电气机械和器材制造业	2523.9	1818.1	72.0
计算机、通信和其他电子设备制造业	5729.5	3577.8	62.4
仪器仪表制造业	450.0	313.3	69.6
其他制造业	89.4	66.3	74.2
废弃资源综合利用业	82.8	58.6	70.8
金属制品、机械和设备修理业	28.8	20.6	71.5
电力、热力、燃气及水生产和供应业	**614.7**	**229.4**	**37.3**
电力、热力生产和供应业	520.8	184.2	35.4
燃气生产和供应业	45.1	26.8	59.4
水的生产和供应业	48.8	18.4	37.7

2.外部研发经费支出	所占比重 (%)	3.获得机器设备和软件经费支出	所占比重 (%)	4.从外部获取相关技术经费支出	所占比重 (%)
0.6	1.5	8.6	21.9	0.2	0.5
1.8	3.3	12.6	22.9		
1199.5	**4.4**	**8457.7**	**30.7**	**955.2**	**3.5**
4.7	1.0	102.6	22.4	1.2	0.3
7.2	2.5	116.1	40.3	8.5	2.9
2.5	1.2	135.2	65.5	3.4	1.6
4.6	2.8	108.6	65.8	26.6	16.1
3.2	0.8	155.3	39.5	2.6	0.7
1.3	0.9	34.4	22.5	2.9	1.9
1.3	1.0	18.8	15.1		
0.3	0.3	21.7	19.3	0.2	0.2
0.8	0.5	42.7	29.1	1.0	0.7
0.7	0.3	118.2	46.1	1.3	0.5
1.0	0.6	63.1	38.7	3.3	2.0
1.7	0.9	69.4	38.5	1.7	0.9
5.5	1.1	284.6	59.3	1.2	0.3
28.9	1.8	686.6	43.2	17.1	1.1
176.8	12.0	304.1	20.6	49.9	3.4
1.9	0.9	31.8	15.0	9.6	4.5
12.1	1.6	220.9	29.0	9.6	1.3
6.3	0.7	396.1	41.2	6.4	0.7
11.6	0.5	1267.2	55.8	87.3	3.8
6.6	0.8	364.2	42.7	7.6	0.9
7.3	0.8	264.8	27.5	8.0	0.8
35.0	2.3	369.1	23.8	26.8	1.7
32.2	2.3	334.1	23.7	8.3	0.6
177.3	7.1	576.0	23.2	320.0	12.9
95.7	9.9	205.4	21.3	41.6	4.3
50.0	2.0	600.5	23.8	55.3	2.2
496.2	8.7	1407.2	24.6	248.3	4.3
20.8	4.6	111.2	24.7	4.7	1.0
3.9	4.4	18.9	21.1	0.3	0.3
1.4	1.7	22.6	27.3	0.2	0.2
0.9	3.1	7.3	25.3		
41.7	**6.8**	**327.6**	**53.3**	**16.0**	**2.6**
40.3	7.7	280.6	53.9	15.7	3.0
0.8	1.8	17.3	38.4	0.2	0.4
0.5	1.0	29.7	60.9	0.2	0.4

5-7 续表 2

项　　目	创新费用支出合计(亿元)	1.内部研发经费支出	所占比重(%)
四、按地区分			
东部地区	18544.4	11395.1	61.4
中部地区	5672.8	3576.9	63.1
西部地区	3487.0	2000.3	57.4
东北地区	1085.3	541.9	49.9
北　京	627.2	313.5	50.0
天　津	374.3	251.3	67.1
河　北	924.2	570.4	61.7
山　西	375.8	186.2	49.5
内蒙古	258.4	154.8	59.9
辽　宁	629.4	367.3	58.4
吉　林	289.6	85.8	29.6
黑龙江	166.4	88.8	53.4
上　海	1366.4	698.3	51.1
江　苏	3907.8	2716.6	69.5
浙　江	2475.4	1591.7	64.3
安　徽	1268.0	739.1	58.3
福　建	1052.9	771.7	73.3
江　西	687.3	397.8	57.9
山　东	2321.0	1565.3	67.4
河　南	971.4	764.0	78.6
湖　北	1210.5	723.6	59.8
湖　南	1159.8	766.1	66.1
广　东	5456.1	2902.2	53.2
广　西	309.7	137.0	44.2
海　南	39.3	14.2	36.1
重　庆	609.9	424.5	69.6
四　川	833.1	480.2	57.6
贵　州	242.9	121.1	49.9
云　南	296.2	176.5	59.6
西　藏	4.7	2.5	53.2
陕　西	492.3	319.7	64.9
甘　肃	147.6	64.3	43.6
青　海	26.7	13.8	51.7
宁　夏	118.8	51.8	43.6
新　疆	146.9	54.2	36.9

2.外部研发经费支出	所占比重 (%)	3.获得机器设备和软件经费支出	所占比重 (%)	4.从外部获取相关技术经费支出	所占比重 (%)
932.2	5.0	5504.0	29.7	713.1	3.8
159.8	2.8	1866.6	32.9	69.5	1.2
138.2	4.0	1260.8	36.2	87.7	2.5
53.0	4.9	388.7	35.8	101.7	9.4
56.6	9.0	222.2	35.4	34.9	5.6
20.1	5.4	95.7	25.6	7.2	1.9
27.4	3.0	311.9	33.7	14.5	1.6
8.1	2.2	180.4	48.0	1.1	0.3
9.0	3.5	92.6	35.8	2.0	0.8
22.4	3.6	212.4	33.7	27.3	4.3
24.9	8.6	107.1	37.0	71.8	24.8
5.7	3.4	69.2	41.6	2.7	1.6
67.1	4.9	418.1	30.6	182.9	13.4
127.6	3.3	994.8	25.5	68.8	1.8
77.1	3.1	776.4	31.4	30.2	1.2
42.9	3.4	467.2	36.8	18.8	1.5
17.7	1.7	241.2	22.9	22.3	2.1
14.9	2.2	267.5	38.9	7.1	1.0
86.2	3.7	637.8	27.5	31.7	1.4
21.5	2.2	179.7	18.5	6.2	0.6
37.8	3.1	443.6	36.6	5.5	0.5
34.5	3.0	328.3	28.3	30.9	2.7
442.9	8.1	1791.0	32.8	320.0	5.9
8.3	2.7	149.0	48.1	15.4	5.0
9.5	24.2	15.1	38.4	0.5	1.3
19.4	3.2	141.4	23.2	24.6	4.0
28.0	3.4	312.8	37.5	12.1	1.5
9.0	3.7	111.2	45.8	1.6	0.7
12.0	4.1	81.2	27.4	26.5	8.9
0.7	14.9	1.3	27.7	0.2	4.3
36.6	7.4	133.2	27.1	2.8	0.6
2.9	2.0	79.1	53.6	1.3	0.9
0.6	2.2	12.3	46.1		
3.0	2.5	63.4	53.4	0.6	0.5
8.6	5.9	83.4	56.8	0.7	0.5

5-8 资质等级以上建筑业

项　目	创新费用支出合计(亿元)	1.内部研发经费支出	所占比重(%)
总　计	**1983.9**	**739.8**	**37.3**
#国有及国有控股	1547.3	565.5	36.5
一、按规模分			
大型企业	1800.6	672.4	37.3
中型企业	166.4	62.0	37.3
小型企业	6.9	2.0	29.0
微型企业	10.0	3.3	33.0
二、按登记注册类型分			
内资企业	1959.2	727.7	37.1
#国有企业	67.7	35.0	51.7
集体企业	0.9	0.4	44.4
股份合作企业	0.5	0.2	40.0
联营企业	0.1		
#国有联营企业	0.1		
有限责任公司	1515.3	552.9	36.5
#国有独资公司	397.7	137.0	34.4
股份有限公司	121.0	38.7	32.0
私营企业	254.1	100.4	39.5
港、澳、台商投资企业	11.9	5.7	47.9
#合资经营企业	2.8	0.5	17.9
合作经营企业	1.1	0.6	54.5
港、澳、台商独资经营企业	1.8	0.9	50.0
港、澳、台商投资股份有限公司	6.1	3.7	60.7
外商投资企业	12.8	6.4	50.0
#中外合资经营企业	1.7	0.8	47.1
外资企业	5.6	0.1	1.8
外商投资股份有限公司	5.6	5.5	98.2
三、按行业分			
房屋建筑业	910.5	294.6	32.4
土木工程建筑业	869.8	355.5	40.9
建筑安装业	108.2	44.7	41.3
建筑装饰、装修和其他建筑业	95.4	45.0	47.2

注：创新费用及分项指标数据仅包括资质等级特、一级建筑业企业。

企业创新费用支出情况

2.外部研发经费支出	所占比重(%)	3.获得机器设备和软件经费支出	所占比重(%)	4.从外部获取相关技术经费支出	所占比重(%)
20.8	**1.0**	**1222.4**	**61.6**	**0.9**	
17.0	1.1	964.2	62.3	0.6	
18.7	1.0	1108.8	61.6	0.7	
2.0	1.2	102.2	61.4	0.2	0.1
0.1	1.4	4.8	69.6		
		6.7	67.0		
20.7	1.1	1209.9	61.8	0.9	
1.1	1.6	31.5	46.5	0.1	0.1
		0.5	55.6		
		0.3	60.0		
		0.1	100.0		
		0.1	100.0		
15.8	1.0	945.9	62.4	0.7	
8.5	2.1	252.2	63.4		
1.6	1.3	80.7	66.7		
2.2	0.9	151.3	59.5	0.2	0.1
0.1	0.8	6.1	51.3		
		2.3	82.1		
		0.5	45.5		
		0.9	50.0		
		2.4	39.3		
		6.4	50.0		
		0.9	52.9		
		5.5	98.2		
		0.1	1.8		
5.6	0.6	609.9	67.0	0.4	
14.1	1.6	499.9	57.5	0.3	
0.9	0.8	62.5	57.8	0.1	0.1
0.2	0.2	50.2	52.6		

5-8 续表

项　　目	创新费用支出合计(亿元)	1.内部研发经费支出	所占比重(%)
四、按地区分			
东部地区	1082.8	361.1	33.3
中部地区	541.8	245.4	45.3
西部地区	322.1	120.5	37.4
东北地区	37.3	12.7	34.0
北　京	242.0	33.0	13.6
天　津	95.6	74.1	77.5
河　北	42.1	21.8	51.8
山　西	67.7	19.0	28.1
内蒙古	7.9	3.6	45.6
辽　宁	24.9	10.5	42.2
吉　林	5.7	0.8	14.0
黑龙江	6.8	1.4	20.6
上　海	149.2	22.1	14.8
江　苏	80.3	37.9	47.2
浙　江	88.2	27.5	31.2
安　徽	69.9	23.3	33.3
福　建	40.7	20.2	49.6
江　西	27.3	10.3	37.7
山　东	143.5	59.7	41.6
河　南	83.9	57.5	68.5
湖　北	171.0	79.0	46.2
湖　南	122.1	56.3	46.1
广　东	199.8	64.3	32.2
广　西	35.4	11.0	31.1
海　南	1.6	0.5	31.3
重　庆	26.5	5.9	22.3
四　川	99.8	29.4	29.5
贵　州	23.4	14.9	63.7
云　南	36.9	17.3	46.9
西　藏			
陕　西	67.7	29.5	43.6
甘　肃	6.4	3.5	54.7
青　海	7.1	2.4	33.8
宁　夏	2.6	1.9	73.1
新　疆	8.8	1.2	13.6

2.外部研发经费支出	所占比重(%)	3.获得机器设备和软件经费支出	所占比重(%)	4.从外部获取相关技术经费支出	所占比重(%)
8.0	0.7	713.2	65.9	0.5	
5.9	1.1	290.4	53.6	0.1	
6.7	2.1	194.6	60.4	0.3	0.1
0.2	0.5	24.4	65.4		
2.2	0.9	206.8	85.5		
0.4	0.4	21.1	22.1		
0.6	1.4	19.6	46.6	0.1	0.2
		48.7	71.9		
		4.3	54.4		
0.2	0.8	14.2	57.0		
		4.9	86.0		
		5.4	79.4		
0.7	0.5	126.1	84.5	0.3	0.2
0.8	1.0	41.5	51.7	0.1	0.1
0.4	0.5	60.3	68.4		
0.7	1.0	45.9	65.7		
0.5	1.2	20.0	49.1		
0.1	0.4	16.9	61.9		
1.0	0.7	82.8	57.7		
0.3	0.4	26.1	31.1		
4.2	2.5	87.8	51.3		
0.6	0.5	65.2	53.4		
1.4	0.7	134.1	67.1		
		24.4	68.9		
		1.1	68.8		
0.2	0.8	20.4	77.0		
1.7	1.7	68.5	68.6	0.2	0.2
0.3	1.3	8.2	35.0		
0.7	1.9	18.9	51.2		
0.2	0.3	38.0	56.1		
0.2	3.1	2.7	42.2		
3.5	49.3	1.2	16.9		
		0.7	26.9		
		7.6	86.4		

5-9 规模(限额)以上服务业企业

项　　目	创新费用支出合计(亿元)	1.内部研发经费支出	所占比重(%)
总　计	**6540.0**	**2847.9**	**43.5**
#国有及国有控股	1272.7	652.0	51.2
一、按规模分			
大型企业	4353.9	2035.2	46.7
中型企业	1484.2	567.1	38.2
小型企业	665.5	236.9	35.6
微型企业	36.2	8.7	24.0
二、按登记注册类型分			
内资企业	4475.9	1950.8	43.6
国有企业	93.9	56.7	60.4
集体企业	2.0	0.6	30.0
股份合作企业	0.9	0.3	33.3
联营企业	1.0	0.2	20.0
#国有联营企业	0.7	0.1	14.3
有限责任公司	2237.9	986.2	44.1
#国有独资公司	217.8	119.6	54.9
股份有限公司	494.5	209.5	42.4
私营企业	1645.6	697.3	42.4
其他企业	0.1		
港、澳、台商投资企业	1485.6	653.2	44.0
合资经营企业	88.8	34.8	39.2
合作经营企业	1.5	0.4	26.7
港、澳、台商独资经营企业	1358.5	604.8	44.5
港、澳、台商投资股份有限公司	30.3	11.3	37.3
其他港、澳、台投资企业	6.4	1.9	29.7
外商投资企业	578.5	243.9	42.2
中外合资经营企业	117.7	63.3	53.8
中外合作经营企业	1.7	0.2	11.8
外资企业	421.6	165.0	39.1
外商投资股份有限公司	31.4	12.7	40.4
其他外商投资企业	6.1	2.6	42.6
三、按行业分			
交通运输、仓储和邮政业	**104.2**	**40.6**	**39.0**
铁路运输业	6.8	1.4	20.6
道路运输业	47.6	22.2	46.6
水上运输业	16.1	5.1	31.7
航空运输业	5.2	1.0	19.2
管道运输业	4.6	3.9	84.8
多式联运和运输代理业	11.2	3.1	27.7
装卸搬运和仓储业	11.0	2.9	26.4
邮政业	1.9	0.9	47.4
信息传输、软件和信息技术服务业	**4621.2**	**1831.7**	**39.6**
电信、广播电视和卫星传输服务	197.0	107.0	54.3
互联网和相关服务	1567.9	776.3	49.5
软件和信息技术服务业	2856.3	948.4	33.2
租赁和商务服务业	**224.6**	**91.2**	**40.6**
租赁业	13.0	5.2	40.0
商务服务业	211.7	86.1	40.7

创新费用支出情况(不含批发零售业)

2.外部研发经费支出	所占比重(%)	3.获得机器设备和软件经费支出	所占比重(%)	4.从外部获取相关技术经费支出	所占比重(%)
617.4	**9.4**	**3017.1**	**46.1**	**57.6**	**0.9**
142.6	11.2	463.9	36.5	14.2	1.1
436.9	10.0	1864.3	42.8	17.5	0.4
129.0	8.7	755.5	50.9	32.6	2.2
40.9	6.1	380.7	57.2	7.0	1.1
10.6	29.3	16.5	45.6	0.4	1.1
419.5	9.4	2056.2	45.9	49.4	1.1
9.9	10.5	26.7	28.4	0.6	0.6
0.3	15.0	1.1	55.0		
		0.6	66.7		
		0.8	80.0		
		0.6	85.7		
246.3	11.0	968.2	43.3	37.2	1.7
24.2	11.1	71.3	32.7	2.7	1.2
40.2	8.1	239.2	48.4	5.6	1.1
122.8	7.5	819.5	49.8	6.0	0.4
		0.1	100.0		
128.4	8.6	697.2	46.9	6.8	0.5
18.9	21.3	34.6	39.0	0.5	0.6
		1.1	73.3		
108.9	8.0	641.5	47.2	3.3	0.2
0.5	1.7	18.0	59.4	0.5	1.7
		2.1	32.8	2.4	37.5
69.5	12.0	263.7	45.6	1.4	0.2
8.3	7.1	45.3	38.5	0.8	0.7
0.1	5.9	1.4	82.4		
56.6	13.4	199.7	47.4	0.3	0.1
3.8	12.1	14.6	46.5	0.3	1.0
0.7	11.5	2.8	45.9		
8.3	**8.0**	**54.6**	**52.4**	**0.7**	**0.7**
2.0	29.4	3.2	47.1	0.2	2.9
2.8	5.9	22.5	47.3	0.1	0.2
1.5	9.3	9.2	57.1	0.3	1.9
0.5	9.6	3.7	71.2		
0.5	10.9	0.2	4.3		
0.6	5.4	7.5	67.0		
0.5	4.5	7.6	69.1		
		1.0	52.6		
431.5	**9.3**	**2333.6**	**50.5**	**24.4**	**0.5**
23.3	11.8	65.3	33.1	1.4	0.7
198.9	12.7	591.9	37.8	0.8	0.1
209.3	7.3	1676.4	58.7	22.2	0.8
20.2	**9.0**	**108.9**	**48.5**	**4.3**	**1.9**
0.4	3.1	7.4	56.9		
19.8	9.4	101.5	47.9	4.3	2.0

5−9 续表

项　　目	创新费用支出合计(亿元)	1.内部研发经费支出	所占比重(%)
科学研究和技术服务业	**1542.0**	**859.0**	**55.7**
研究和试验发展	607.9	327.4	53.9
专业技术服务业	739.7	443.8	60.0
科技推广和应用服务业	194.4	87.8	45.2
水利、环境和公共设施管理业	**42.4**	**22.0**	**51.9**
水利管理业	1.9	1.1	57.9
生态保护和环境治理业	22.7	10.9	48.0
公共设施管理业	16.1	8.7	54.0
土地管理业	1.6	1.4	87.5
四、按地区分			
东部地区	5660.5	2337.3	41.3
中部地区	374.8	254.1	67.8
西部地区	446.7	215.7	48.3
东北地区	58.2	40.9	70.3
北　京	1925.2	765.2	39.7
天　津	109.8	72.4	65.9
河　北	55.0	35.8	65.1
山　西	10.9	3.6	33.0
内蒙古	5.4	2.9	53.7
辽　宁	37.6	28.4	75.5
吉　林	11.2	6.6	58.9
黑龙江	9.3	5.8	62.4
上　海	1086.1	450.9	41.5
江　苏	394.2	219.2	55.6
浙　江	705.7	211.5	30.0
安　徽	70.1	41.3	58.9
福　建	90.9	49.3	54.2
江　西	17.0	8.5	50.0
山　东	155.4	99.3	63.9
河　南	71.3	58.2	81.6
湖　北	143.7	102.2	71.1
湖　南	61.8	40.2	65.0
广　东	1129.5	431.9	38.2
广　西	12.5	6.0	48.0
海　南	8.9	2.0	22.5
重　庆	75.4	38.9	51.6
四　川	205.2	112.2	54.7
贵　州	13.9	5.5	39.6
云　南	13.0	7.8	60.0
西　藏	0.4		
陕　西	106.0	33.0	31.1
甘　肃	6.0	4.2	70.0
青　海	1.4	1.0	71.4
宁　夏	2.8	2.1	75.0
新　疆	4.9	2.0	40.8

2.外部研发经费支出	所占比重(%)	3.获得机器设备和软件经费支出	所占比重(%)	4.从外部获取相关技术经费支出	所占比重(%)
156.2	**10.1**	**498.7**	**32.3**	**28.1**	**1.8**
97.8	16.1	157.8	26.0	24.9	4.1
41.1	5.6	251.9	34.1	2.9	0.4
17.3	8.9	89.1	45.8	0.2	0.1
0.9	**2.1**	**19.4**	**45.8**	**0.1**	**0.2**
0.2	10.5	0.6	31.6		
0.5	2.2	11.3	49.8		
0.2	1.2	7.2	44.7		
		0.2	12.5		
560.1	9.9	2711.7	47.9	51.4	0.9
27.4	7.3	90.3	24.1	3.0	0.8
25.6	5.7	202.3	45.3	3.1	0.7
4.3	7.4	12.9	22.2	0.1	0.2
111.3	5.8	1045.7	54.3	3.0	0.2
11.7	10.7	25.3	23.0	0.4	0.4
4.7	8.5	14.1	25.6	0.4	0.7
0.7	6.4	6.5	59.6	0.1	0.9
0.4	7.4	2.0	37.0	0.1	1.9
3.0	8.0	6.1	16.2	0.1	0.3
0.2	1.8	4.4	39.3		
1.0	10.8	2.5	26.9		
124.3	11.4	507.0	46.7	3.9	0.4
36.0	9.1	135.4	34.3	3.6	0.9
167.8	23.8	301.4	42.7	25.0	3.5
8.8	12.6	19.9	28.4	0.1	0.1
5.9	6.5	35.4	38.9	0.3	0.3
0.8	4.7	7.6	44.7	0.1	0.6
11.4	7.3	43.2	27.8	1.5	1.0
4.7	6.6	8.3	11.6	0.1	0.1
10.1	7.0	29.0	20.2	2.4	1.7
2.3	3.7	19.2	31.1	0.1	0.2
86.7	7.7	597.5	52.9	13.4	1.2
0.2	1.6	6.0	48.0	0.3	2.4
0.2	2.2	6.7	75.3		
12.6	16.7	23.8	31.6	0.1	0.1
6.5	3.2	84.4	41.1	2.1	1.0
1.8	13.0	6.1	43.9	0.5	3.6
1.1	8.5	4.1	31.5		
		0.4	100.0		
2.4	2.3	70.6	66.6		
0.2	3.3	1.6	26.7		
		0.4	28.6		
0.2	7.1	0.5	17.9		
0.2	4.1	2.7	55.1		

5－10　规模以上高技术产业

项　　目	创新费用支出合计（亿元）	1.内部研发经费支出	所占比重（%）
总　计	**8938.1**	**5684.6**	**63.6**
#国有及国有控股	1674.8	1147.4	68.5
一、按规模分			
大型企业	5543.3	3450.4	62.2
中型企业	1768.9	1155.4	65.3
小型企业	1549.6	1025.7	66.2
微型企业	76.4	53.1	69.5
二、按登记注册类型分			
内资企业	6924.6	4404.8	63.6
国有企业	53.6	39.6	73.9
集体企业	0.4	0.2	50.0
股份合作企业	1.5	0.9	60.0
联营企业	2.7	1.9	70.4
#国有联营企业	0.9	0.8	88.9
有限责任公司	3103.4	1972.8	63.6
#国有独资公司	139.1	82.8	59.5
股份有限公司	1225.5	826.7	67.5
私营企业	2531.0	1557.2	61.5
其他企业	6.7	5.5	82.1
港、澳、台商投资企业	977.3	622.4	63.7
合资经营企业	246.6	167.8	68.0
合作经营企业	1.6	1.2	75.0
港、澳、台商独资经营企业	515.0	322.9	62.7
港、澳、台商投资股份有限公司	190.5	125.1	65.7
其他港、澳、台投资企业	23.7	5.3	22.4
外商投资企业	1036.3	657.4	63.4
中外合资经营企业	338.8	196.7	58.1
中外合作经营企业	2.5	1.1	44.0
外资企业	597.9	389.9	65.2
外商投资股份有限公司	88.4	62.0	70.1
其他外商投资企业	8.9	7.8	87.6
三、按高技术行业（制造业）分			
医药制造业	**1473.2**	**942.4**	**64.0**
#化学药品制造	750.4	441.5	58.8
中成药生产	176.6	109.2	61.8
生物药品制品制造	363.4	271.5	74.7
电子及通信设备制造业	**5777.8**	**3634.6**	**62.9**
#电子工业专用设备制造	131.7	95.5	72.5
光纤、光缆制造及锂离子电池制造	388.3	269.1	69.3
#锂离子电池制造	348.9	238.3	68.3
通信设备制造、雷达及配套设备制造	2162.1	1140.5	52.8
#通信系统设备制造	381.1	255.6	67.1
通信终端设备制造	1750.3	861.1	49.2
雷达及配套设备制造	30.8	23.8	77.3
广播电视设备制造	59.5	42.2	70.9
非专业视听设备制造	194.2	133.1	68.5
电子器件制造	1481.9	1032.3	69.7
#电子真空器件制造	37.1	27.2	73.3
半导体分立器件制造	58.3	36.0	61.8
集成电路制造	667.3	485.1	72.7
光电子器件制造	139.1	103.9	74.7
电子元件及电子专用设备制造	982.1	663.2	67.5
#电阻电容电感元件制造	97.3	60.6	62.3

(制造业)创新费用支出情况

2.外部研发经费支出	所占比重(%)	3.获得机器设备和软件经费支出	所占比重(%)	4.从外部获取相关技术经费支出	所占比重(%)
781.8	**8.7**	**2127.8**	**23.8**	**343.9**	**3.8**
170.0	10.2	319.5	19.1	37.9	2.3
549.1	9.9	1263.6	22.8	280.2	5.1
141.7	8.0	427.6	24.2	44.2	2.5
85.2	5.5	424.6	27.4	14.1	0.9
5.8	7.6	12.2	16.0	5.3	6.9
638.3	9.2	1576.2	22.8	305.3	4.4
4.9	9.1	9.1	17.0		
		0.2	50.0		
0.1	6.7	0.5	33.3		
		0.8	29.6		
		0.1	11.1		
298.1	9.6	731.4	23.6	101.1	3.3
14.5	10.4	38.6	27.8	3.2	2.3
85.9	7.0	300.1	24.5	12.8	1.0
248.7	9.8	533.7	21.1	191.4	7.6
0.6	9.0	0.6	9.0		
55.3	5.7	286.2	29.3	13.4	1.4
6.5	2.6	69.4	28.1	2.9	1.2
		0.4	25.0		
35.7	6.9	149.0	28.9	7.4	1.4
11.0	5.8	51.4	27.0	3.0	1.6
2.1	8.9	16.2	68.4	0.1	0.4
88.2	8.5	265.5	25.6	25.2	2.4
20.1	5.9	117.6	34.7	4.4	1.3
		1.4	56.0		
60.1	10.1	127.3	21.3	20.6	3.4
7.9	8.9	18.3	20.7	0.2	0.2
0.1	1.1	1.0	11.2		
176.8	**12.0**	**304.1**	**20.6**	**49.9**	**3.4**
111.1	14.8	161.6	21.5	36.2	4.8
26.5	15.0	36.7	20.8	4.2	2.4
33.4	9.2	54.9	15.1	3.6	1.0
467.1	**8.1**	**1417.4**	**24.5**	**258.7**	**4.5**
2.5	1.9	33.2	25.2	0.5	0.4
10.2	2.6	95.1	24.5	13.9	3.6
9.2	2.6	87.9	25.2	13.5	3.9
342.8	15.9	504.5	23.3	174.3	8.1
21.0	5.5	103.9	27.3	0.6	0.2
320.6	18.3	394.9	22.6	173.7	9.9
1.2	3.9	5.8	18.8		
0.8	1.3	16.2	27.2	0.3	0.5
8.1	4.2	50.5	26.0	2.5	1.3
56.0	3.8	338.5	22.8	55.1	3.7
0.7	1.9	9.0	24.3	0.2	0.5
2.0	3.4	20.2	34.6	0.1	0.2
36.0	5.4	122.3	18.3	23.9	3.6
3.4	2.4	30.5	21.9	1.3	0.9
18.0	1.8	290.4	29.6	10.5	1.1
0.9	0.9	34.0	34.9	1.8	1.9

5-10 续表

项　　目	创新费用支出合计(亿元)	1.内部研发经费支出	所占比重(%)
电子专用材料制造	295.3	210.6	71.3
电子电路制造	239.8	154.2	64.3
智能消费设备制造	232.7	154.0	66.2
其他电子设备制造	145.1	104.6	72.1
计算机及办公设备制造业	**478.6**	**316.4**	**66.1**
#计算机整机制造	174.8	100.9	57.7
计算机零部件制造	97.2	73.0	75.1
计算机外围设备制造	71.3	50.6	71.0
办公设备制造	23.7	18.0	75.9
医疗仪器设备及仪器仪表制造业	**695.1**	**485.1**	**69.8**
#医疗仪器设备及器械制造	261.3	181.7	69.5
#医疗诊断、监护及治疗设备制造	127.1	85.0	66.9
医疗、外科及兽医用器械制造	60.2	45.9	76.2
通用仪器仪表制造	276.3	195.5	70.8
专用仪器仪表制造	90.2	61.8	68.5
信息化学品制造业	**16.7**	**9.5**	**56.9**
四、按地区分			
东部地区	6700.1	4118.5	61.5
中部地区	1233.9	874.3	70.9
西部地区	815.7	581.8	71.3
东北地区	188.6	110.0	58.3
北　京	388.6	211.9	54.5
天　津	107.3	81.7	76.1
河　北	90.9	47.3	52.0
山　西	28.2	14.7	52.1
内蒙古	17.8	12.6	70.8
辽　宁	111.6	73.6	66.0
吉　林	41.8	17.8	42.6
黑龙江	35.2	18.6	52.8
上　海	383.3	280.6	73.2
江　苏	1196.9	904.8	75.6
浙　江	630.0	416.7	66.1
安　徽	296.7	194.5	65.6
福　建	349.9	259.0	74.0
江　西	198.0	134.1	67.7
山　东	396.6	271.9	68.6
河　南	151.5	132.6	87.5
湖　北	314.6	236.4	75.1
湖　南	244.9	162.0	66.1
广　东	3140.9	1638.1	52.2
广　西	24.8	12.9	52.0
海　南	16.0	6.5	40.6
重　庆	134.6	105.5	78.4
四　川	299.8	202.1	67.4
贵　州	50.1	36.3	72.5
云　南	42.7	31.1	72.8
西　藏	1.6	0.8	50.0
陕　西	199.6	145.6	72.9
甘　肃	17.4	14.4	82.8
青　海	4.8	3.1	64.6
宁　夏	20.0	15.8	79.0
新　疆	3.1	1.7	54.8

2.外部研发经费支出	所占比重(%)	3.获得机器设备和软件经费支出	所占比重(%)	4.从外部获取相关技术经费支出	所占比重(%)
4.1	1.4	79.7	27.0	0.9	0.3
0.7	0.3	80.4	33.5	4.5	1.9
25.3	10.9	52.1	22.4	1.3	0.6
3.2	2.2	37.1	25.6	0.2	0.1
40.3	**8.4**	**118.6**	**24.8**	**3.3**	**0.7**
16.1	9.2	57.1	32.7	0.7	0.4
1.7	1.7	22.4	23.0	0.1	0.1
2.7	3.8	16.8	23.6	1.2	1.7
0.4	1.7	5.2	21.9	0.1	0.4
30.7	**4.4**	**173.8**	**25.0**	**5.5**	**0.8**
11.6	4.4	67.1	25.7	0.9	0.3
6.3	5.0	35.3	27.8	0.5	0.4
2.2	3.7	11.9	19.8	0.2	0.3
13.2	4.8	64.8	23.5	2.8	1.0
3.8	4.2	23.9	26.5	0.7	0.8
0.4	**2.4**	**6.6**	**39.5**	**0.2**	**1.2**
647.2	9.7	1632.4	24.4	302.0	4.5
60.4	4.9	268.2	21.7	31.0	2.5
46.8	5.7	178.6	21.9	8.5	1.0
27.4	14.5	48.8	25.9	2.4	1.3
48.2	12.4	104.7	26.9	23.8	6.1
11.7	10.9	13.2	12.3	0.7	0.7
10.3	11.3	22.8	25.1	10.5	11.6
2.5	8.9	10.7	37.9	0.3	1.1
0.7	3.9	4.4	24.7	0.1	0.6
9.4	8.4	27.2	24.4	1.4	1.3
14.2	34.0	9.4	22.5	0.4	1.0
3.8	10.8	12.1	34.4	0.7	2.0
33.4	8.7	67.6	17.6	1.7	0.4
61.3	5.1	210.9	17.6	19.9	1.7
36.8	5.8	167.5	26.6	9.0	1.4
18.0	6.1	76.8	25.9	7.4	2.5
11.4	3.3	62.5	17.9	17.0	4.9
7.2	3.6	55.8	28.2	0.9	0.5
36.8	9.3	70.0	17.7	17.9	4.5
5.5	3.6	11.7	7.7	1.7	1.1
18.2	5.8	58.2	18.5	1.8	0.6
9.0	3.7	55.0	22.5	18.9	7.7
391.3	12.5	910.5	29.0	201.0	6.4
1.5	6.0	10.3	41.5	0.1	0.4
6.1	38.1	2.9	18.1	0.5	3.1
6.1	4.5	20.6	15.3	2.4	1.8
13.7	4.6	79.5	26.5	4.5	1.5
1.3	2.6	12.5	25.0		
4.4	10.3	7.0	16.4	0.2	0.5
0.5	31.3	0.1	6.3	0.2	12.5
17.9	9.0	35.7	17.9	0.4	0.2
0.3	1.7	2.1	12.1	0.6	3.4
0.2	4.2	1.5	31.3		
		4.2	21.0		
0.2	6.5	1.2	38.7		

六、规模（限额）以上企业组织和营销创新情况（2021 年）

6-1 规模(限额)以上企业

项　　目	实现组织或营销创新企业数(个)	#实现组织创新企业	#实现营销创新企业
总　计	**313507**	**248919**	**219400**
#国有及国有控股	25488	21936	13503
一、按规模分			
大型企业	12960	11072	8658
中型企业	57850	46835	38748
小型企业	213650	168290	152802
微型企业	29047	22722	19192
二、按登记注册类型分			
内资企业	291895	232681	204250
国有企业	3046	2667	1521
集体企业	588	501	330
股份合作企业	375	275	255
联营企业	101	82	59
#国有联营企业	47	39	25
有限责任公司	54975	45642	34345
#国有独资公司	5203	4549	2548
股份有限公司	8164	6726	6005
私营企业	224601	176748	161710
其他企业	45	40	25
港、澳、台商投资企业	10124	7614	7265
合资经营企业	2905	2272	2071
合作经营企业	117	86	83
港、澳、台商独资经营企业	6411	4697	4587
港、澳、台商投资股份有限公司	536	428	408
其他港、澳、台投资企业	155	131	116
外商投资企业	11488	8624	7885
中外合资经营企业	3777	2960	2611
中外合作经营企业	127	91	82
外资企业	6938	5058	4739
外商投资股份有限公司	503	409	360
其他外商投资企业	143	106	93
三、按行业分			
采矿业	2361	2109	1023
制造业	172443	134515	131231
电力、热力、燃气及水生产和供应业	3749	3390	1262
建筑业	16573	15557	6128
批发和零售业	74582	55370	54721
交通运输、仓储和邮政业	7663	6875	3306
信息传输、软件和信息技术服务业	13660	11723	9514

组织和营销创新情况

在全部企业中占比(%)					
实现组织或营销创新企业	#实现组织创新企业	#实现营销创新企业	#同时实现组织和营销创新企业	#仅实现组织创新企业	#仅实现营销创新企业
32.0	**25.4**	**22.4**	**15.8**	**9.6**	**6.6**
34.1	29.4	18.1	13.3	16.1	4.8
54.5	46.5	36.4	28.5	18.1	7.9
38.9	31.5	26.1	18.7	12.8	7.4
33.8	26.7	24.2	17.0	9.6	7.2
16.6	13.0	11.0	7.4	5.6	3.6
32.0	25.5	22.4	15.9	9.6	6.5
28.6	25.0	14.3	10.7	14.3	3.6
17.5	14.9	9.8	7.2	7.7	2.6
22.4	16.4	15.2	9.2	7.2	6.0
30.7	24.9	17.9	12.2	12.8	5.8
31.5	26.2	16.8	11.4	14.8	5.4
34.9	29.0	21.8	15.9	13.1	5.9
32.5	28.4	15.9	11.8	16.6	4.1
53.6	44.2	39.4	30.0	14.2	9.4
31.0	24.4	22.3	15.7	8.7	6.6
23.6	20.9	13.1	10.5	10.5	2.6
33.8	25.4	24.3	15.9	9.5	8.4
40.3	31.6	28.8	20.0	11.6	8.8
26.8	19.7	19.0	11.9	7.8	7.1
30.5	22.3	21.8	13.6	8.7	8.1
58.6	46.8	44.6	32.8	14.0	11.8
43.7	36.9	32.7	25.9	11.0	6.8
32.0	24.0	22.0	14.0	10.0	8.0
39.9	31.3	27.6	18.9	12.3	8.6
30.2	21.7	19.5	11.0	10.7	8.6
28.2	20.5	19.2	11.6	8.9	7.6
54.1	44.0	38.7	28.6	15.4	10.1
36.5	27.0	23.7	14.3	12.8	9.4
20.7	18.5	9.0	6.8	11.8	2.2
41.8	32.6	31.8	22.6	10.0	9.2
21.7	19.6	7.3	5.2	14.4	2.1
26.2	24.6	9.7	8.1	16.5	1.6
23.2	17.2	17.0	11.1	6.2	6.0
17.9	16.0	7.7	5.9	10.2	1.8
51.0	43.8	35.5	28.3	15.5	7.2

6-1 续表

项 目	实现组织或营销创新企业数(个)	#实现组织创新企业	#实现营销创新企业
租赁和商务服务业	10596	8767	6095
科学研究和技术服务业	10213	9214	5250
水利、环境和公共设施管理业	1667	1399	870
四、按地区分			
东部地区	190572	149585	134201
中部地区	66972	53860	48707
西部地区	46735	38210	30456
东北地区	9228	7264	6036
北 京	8048	6278	4941
天 津	4878	3949	2984
河 北	8215	6481	5613
山 西	4080	3376	2434
内蒙古	1854	1498	1063
辽 宁	4713	3738	3014
吉 林	1968	1559	1320
黑龙江	2547	1967	1702
上 海	11101	8666	7380
江 苏	37325	29999	25694
浙 江	32518	24331	23909
安 徽	14406	11581	10585
福 建	14367	11139	10202
江 西	9637	7658	7302
山 东	24367	19905	16838
河 南	14683	11792	10442
湖 北	12275	9975	8788
湖 南	11891	9478	9156
广 东	49036	38266	36199
广 西	4617	3704	2919
海 南	717	571	441
重 庆	6521	5322	4529
四 川	12812	10452	8594
贵 州	3853	3223	2486
云 南	4063	3332	2698
西 藏	282	222	175
陕 西	6782	5570	4482
甘 肃	2022	1647	1277
青 海	467	391	267
宁 夏	939	782	582
新 疆	2523	2067	1384

在全部企业中占比(%)					
实现组织或营销创新企业	#实现组织创新企业	#实现营销创新企业	#同时实现组织和营销创新企业	#仅实现组织创新企业	#仅实现营销创新企业
21.2	17.6	12.2	8.5	9.0	3.7
37.2	33.5	19.1	15.5	18.1	3.6
28.2	23.7	14.7	10.2	13.5	4.5
32.0	25.1	22.5	15.6	9.5	6.9
33.9	27.2	24.6	18.0	9.2	6.6
31.7	25.9	20.7	14.9	11.0	5.8
24.3	19.1	15.9	10.7	8.4	5.2
27.6	21.6	17.0	10.9	10.7	6.1
24.5	19.8	15.0	10.3	9.5	4.7
29.2	23.0	19.9	13.8	9.2	6.2
24.7	20.4	14.7	10.5	9.9	4.3
23.8	19.2	13.6	9.1	10.1	4.6
23.1	18.3	14.8	10.0	8.3	4.8
25.2	19.9	16.9	11.7	8.3	5.2
26.1	20.2	17.5	11.5	8.7	6.0
26.7	20.9	17.8	11.9	9.0	5.9
32.3	26.0	22.3	15.9	10.1	6.3
33.2	24.8	24.4	16.1	8.8	8.4
40.4	32.5	29.7	21.8	10.7	7.9
29.9	23.2	21.2	14.5	8.7	6.7
33.3	26.5	25.2	18.4	8.1	6.8
34.0	27.8	23.5	17.3	10.5	6.2
31.7	25.5	22.6	16.3	9.2	6.2
35.9	29.1	25.7	18.9	10.2	6.7
32.9	26.3	25.4	18.7	7.6	6.7
34.8	27.1	25.7	18.0	9.1	7.6
26.6	21.3	16.8	11.6	9.8	5.3
25.1	20.0	15.4	10.3	9.7	5.1
35.3	28.8	24.5	18.0	10.8	6.5
34.8	28.4	23.4	16.9	11.5	6.4
32.4	27.1	20.9	15.6	11.5	5.3
34.0	27.9	22.6	16.5	11.4	6.1
34.8	27.4	21.6	14.2	13.2	7.4
33.2	27.3	22.0	16.0	11.3	5.9
33.2	27.1	21.0	14.8	12.2	6.2
28.8	24.1	16.5	11.8	12.3	4.7
34.2	28.5	21.2	15.5	13.0	5.7
22.1	18.1	12.1	8.1	10.0	4.0

6–2 规模以上工业企业

项　目	实现组织或营销创新企业数（个）	#实现组织创新企业	#实现营销创新企业
总　计	**178553**	**140014**	**133516**
#国有及国有控股	10109	8707	5660
一、按规模分			
大型企业	5447	4608	3959
中型企业	21080	17121	15491
小型企业	141955	110529	107085
微型企业	10071	7756	6981
二、按登记注册类型分			
内资企业	162708	128045	122365
国有企业	861	745	455
集体企业	208	180	141
股份合作企业	230	166	165
联营企业	36	31	23
#国有联营企业	15	12	9
有限责任公司	25972	21619	17242
#国有独资公司	1665	1458	867
股份有限公司	5054	4148	3889
私营企业	130322	101133	100438
其他企业	25	23	12
港、澳、台商投资企业	7382	5578	5309
合资经营企业	2353	1841	1696
合作经营企业	82	59	61
港、澳、台商独资经营企业	4455	3280	3185
港、澳、台商投资股份有限公司	422	341	319
其他港、澳、台投资企业	70	57	48
外商投资企业	8463	6391	5842
中外合资经营企业	3054	2387	2136
中外合作经营企业	103	74	66
外资企业	4862	3570	3326
外商投资股份有限公司	371	304	267
其他外商投资企业	73	56	47
三、按行业分			
采矿业	**2361**	**2109**	**1023**
#煤炭开采和洗选业	889	795	335
石油和天然气开采业	49	47	15
黑色金属矿采选业	272	258	126
有色金属矿采选业	275	251	84

组织和营销创新情况

在全部企业中占比(%)					
实现组织或营销创新企业	#实现组织创新企业	#实现营销创新企业	#同时实现组织和营销创新企业	#仅实现组织创新企业	#仅实现营销创新企业
40.4	**31.7**	**30.2**	**21.5**	**10.2**	**8.7**
40.0	34.5	22.4	16.9	17.6	5.6
64.1	54.2	46.6	36.7	17.5	9.9
54.1	44.0	39.8	29.6	14.4	10.2
41.3	32.2	31.2	22.0	10.2	9.2
19.8	15.3	13.8	9.2	6.1	4.6
40.9	32.2	30.7	22.0	10.1	8.7
33.0	28.5	17.4	13.0	15.6	4.4
23.3	20.2	15.8	12.7	7.5	3.1
30.6	22.1	22.0	13.4	8.7	8.5
40.0	34.4	25.6	20.0	14.4	5.6
34.1	27.3	20.5	13.6	13.6	6.8
43.3	36.1	28.8	21.5	14.6	7.3
36.0	31.5	18.7	14.3	17.2	4.5
63.7	52.2	49.0	37.6	14.7	11.4
40.0	31.0	30.8	21.9	9.2	9.0
47.2	43.4	22.6	18.9	24.5	3.8
37.4	28.2	26.9	17.7	10.5	9.1
44.0	34.4	31.7	22.1	12.3	9.6
28.4	20.4	21.1	13.1	7.3	8.0
33.5	24.7	23.9	15.1	9.5	8.8
65.2	52.7	49.3	36.8	15.9	12.5
43.8	35.6	30.0	21.9	13.8	8.1
35.7	27.0	24.6	15.9	11.1	8.7
42.8	33.5	29.9	20.6	12.9	9.3
33.9	24.3	21.7	12.2	12.2	9.5
31.4	23.0	21.5	13.1	9.9	8.3
63.3	51.9	45.6	34.1	17.7	11.4
40.8	31.3	26.3	16.8	14.5	9.5
20.7	**18.5**	**9.0**	**6.8**	**11.8**	**2.2**
19.5	17.4	7.3	5.3	12.1	2.1
34.3	32.9	10.5	9.1	23.8	1.4
18.5	17.5	8.5	7.6	9.9	1.0
23.4	21.4	7.2	5.1	16.3	2.0

6-2 续表 1

项 目	实现组织或营销创新企业数（个）	#实现组织创新企业	#实现营销创新企业
非金属矿采选业	779	665	438
开采专业及辅助性活动	95	91	24
制造业	**172443**	**134515**	**131231**
农副食品加工业	9216	6221	7978
食品制造业	4509	2963	4093
酒、饮料和精制茶制造业	2765	1726	2527
烟草制品业	77	59	53
纺织业	6267	4912	4690
纺织服装、服饰业	3486	2594	2604
皮革、毛皮、羽毛及其制品和制鞋业	2275	1705	1795
木材加工和木、竹、藤、棕、草制品业	2690	2066	2090
家具制造业	2900	2112	2455
造纸和纸制品业	2614	1979	2025
印刷和记录媒介复制业	2617	2035	1995
文教、工美、体育和娱乐用品制造业	3896	2727	3351
石油、煤炭及其他燃料加工业	822	652	559
化学原料和化学制品制造业	10429	8121	7863
医药制造业	5042	3767	4123
化学纤维制造业	802	638	611
橡胶和塑料制品业	9385	7235	7303
非金属矿物制品业	13897	11319	9350
黑色金属冶炼和压延加工业	1747	1498	1124
有色金属冶炼和压延加工业	3038	2535	2073
金属制品业	12111	9622	8754
通用设备制造业	14626	11629	11072
专用设备制造业	12585	10222	9621
汽车制造业	7706	6438	5154
铁路、船舶、航空航天和其他运输设备制造业	2552	2082	1765
电气机械和器材制造业	15371	12069	12129
计算机、通信和其他电子设备制造业	13457	11104	9956
仪器仪表制造业	3676	2961	2849
其他制造业	882	641	713
废弃资源综合利用业	794	696	459
金属制品、机械和设备修理业	209	187	97
电力、热力、燃气及水生产和供应业	**3749**	**3390**	**1262**
电力、热力生产和供应业	2267	2065	668
燃气生产和供应业	818	721	405
水的生产和供应业	664	604	189

在全部企业中占比(%)					
实现组织或营销创新企业	#实现组织创新企业	#实现营销创新企业	#同时实现组织和营销创新企业	#仅实现组织创新企业	#仅实现营销创新企业
21.0	17.9	11.8	8.7	9.2	3.1
29.9	28.6	7.5	6.3	22.3	1.3
41.8	**32.6**	**31.8**	**22.6**	**10.0**	**9.2**
39.9	27.0	34.6	21.6	5.4	13.0
50.8	33.4	46.2	28.7	4.7	17.4
48.8	30.5	44.6	26.3	4.2	18.3
61.1	46.8	42.1	27.8	19.0	14.3
31.7	24.8	23.7	16.9	8.0	6.8
26.5	19.7	19.8	13.0	6.7	6.8
27.3	20.5	21.6	14.7	5.8	6.8
24.0	18.5	18.7	13.1	5.4	5.6
40.5	29.5	34.3	23.3	6.2	11.0
36.3	27.5	28.2	19.3	8.2	8.8
39.7	30.9	30.3	21.5	9.4	8.8
39.0	27.3	33.5	21.8	5.5	11.7
36.8	29.2	25.0	17.4	11.8	7.6
45.0	35.0	33.9	24.0	11.1	10.0
58.4	43.6	47.8	33.0	10.6	14.8
38.5	30.6	29.3	21.4	9.2	7.9
40.3	31.1	31.4	22.2	9.0	9.2
31.5	25.7	21.2	15.4	10.3	5.8
31.0	26.5	19.9	15.5	11.0	4.4
36.1	30.1	24.6	18.7	11.5	6.0
38.8	30.8	28.0	20.1	10.7	8.0
48.0	38.1	36.3	26.5	11.7	9.8
52.7	42.8	40.3	30.4	12.4	9.9
44.6	37.3	29.9	22.5	14.8	7.3
45.5	37.1	31.5	23.1	14.0	8.4
50.7	39.8	40.0	29.1	10.7	10.9
55.8	46.0	41.3	31.5	14.5	9.8
61.0	49.1	47.2	35.4	13.7	11.9
45.0	32.7	36.4	24.1	8.6	12.3
29.9	26.2	17.3	13.6	12.6	3.7
32.8	29.3	15.2	11.8	17.6	3.4
21.7	**19.6**	**7.3**	**5.2**	**14.4**	**2.1**
20.4	18.6	6.0	4.2	14.4	1.8
27.0	23.8	13.4	10.2	13.6	3.2
21.0	19.1	6.0	4.1	15.0	1.9

6-2 续表 2

项 目	实现组织或营销创新企业数（个）	#实现组织创新企业	#实现营销创新企业
四、按地区分			
东部地区	110212	85384	83015
中部地区	40575	32456	31218
西部地区	22729	18272	15784
东北地区	5037	3902	3499
北 京	1305	999	855
天 津	2136	1711	1442
河 北	5441	4220	3961
山 西	1985	1679	1171
内蒙古	894	741	507
辽 宁	2672	2107	1785
吉 林	985	751	723
黑龙江	1380	1044	991
上 海	3566	2726	2526
江 苏	23988	19283	17235
浙 江	23141	16931	17994
安 徽	9440	7562	7217
福 建	7119	5498	5475
江 西	6235	4904	4980
山 东	13951	11255	10523
河 南	8023	6330	6077
湖 北	7146	5800	5479
湖 南	7746	6181	6294
广 东	29387	22631	22881
广 西	2268	1782	1527
海 南	178	130	123
重 庆	3441	2753	2549
四 川	6611	5287	4736
贵 州	1904	1583	1315
云 南	1811	1433	1280
西 藏	72	57	50
陕 西	3080	2475	2201
甘 肃	855	699	539
青 海	193	162	111
宁 夏	562	469	368
新 疆	1038	831	601

在全部企业中占比(%)					
实现组织或营销创新企业	#实现组织创新企业	#实现营销创新企业	#同时实现组织和营销创新企业	#仅实现组织创新企业	#仅实现营销创新企业
41.7	32.3	31.4	22.0	10.3	9.4
40.4	32.3	31.1	23.0	9.3	8.1
37.4	30.0	25.9	18.6	11.4	7.3
31.4	24.3	21.8	14.7	9.6	7.1
42.4	32.5	27.8	17.8	14.6	9.9
37.7	30.2	25.5	18.0	12.3	7.5
33.8	26.2	24.6	17.0	9.2	7.6
28.9	24.5	17.1	12.6	11.9	4.5
27.1	22.5	15.4	10.7	11.7	4.6
31.5	24.8	21.0	14.4	10.4	6.7
30.6	23.3	22.4	15.2	8.1	7.3
31.7	24.0	22.8	15.1	8.9	7.7
38.4	29.3	27.2	18.1	11.2	9.0
42.6	34.3	30.6	22.3	12.0	8.4
43.0	31.5	33.4	21.9	9.6	11.5
47.5	38.1	36.3	26.9	11.2	9.5
35.3	27.3	27.1	19.1	8.2	8.0
39.4	31.0	31.5	23.1	7.9	8.4
42.2	34.0	31.8	23.7	10.4	8.2
37.0	29.2	28.0	20.2	9.0	7.8
42.5	34.5	32.6	24.6	9.9	8.0
40.0	31.9	32.5	24.4	7.5	8.1
44.3	34.2	34.5	24.3	9.8	10.2
28.2	22.1	19.0	12.9	9.2	6.0
31.6	23.1	21.8	13.3	9.8	8.5
47.1	37.7	34.9	25.5	12.2	9.4
40.2	32.1	28.8	20.7	11.4	8.0
37.3	31.0	25.8	19.5	11.5	6.3
39.6	31.4	28.0	19.7	11.6	8.3
39.3	31.1	27.3	19.1	12.0	8.2
40.8	32.8	29.1	21.1	11.6	8.0
37.8	30.9	23.8	16.9	14.0	6.9
30.5	25.6	17.6	12.7	13.0	4.9
40.6	33.9	26.6	19.9	14.0	6.7
25.7	20.5	14.9	9.7	10.8	5.1

6–3 资质等级以上建筑业企业

项　目	实现组织或营销创新企业数（个）	#实现组织创新企业	#实现营销创新企业
总　计	**16573**	**15557**	**6128**
#国有及国有控股	2240	2127	812
一、按规模分			
大型企业	1800	1703	851
中型企业	6709	6370	2340
小型企业	6438	6018	2252
微型企业	1626	1466	685
二、按登记注册类型分			
内资企业	16499	15487	6090
#国有企业	314	304	99
集体企业	123	115	37
股份合作企业	26	25	12
联营企业	11	9	4
#国有联营企业	5	4	1
有限责任公司	3608	3398	1335
#国有独资公司	581	548	203
股份有限公司	326	303	168
私营企业	12090	11332	4434
港、澳、台商投资企业	43	40	24
#合资经营企业	21	20	13
港、澳、台商独资经营企业	12	11	5
港、澳、台商投资股份有限公司	8	7	6
外商投资企业	31	30	14
#中外合资经营企业	14	14	5
外资企业	12	12	6
外商投资股份有限公司	3	2	2
三、按行业分			
房屋建筑业	7130	6768	2458
土木工程建筑业	3880	3695	1347
建筑安装业	1964	1830	785
建筑装饰、装修和其他建筑业	3599	3264	1538

组织和营销创新情况

在全部企业中占比(%)					
实现组织或营销创新企业	#实现组织创新企业	#实现营销创新企业	#同时实现组织和营销创新企业	#仅实现组织创新企业	#仅实现营销创新企业
26.2	**24.6**	**9.7**	**8.1**	**16.5**	**1.6**
39.2	37.2	14.2	12.2	25.0	2.0
57.9	54.8	27.4	24.3	30.5	3.1
30.3	28.8	10.6	9.0	19.7	1.5
23.1	21.6	8.1	6.6	15.0	1.5
16.0	14.4	6.7	5.2	9.2	1.6
26.2	24.6	9.7	8.1	16.5	1.6
28.5	27.6	9.0	8.1	19.5	0.9
15.5	14.5	4.7	3.6	10.8	1.0
21.0	20.2	9.7	8.9	11.3	0.8
44.0	36.0	16.0	8.0	28.0	8.0
55.6	44.4	11.1		44.4	11.1
32.0	30.2	11.9	10.0	20.2	1.9
42.0	39.6	14.7	12.3	27.3	2.4
39.9	37.1	20.6	17.7	19.3	2.8
24.8	23.2	9.1	7.5	15.7	1.6
23.1	21.5	12.9	11.3	10.2	1.6
19.4	18.5	12.0	11.1	7.4	0.9
20.0	18.3	8.3	6.7	11.7	1.7
72.7	63.6	54.5	45.5	18.2	9.1
23.5	22.7	10.6	9.8	12.9	0.8
21.5	21.5	7.7	7.7	13.8	
21.8	21.8	10.9	10.9	10.9	
60.0	40.0	40.0	20.0	20.0	20.0
25.6	24.3	8.8	7.5	16.8	1.3
29.0	27.6	10.1	8.7	18.9	1.4
26.9	25.1	10.8	8.9	16.2	1.8
24.4	22.1	10.4	8.1	14.0	2.3

6-3 续表

项 目	实现组织或营销创新企业数（个）	#实现组织创新企业	#实现营销创新企业
四、按地区分			
东部地区	7619	7158	2866
中部地区	4168	3893	1680
西部地区	3931	3716	1251
东北地区	855	790	331
北 京	388	352	145
天 津	316	300	112
河 北	407	385	125
山 西	344	304	143
内蒙古	119	113	40
辽 宁	400	361	173
吉 林	222	207	92
黑龙江	233	222	66
上 海	319	292	124
江 苏	1438	1332	544
浙 江	1049	995	365
安 徽	733	697	276
福 建	874	836	301
江 西	462	435	182
山 东	1536	1458	604
河 南	1355	1251	605
湖 北	743	701	268
湖 南	531	505	206
广 东	1264	1183	533
广 西	258	247	76
海 南	28	25	13
重 庆	343	324	113
四 川	1160	1096	392
贵 州	334	317	101
云 南	361	345	104
西 藏	54	50	16
陕 西	731	690	245
甘 肃	222	204	71
青 海	54	52	16
宁 夏	97	89	30
新 疆	198	189	47

在全部企业中占比(%)					
实现组织或营销创新企业	#实现组织创新企业	#实现营销创新企业	#同时实现组织和营销创新企业	#仅实现组织创新企业	#仅实现营销创新企业
25.7	24.2	9.7	8.1	16.0	1.6
29.2	27.3	11.8	9.8	17.4	1.9
27.3	25.8	8.7	7.2	18.6	1.5
17.2	15.9	6.6	5.3	10.5	1.3
20.1	18.3	7.5	5.7	12.6	1.9
23.0	21.9	8.2	7.0	14.9	1.2
25.0	23.7	7.7	6.3	17.3	1.4
23.4	20.7	9.7	7.0	13.7	2.7
21.4	20.4	7.2	6.1	14.2	1.1
16.6	15.0	7.2	5.6	9.4	1.6
21.1	19.7	8.7	7.3	12.4	1.4
15.3	14.6	4.3	3.6	11.0	0.7
20.3	18.6	7.9	6.2	12.4	1.7
24.2	22.4	9.2	7.4	15.1	1.8
23.7	22.5	8.2	7.0	15.5	1.2
29.2	27.8	11.0	9.6	18.2	1.4
27.8	26.6	9.6	8.4	18.3	1.2
28.1	26.4	11.1	9.4	17.0	1.6
31.1	29.5	12.2	10.6	18.9	1.6
31.8	29.4	14.2	11.8	17.6	2.4
27.2	25.7	9.8	8.3	17.4	1.5
32.0	30.4	12.4	10.8	19.6	1.6
27.8	26.0	11.7	9.9	16.1	1.8
28.5	27.3	8.4	7.2	20.1	1.2
21.9	19.5	10.2	7.8	11.7	2.3
23.5	22.2	7.7	6.4	15.7	1.3
28.6	27.0	9.7	8.1	18.9	1.6
30.8	29.2	9.3	7.7	21.5	1.6
26.6	25.4	7.7	6.5	18.9	1.2
29.8	27.6	8.8	6.6	21.0	2.2
29.1	27.5	9.8	8.1	19.4	1.6
26.9	24.7	8.6	6.4	18.3	2.2
23.9	23.0	7.1	6.2	16.8	0.9
24.0	22.0	7.4	5.4	16.5	2.0
23.6	22.6	5.6	4.5	18.0	1.1

6−4 规模(限额)以上服务业

项　目	实现组织或营销创新企业数(个)	#实现组织创新企业	#实现营销创新企业
总　计	**118381**	**93348**	**79756**
#国有及国有控股	13139	11102	7031
一、按规模分			
大型企业	5713	4761	3848
中型企业	30061	23344	20917
小型企业	65257	51743	43465
微型企业	17350	13500	11526
二、按登记注册类型分			
内资企业	112688	89149	75795
国有企业	1871	1618	967
集体企业	257	206	152
股份合作企业	119	84	78
联营企业	54	42	32
#国有联营企业	27	23	15
有限责任公司	25395	20625	15768
#国有独资公司	2957	2543	1478
股份有限公司	2784	2275	1948
私营企业	82189	64283	56838
其他企业	19	16	12
港、澳、台商投资企业	2699	1996	1932
合资经营企业	531	411	362
合作经营企业	33	25	22
港、澳、台商独资经营企业	1944	1406	1397
港、澳、台商投资股份有限公司	106	80	83
其他港、澳、台投资企业	85	74	68
外商投资企业	2994	2203	2029
中外合资经营企业	709	559	470
中外合作经营企业	23	16	16
外资企业	2064	1476	1407
外商投资股份有限公司	129	103	91
其他外商投资企业	69	49	45
三、按行业分			
批发和零售业	**74582**	**55370**	**54721**
批发业	42007	32895	27653
零售业	32575	22475	27068
交通运输、仓储和邮政业	**7663**	**6875**	**3306**
铁路运输业	80	70	36
道路运输业	4061	3688	1697
水上运输业	471	428	166
航空运输业	126	103	74
管道运输业	29	27	7
多式联运和运输代理业	1553	1367	710
装卸搬运和仓储业	922	831	380
邮政业	421	361	236
信息传输、软件和信息技术服务业	**13660**	**11723**	**9514**
电信、广播电视和卫星传输服务	1138	929	841
互联网和相关服务	2276	1891	1701
软件和信息技术服务业	10246	8903	6972

企业组织和营销创新情况

在全部企业中占比(%)					
实现组织或营销创新企业	#实现组织创新企业	#实现营销创新企业	#同时实现组织和营销创新企业	#仅实现组织创新企业	#仅实现营销创新企业
25.0	**19.7**	**16.8**	**11.5**	**8.1**	**5.3**
30.1	25.4	16.1	11.4	14.0	4.7
46.9	39.1	31.6	23.8	15.3	7.8
34.3	26.6	23.9	16.2	10.4	7.7
25.1	19.9	16.7	11.5	8.4	5.2
15.2	11.8	10.1	6.7	5.1	3.4
24.9	19.7	16.8	11.6	8.2	5.2
27.0	23.3	13.9	10.3	13.0	3.6
15.4	12.3	9.1	6.0	6.3	3.1
14.8	10.5	9.7	5.4	5.1	4.4
25.2	19.6	15.0	9.3	10.3	5.6
28.1	24.0	15.6	11.5	12.5	4.2
29.5	23.9	18.3	12.8	11.2	5.5
29.6	25.5	14.8	10.7	14.8	4.1
43.0	35.2	30.1	22.2	12.9	7.9
23.5	18.4	16.3	11.1	7.3	5.1
14.4	12.1	9.1	6.8	5.3	2.3
26.9	19.9	19.3	12.3	7.7	7.0
30.5	23.6	20.8	13.9	9.7	6.9
23.2	17.6	15.5	9.9	7.7	5.6
25.3	18.3	18.2	11.2	7.1	7.0
41.2	31.1	32.3	22.2	8.9	10.1
43.8	38.1	35.1	29.4	8.8	5.7
24.9	18.3	16.9	10.3	8.0	6.6
31.2	24.6	20.7	14.1	10.5	6.6
20.9	14.5	14.5	8.2	6.4	6.4
22.7	16.2	15.5	9.0	7.2	6.5
38.1	30.4	26.8	19.2	11.2	7.7
32.5	23.1	21.2	11.8	11.3	9.4
23.2	**17.2**	**17.0**	**11.1**	**6.2**	**6.0**
20.7	16.2	13.6	9.1	7.1	4.5
27.6	19.0	22.9	14.4	4.7	8.6
17.9	**16.0**	**7.7**	**5.9**	**10.2**	**1.8**
20.7	18.1	9.3	6.7	11.4	2.6
17.5	15.9	7.3	5.7	10.2	1.6
18.1	16.4	6.4	4.7	11.7	1.7
29.0	23.7	17.0	11.7	12.0	5.3
27.4	25.5	6.6	4.7	20.8	1.9
17.1	15.0	7.8	5.8	9.3	2.0
18.4	16.6	7.6	5.8	10.8	1.8
21.4	18.4	12.0	9.0	9.4	3.1
51.0	**43.8**	**35.5**	**28.3**	**15.5**	**7.2**
37.8	30.9	27.9	21.0	9.9	6.9
46.9	39.0	35.1	27.1	11.9	7.9
54.2	47.1	36.9	29.8	17.3	7.1

6-4 续表

项　　目	实现组织或营销创新企业数（个）	#实现组织创新企业	#实现营销创新企业
租赁和商务服务业	**10596**	**8767**	**6095**
租赁业	686	608	349
商务服务业	9910	8159	5746
科学研究和技术服务业	**10213**	**9214**	**5250**
研究和试验发展	1354	1189	816
专业技术服务业	7202	6578	3401
科技推广和应用服务业	1657	1447	1033
水利、环境和公共设施管理业	**1667**	**1399**	**870**
水利管理业	36	34	9
生态保护和环境治理业	414	366	187
公共设施管理业	1111	896	646
土地管理业	106	103	28
四、按地区分			
东部地区	72741	57043	48320
中部地区	22229	17511	15809
西部地区	20075	16222	13421
东北地区	3336	2572	2206
北　京	6355	4927	3941
天　津	2426	1938	1430
河　北	2367	1876	1527
山　西	1751	1393	1120
内蒙古	841	644	516
辽　宁	1641	1270	1056
吉　林	761	601	505
黑龙江	934	701	645
上　海	7216	5648	4730
江　苏	11899	9384	7915
浙　江	8328	6405	5550
安　徽	4233	3322	3092
福　建	6374	4805	4426
江　西	2940	2319	2140
山　东	8880	7192	5711
河　南	5305	4211	3760
湖　北	4386	3474	3041
湖　南	3614	2792	2656
广　东	18385	14452	12785
广　西	2091	1675	1316
海　南	511	416	305
重　庆	2737	2245	1867
四　川	5041	4069	3466
贵　州	1615	1323	1070
云　南	1891	1554	1314
西　藏	156	115	109
陕　西	2971	2405	2036
甘　肃	945	744	667
青　海	220	177	140
宁　夏	280	224	184
新　疆	1287	1047	736

在全部企业中占比(%)					
实现组织或营销创新企业	#实现组织创新企业	#实现营销创新企业	#同时实现组织和营销创新企业	#仅实现组织创新企业	#仅实现营销创新企业
21.2	**17.6**	**12.2**	**8.5**	**9.0**	**3.7**
19.5	17.3	9.9	7.7	9.6	2.2
21.4	17.6	12.4	8.6	9.0	3.8
37.2	**33.5**	**19.1**	**15.5**	**18.1**	**3.6**
52.1	45.8	31.4	25.1	20.7	6.4
34.8	31.8	16.4	13.4	18.4	3.0
39.3	34.4	24.5	19.5	14.8	5.0
28.2	**23.7**	**14.7**	**10.2**	**13.5**	**4.5**
23.2	21.9	5.8	4.5	17.4	1.3
32.2	28.4	14.5	10.8	17.6	3.7
27.3	22.0	15.9	10.6	11.4	5.3
26.7	25.9	7.1	6.3	19.6	0.8
24.1	18.9	16.0	10.8	8.1	5.2
26.8	21.1	19.0	13.3	7.7	5.7
27.8	22.5	18.6	13.3	9.2	5.3
19.7	15.2	13.0	8.5	6.7	4.5
26.3	20.4	16.3	10.4	10.0	5.9
18.8	15.0	11.1	7.3	7.7	3.8
22.7	18.0	14.6	9.9	8.0	4.7
21.3	17.0	13.6	9.3	7.7	4.4
21.3	16.3	13.1	8.1	8.2	5.0
17.2	13.3	11.1	7.2	6.1	3.9
21.5	16.9	14.2	9.7	7.2	4.5
24.1	18.1	16.6	10.6	7.5	6.0
23.6	18.4	15.4	10.3	8.1	5.1
22.3	17.6	14.9	10.1	7.5	4.7
21.0	16.1	14.0	9.1	7.0	4.8
31.8	25.0	23.3	16.4	8.6	6.9
25.8	19.4	17.9	11.6	7.9	6.4
25.6	20.2	18.6	13.2	7.0	5.4
26.3	21.3	16.9	11.9	9.4	5.0
26.1	20.7	18.5	13.1	7.6	5.4
29.8	23.6	20.7	14.5	9.1	6.2
24.0	18.5	17.6	12.2	6.4	5.5
26.2	20.6	18.2	12.6	8.0	5.6
24.9	19.9	15.7	10.7	9.2	5.0
23.6	19.2	14.1	9.7	9.5	4.4
28.2	23.1	19.2	14.2	9.0	5.1
31.0	25.0	21.3	15.3	9.7	6.0
28.3	23.2	18.7	13.6	9.5	5.1
31.4	25.8	21.8	16.2	9.6	5.6
34.9	25.7	24.4	15.2	10.5	9.2
28.7	23.3	19.7	14.2	9.0	5.5
31.5	24.8	22.3	15.5	9.3	6.7
28.9	23.2	18.4	12.7	10.5	5.6
29.3	23.5	19.3	13.4	10.1	5.9
19.6	16.0	11.2	7.6	8.4	3.7

6-5 规模以上高技术产业

项　　目	实现组织或营销创新企业数（个）	#实现组织创新企业	#实现营销创新企业
总　计	**26289**	**21219**	**20050**
#国有及国有控股	1320	1125	883
一、按规模分			
大型企业	1336	1161	915
中型企业	4180	3498	3050
小型企业	19657	15675	15259
微型企业	1116	885	826
二、按登记注册类型分			
内资企业	23259	18861	17978
国有企业	91	78	61
集体企业	15	11	13
股份合作企业	26	17	20
联营企业	8	8	8
#国有联营企业	4	4	4
有限责任公司	4736	3932	3422
#国有独资公司	147	133	83
股份有限公司	1369	1117	1083
私营企业	17004	13689	13367
其他企业	10	9	4
港、澳、台商投资企业	1374	1058	948
合资经营企业	424	324	305
合作经营企业	8	7	5
港、澳、台商独资经营企业	815	620	545
港、澳、台商投资股份有限公司	105	87	76
其他港、澳、台投资企业	22	20	17
外商投资企业	1656	1300	1124
中外合资经营企业	536	431	383
中外合作经营企业	7	4	4
外资企业	990	761	660
外商投资股份有限公司	103	90	63
其他外商投资企业	20	14	14
三、按高技术行业（制造业）分			
医药制造业	**5042**	**3767**	**4123**
#化学药品制造	1434	1144	1065
中成药生产	1040	720	895
生物药品制品制造	618	506	486

(制造业)组织和营销创新情况

在全部企业中占比(%)					
实现组织或营销创新企业	#实现组织创新企业	#实现营销创新企业	#同时实现组织和营销创新企业	#仅实现组织创新企业	#仅实现营销创新企业
57.7	**46.5**	**44.0**	**32.9**	**13.7**	**11.1**
63.6	54.2	42.5	33.1	21.0	9.4
64.9	56.4	44.5	36.0	20.5	8.5
64.7	54.1	47.2	36.6	17.5	10.6
58.4	46.6	45.4	33.5	13.1	11.8
32.5	25.8	24.1	17.3	8.4	6.7
60.4	48.9	46.7	35.2	13.7	11.4
59.1	50.6	39.6	31.2	19.5	8.4
45.5	33.3	39.4	27.3	6.1	12.1
51.0	33.3	39.2	21.6	11.8	17.6
72.7	72.7	72.7	72.7		
80.0	80.0	80.0	80.0		
63.1	52.4	45.6	34.9	17.5	10.7
56.1	50.8	31.7	26.3	24.4	5.3
74.5	60.8	59.0	45.2	15.6	13.7
58.8	47.3	46.2	34.7	12.6	11.5
76.9	69.2	30.8	23.1	46.2	7.7
45.0	34.6	31.0	20.7	13.9	10.3
58.0	44.3	41.7	28.0	16.3	13.7
38.1	33.3	23.8	19.0	14.3	4.8
38.8	29.5	25.9	16.6	12.8	9.3
66.5	55.1	48.1	36.7	18.4	11.4
52.4	47.6	40.5	35.7	11.9	4.8
41.5	32.5	28.1	19.2	13.3	8.9
56.0	45.0	40.0	29.0	16.0	11.0
41.2	23.5	23.5	5.9	17.6	17.6
35.0	26.9	23.4	15.3	11.7	8.1
65.2	57.0	39.9	31.6	25.3	8.2
57.1	40.0	40.0	22.9	17.1	17.1
58.4	**43.6**	**47.8**	**33.0**	**10.6**	**14.8**
55.8	44.5	41.5	30.2	14.4	11.3
65.4	45.3	56.3	36.2	9.1	20.1
63.5	52.0	49.9	38.4	13.6	11.5

6-5 续表 1

项 目	实现组织或营销创新企业数(个)	#实现组织创新企业	#实现营销创新企业
电子及通信设备制造业	**13835**	**11477**	**10156**
#电子工业专用设备制造	986	839	702
光纤、光缆制造及锂离子电池制造	1050	886	795
#锂离子电池制造	859	723	664
通信设备制造、雷达及配套设备制造	1421	1191	1008
#通信系统设备制造	685	589	472
通信终端设备制造	652	526	484
雷达及配套设备制造	84	76	52
广播电视设备制造	343	253	272
非专业视听设备制造	665	494	578
电子器件制造	3183	2676	2325
#电子真空器件制造	284	234	205
半导体分立器件制造	255	216	170
集成电路制造	651	578	438
光电子器件制造	558	471	401
电子元件及电子专用设备制造	4331	3632	2995
#电阻电容电感元件制造	588	498	413
电子专用材料制造	992	844	637
电子电路制造	956	841	615
智能消费设备制造	957	760	772
其他电子设备制造	899	746	709
计算机及办公设备制造业	**1759**	**1422**	**1373**
#计算机整机制造	241	190	201
计算机零部件制造	517	429	365
计算机外围设备制造	501	395	406
办公设备制造	155	119	122
医疗仪器设备及仪器仪表制造业	**5171**	**4119**	**4126**
#医疗仪器设备及器械制造	1702	1307	1450
#医疗诊断、监护及治疗设备制造	528	418	448
医疗、外科及兽医用器械制造	423	316	368
通用仪器仪表制造	2300	1870	1762
专用仪器仪表制造	733	606	562
信息化学品制造业	**90**	**73**	**58**
四、按地区分			
东部地区	17572	14066	13431
中部地区	5206	4314	4067
西部地区	2906	2361	2099
东北地区	605	478	453

在全部企业中占比(%)					
实现组织或营销创新企业	#实现组织创新企业	#实现营销创新企业	#同时实现组织和营销创新企业	#仅实现组织创新企业	#仅实现营销创新企业
55.7	**46.2**	**40.9**	**31.4**	**14.8**	**9.5**
58.1	49.4	41.3	32.7	16.7	8.7
60.1	50.7	45.5	36.1	14.6	9.4
61.5	51.8	47.6	37.8	14.0	9.7
59.3	49.7	42.1	32.5	17.2	9.6
59.9	51.5	41.3	32.9	18.6	8.4
57.3	46.2	42.5	31.5	14.8	11.1
73.7	66.7	45.6	38.6	28.1	7.0
51.9	38.3	41.2	27.5	10.7	13.6
55.9	41.5	48.6	34.2	7.3	14.4
57.5	48.3	42.0	32.8	15.5	9.2
53.5	44.1	38.6	29.2	14.9	9.4
54.0	45.8	36.0	27.8	18.0	8.3
59.4	52.7	40.0	33.3	19.4	6.7
59.4	50.1	42.7	33.4	16.7	9.3
50.0	41.9	34.6	26.5	15.4	8.1
46.0	39.0	32.3	25.3	13.7	7.0
52.9	45.0	33.9	26.1	18.9	7.9
52.4	46.1	33.7	27.4	18.7	6.3
68.5	54.4	55.3	41.2	13.2	14.1
58.0	48.1	45.7	35.8	12.3	9.9
60.0	**48.5**	**46.8**	**35.3**	**13.2**	**11.5**
68.3	53.8	56.9	42.5	11.3	14.4
51.4	42.7	36.3	27.6	15.1	8.8
62.2	49.1	50.4	37.3	11.8	13.2
55.0	42.2	43.3	30.5	11.7	12.8
62.3	**49.6**	**49.7**	**37.1**	**12.6**	**12.7**
63.0	48.4	53.7	39.1	9.3	14.6
64.3	50.9	54.6	41.2	9.7	13.4
62.0	46.3	54.0	38.3	8.1	15.7
61.8	50.2	47.3	35.8	14.5	11.6
65.6	54.3	50.3	38.9	15.3	11.4
51.4	**41.7**	**33.1**	**23.4**	**18.3**	**9.7**
57.7	46.2	44.1	32.6	13.6	11.5
58.0	48.1	45.3	35.4	12.7	9.9
57.8	46.9	41.7	30.9	16.0	10.8
53.7	42.4	40.2	28.9	13.5	11.3

6-5 续表 2

项　目	实现组织或营销创新企业数(个)	#实现组织创新企业	#实现营销创新企业
北　京	489	367	332
天　津	319	265	217
河　北	419	329	329
山　西	145	117	113
内蒙古	67	54	46
辽　宁	292	245	202
吉　林	187	133	152
黑龙江	126	100	99
上　海	621	487	438
江　苏	3720	3075	2642
浙　江	2492	1938	1933
安　徽	1227	1023	952
福　建	763	613	587
江　西	1137	936	897
山　东	1155	933	900
河　南	763	616	605
湖　北	923	786	710
湖　南	1011	836	790
广　东	7550	6031	6019
广　西	236	178	173
海　南	44	28	34
重　庆	487	403	361
四　川	1057	866	761
贵　州	205	173	145
云　南	180	136	134
西　藏	9	6	9
陕　西	488	410	345
甘　肃	83	59	65
青　海	25	21	14
宁　夏	38	32	26
新　疆	31	23	20

在全部企业中占比(%)					
实现组织或营销创新企业	#实现组织创新企业	#实现营销创新企业	#同时实现组织和营销创新企业	#仅实现组织创新企业	#仅实现营销创新企业
52.2	39.2	35.4	22.4	16.8	13.0
54.7	45.5	37.2	28.0	17.5	9.3
50.1	39.3	39.3	28.6	10.8	10.8
56.4	45.5	44.0	33.1	12.5	10.9
60.4	48.6	41.4	29.7	18.9	11.7
52.9	44.4	36.6	28.1	16.3	8.5
53.4	38.0	43.4	28.0	10.0	15.4
56.0	44.4	44.0	32.4	12.0	11.6
47.4	37.1	33.4	23.2	14.0	10.2
54.2	44.8	38.5	29.1	15.7	9.4
58.9	45.8	45.7	32.6	13.2	13.1
63.8	53.2	49.5	38.9	14.3	10.6
57.8	46.4	44.4	33.1	13.3	11.4
54.0	44.5	42.6	33.1	11.4	9.5
60.1	48.5	46.8	35.3	13.3	11.6
55.9	45.1	44.3	33.5	11.6	10.8
62.2	53.0	47.9	38.6	14.4	9.2
54.9	45.4	42.9	33.4	12.0	9.5
61.0	48.7	48.6	36.4	12.4	12.3
47.3	35.7	34.7	23.0	12.6	11.6
63.8	40.6	49.3	26.1	14.5	23.2
56.3	46.6	41.7	32.0	14.6	9.7
59.9	49.1	43.1	32.3	16.8	10.8
53.0	44.7	37.5	29.2	15.5	8.3
63.6	48.1	47.4	31.8	16.3	15.5
56.3	37.5	56.3	37.5		18.8
62.1	52.2	43.9	34.0	18.2	9.9
59.7	42.4	46.8	29.5	13.0	17.3
59.5	50.0	33.3	23.8	26.2	9.5
66.7	56.1	45.6	35.1	21.1	10.5
37.8	28.0	24.4	14.6	13.4	9.8

七、规模（限额）以上企业创新信息来源及创新合作情况（2021 年）

7-1 规模(限额)以上企业

项 目	开展创新活动企业数(个)	企业内部信息或企业集团内部信息	来自高等学校或研究机构的信息	来自政府部门或行业协会的信息
总 计	**433152**	**37.7**	**9.7**	**26.9**
#国有及国有控股	34703	57.5	15.8	39.1
一、按规模分				
大型企业	17526	57.6	20.0	38.6
中型企业	75293	45.0	11.4	30.6
小型企业	304096	35.8	9.2	25.6
微型企业	36237	28.6	5.7	24.5
二、按登记注册类型分				
内资企业	398837	36.7	9.8	27.4
国有企业	3955	52.9	13.3	40.1
集体企业	739	28.3	8.0	30.3
股份合作企业	637	33.4	8.3	27.5
联营企业	127	45.7	8.7	40.2
#国有联营企业	60	53.3	8.3	40.0
有限责任公司	73678	48.4	12.5	32.7
#国有独资公司	6907	57.2	15.5	41.2
股份有限公司	10814	46.0	18.9	36.9
私营企业	308824	33.5	8.8	25.6
其他企业	63	42.9	12.7	25.4
港、澳、台商投资企业	15677	45.6	9.4	22.4
合资经营企业	4500	45.4	11.9	25.9
合作经营企业	187	38.5	5.9	27.8
港、澳、台商独资经营企业	10073	45.8	7.6	20.0
港、澳、台商投资股份有限公司	711	46.1	19.6	32.5
其他港、澳、台投资企业	206	43.7	8.7	22.3
外商投资企业	18638	51.2	9.1	20.8
中外合资经营企业	6001	50.4	11.1	24.5
中外合作经营企业	205	53.7	14.6	25.4
外资企业	11562	51.9	7.7	18.2
外商投资股份有限公司	676	48.5	16.3	30.2
其他外商投资企业	194	46.9	6.7	21.1
三、按行业分				
采矿业	3745	39.2	15.3	28.9
制造业	265039	38.8	10.9	23.9
电力、热力、燃气及水生产和供应业	5930	51.3	12.0	37.2
建筑业	19938	38.9	11.4	45.7
批发和零售业	79314	29.2	4.0	23.3
交通运输、仓储和邮政业	8997	38.7	4.9	33.4
信息传输、软件和信息技术服务业	20038	45.3	11.1	36.3

创新信息来源情况

在开展创新活动企业中，下列信息对创新影响较大的企业占比(%)					
来自设备、原材料、组件或软件供应商的信息	来自客户或消费者的信息	来自竞争对手、同行业其他企业的信息	来自咨询顾问、市场分析及中介机构的信息	来自商品交易会、展览会的信息，或来自文献、期刊、出版物的信息或互联网媒体的信息	其他
24.5	**44.7**	**28.8**	**11.0**	**19.8**	**7.3**
17.8	34.5	27.1	10.1	12.7	6.6
18.0	41.8	33.0	13.0	16.7	4.8
21.3	43.7	30.4	12.8	19.9	6.8
25.8	45.5	28.3	10.4	20.5	7.2
23.6	41.2	27.3	11.2	15.6	10.2
24.5	44.4	28.6	11.0	19.6	7.5
16.9	32.9	23.0	10.9	11.0	8.4
21.8	33.8	25.0	8.9	11.6	12.3
22.1	43.3	27.8	11.3	18.8	6.6
19.7	40.9	24.4	11.0	18.1	9.4
18.3	46.7	31.7	10.0	20.0	8.3
21.4	40.4	28.9	11.2	16.6	7.1
17.4	31.0	25.3	10.4	11.6	7.5
19.1	47.4	33.5	12.2	23.0	5.2
25.6	45.4	28.5	10.9	20.3	7.6
22.2	49.2	25.4	12.7	14.3	7.9
25.0	47.9	30.3	11.5	23.7	5.5
25.2	46.8	30.7	10.7	23.8	5.6
21.9	39.6	27.8	11.8	21.4	5.3
25.2	48.5	29.8	11.7	23.4	5.5
21.5	48.2	35.9	13.5	28.3	3.8
22.8	51.9	33.5	15.0	20.4	5.3
23.4	49.0	30.3	11.1	21.8	5.4
23.7	49.9	32.0	10.6	22.4	5.5
20.5	45.9	26.8	8.3	17.6	6.3
23.5	48.4	29.1	11.2	21.5	5.3
18.5	53.8	36.4	13.5	24.3	5.0
24.7	46.9	29.9	12.9	17.0	8.8
24.0	22.6	18.1	8.4	7.2	9.2
27.5	47.1	28.3	9.5	22.4	6.1
25.2	13.6	15.6	7.7	5.0	8.4
27.3	26.2	26.9	14.5	11.4	11.1
23.3	47.4	31.5	12.8	20.0	10.1
12.0	36.6	31.2	12.6	10.0	11.1
12.5	48.1	33.2	13.7	14.7	5.4

7-1 续表

项　目	开展创新活动企业数（个）	企业内部信息或企业集团内部信息	来自高等学校或研究机构的信息	来自政府部门或行业协会的信息
租赁和商务服务业	12463	37.3	6.8	34.7
科学研究和技术服务业	15548	43.8	17.4	43.8
水利、环境和公共设施管理业	2140	41.5	12.6	42.7
四、按地区分				
东部地区	272620	37.8	9.4	25.5
中部地区	90023	37.0	10.8	27.9
西部地区	58297	38.2	9.4	31.7
东北地区	12212	38.1	11.7	29.5
北　京	12732	38.0	10.7	29.1
天　津	6531	38.5	9.6	27.7
河　北	11460	35.2	9.3	26.3
山　西	5246	37.7	11.2	30.7
内蒙古	2317	42.0	11.8	33.4
辽　宁	6589	39.5	12.5	28.0
吉　林	2490	37.3	11.7	32.7
黑龙江	3133	35.7	9.9	30.3
上　海	15348	42.3	9.5	26.0
江　苏	54447	36.7	12.2	25.1
浙　江	52072	40.0	7.8	23.7
安　徽	18435	37.0	13.4	31.6
福　建	19165	37.7	8.6	24.6
江　西	12748	41.6	9.3	28.2
山　东	33561	37.7	10.2	28.9
河　南	18343	34.5	9.6	25.1
湖　北	17151	36.0	10.6	28.0
湖　南	18100	37.2	10.5	25.9
广　东	66433	36.3	7.9	24.3
广　西	6001	37.9	7.9	30.3
海　南	871	41.8	7.5	33.2
重　庆	8425	39.7	8.4	31.0
四　川	16030	38.2	9.8	31.2
贵　州	4908	38.0	8.3	29.6
云　南	4916	40.2	9.1	34.6
西　藏	314	38.5	7.3	36.9
陕　西	8136	35.5	11.1	31.4
甘　肃	2433	37.8	9.5	34.4
青　海	570	37.2	11.4	35.6
宁　夏	1251	40.3	13.5	41.2
新　疆	2996	34.8	7.0	30.5

在开展创新活动企业中，下列信息对创新影响较大的企业占比(%)					
来自设备、原材料、组件或软件供应商的信息	来自客户或消费者的信息	来自竞争对手、同行业其他企业的信息	来自咨询顾问、市场分析及中介机构的信息	来自商品交易会、展览会的信息，或来自文献、期刊、出版物的信息或互联网媒体的信息	其他
8.3	40.5	29.3	17.4	13.1	9.2
12.1	35.5	27.1	14.4	12.9	5.8
14.2	28.6	22.6	15.1	12.9	9.3
24.3	45.9	29.3	11.2	21.7	6.5
24.6	41.9	26.2	9.9	16.5	8.0
25.6	44.1	31.1	12.0	16.6	9.8
21.8	40.1	23.8	10.2	18.0	8.2
14.6	43.0	29.6	11.8	17.6	3.6
23.7	44.7	28.3	10.6	19.5	5.3
22.9	41.2	24.5	9.4	20.0	8.8
24.2	39.6	27.0	11.3	15.9	11.3
24.7	36.6	27.2	12.2	16.3	8.7
22.7	41.3	24.3	9.5	18.5	6.0
20.7	40.1	24.5	11.6	17.5	10.2
20.8	37.7	22.1	10.7	17.4	11.2
20.3	46.8	32.4	13.2	21.7	5.1
24.4	44.1	27.7	9.6	19.7	5.7
23.7	49.0	29.2	11.2	26.1	7.6
26.9	46.6	27.8	11.1	18.9	6.4
23.3	41.8	26.9	11.1	19.2	8.8
27.1	43.6	26.4	10.6	18.7	9.8
23.7	42.2	25.7	10.8	18.5	7.4
24.3	39.6	26.4	10.5	14.8	7.6
24.1	43.4	28.2	9.0	16.3	8.6
21.6	37.7	22.4	8.2	14.8	7.2
28.4	49.5	33.4	12.4	23.5	5.6
27.0	43.2	32.4	11.3	15.6	10.2
23.1	42.6	28.5	14.8	16.6	11.6
26.0	48.7	31.8	11.3	17.0	8.3
25.7	45.8	33.2	11.6	17.6	8.8
25.5	38.5	26.5	12.7	13.2	12.4
25.9	45.7	30.1	13.6	17.1	9.9
23.6	43.3	29.9	9.9	14.7	11.8
25.2	45.6	31.5	12.0	18.0	10.4
23.2	40.6	29.1	11.0	15.9	12.2
22.6	35.6	30.4	13.7	16.8	10.5
25.1	38.4	31.1	12.6	17.3	9.1
25.5	38.5	28.6	13.2	13.4	12.2

7-2 规模以上工业企业

项　目	开展创新活动企业数（个）	企业内部信息或企业集团内部信息	来自高等学校或研究机构的信息	来自政府部门或行业协会的信息
总　计	**274714**	**39.1**	**11.0**	**24.3**
#国有及国有控股	14973	58.9	18.8	34.3
一、按规模分				
大型企业	7627	58.0	22.1	31.7
中型企业	31171	50.3	15.5	26.9
小型企业	220368	37.5	10.2	23.8
微型企业	15548	30.4	7.6	22.7
二、按登记注册类型分				
内资企业	247895	38.1	11.1	24.7
国有企业	1216	55.6	17.3	34.1
集体企业	312	33.0	9.0	21.2
股份合作企业	461	35.4	8.9	24.1
联营企业	49	42.9	10.2	34.7
#国有联营企业	25	52.0	8.0	32.0
有限责任公司	37665	49.1	14.6	29.0
#国有独资公司	2447	59.5	18.3	34.6
股份有限公司	6815	45.5	21.9	34.8
私营企业	201338	35.7	10.1	23.5
其他企业	39	48.7	17.9	17.9
港、澳、台商投资企业	12196	45.3	10.1	21.7
合资经营企业	3780	45.5	12.7	24.9
合作经营企业	143	39.9	7.7	26.6
港、澳、台商独资经营企业	7592	45.3	8.0	19.4
港、澳、台商投资股份有限公司	568	46.1	21.0	32.0
其他港、澳、台投资企业	113	38.1	10.6	19.5
外商投资企业	14623	51.6	9.6	20.0
中外合资经营企业	5020	50.6	11.3	23.4
中外合作经营企业	177	53.1	15.3	23.2
外资企业	8819	52.4	8.0	17.4
外商投资股份有限公司	501	48.1	19.0	29.9
其他外商投资企业	106	48.1	6.6	23.6
三、按行业分				
采矿业	**3745**	**39.2**	**15.3**	**28.9**
煤炭开采和洗选业	1406	39.5	18.9	30.2
石油和天然气开采业	79	65.8	48.1	45.6
黑色金属矿采选业	435	39.3	12.6	25.3
有色金属矿采选业	490	48.6	21.0	31.2
非金属矿采选业	1205	32.8	8.0	26.6

创新信息来源情况

在开展创新活动企业中，下列信息对创新影响较大的企业占比(%)					
来自设备、原材料、组件或软件供应商的信息	来自客户或消费者的信息	来自竞争对手、同行业其他企业的信息	来自咨询顾问、市场分析及中介机构的信息	来自商品交易会、展览会的信息，或来自文献、期刊、出版物的信息或互联网媒体的信息	其他
27.4	**46.1**	**27.9**	**9.5**	**21.8**	**6.2**
22.7	35.3	28.1	8.0	14.1	5.6
23.1	46.7	34.2	11.2	20.0	3.8
24.4	47.0	29.7	10.6	23.9	5.2
27.9	46.4	27.7	9.3	22.0	6.3
28.0	39.1	23.9	8.1	15.9	8.1
27.5	45.7	27.7	9.4	21.6	6.3
21.2	31.3	23.0	8.1	12.3	5.8
27.6	36.2	24.7	6.1	13.1	6.1
24.1	45.3	27.3	10.0	21.0	5.0
28.6	34.7	28.6	10.2	20.4	8.2
36.0	40.0	36.0	8.0	20.0	8.0
26.5	41.9	28.9	9.4	18.8	6.2
23.7	32.7	25.7	6.4	11.6	5.9
21.8	50.1	33.9	11.5	26.5	4.8
27.9	46.4	27.3	9.3	22.1	6.4
20.5	43.6	30.8	10.3	17.9	5.1
27.8	48.5	29.2	10.3	25.2	5.5
26.6	46.6	29.8	10.1	24.6	5.6
27.3	41.3	25.2	7.0	23.1	5.6
28.9	49.4	28.3	10.2	25.2	5.5
22.5	49.5	37.5	13.4	31.0	3.5
23.9	53.1	29.2	14.2	22.1	7.1
25.3	49.9	29.8	10.0	22.5	5.5
25.0	50.2	31.7	9.6	22.8	5.6
21.5	44.6	25.4	8.5	18.1	5.7
25.6	49.5	28.4	10.0	22.3	5.4
21.4	55.3	37.7	14.0	26.1	4.2
34.9	50.9	29.2	15.1	18.9	7.5
24.0	**22.6**	**18.1**	**8.4**	**7.2**	**9.2**
24.0	16.9	14.7	7.3	7.2	11.3
13.9	7.6	25.3	2.5	7.6	8.9
23.9	17.9	19.3	9.7	5.7	8.5
25.5	15.5	15.7	8.6	8.6	8.6
23.8	34.5	20.8	9.1	7.1	7.1

7-2 续表 1

项 目	开展创新活动企业数（个）	企业内部信息或企业集团内部信息	来自高等学校或研究机构的信息	来自政府部门或行业协会的信息
开采专业及辅助性活动	127	43.3	12.6	29.9
其他采矿业	3	33.3		33.3
制造业	**265039**	**38.8**	**10.9**	**23.9**
农副食品加工业	12554	35.1	12.1	25.3
食品制造业	5961	39.6	13.9	22.2
酒、饮料和精制茶制造业	3572	39.4	13.9	26.4
烟草制品业	107	61.7	11.2	30.8
纺织业	11338	34.1	7.4	20.0
纺织服装、服饰业	5694	33.3	5.6	18.1
皮革、毛皮、羽毛及其制品和制鞋业	4173	34.9	5.9	17.7
木材加工和木、竹、藤、棕、草制品业	4460	28.6	5.9	20.5
家具制造业	4252	35.1	6.3	18.9
造纸和纸制品业	4007	36.9	6.6	20.3
印刷和记录媒介复制业	3959	35.9	7.5	22.2
文教、工美、体育和娱乐用品制造业	5959	35.9	6.6	18.5
石油、煤炭及其他燃料加工业	1238	43.4	15.8	28.8
化学原料和化学制品制造业	16185	40.8	17.4	26.6
医药制造业	7132	46.6	23.7	34.3
化学纤维制造业	1417	37.0	14.0	24.3
橡胶和塑料制品业	14965	36.0	8.5	21.0
非金属矿物制品业	22005	35.7	9.3	26.7
黑色金属冶炼和压延加工业	2904	36.7	11.1	26.4
有色金属冶炼和压延加工业	5073	39.0	13.7	25.7
金属制品业	19269	37.0	8.9	23.7
通用设备制造业	22883	40.3	11.2	23.8
专用设备制造业	18897	40.2	13.2	25.6
汽车制造业	12454	45.7	8.7	23.2
铁路、船舶、航空航天和其他运输设备制造业	4009	44.2	12.7	24.4
电气机械和器材制造业	22868	40.5	10.4	24.1
计算机、通信和其他电子设备制造业	19513	43.0	10.9	22.7
仪器仪表制造业	5201	41.9	14.8	28.2
其他制造业	1320	36.7	7.4	21.1
废弃资源综合利用业	1328	39.5	13.3	29.1
金属制品、机械和设备修理业	342	51.8	15.5	28.1
电力、热力、燃气及水生产和供应业	**5930**	**51.3**	**12.0**	**37.2**
电力、热力生产和供应业	3693	53.4	13.3	37.2
燃气生产和供应业	1113	49.6	6.2	35.4
水的生产和供应业	1124	45.8	13.6	39.1

在开展创新活动企业中，下列信息对创新影响较大的企业占比(%)					
来自设备、原材料、组件或软件供应商的信息	来自客户或消费者的信息	来自竞争对手、同行业其他企业的信息	来自咨询顾问、市场分析及中介机构的信息	来自商品交易会、展览会的信息，或来自文献、期刊、出版物的信息或互联网媒体的信息	其他
27.6	26.0	31.5	11.8	7.9	11.0
33.3					
27.5	**47.1**	**28.3**	**9.5**	**22.4**	**6.1**
23.3	43.2	24.7	8.9	19.3	6.3
23.0	48.3	27.7	10.5	28.8	6.4
20.7	44.9	23.5	9.0	24.6	5.9
27.1	48.6	42.1	7.5	13.1	3.7
27.2	46.3	24.0	8.5	23.4	6.1
25.1	41.7	20.0	8.9	23.0	6.2
24.0	41.5	19.4	7.9	20.8	6.1
27.5	38.5	22.4	7.8	16.0	7.1
24.6	48.8	25.9	9.9	31.6	6.4
32.5	46.2	27.9	9.9	19.1	6.7
35.8	45.6	26.1	9.5	21.4	6.8
23.9	48.7	23.8	8.4	32.6	6.6
28.9	37.6	25.4	12.0	13.2	5.8
27.1	44.1	28.9	10.3	20.8	5.9
21.4	38.7	26.1	12.6	26.2	5.7
26.8	44.7	26.2	7.7	19.9	4.9
32.5	48.7	28.6	9.4	22.5	6.4
27.3	38.4	25.3	8.6	14.0	6.7
29.3	40.6	28.2	10.6	11.7	6.5
29.6	41.8	27.7	9.1	16.4	6.2
28.6	45.3	27.2	9.2	20.8	6.6
26.8	51.1	30.3	9.2	25.5	5.8
24.9	50.9	31.2	9.8	27.8	5.7
29.1	52.3	29.4	9.4	18.0	6.6
24.9	51.0	28.7	8.8	20.8	6.4
28.8	51.6	31.9	10.3	25.2	5.8
32.5	54.7	35.2	10.0	23.6	5.3
24.9	56.4	35.1	9.9	30.0	4.8
27.3	51.3	28.9	9.8	28.5	6.3
28.4	30.3	23.3	11.6	9.7	8.0
24.0	42.7	23.1	5.6	13.2	5.3
25.2	**13.6**	**15.6**	**7.7**	**5.0**	**8.4**
26.1	9.4	15.4	7.0	4.5	8.4
23.8	26.3	18.1	9.7	5.8	8.7
23.7	15.1	13.4	7.7	6.0	7.8

7-2 续表 2

项 目	开展创新活动企业数（个）	企业内部信息或企业集团内部信息	来自高等学校或研究机构的信息	来自政府部门或行业协会的信息
四、按地区分				
东部地区	175514	39.0	10.2	22.9
中部地区	60354	38.7	12.5	25.3
西部地区	31509	40.0	11.9	29.3
东北地区	7337	40.5	14.3	28.0
北 京	2313	41.9	13.8	30.7
天 津	3205	42.7	11.2	25.8
河 北	8294	35.6	10.6	24.5
山 西	2890	40.9	15.2	29.4
内蒙古	1256	45.8	18.1	35.9
辽 宁	4145	42.1	14.9	27.1
吉 林	1366	39.8	15.2	28.2
黑龙江	1826	37.3	12.5	29.8
上 海	5622	44.5	11.2	24.0
江 苏	39050	38.7	13.5	23.4
浙 江	40840	40.8	7.8	21.3
安 徽	12926	39.1	15.6	30.4
福 建	11020	41.0	9.8	22.1
江 西	8943	44.3	10.1	25.2
山 东	21848	39.1	11.8	26.4
河 南	11008	36.0	11.8	22.6
湖 北	11313	36.3	11.9	23.9
湖 南	13274	38.2	11.8	23.0
广 东	43062	36.7	8.2	21.2
广 西	3366	36.7	9.4	27.2
海 南	260	41.9	14.2	31.9
重 庆	4937	42.4	9.3	27.8
四 川	9046	39.2	11.7	28.1
贵 州	2760	37.8	10.8	26.2
云 南	2435	43.3	11.9	32.3
西 藏	89	33.7	11.2	38.2
陕 西	4007	38.8	15.5	29.3
甘 肃	1167	42.4	12.3	32.4
青 海	259	42.5	16.2	38.2
宁 夏	832	41.7	16.1	42.1
新 疆	1355	37.6	10.2	29.5

在开展创新活动企业中，下列信息对创新影响较大的企业占比(%)					
来自设备、原材料、组件或软件供应商的信息	来自客户或消费者的信息	来自竞争对手、同行业其他企业的信息	来自咨询顾问、市场分析及中介机构的信息	来自商品交易会、展览会的信息，或来自文献、期刊、出版物的信息或互联网媒体的信息	其他
27.2	48.2	28.9	9.7	24.3	5.9
27.0	41.5	24.5	8.4	17.0	6.4
29.8	43.8	29.6	10.1	17.6	7.6
24.8	42.8	23.4	9.7	20.0	6.6
19.7	51.4	35.5	9.0	25.7	3.5
28.7	50.9	29.8	8.9	23.0	4.2
25.1	41.3	23.3	8.0	21.6	8.0
26.9	37.4	23.2	8.8	15.7	9.6
28.8	31.5	25.3	10.0	16.3	7.0
25.7	45.0	24.4	9.2	20.1	5.0
23.1	41.8	23.3	11.4	19.9	7.9
23.9	38.3	21.4	9.4	19.9	9.1
25.7	53.6	35.1	9.9	27.4	4.8
26.4	46.2	27.8	8.6	21.5	5.2
24.7	50.3	28.2	10.3	28.0	7.0
30.3	48.6	27.3	9.9	20.3	5.7
26.8	44.6	26.5	9.7	22.6	7.4
29.8	43.5	25.2	9.5	19.0	8.1
24.4	41.6	24.1	9.1	19.2	5.8
26.2	38.5	24.8	9.0	15.9	5.9
26.7	42.3	26.2	7.0	16.1	6.7
23.0	35.9	19.8	6.7	14.5	5.3
32.8	52.6	33.5	10.8	26.7	5.1
31.0	42.2	30.5	10.0	16.6	7.8
29.2	40.4	21.5	14.2	15.8	6.9
30.9	50.1	31.4	10.4	18.6	6.3
29.4	46.7	31.6	9.4	19.3	7.2
29.1	35.9	23.5	10.5	13.3	9.7
30.2	45.0	29.1	12.2	17.0	6.9
20.2	41.6	29.2	4.5	20.2	9.0
29.8	46.6	29.7	9.6	19.0	8.2
27.5	35.5	27.5	8.8	15.3	8.7
27.8	32.4	25.9	12.4	16.2	8.1
27.0	38.3	29.4	11.7	18.6	7.2
30.3	34.8	26.9	11.9	12.6	8.8

7–3 规模(限额)以上企业

项 目	开展创新合作的企业数（个）	创新合作企业占全部企业的比重(%)	集 团 内其他企业	高等学校
总 计	**273354**	**27.9**	**31.6**	**25.0**
#国有及国有控股	23922	32.0	63.6	38.9
一、按规模分				
大型企业	13798	58.0	64.6	48.9
中型企业	50085	33.7	44.2	29.6
小型企业	189065	29.9	26.7	23.4
微型企业	20406	11.7	23.9	12.0
二、按登记注册类型分				
内资企业	250976	27.5	29.9	25.0
国有企业	2546	23.9	57.3	34.6
集体企业	406	12.1	26.1	14.8
股份合作企业	355	21.2	17.2	19.4
联营企业	86	26.1	57.0	23.3
#国有联营企业	44	29.5	63.6	25.0
有限责任公司	48924	31.1	51.3	31.2
#国有独资公司	4645	29.0	63.7	39.2
股份有限公司	8284	54.4	46.0	49.7
私营企业	190333	26.3	23.4	22.3
其他企业	42	22.0	45.2	52.4
港、澳、台商投资企业	10076	33.6	45.1	25.2
合资经营企业	3041	42.2	44.6	32.3
合作经营企业	113	25.9	40.7	31.0
港、澳、台商独资经营企业	6220	29.6	44.8	19.3
港、澳、台商投资股份有限公司	565	61.7	52.4	51.2
其他港、澳、台投资企业	137	38.6	44.5	23.4
外商投资企业	12302	34.3	54.2	24.3
中外合资经营企业	4168	44.0	49.0	30.7
中外合作经营企业	135	32.1	54.1	27.4
外资企业	7346	29.8	57.3	18.6
外商投资股份有限公司	527	56.7	52.2	50.9
其他外商投资企业	126	32.1	51.6	27.0
三、按行业分				
采矿业	2171	19.1	37.8	31.7
制造业	173466	42.0	29.8	28.1
电力、热力、燃气及水生产和供应业	3293	19.0	55.1	22.0
建筑业	12329	19.5	35.3	25.5
批发和零售业	45191	14.1	26.3	9.3
交通运输、仓储和邮政业	5031	11.7	38.5	11.4
信息传输、软件和信息技术服务业	13490	50.4	46.9	30.6

创新合作开展情况

在创新合作企业中，与下列伙伴开展合作的企业占比(%)						
研究机构	政府部门或行业协会	供应商	客户或消费者	竞争对手或同行业企业	咨询顾问、市场分析及中介机构	其他合作对象
14.3	**21.4**	**39.3**	**48.5**	**20.6**	**17.6**	**19.6**
24.7	28.2	31.2	29.1	15.6	13.5	15.5
29.6	27.6	33.5	31.4	15.3	16.9	11.4
16.5	23.7	35.2	42.0	18.6	18.3	17.1
13.3	20.4	41.0	50.9	20.9	17.4	19.9
8.0	21.0	38.0	54.7	26.2	18.2	28.2
14.5	21.9	39.2	48.8	21.0	17.7	20.0
22.2	32.5	30.4	28.5	16.1	14.9	18.2
9.9	28.1	39.2	46.8	18.7	12.1	24.9
11.8	25.1	36.6	48.2	21.1	15.5	19.7
15.1	32.6	30.2	45.3	19.8	20.9	23.3
15.9	22.7	31.8	45.5	15.9	20.5	20.5
18.8	24.2	33.9	38.6	17.9	15.7	17.7
24.2	31.4	30.2	27.8	16.0	14.3	16.7
30.7	28.5	33.3	38.7	17.5	16.3	13.5
12.5	20.9	41.0	52.1	22.1	18.3	20.9
31.0	26.2	28.6	42.9	16.7	11.9	26.2
14.1	16.4	41.4	47.2	16.6	18.1	15.1
18.2	18.5	39.6	43.4	15.0	16.8	14.0
12.4	15.0	34.5	40.7	15.0	13.3	17.7
10.8	14.5	42.6	49.9	17.3	18.8	15.9
29.2	26.2	38.8	39.1	17.9	15.8	12.4
13.1	16.1	40.9	45.3	16.8	27.7	14.6
12.3	14.0	40.0	45.1	14.7	15.4	13.9
15.4	16.1	39.1	43.8	15.4	15.1	14.7
16.3	20.0	43.7	40.0	11.1	9.6	14.1
9.5	12.0	41.1	46.2	14.3	15.8	13.4
24.7	22.6	33.2	41.4	15.2	14.6	13.7
13.5	18.3	31.7	48.4	18.3	13.5	22.2
24.8	19.3	38.0	25.4	12.8	12.3	17.8
16.3	18.1	43.0	49.2	18.3	16.2	16.3
19.6	23.5	40.3	14.2	9.7	11.9	18.1
13.3	35.5	40.3	29.9	21.5	20.7	25.4
5.6	20.8	37.6	60.6	27.9	20.4	28.8
6.1	25.6	25.0	45.9	28.1	19.2	27.5
14.5	31.2	26.0	44.6	24.4	17.7	19.8

7-3 续表

项　目	开展创新合作的企业数（个）	创新合作企业占全部企业的比重（%）		
			集团内其他企业	高等学校
租赁和商务服务业	6999	14.0	37.8	17.0
科学研究和技术服务业	10103	36.8	43.4	44.4
水利、环境和公共设施管理业	1281	21.7	41.3	29.7
四、按地区分				
东部地区	169266	28.4	31.4	24.4
中部地区	58216	29.4	30.7	26.6
西部地区	38577	26.2	33.3	23.9
东北地区	7295	19.2	34.5	30.3
北　京	6867	23.6	43.9	29.4
天　津	3829	19.2	38.3	24.2
河　北	6370	22.6	27.5	25.1
山　西	3312	20.0	30.7	29.0
内蒙古	1478	19.0	39.2	26.6
辽　宁	3897	19.1	35.5	33.8
吉　林	1590	20.3	35.6	28.3
黑龙江	1808	18.5	31.4	24.7
上　海	9551	23.0	45.7	25.9
江　苏	33774	29.3	32.0	32.9
浙　江	34365	35.1	24.1	18.6
安　徽	12127	34.0	29.2	35.3
福　建	12219	25.4	31.3	19.2
江　西	8707	30.1	32.9	19.2
山　东	20797	29.0	32.0	26.1
河　南	11612	25.1	27.5	24.1
湖　北	11051	32.3	31.1	26.6
湖　南	11407	31.6	33.6	25.0
广　东	40942	29.0	31.0	21.9
广　西	3719	21.4	35.4	23.9
海　南	552	19.3	46.0	18.8
重　庆	5840	31.6	33.8	20.5
四　川	10769	29.3	31.7	24.7
贵　州	3289	27.6	35.0	21.9
云　南	3215	26.9	35.4	22.5
西　藏	205	25.3	31.2	21.0
陕　西	5487	26.9	29.5	27.5
甘　肃	1615	26.5	34.9	22.4
青　海	361	22.3	35.7	26.0
宁　夏	837	30.5	35.6	34.9
新　疆	1762	15.4	35.1	19.8

在创新合作企业中，与下列伙伴开展合作的企业占比(%)						
研究机构	政府部门或行业协会	供应商	客户或消费者	竞争对手或同行业企业	咨询顾问、市场分析及中介机构	其他合作对象
7.7	34.2	18.7	46.5	25.6	25.9	28.2
25.0	36.3	23.5	32.8	19.1	21.2	18.1
17.5	37.5	23.0	27.9	17.3	21.9	21.9
13.8	20.0	40.6	50.0	20.7	18.8	19.1
15.5	23.0	37.7	46.1	19.8	15.7	19.1
14.5	24.9	37.4	47.0	22.3	16.2	22.3
17.8	21.8	32.7	42.3	15.9	13.7	19.9
19.5	24.6	30.6	42.1	19.1	17.9	14.8
13.2	17.8	38.6	46.8	17.7	15.6	17.5
15.4	21.6	35.8	44.9	17.9	14.4	19.4
15.8	20.1	33.7	39.5	17.8	13.5	22.8
17.8	22.2	32.1	36.6	16.2	12.8	18.2
18.3	19.7	34.3	42.5	15.7	14.4	18.2
18.7	24.6	31.1	41.3	15.7	12.5	20.8
15.9	23.9	30.6	42.6	16.7	13.3	22.6
14.7	21.2	38.9	47.8	19.4	21.6	17.7
16.4	20.4	40.1	47.5	18.7	16.9	17.8
10.0	18.1	38.4	53.3	20.5	19.0	18.3
18.7	24.7	39.9	48.4	19.2	18.8	19.5
11.1	20.8	38.0	48.6	22.6	17.7	21.5
14.5	22.8	38.8	46.8	20.2	16.3	21.4
15.4	21.3	37.3	46.0	18.5	15.7	18.0
14.2	19.0	35.2	44.0	19.8	15.2	15.3
14.1	24.1	39.3	48.8	22.0	14.3	20.1
15.3	25.4	36.8	44.6	18.5	14.3	18.6
13.4	19.1	48.4	54.8	24.2	22.5	21.7
14.0	25.6	38.5	44.7	22.8	16.6	27.2
17.2	29.0	30.6	41.8	23.9	20.7	25.0
12.4	23.0	39.3	52.0	22.2	15.9	19.4
13.7	24.3	36.7	47.5	23.0	16.0	21.1
15.0	26.5	38.0	43.1	20.2	16.7	26.8
15.7	26.7	39.8	48.3	23.2	19.4	22.3
10.7	27.8	42.4	45.4	21.5	15.1	28.3
15.3	24.0	36.9	50.2	23.0	15.4	22.5
16.0	28.6	36.9	46.6	24.0	13.9	24.1
18.6	32.1	31.9	38.0	21.3	16.9	21.3
20.4	30.3	34.3	34.5	18.9	17.4	15.9
13.6	24.6	36.1	43.8	22.4	17.7	25.4

7-4 规模以上工业企业

项 目	开展创新合作的企业数（个）	创新合作企业占全部企业的比重（%）		
			集团内其他企业	高等学校
总 计	**178930**	**40.5**	**30.4**	**28.1**
#国有及国有控股	10970	43.4	64.1	44.7
一、按规模分				
大型企业	6447	75.9	66.2	53.0
中型企业	23455	60.2	46.8	38.2
小型企业	140464	40.9	26.3	25.9
微型企业	8564	16.9	24.4	17.0
二、按登记注册类型分				
内资企业	161116	40.5	28.3	28.3
国有企业	810	31.0	61.6	42.5
集体企业	177	19.8	26.0	18.6
股份合作企业	260	34.6	17.3	21.2
联营企业	34	37.8	52.9	17.6
#国有联营企业	19	43.2	52.6	15.8
有限责任公司	26238	43.8	49.8	35.5
#国有独资公司	1743	37.6	65.2	44.3
股份有限公司	5528	69.6	43.5	55.5
私营企业	128044	39.3	23.1	25.5
其他企业	25	47.2	52.0	64.0
港、澳、台商投资企业	7988	40.4	42.6	27.0
合资经营企业	2600	48.6	43.8	34.2
合作经营企业	86	29.8	38.4	31.4
港、澳、台商独资经营企业	4763	35.8	41.2	20.3
港、澳、台商投资股份有限公司	468	72.3	50.9	54.5
其他港、澳、台投资企业	71	44.4	39.4	32.4
外商投资企业	9826	41.4	53.9	25.5
中外合资经营企业	3520	49.3	48.9	31.2
中外合作经营企业	119	39.1	53.8	25.2
外资企业	5711	36.8	57.3	19.8
外商投资股份有限公司	399	68.1	49.1	57.4
其他外商投资企业	77	43.0	50.6	29.9
三、按行业分				
采矿业	**2171**	**19.1**	**37.8**	**31.7**
#煤炭开采和洗选业	830	18.2	39.4	37.8
石油和天然气开采业	61	42.7	77.0	82.0
黑色金属矿采选业	230	15.6	35.7	30.0
有色金属矿采选业	310	26.4	46.1	37.1
非金属矿采选业	662	17.9	29.0	16.3

创新合作开展情况

在创新合作企业中，与下列伙伴开展合作的企业占比(%)						
研究机构	政府部门或行业协会	供应商	客户或消费者	竞争对手或同行业企业	咨询顾问、市场分析及中介机构	其他合作对象
16.5	**18.2**	**42.9**	**48.3**	**18.1**	**16.1**	**16.3**
30.9	21.2	35.7	27.6	13.2	10.6	12.6
35.5	21.8	38.9	33.3	12.4	13.7	8.5
21.9	18.6	38.2	40.2	14.4	14.8	10.6
15.0	18.0	43.7	50.2	18.7	16.5	17.2
12.0	18.2	46.0	50.1	21.8	15.2	22.5
16.8	18.7	42.9	48.5	18.4	16.2	16.6
31.6	21.1	34.6	25.1	14.0	10.2	14.8
10.7	19.2	48.0	49.7	21.5	9.0	13.6
13.5	21.9	38.8	48.8	21.2	12.3	16.9
17.6	29.4	35.3	41.2	20.6	23.5	23.5
10.5	15.8	31.6	47.4	26.3	21.1	15.8
22.4	19.0	39.0	37.8	15.3	13.4	14.5
31.0	22.8	37.9	27.4	13.5	9.0	13.7
35.0	25.3	34.7	38.3	15.4	15.4	11.1
14.8	18.3	44.1	51.2	19.3	16.9	17.3
52.0	16.0	12.0	40.0	12.0	12.0	24.0
14.9	15.0	43.8	47.9	15.6	16.8	13.6
19.2	17.5	40.6	43.2	14.0	15.8	12.4
10.5	10.5	38.4	41.9	11.6	12.8	18.6
11.1	12.8	46.0	51.3	16.5	17.2	14.3
29.9	25.2	40.8	41.0	17.5	16.5	12.4
14.1	9.9	42.3	42.3	11.3	29.6	12.7
12.7	12.7	42.4	45.2	14.0	13.8	12.9
15.8	15.0	40.4	43.6	14.9	14.1	14.3
15.1	19.3	46.2	38.7	9.2	10.1	14.3
9.6	10.5	43.9	46.5	13.4	13.6	12.1
27.8	22.8	37.1	42.6	14.8	14.8	11.0
15.6	11.7	40.3	50.6	18.2	13.0	22.1
24.8	**19.3**	**38.0**	**25.4**	**12.8**	**12.3**	**17.8**
27.3	17.6	38.3	17.6	9.3	11.7	18.9
57.4	14.8	26.2	4.9	16.4	3.3	8.2
27.8	22.6	46.5	22.6	14.3	13.9	14.8
38.7	15.2	27.7	16.1	8.4	11.0	14.5
11.5	22.2	40.5	42.0	18.4	14.5	19.8

7-4 续表 1

项　　目	开展创新合作的企业数(个)	创新合作企业占全部企业的比重(%)		
			集 团 内其他企业	高等学校
开采专业及辅助性活动	77	24.2	36.4	41.6
制造业	**173466**	**42.0**	**29.8**	**28.1**
农副食品加工业	7820	33.9	29.8	27.7
食品制造业	4008	45.2	32.1	34.7
酒、饮料和精制茶制造业	2386	42.1	30.8	31.0
烟草制品业	93	73.8	55.9	52.7
纺织业	6960	35.2	21.5	18.3
纺织服装、服饰业	3299	25.0	25.2	13.2
皮革、毛皮、羽毛及其制品和制鞋业	2504	30.1	22.2	11.2
木材加工和木、竹、藤、棕、草制品业	2494	22.3	20.4	14.1
家具制造业	2734	38.2	23.9	12.9
造纸和纸制品业	2426	33.7	26.2	18.0
印刷和记录媒介复制业	2438	37.0	24.3	20.1
文教、工美、体育和娱乐用品制造业	3760	37.6	24.0	17.6
石油、煤炭及其他燃料加工业	802	35.9	36.8	32.2
化学原料和化学制品制造业	11041	47.6	32.3	40.8
医药制造业	5445	63.1	39.5	47.2
化学纤维制造业	936	44.9	32.5	32.5
橡胶和塑料制品业	9381	40.3	23.8	22.3
非金属矿物制品业	12863	29.2	30.5	23.3
黑色金属冶炼和压延加工业	1735	30.7	30.1	28.2
有色金属冶炼和压延加工业	3244	38.6	32.1	31.3
金属制品业	11869	38.0	25.7	22.0
通用设备制造业	15386	50.4	27.7	31.4
专用设备制造业	13087	54.8	29.5	36.4
汽车制造业	8756	50.7	37.7	25.6
铁路、船舶、航空航天和其他运输设备制造业	2764	49.3	35.6	33.9
电气机械和器材制造业	15517	51.2	30.5	27.3
计算机、通信和其他电子设备制造业	13954	57.8	36.3	29.9
仪器仪表制造业	3887	64.5	31.2	42.0
其他制造业	850	43.4	25.6	18.8
废弃资源综合利用业	806	30.4	34.2	30.4
金属制品、机械和设备修理业	221	34.6	42.1	41.2
电力、热力、燃气及水生产和供应业	**3293**	**19.0**	**55.1**	**22.0**
电力、热力生产和供应业	2129	19.2	57.9	23.0
燃气生产和供应业	571	18.8	52.7	11.9
水的生产和供应业	593	18.8	47.6	28.0

在创新合作企业中，与下列伙伴开展合作的企业占比(%)						
研究机构	政府部门或行业协会	供应商	客户或消费者	竞争对手或同行业企业	咨询顾问、市场分析及中介机构	其他合作对象
20.8	23.4	39.0	29.9	13.0	9.1	18.2
16.3	**18.1**	**43.0**	**49.2**	**18.3**	**16.2**	**16.3**
17.5	22.2	35.8	46.6	17.0	12.7	16.3
18.5	18.5	36.3	44.8	15.9	16.5	16.1
22.5	24.9	33.2	43.5	15.2	14.7	16.1
41.9	8.6	53.8	33.3	23.7	17.2	11.8
9.9	17.2	43.5	55.7	20.2	15.9	16.2
8.1	15.5	44.3	56.1	19.1	16.1	18.2
7.6	17.4	42.4	56.1	18.9	17.2	16.7
10.6	18.8	48.9	48.5	19.3	14.7	21.6
9.2	18.1	43.3	56.1	21.8	20.2	19.6
9.7	16.6	51.7	52.5	20.0	18.6	17.9
9.7	18.3	53.7	53.2	19.7	16.9	17.7
10.6	16.5	40.7	55.2	18.4	17.0	17.9
26.1	19.2	39.5	35.8	16.8	14.5	15.2
23.7	18.8	36.5	40.1	15.0	16.2	13.9
42.3	18.2	28.0	27.0	13.5	17.5	15.2
16.9	20.2	40.2	49.9	18.4	13.0	14.1
12.3	15.8	48.6	54.9	19.4	18.7	17.6
15.1	21.7	43.0	42.9	18.5	14.7	16.7
19.4	19.9	43.2	44.2	18.8	16.3	14.4
20.6	18.2	40.0	45.1	17.4	14.7	15.8
13.0	17.8	45.4	51.5	19.4	17.1	17.2
15.4	18.1	43.0	51.8	18.0	16.0	16.0
18.3	19.2	41.0	49.4	18.3	16.7	15.7
12.3	13.6	46.2	52.4	16.5	13.8	14.9
21.2	16.6	39.5	49.1	17.1	15.0	15.5
15.9	17.7	47.1	52.1	20.1	18.5	16.2
15.6	15.9	49.7	53.5	20.3	16.1	16.2
20.3	19.3	39.1	49.0	18.1	14.4	14.2
11.3	15.6	43.8	54.9	21.9	16.2	17.1
17.9	21.8	42.1	34.1	14.1	15.6	19.9
17.6	19.5	42.5	36.7	13.6	13.6	17.2
19.6	**23.5**	**40.3**	**14.2**	**9.7**	**11.9**	**18.1**
23.5	21.9	39.8	10.5	9.1	10.2	17.7
9.3	24.0	40.3	26.4	12.3	16.5	20.1
15.3	29.0	41.8	15.3	9.3	13.5	17.7

7-4 续表 2

项　　目	开展创新合作的企业数（个）	创新合作企业占全部企业的比重（%）		
			集团内其他企业	高等学校
四、按地区分				
东部地区	113332	42.9	29.1	26.4
中部地区	39828	39.7	31.2	30.7
西部地区	21178	34.8	34.5	29.9
东北地区	4592	28.6	35.3	36.5
北　京	1484	48.2	44.7	36.4
天　津	2030	35.9	38.2	28.0
河　北	4653	28.9	26.4	28.1
山　西	1888	27.5	31.1	37.0
内蒙古	830	25.2	44.3	37.6
辽　宁	2605	30.7	35.4	39.2
吉　林	919	28.5	38.6	35.3
黑龙江	1068	24.6	32.1	30.8
上　海	3730	40.1	44.9	31.5
江　苏	25659	45.6	31.4	35.5
浙　江	27185	50.5	21.8	19.0
安　徽	8981	45.2	29.1	40.1
福　建	7227	35.8	31.6	21.8
江　西	6180	39.1	35.0	21.1
山　东	13469	40.7	32.5	31.2
河　南	7159	33.0	28.2	29.5
湖　北	7298	43.4	30.1	30.3
湖　南	8322	42.9	34.0	27.6
广　东	27720	41.8	28.5	22.6
广　西	2059	25.6	35.6	29.0
海　南	175	31.1	46.3	30.3
重　庆	3455	47.3	36.0	21.8
四　川	6192	37.6	31.2	30.3
贵　州	1846	36.2	35.2	26.8
云　南	1625	35.6	37.0	28.8
西　藏	56	30.6	32.1	37.5
陕　西	2796	37.0	31.0	36.8
甘　肃	772	34.1	38.3	31.1
青　海	176	27.8	41.5	34.7
宁　夏	574	41.5	36.2	41.8
新　疆	797	19.7	38.0	29.2

在创新合作企业中，与下列伙伴开展合作的企业占比(%)						
研究机构	政府部门或行业协会	供应商	客户或消费者	竞争对手或同行业企业	咨询顾问、市场分析及中介机构	其他合作对象
15.0	17.1	44.1	50.9	18.6	17.3	16.5
18.5	20.0	40.6	44.0	17.1	14.1	15.3
19.5	21.1	42.2	43.8	18.3	14.3	17.4
22.0	17.5	35.6	40.5	13.4	12.4	15.2
26.2	19.1	36.0	40.0	15.0	12.0	10.7
15.8	14.9	43.5	47.6	14.5	12.5	13.1
17.8	19.1	38.2	43.8	16.2	13.3	17.1
22.2	16.3	35.9	32.3	13.2	11.3	17.9
26.6	21.6	34.7	25.1	9.8	10.6	14.7
21.8	17.0	36.9	41.3	13.1	13.3	13.6
25.4	17.1	33.3	39.3	12.0	10.9	15.2
19.7	18.8	34.6	39.7	15.4	11.6	19.3
17.1	17.7	47.0	51.0	16.8	17.3	13.6
17.7	18.0	42.0	47.1	16.9	15.5	15.5
10.4	15.8	40.1	54.7	19.1	18.6	16.6
21.1	22.1	43.0	47.5	16.5	17.4	16.1
13.4	17.5	43.1	49.4	19.3	15.7	17.5
16.8	19.1	41.4	45.3	18.0	14.7	17.3
18.7	19.1	39.3	43.5	15.2	14.0	14.5
18.2	16.3	37.3	39.9	16.6	13.3	12.2
16.9	19.9	43.0	46.5	19.7	12.6	16.3
17.5	22.8	39.4	43.3	16.2	12.9	14.3
14.1	16.0	53.9	56.8	22.2	21.0	18.9
18.8	20.6	42.8	40.9	18.1	15.7	22.4
36.0	18.9	32.6	29.7	16.0	21.1	12.0
15.3	18.3	46.6	52.1	20.0	14.6	14.9
17.3	20.5	41.3	46.1	19.3	13.8	17.3
20.6	23.5	42.4	39.1	16.3	13.8	20.8
22.5	21.1	43.2	43.0	19.3	18.8	15.9
25.0	21.4	41.1	30.4	10.7	14.3	16.1
22.0	20.3	41.5	46.7	18.5	12.8	17.0
24.0	25.9	42.5	41.3	20.2	12.6	18.5
29.0	25.0	35.2	28.4	14.2	12.5	14.8
24.0	30.0	35.4	32.1	14.1	16.9	11.2
20.6	23.2	41.8	35.6	16.2	15.4	18.3

7–5 规模(限额)以上企业

项　目	开展创新合作的企业数(个)			
		集团内其他企业	高等学校	研究机构
总　计	**273354**	**27.3**	**21.0**	**11.5**
#国有及国有控股	23922	56.6	32.5	19.4
一、按规模分				
大型企业	13798	55.1	40.3	23.0
中型企业	50085	38.6	24.5	13.2
小型企业	189065	23.0	19.8	10.8
微型企业	20406	20.7	9.7	6.2
二、按登记注册类型分				
内资企业	250976	25.8	21.1	11.6
国有企业	2546	50.6	29.0	17.6
集体企业	406	23.4	11.6	7.9
股份合作企业	355	16.1	17.7	9.3
联营企业	86	47.7	19.8	9.3
#国有联营企业	44	54.5	22.7	9.1
有限责任公司	48924	45.1	26.0	15.0
#国有独资公司	4645	56.4	32.4	18.9
股份有限公司	8284	37.9	41.9	24.9
私营企业	190333	19.9	18.8	10.1
其他企业	42	38.1	52.4	26.2
港、澳、台商投资企业	10076	39.7	20.3	11.3
合资经营企业	3041	39.0	26.6	14.7
合作经营企业	113	32.7	25.7	10.6
港、澳、台商独资经营企业	6220	40.2	15.4	8.4
港、澳、台商投资股份有限公司	565	40.2	39.5	25.1
其他港、澳、台投资企业	137	39.4	19.7	8.8
外商投资企业	12302	49.4	19.3	9.5
中外合资经营企业	4168	44.1	24.9	12.2
中外合作经营企业	135	48.9	23.7	11.9
外资企业	7346	52.9	14.4	7.3
外商投资股份有限公司	527	44.4	41.6	18.6
其他外商投资企业	126	44.4	19.8	11.1
三、按行业分				
采矿业	2171	34.2	28.6	21.4
制造业	173466	25.7	23.8	13.4
电力、热力、燃气及水生产和供应业	3293	51.0	19.1	16.8
建筑业	12329	30.3	22.2	10.4
批发和零售业	45191	22.6	7.1	4.1
交通运输、仓储和邮政业	5031	35.0	9.5	4.7
信息传输、软件和信息技术服务业	13490	40.6	24.4	10.3

创新合作伙伴情况

在创新合作企业中，下列合作伙伴对企业创新有较大价值的企业占比(%)					
政府部门或行业协会	供应商	客户或消费者	竞争对手或同行业企业	咨询顾问、市场分析及中介机构	其他合作对象
18.0	**33.3**	**44.3**	**17.1**	**13.7**	**14.2**
22.8	24.1	24.6	12.0	9.5	10.9
20.7	24.9	27.1	11.2	11.6	7.2
19.7	29.3	38.0	15.3	14.1	12.3
17.3	35.0	46.6	17.5	13.7	14.5
18.3	33.1	49.6	21.7	14.3	21.0
18.6	33.2	44.4	17.5	13.8	14.5
27.8	24.0	23.6	12.4	10.6	12.6
25.4	36.2	40.6	17.0	9.1	20.7
22.5	31.3	43.9	16.6	13.2	14.6
25.6	24.4	43.0	18.6	15.1	17.4
18.2	25.0	45.5	13.6	18.2	18.2
20.1	27.5	34.3	14.3	11.7	12.5
25.8	22.5	23.0	11.8	10.3	11.8
22.5	25.7	33.9	13.9	11.3	9.1
17.9	35.1	47.8	18.5	14.5	15.3
19.0	16.7	33.3	7.1	9.5	19.0
12.9	35.5	44.0	14.1	14.3	11.2
14.6	32.8	40.3	12.4	13.0	9.8
12.4	30.1	38.1	14.2	10.6	13.3
11.6	37.3	46.9	14.8	15.2	12.2
18.6	30.4	34.7	15.0	10.4	8.7
13.9	36.5	41.6	16.1	20.4	11.7
10.9	34.4	41.7	12.2	12.0	10.1
12.4	33.5	40.4	12.9	11.8	11.1
17.8	35.6	34.8	10.4	8.1	7.4
9.5	35.4	42.9	11.8	12.4	9.7
17.3	27.5	34.5	11.8	9.9	7.8
13.5	29.4	46.0	15.9	7.9	16.7
16.4	31.6	22.0	10.3	9.8	13.1
14.9	36.7	45.3	15.3	12.7	11.7
20.3	34.6	12.0	7.9	9.6	14.0
31.5	34.1	25.2	17.3	16.2	19.3
17.8	32.1	55.1	23.0	15.7	21.1
22.8	20.7	41.8	24.2	15.5	21.2
27.0	20.4	40.4	20.6	13.2	14.0

7-5 续表

项　　目	开展创新合作的企业数（个）	集 团 内其他企业	高等学校	研究机构
租赁和商务服务业	6999	32.8	13.3	5.5
科学研究和技术服务业	10103	37.4	37.2	19.9
水利、环境和公共设施管理业	1281	35.6	25.4	14.4
四、按地区分				
东部地区	169266	27.1	20.4	11.1
中部地区	58216	26.7	22.7	12.4
西部地区	38577	28.9	19.8	11.7
东北地区	7295	30.3	26.0	15.1
北　京	6867	38.3	24.6	15.8
天　津	3829	33.7	20.7	10.9
河　北	6370	23.5	21.6	12.6
山　西	3312	27.2	25.5	13.5
内蒙古	1478	34.6	23.0	15.4
辽　宁	3897	31.2	28.7	15.5
吉　林	1590	31.4	24.2	15.5
黑龙江	1808	27.5	21.6	13.9
上　海	9551	39.7	20.9	10.9
江　苏	33774	27.3	27.8	13.3
浙　江	34365	21.1	15.9	8.3
安　徽	12127	24.8	30.0	14.6
福　建	12219	27.4	15.6	8.6
江　西	8707	28.8	16.1	11.8
山　东	20797	27.7	22.3	12.5
河　南	11612	24.2	20.4	11.7
湖　北	11051	26.8	22.7	11.3
湖　南	11407	29.6	21.4	11.8
广　东	40942	26.3	17.6	10.5
广　西	3719	30.8	19.1	11.4
海　南	552	39.7	14.5	15.4
重　庆	5840	29.5	16.6	9.8
四　川	10769	27.3	20.7	10.9
贵　州	3289	30.3	17.9	11.7
云　南	3215	31.0	18.6	13.1
西　藏	205	26.8	17.1	8.3
陕　西	5487	25.3	22.7	12.2
甘　肃	1615	30.0	18.7	13.7
青　海	361	32.7	21.3	15.2
宁　夏	837	32.1	29.7	17.6
新　疆	1762	30.9	17.1	11.4

在创新合作企业中，下列合作伙伴对企业创新有较大价值的企业占比(%)					
政府部门或行业协会	供应商	客户或消费者	竞争对手或同行业企业	咨询顾问、市场分析及中介机构	其他合作对象
30.5	14.9	41.8	20.8	21.0	20.9
31.0	17.3	27.8	15.2	16.1	12.2
33.8	19.0	24.4	13.5	18.3	15.9
16.7	34.7	46.0	17.3	14.8	13.8
19.6	31.8	41.5	16.2	12.0	13.7
21.3	31.1	42.2	18.3	12.2	16.6
19.0	27.2	38.4	13.2	10.6	14.8
20.9	25.5	39.1	16.0	13.8	11.0
15.0	33.6	43.5	13.8	12.6	13.0
18.4	29.9	40.4	14.6	11.2	14.8
17.6	28.4	35.4	14.6	9.9	17.4
19.8	27.1	33.3	13.1	9.9	14.8
16.7	28.7	38.9	12.8	11.2	13.0
21.6	25.9	36.7	12.8	9.4	15.8
21.5	25.1	39.0	14.3	10.4	17.8
17.1	32.8	43.8	16.1	17.0	12.6
16.5	33.7	43.1	15.3	13.0	12.0
15.6	32.9	49.7	17.9	15.8	14.4
20.4	33.6	44.3	15.5	14.2	12.7
17.7	32.6	44.0	19.1	13.7	16.5
19.4	33.2	42.6	15.8	12.8	15.9
18.2	31.3	41.5	15.1	12.0	13.5
16.4	29.8	39.7	16.5	12.2	11.7
20.4	32.6	44.1	18.4	10.6	14.7
22.0	30.8	38.9	15.1	11.0	13.2
15.6	42.1	50.8	20.3	17.5	14.7
22.2	32.4	40.1	18.4	12.3	20.7
26.6	25.2	38.4	18.5	15.8	17.9
19.6	32.1	46.9	18.2	11.8	13.8
20.8	30.9	43.0	19.2	12.0	15.5
22.3	31.4	37.9	16.9	12.6	20.9
23.4	32.7	43.1	19.3	15.1	15.8
23.9	35.6	40.0	19.0	11.7	21.0
20.3	30.5	45.2	18.4	11.3	16.2
24.1	30.2	40.2	19.2	9.8	18.5
28.0	27.7	34.1	19.1	13.6	15.0
25.8	27.4	30.8	14.9	14.7	12.1
21.3	30.5	39.8	18.9	13.8	20.4

7–6　规模以上工业企业

项　　目	开展创新合作的企业数（个）		
		集团内其他企业	高等学校
总　计	**178930**	**26.3**	**23.8**
#国有及国有控股	10970	56.8	37.2
一、按规模分			
大型企业	6447	56.6	42.8
中型企业	23455	41.1	31.8
小型企业	140464	22.7	22.1
微型企业	8564	21.3	14.2
二、按登记注册类型分			
内资企业	161116	24.4	24.1
国有企业	810	55.3	35.8
集体企业	177	22.6	16.4
股份合作企业	260	16.2	19.2
联营企业	34	44.1	17.6
#国有联营企业	19	52.6	15.8
有限责任公司	26238	43.8	29.9
#国有独资公司	1743	57.6	35.5
股份有限公司	5528	35.5	47.1
私营企业	128044	19.7	21.8
其他企业	25	44.0	64.0
港、澳、台商投资企业	7988	37.6	22.2
合资经营企业	2600	38.4	28.5
合作经营企业	86	30.2	31.4
港、澳、台商独资经营企业	4763	37.2	16.6
港、澳、台商投资股份有限公司	468	38.2	42.7
其他港、澳、台投资企业	71	36.6	26.8
外商投资企业	9826	48.9	20.3
中外合资经营企业	3520	43.9	25.3
中外合作经营企业	119	47.9	22.7
外资企业	5711	52.7	15.4
外商投资股份有限公司	399	40.9	46.6
其他外商投资企业	77	42.9	24.7
三、按行业分			
采矿业	**2171**	**34.2**	**28.6**
#煤炭开采和洗选业	830	35.1	34.9
石油和天然气开采业	61	75.4	72.1
黑色金属矿采选业	230	31.3	25.2
有色金属矿采选业	310	40.6	32.9

创新合作伙伴情况

在创新合作企业中，下列合作伙伴对企业创新有较大价值的企业占比(%)						
研究机构	政府部门或行业协会	供应商	客户或消费者	竞争对手或同行业企业	咨询顾问、市场分析及中介机构	其他合作对象
13.5	**15.0**	**36.6**	**44.4**	**15.1**	**12.6**	**11.7**
25.3	15.8	28.0	23.6	10.0	6.9	8.9
28.4	14.5	29.5	29.4	8.9	8.9	4.8
18.1	14.5	31.8	36.8	11.8	11.3	7.4
12.3	15.1	37.5	46.2	15.8	13.0	12.5
9.7	16.0	40.4	45.9	18.3	11.8	16.6
13.8	15.5	36.6	44.5	15.5	12.7	12.0
25.9	16.7	27.2	20.9	9.9	6.8	9.9
10.2	16.4	45.2	44.1	19.2	5.7	12.4
10.8	18.8	34.6	45.8	17.7	10.4	13.5
14.7	23.5	32.4	41.2	20.6	17.6	14.7
10.5	15.8	31.6	47.4	26.3	21.1	15.8
18.5	15.1	32.1	33.9	12.3	9.9	10.1
25.1	17.5	28.6	22.9	9.9	5.5	9.1
29.2	19.1	26.8	33.7	12.3	10.7	7.3
12.1	15.4	38.0	47.3	16.3	13.4	12.6
44.0	16.0		28.0		8.0	20.0
12.2	11.6	37.8	44.9	13.3	13.3	10.0
15.9	13.7	34.0	40.3	11.7	12.1	8.6
9.3	8.1	32.6	38.4	10.5	9.3	12.8
9.0	10.1	40.5	48.4	14.1	14.0	10.8
25.6	17.1	31.8	36.3	14.1	11.3	8.8
7.0	7.0	38.0	36.6	11.3	22.5	11.3
9.9	9.7	36.5	41.9	11.7	10.7	9.4
12.5	11.3	34.7	40.4	12.6	11.0	10.8
11.8	16.8	37.0	33.6	8.4	8.4	7.6
7.4	8.1	38.0	43.3	11.1	10.7	8.7
21.3	16.5	30.3	35.3	11.3	9.5	6.0
13.0	9.1	37.7	48.1	16.9	6.5	14.3
21.4	**16.4**	**31.6**	**22.0**	**10.3**	**9.8**	**13.1**
23.4	15.3	30.8	15.2	6.7	9.4	14.0
50.8	4.9	14.8	4.9	9.8		6.6
24.8	19.1	37.4	18.7	11.7	11.7	10.9
33.5	11.9	24.8	14.5	6.8	9.7	10.6

7-6 续表 1

项　目	开展创新合作的企业数(个)		
		集团内其他企业	高等学校
非金属矿采选业	662	26.9	14.8
开采专业及辅助性活动	77	36.4	36.4
制造业	**173466**	**25.7**	**23.8**
农副食品加工业	7820	26.2	24.1
食品制造业	4008	27.4	30.6
酒、饮料和精制茶制造业	2386	27.0	26.5
烟草制品业	93	48.4	38.7
纺织业	6960	18.5	15.6
纺织服装、服饰业	3299	21.9	10.6
皮革、毛皮、羽毛及其制品和制鞋业	2504	19.8	9.7
木材加工和木、竹、藤、棕、草制品业	2494	17.4	11.9
家具制造业	2734	20.9	10.9
造纸和纸制品业	2426	22.3	14.6
印刷和记录媒介复制业	2438	21.3	16.5
文教、工美、体育和娱乐用品制造业	3760	20.6	14.5
石油、煤炭及其他燃料加工业	802	32.4	26.7
化学原料和化学制品制造业	11041	28.0	36.1
医药制造业	5445	33.9	41.3
化学纤维制造业	936	27.6	27.2
橡胶和塑料制品业	9381	20.4	18.6
非金属矿物制品业	12863	26.9	19.8
黑色金属冶炼和压延加工业	1735	26.0	23.5
有色金属冶炼和压延加工业	3244	27.6	26.9
金属制品业	11869	22.3	18.6
通用设备制造业	15386	23.9	26.5
专用设备制造业	13087	25.0	31.1
汽车制造业	8756	33.6	20.3
铁路、船舶、航空航天和其他运输设备制造业	2764	31.8	28.4
电气机械和器材制造业	15517	25.6	22.6
计算机、通信和其他电子设备制造业	13954	31.1	24.4
仪器仪表制造业	3887	26.8	35.9
其他制造业	850	22.0	15.9
废弃资源综合利用业	806	29.9	26.7
金属制品、机械和设备修理业	221	38.5	35.3
电力、热力、燃气及水生产和供应业	**3293**	**51.0**	**19.1**
电力、热力生产和供应业	2129	53.7	19.7
燃气生产和供应业	571	49.4	11.0
水的生产和供应业	593	42.8	25.0

在创新合作企业中，下列合作伙伴对企业创新有较大价值的企业占比(%)						
研究机构	政府部门或行业协会	供应商	客户或消费者	竞争对手或同行业企业	咨询顾问、市场分析及中介机构	其他合作对象
9.7	19.3	35.3	36.7	15.7	11.0	14.5
18.2	20.8	32.5	23.4	11.7	5.2	13.0
13.4	**14.9**	**36.7**	**45.3**	**15.3**	**12.7**	**11.7**
14.6	18.4	30.1	42.2	14.1	9.7	12.0
15.0	14.9	30.2	41.0	13.1	13.3	11.6
19.1	20.9	27.5	39.6	12.4	11.6	11.8
36.6	7.5	40.9	31.2	16.1	10.8	9.7
8.0	14.7	37.8	52.2	17.6	13.4	12.4
6.4	13.0	39.2	53.2	16.4	13.6	14.3
6.4	15.5	37.1	52.6	16.3	14.2	13.2
8.4	16.4	43.3	43.9	15.6	11.9	16.2
7.0	15.3	37.7	52.0	17.7	16.9	14.6
7.3	13.4	45.3	47.3	17.1	14.5	13.2
7.5	15.3	48.1	48.9	16.6	13.5	12.8
8.5	13.6	35.3	52.3	15.7	14.1	13.4
23.2	15.5	32.0	32.5	14.2	11.1	9.9
19.9	15.1	30.6	36.2	12.3	12.3	9.6
37.9	14.3	21.6	23.2	10.5	12.8	10.7
14.2	15.1	32.6	45.4	15.3	10.0	10.5
9.8	13.2	42.7	50.8	16.6	14.7	12.7
12.6	18.4	37.0	38.5	15.5	11.6	12.3
16.0	16.0	36.9	39.6	15.4	13.5	10.8
17.2	14.8	33.8	41.1	14.5	10.8	10.9
10.5	14.9	39.2	47.6	16.3	13.6	12.4
12.4	14.7	36.5	47.9	15.1	12.6	11.4
14.8	15.9	34.0	45.2	15.5	12.6	11.0
9.4	11.1	39.3	48.8	13.8	10.6	10.7
17.8	13.5	32.8	45.2	14.1	11.4	11.6
12.8	14.4	40.4	48.2	16.9	14.6	11.3
12.2	12.4	42.8	50.0	16.9	12.0	10.9
16.9	15.7	33.0	45.5	15.4	10.5	9.8
8.9	13.4	38.8	51.8	18.9	12.7	12.1
13.6	19.1	36.7	28.4	10.3	12.5	14.8
15.4	15.4	38.0	30.8	10.9	10.0	11.8
16.8	**20.3**	**34.6**	**12.0**	**7.9**	**9.6**	**14.0**
20.0	18.6	34.4	8.9	7.6	8.1	13.5
8.1	21.5	33.8	22.8	9.3	13.8	15.4
13.7	25.0	35.9	13.0	7.6	11.0	14.2

7-6 续表 2

项　目	开展创新合作的企业数（个）		
		集团内其他企业	高等学校
四、按地区分			
东部地区	113332	25.1	22.3
中部地区	39828	27.3	26.4
西部地区	21178	29.9	25.0
东北地区	4592	31.0	31.4
北　京	1484	38.6	30.8
天　津	2030	34.1	24.2
河　北	4653	22.4	24.5
山　西	1888	28.0	32.8
内蒙古	830	39.2	33.0
辽　宁	2605	30.8	33.9
吉　林	919	34.0	30.0
黑龙江	1068	28.8	26.7
上　海	3730	38.4	25.8
江　苏	25659	26.9	30.2
浙　江	27185	19.2	16.3
安　徽	8981	24.6	34.5
福　建	7227	28.0	17.9
江　西	6180	31.0	17.8
山　东	13469	28.0	26.8
河　南	7159	25.0	24.9
湖　北	7298	25.9	26.4
湖　南	8322	30.3	23.9
广　东	27720	24.1	18.4
广　西	2059	30.7	23.8
海　南	175	41.1	25.7
重　庆	3455	31.5	17.8
四　川	6192	26.6	25.6
贵　州	1846	30.7	21.9
云　南	1625	32.7	24.1
西　藏	56	28.6	32.1
陕　西	2796	26.9	30.2
甘　肃	772	33.3	26.2
青　海	176	39.8	29.5
宁　夏	574	32.2	36.6
新　疆	797	33.4	25.6

在创新合作企业中，下列合作伙伴对企业创新有较大价值的企业占比(%)						
研究机构	政府部门或行业协会	供应商	客户或消费者	竞争对手或同行业企业	咨询顾问、市场分析及中介机构	其他合作对象
12.3	14.0	37.9	47.2	15.7	13.7	11.9
14.9	16.7	34.5	39.7	14.0	10.8	10.8
16.2	17.4	35.3	39.6	15.2	10.8	12.8
18.8	14.7	29.6	36.9	11.2	9.6	11.2
22.4	16.2	29.9	37.7	12.9	9.4	7.5
12.9	11.8	38.2	44.8	11.3	9.8	9.4
14.9	16.1	32.0	39.7	13.3	10.3	12.9
19.2	13.9	30.4	28.8	10.5	8.0	14.0
23.7	18.8	30.0	21.8	7.6	8.2	11.4
18.5	14.1	31.0	37.8	10.6	10.6	9.6
21.2	14.4	27.6	34.6	10.2	7.5	11.8
17.5	16.2	28.1	36.7	13.3	8.9	14.7
13.3	13.8	40.3	47.4	13.5	13.4	9.5
14.5	14.1	35.3	43.1	14.0	12.0	10.4
8.8	13.5	34.6	51.4	17.0	15.6	13.4
16.5	17.8	36.2	43.7	13.4	13.1	10.1
10.8	14.5	37.3	45.4	16.2	12.0	13.4
13.7	16.0	36.1	41.5	14.0	11.6	12.8
15.4	16.0	32.9	39.3	12.4	10.7	10.8
15.4	13.7	31.8	36.3	14.0	10.7	9.0
13.8	16.4	36.3	42.3	16.6	9.2	11.7
13.6	19.5	33.2	37.4	13.3	10.0	10.0
11.3	12.8	47.4	53.3	18.6	16.4	12.7
16.0	16.9	36.8	37.4	14.6	11.8	16.8
34.3	17.7	26.9	28.0	12.6	16.6	6.3
12.4	15.3	38.6	46.9	16.6	11.1	10.6
14.0	17.0	34.9	41.8	16.3	10.3	12.5
16.6	19.0	35.5	35.0	13.8	10.3	16.1
19.6	17.7	36.0	38.8	16.6	15.0	11.6
21.4	16.1	30.4	23.2	10.7	10.7	14.3
18.0	16.1	33.9	42.7	15.1	9.2	11.9
21.4	21.5	35.1	34.7	15.9	8.3	13.7
24.4	21.6	30.7	24.4	12.5	10.2	11.9
20.9	24.6	28.6	27.9	10.8	13.9	8.4
16.9	19.4	35.8	32.2	12.9	11.4	14.9

7-7 规模(限额)以上

项　目	开展产学研合作的企业数(个)	在创新合作企业中产学研合作企业占比(%)		
			建立或参与创新联合体	合作共同完成科研项目
总　计	**83289**	**30.5**	**22.7**	**63.1**
#国有及国有控股	10878	45.5	25.2	77.8
一、按规模分				
大型企业	7522	54.5	25.7	77.3
中型企业	17613	35.2	22.9	65.4
小型企业	54929	29.1	21.9	61.1
微型企业	3225	15.8	29.6	52.3
二、按登记注册类型分				
内资企业	76609	30.5	22.9	62.9
国有企业	1028	40.4	29.6	77.5
集体企业	84	20.7	27.4	51.2
股份合作企业	86	24.2	18.6	58.1
联营企业	25	29.1	36.0	60.0
#国有联营企业	13	29.5	38.5	69.2
有限责任公司	18282	37.4	23.7	69.8
#国有独资公司	2080	44.8	26.3	77.2
股份有限公司	4698	56.7	23.4	75.3
私营企业	52382	27.5	22.5	59.1
其他企业	24	57.1	33.3	70.8
港、澳、台商投资企业	3136	31.1	20.6	64.2
合资经营企业	1208	39.7	20.4	66.4
合作经营企业	39	34.5	15.4	69.2
港、澳、台商独资经营企业	1520	24.4	20.3	60.5
港、澳、台商投资股份有限公司	329	58.2	24.0	71.1
其他港、澳、台投资企业	40	29.2	15.0	72.5
外商投资企业	3544	28.8	20.1	66.5
中外合资经营企业	1494	35.8	19.7	69.8
中外合作经营企业	44	32.6	25.0	70.5
外资企业	1662	22.6	20.2	62.1
外商投资股份有限公司	298	56.5	20.5	73.8
其他外商投资企业	46	36.5	21.7	65.2
三、按行业分				
采矿业	860	39.6	18.0	74.4
制造业	60074	34.6	20.9	63.9
电力、热力、燃气及水生产和供应业	1024	31.1	23.9	72.3
建筑业	3655	29.6	28.5	64.7
批发和零售业	5283	11.7	31.2	47.0
交通运输、仓储和邮政业	693	13.8	33.3	53.0
信息传输、软件和信息技术服务业	4749	35.2	26.1	66.8

注：产学研合作指企业与高等学校或研究机构开展创新合作。

企业产学研合作形式

在产学研合作企业中，以下列为主要合作形式的企业占比(%)						
合作建立研发机构	开展联合人才培养	聘用高等学校或研究机构人员到企业兼职	转化或实施知识产权产品或其他科研成果	使用科研场所或设备	使用检验检测等科研辅助服务	其他形式
19.7	**32.2**	**21.4**	**14.8**	**9.8**	**14.2**	**16.2**
16.7	30.8	12.4	14.8	10.0	13.8	14.2
20.3	35.8	16.6	14.1	7.8	11.6	12.1
19.5	34.6	20.3	14.2	8.5	12.9	15.0
19.6	31.0	22.4	15.2	10.4	15.0	16.8
21.3	32.9	21.8	14.0	11.4	13.6	21.6
19.9	32.5	21.8	14.9	9.8	14.0	16.2
17.4	34.5	11.3	14.4	9.8	11.5	15.0
23.8	41.7	17.9	7.1	13.1	4.8	22.6
20.9	30.2	19.8	18.6	9.3	16.3	14.0
28.0	52.0	20.0	12.0	4.0	16.0	20.0
23.1	61.5	23.1	23.1	7.7	7.7	15.4
17.8	32.8	17.3	14.8	9.6	14.1	15.7
17.4	31.3	11.4	13.8	10.4	13.8	15.2
21.5	33.2	21.2	13.9	8.9	12.1	11.9
20.5	32.2	23.6	15.0	9.9	14.2	16.8
20.8	37.5	12.5	12.5		16.7	8.3
20.2	30.2	18.7	13.9	10.4	15.1	15.2
20.7	28.6	19.0	13.1	9.6	14.3	13.2
25.6	30.8	10.3	12.8	10.3	17.9	10.3
18.9	30.1	18.6	14.7	11.1	16.0	17.8
24.6	36.2	19.5	13.4	11.2	12.8	10.0
12.5	35.0	15.0	10.0	5.0	25.0	25.0
16.1	29.1	15.9	14.7	10.5	16.5	15.7
16.3	29.8	16.7	14.3	10.0	16.2	14.3
11.4	22.7	13.6	13.6		11.4	13.6
15.6	27.6	15.0	15.2	11.6	17.1	17.6
18.8	33.6	18.1	13.8	8.4	15.8	12.4
15.2	41.3	8.7	15.2	10.9	10.9	15.2
16.3	21.5	11.9	15.7	9.1	13.3	15.7
20.1	30.1	21.8	14.8	10.1	15.2	15.2
14.8	25.7	10.1	15.1	8.2	11.9	16.1
20.1	40.0	21.4	14.3	8.7	11.7	18.4
20.5	38.9	24.0	14.2	10.5	13.9	23.8
19.2	35.1	14.0	11.4	7.6	7.8	20.9
18.6	37.8	20.4	16.9	6.0	6.8	17.6

7-7 续表

项　　目	开展产学研合作的企业数(个)	在创新合作企业中产学研合作企业占比(%)		
			建立或参与创新联合体	合作共同完成科研项目
租赁和商务服务业	1381	19.7	31.4	41.0
科学研究和技术服务业	5120	50.7	24.2	70.0
水利、环境和公共设施管理业	450	35.1	27.3	64.7
四、按地区分				
东部地区	50440	29.8	22.1	64.2
中部地区	18942	32.5	23.1	60.2
西部地区	11252	29.2	24.3	62.9
东北地区	2655	36.4	25.5	64.0
北　京	2458	35.8	21.2	75.7
天　津	1100	28.7	21.8	71.1
河　北	2000	31.4	20.1	60.3
山　西	1158	35.0	19.2	64.0
内蒙古	481	32.5	24.5	69.6
辽　宁	1532	39.3	26.3	65.3
吉　林	563	35.4	21.8	64.1
黑龙江	560	31.0	27.0	60.4
上　海	2965	31.0	21.3	68.9
江　苏	12906	38.2	21.3	66.2
浙　江	8022	23.3	22.3	60.3
安　徽	5021	41.4	20.9	66.1
福　建	2887	23.6	26.4	57.6
江　西	2257	25.9	26.1	53.9
山　东	6561	31.5	22.0	61.3
河　南	3500	30.1	21.7	55.1
湖　北	3493	31.6	25.2	59.7
湖　南	3513	30.8	25.0	60.4
广　东	11389	27.8	22.6	64.2
广　西	1063	28.6	26.1	62.6
海　南	152	27.5	20.4	67.8
重　庆	1474	25.2	27.4	61.1
四　川	3197	29.7	22.3	63.4
贵　州	915	27.8	27.4	62.4
云　南	927	28.8	25.4	60.9
西　藏	48	23.4	31.3	52.1
陕　西	1771	32.3	22.0	61.9
甘　肃	467	28.9	25.1	61.7
青　海	124	34.3	29.0	71.8
宁　夏	348	41.6	22.1	67.5
新　疆	437	24.8	23.6	65.2

在产学研合作企业中，以下列为主要合作形式的企业占比(%)						
合作建立研发机构	开展联合人才培养	聘用高等学校或研究机构人员到企业兼职	转化或实施知识产权产品或其他科研成果	使用科研场所或设备	使用检验检测等科研辅助服务	其他形式
16.9	47.9	25.9	10.5	6.9	6.0	25.9
17.9	38.3	19.3	15.6	11.3	15.0	14.0
19.1	32.0	22.0	15.1	12.0	11.3	17.1
19.9	31.1	20.8	15.5	10.0	14.6	15.7
21.2	34.2	23.9	14.1	9.1	12.5	16.0
16.4	34.4	21.1	13.1	10.1	15.2	18.6
19.6	31.1	17.0	14.1	10.1	13.8	16.0
17.2	24.5	15.3	16.1	12.1	15.8	11.4
19.7	27.7	18.7	17.3	11.7	16.5	12.7
19.7	31.8	15.8	11.1	10.0	14.2	16.7
18.6	27.7	18.8	11.7	8.6	11.8	18.3
13.1	29.7	14.8	15.2	10.2	17.3	13.1
21.3	33.2	16.6	14.2	10.8	15.3	13.6
17.4	30.0	16.0	13.9	8.0	11.7	18.7
17.1	26.3	19.1	14.3	10.0	12.0	20.2
17.5	30.3	18.7	17.0	12.5	18.2	13.8
23.0	30.6	22.6	16.1	9.8	13.8	14.0
16.0	25.6	18.4	12.3	8.3	14.9	18.7
24.8	33.2	25.2	17.4	9.0	12.6	14.8
16.6	33.4	20.7	12.0	8.1	12.6	19.6
20.4	33.6	25.7	11.5	11.3	14.0	17.7
19.1	33.5	22.1	12.5	9.5	12.7	16.4
18.6	34.5	21.8	11.8	9.1	11.9	15.6
20.5	33.8	24.9	14.2	8.1	13.3	16.2
20.9	38.4	23.8	14.2	8.7	11.5	16.0
21.9	35.4	22.5	19.7	11.1	15.6	15.7
16.3	38.1	19.7	14.5	10.1	13.4	22.7
15.1	30.9	17.8	14.5	9.9	17.8	21.7
14.6	33.9	21.2	9.6	9.8	15.9	17.6
16.5	33.3	23.1	13.7	9.1	14.2	18.0
19.9	35.7	21.6	10.8	9.8	13.1	19.8
18.9	37.3	20.6	13.2	9.8	16.5	20.8
12.5	47.9	16.7	12.5	2.1	10.4	20.8
16.5	33.9	21.6	13.3	11.8	16.1	17.7
16.9	33.6	20.1	14.1	10.7	17.6	19.7
12.1	32.3	18.5	9.7	8.9	19.4	17.7
16.7	30.2	22.1	16.7	12.1	19.3	17.0
12.8	36.6	17.6	16.9	11.9	13.7	19.9

7-8 规模以上工业

项 目	开展产学研合作的企业数(个)	在创新合作企业中产学研合作企业占比(%)		
			建立或参与创新联合体	合作共同完成科研项目
总 计	**61958**	**34.6**	**21.0**	**64.1**
#国有及国有控股	5900	53.8	22.4	79.5
一、按规模分				
大型企业	3860	59.9	23.9	77.6
中型企业	10683	45.5	20.8	68.4
小型企业	45448	32.4	20.6	62.3
微型企业	1967	23.0	25.1	57.9
二、按登记注册类型分				
内资企业	56319	35.0	21.1	64.0
国有企业	421	52.0	29.5	81.5
集体企业	44	24.9	22.7	50.0
股份合作企业	72	27.7	13.9	58.3
联营企业	10	29.4	50.0	70.0
#国有联营企业	4	21.1	25.0	100.0
有限责任公司	11419	43.5	21.3	70.7
#国有独资公司	915	52.5	23.1	80.3
股份有限公司	3501	63.3	21.4	75.9
私营企业	40834	31.9	20.9	60.9
其他企业	18	72.0	33.3	77.8
港、澳、台商投资企业	2662	33.3	20.1	64.4
合资经营企业	1088	41.8	20.6	66.4
合作经营企业	30	34.9	16.7	70.0
港、澳、台商独资经营企业	1228	25.8	19.3	61.0
港、澳、台商投资股份有限公司	291	62.2	22.7	70.1
其他港、澳、台投资企业	25	35.2	12.0	76.0
外商投资企业	2977	30.3	19.3	66.4
中外合资经营企业	1287	36.6	18.8	68.9
中外合作经营企业	37	31.1	27.0	70.3
外资企业	1366	23.9	19.3	62.2
外商投资股份有限公司	255	63.9	20.0	74.5
其他外商投资企业	32	41.6	21.9	71.9
三、按行业分				
采矿业	**860**	**39.6**	**18.0**	**74.4**
#煤炭开采和洗选业	372	44.8	16.1	78.5
石油和天然气开采业	51	83.6	27.5	82.4
黑色金属矿采选业	96	41.7	19.8	62.5
有色金属矿采选业	167	53.9	16.8	74.3

企业产学研合作形式

在产学研合作企业中，以下列为主要合作形式的企业占比(%)						
合作建立研发机构	开展联合人才培养	聘用高等学校或研究机构人员到企业兼职	转化或实施知识产权产品或其他科研成果	使用科研场所或设备	使用检验检测等科研辅助服务	其他形式
20.0	**29.9**	**21.4**	**14.8**	**10.1**	**15.1**	**15.2**
15.7	27.9	12.1	15.2	11.3	15.7	13.2
20.3	33.2	16.5	14.4	8.4	12.3	11.4
19.7	31.8	20.1	13.9	8.7	13.9	13.2
20.0	29.3	22.2	15.0	10.5	15.6	15.8
20.4	27.5	21.0	15.2	12.0	15.6	18.8
20.2	30.0	21.8	14.9	10.1	15.0	15.2
18.3	30.6	7.6	16.4	10.5	11.2	12.8
22.7	34.1	18.2	6.8	13.6	6.8	18.2
20.8	29.2	19.4	16.7	6.9	19.4	12.5
30.0	50.0	10.0	10.0		20.0	20.0
25.0	75.0		25.0		25.0	25.0
17.5	30.3	17.5	14.7	10.4	15.7	14.9
16.2	26.3	11.3	13.6	13.7	15.7	13.6
21.6	31.6	20.7	13.9	9.3	13.4	11.0
20.8	29.8	23.3	15.0	10.0	15.0	15.6
22.2	27.8	11.1	16.7		22.2	11.1
19.9	29.4	19.4	14.2	10.2	15.7	14.7
20.7	27.6	19.3	13.0	9.3	14.6	13.4
26.7	26.7	10.0	6.7	6.7	20.0	13.3
18.5	29.4	19.4	15.5	10.9	17.1	16.8
24.1	35.7	21.3	14.4	11.7	13.1	9.6
4.0	36.0	16.0	8.0	4.0	16.0	28.0
16.0	28.2	15.9	14.4	10.3	16.7	16.1
16.4	29.8	16.4	13.8	10.1	16.9	14.6
8.1	18.9	13.5	10.8		10.8	10.8
15.4	25.8	15.1	15.3	11.2	17.1	18.4
18.4	31.8	19.2	13.3	7.8	14.5	11.8
9.4	53.1	6.3	18.8	12.5	15.6	15.6
16.3	**21.5**	**11.9**	**15.7**	**9.1**	**13.3**	**15.7**
14.8	17.7	11.0	14.2	8.3	11.0	16.4
3.9	23.5	5.9	13.7	5.9	9.8	25.5
19.8	24.0	15.6	24.0	11.5	16.7	14.6
15.6	21.6	6.6	14.4	9.0	14.4	14.4

7-8 续表 1

项　　目	开展产学研合作的企业数（个）	在创新合作企业中产学研合作企业占比（%）		
			建立或参与创新联合体	合作共同完成科研项目
非金属矿采选业	135	20.4	17.8	68.1
开采专业及辅助性活动	38	49.4	26.3	76.3
制造业	**60074**	**34.6**	**20.9**	**63.9**
农副食品加工业	2737	35.0	21.7	62.7
食品制造业	1637	40.8	20.4	67.6
酒、饮料和精制茶制造业	948	39.7	21.7	65.2
烟草制品业	57	61.3	24.6	87.7
纺织业	1599	23.0	22.9	59.7
纺织服装、服饰业	575	17.4	28.5	54.6
皮革、毛皮、羽毛及其制品和制鞋业	383	15.3	27.4	60.6
木材加工和木、竹、藤、棕、草制品业	480	19.2	20.8	54.4
家具制造业	494	18.1	24.7	49.8
造纸和纸制品业	545	22.5	25.7	57.6
印刷和记录媒介复制业	616	25.3	22.6	58.0
文教、工美、体育和娱乐用品制造业	860	22.9	25.2	54.9
石油、煤炭及其他燃料加工业	348	43.4	22.1	71.0
化学原料和化学制品制造业	5388	48.8	18.7	66.1
医药制造业	3432	63.0	17.8	73.5
化学纤维制造业	355	37.9	24.5	69.0
橡胶和塑料制品业	2641	28.2	21.0	59.6
非金属矿物制品业	3882	30.2	22.2	58.0
黑色金属冶炼和压延加工业	600	34.6	17.2	66.5
有色金属冶炼和压延加工业	1257	38.7	20.7	68.7
金属制品业	3329	28.0	21.2	59.2
通用设备制造业	5718	37.2	21.3	63.4
专用设备制造业	5622	43.0	20.9	65.6
汽车制造业	2719	31.1	19.8	61.1
铁路、船舶、航空航天和其他运输设备制造业	1119	40.5	21.1	70.8
电气机械和器材制造业	5288	34.1	21.2	62.3
计算机、通信和其他电子设备制造业	4970	35.6	20.8	66.9
仪器仪表制造业	1874	48.2	18.9	69.4
其他制造业	206	24.2	25.7	65.5
废弃资源综合利用业	295	36.6	21.0	63.4
金属制品、机械和设备修理业	100	45.2	25.0	70.0
电力、热力、燃气及水生产和供应业	**1024**	**31.1**	**23.9**	**72.3**
电力、热力生产和供应业	732	34.4	24.0	73.1
燃气生产和供应业	92	16.1	27.2	68.5
水的生产和供应业	200	33.7	22.0	71.0

在产学研合作企业中，以下列为主要合作形式的企业占比(%)						
合作建立研发机构	开展联合人才培养	聘用高等学校或研究机构人员到企业兼职	转化或实施知识产权产品或其他科研成果	使用科研场所或设备	使用检验检测等科研辅助服务	其他形式
24.4	28.9	19.3	14.1	9.6	18.5	14.8
13.2	21.1	15.8	21.1	13.2	7.9	7.9
20.1	**30.1**	**21.8**	**14.8**	**10.1**	**15.2**	**15.2**
19.8	30.2	27.3	13.0	10.0	13.2	13.1
19.9	28.6	26.0	14.6	10.0	13.4	14.7
21.7	29.9	25.1	11.3	7.6	13.8	14.7
19.3	22.8	7.0	10.5	7.0	17.5	12.3
23.9	28.3	19.5	13.4	9.4	12.4	13.1
23.8	35.3	20.9	13.4	7.0	8.3	15.5
38.1	39.7	15.4	9.4	8.4	9.1	11.2
20.6	30.6	26.0	14.0	9.8	14.8	17.7
20.0	32.2	23.3	14.6	6.9	13.2	20.2
20.9	29.9	20.0	13.2	10.6	16.3	16.1
21.3	34.9	22.7	18.8	10.6	11.4	17.4
20.2	31.5	22.8	14.7	8.5	13.1	15.3
23.9	24.1	12.6	15.2	9.2	17.2	13.5
19.5	27.1	22.8	15.5	11.6	17.9	14.4
16.1	25.7	19.8	14.5	10.8	20.2	13.9
22.3	24.8	18.9	18.0	12.1	13.5	15.2
20.6	30.4	20.8	15.9	10.8	16.8	16.9
21.8	30.3	21.9	13.5	10.7	17.8	15.8
22.0	26.3	19.3	13.5	10.2	18.2	15.5
20.9	27.3	21.2	13.0	10.2	16.3	13.8
21.4	31.2	20.8	14.9	10.8	15.1	16.6
19.1	30.7	22.1	14.5	9.3	13.9	15.3
20.0	31.3	21.6	15.7	9.9	13.0	15.7
18.2	31.9	20.5	13.6	9.5	15.6	16.5
18.4	29.0	18.5	14.5	9.8	15.9	13.7
20.3	30.8	21.4	15.9	10.7	16.5	15.8
20.2	32.4	22.8	15.9	10.0	13.4	15.0
17.2	31.0	19.7	15.8	9.0	12.3	14.2
23.3	27.7	18.9	18.4	9.2	16.5	15.0
21.4	28.1	23.1	12.2	10.2	20.0	11.9
13.0	35.0	12.0	11.0	5.0	11.0	21.0
14.8	**25.7**	**10.1**	**15.1**	**8.2**	**11.9**	**16.1**
13.7	23.9	9.4	14.6	7.2	11.5	18.0
21.7	34.8	9.8	17.4	9.8	13.0	12.0
16.0	28.0	12.5	16.0	11.0	13.0	11.0

7-8 续表 2

项目	开展产学研合作的企业数(个)	在创新合作企业中产学研合作企业占比(%)		
			建立或参与创新联合体	合作共同完成科研项目
四、按地区分				
东部地区	36928	32.6	20.3	64.7
中部地区	15134	38.0	21.6	61.8
西部地区	7868	37.2	22.2	65.8
东北地区	2028	44.2	24.1	65.8
北京	694	46.8	15.6	77.2
天津	686	33.8	17.5	72.9
河北	1658	35.6	19.2	60.7
山西	869	46.0	16.8	65.9
内蒙古	389	46.9	22.6	73.0
辽宁	1197	46.0	24.2	66.1
吉林	416	45.3	20.9	66.1
黑龙江	415	38.9	26.7	64.8
上海	1411	37.8	16.5	69.2
江苏	10603	41.3	20.1	67.3
浙江	6571	24.2	21.6	61.0
安徽	4239	47.2	19.7	67.4
福建	1990	27.5	22.6	59.2
江西	1803	29.2	24.7	55.7
山东	5117	38.0	19.8	62.9
河南	2684	37.5	20.2	56.4
湖北	2680	36.7	23.6	61.4
湖南	2859	34.4	23.3	61.4
广东	8112	29.3	20.6	64.8
广西	732	35.6	23.2	67.9
海南	86	49.1	15.1	75.6
重庆	967	28.0	25.4	63.0
四川	2280	36.8	20.4	65.5
贵州	652	35.3	27.0	64.6
云南	623	38.3	22.6	62.9
西藏	25	44.6	24.0	64.0
陕西	1226	43.8	19.0	65.3
甘肃	314	40.7	25.2	64.7
青海	86	48.9	29.1	75.6
宁夏	284	49.5	20.1	70.1
新疆	290	36.4	20.7	68.3

在产学研合作企业中，以下列为主要合作形式的企业占比(%)						
合作建立研发机构	开展联合人才培养	聘用高等学校或研究机构人员到企业兼职	转化或实施知识产权产品或其他科研成果	使用科研场所或设备	使用检验检测等科研辅助服务	其他形式
20.0	28.9	20.9	15.4	10.2	15.5	15.2
21.9	32.2	23.6	14.3	9.3	13.2	14.6
16.4	30.9	21.3	13.2	11.0	16.9	16.3
19.1	28.2	16.0	14.6	10.3	15.1	14.8
15.7	20.3	15.0	14.3	16.0	20.9	11.8
17.9	23.5	19.5	16.3	12.2	19.2	13.0
20.3	29.9	15.3	11.1	10.5	15.4	15.5
19.3	24.6	18.2	11.2	9.4	12.3	16.8
10.5	27.0	13.6	15.9	10.5	17.0	13.1
21.1	30.7	15.3	13.8	11.7	17.1	13.7
16.1	26.4	16.3	15.6	8.4	13.2	17.5
16.1	22.7	17.8	15.9	8.2	11.1	15.4
15.2	28.7	18.6	18.6	13.2	21.5	15.0
23.1	28.2	22.3	16.0	9.7	14.3	13.9
16.4	22.7	17.9	12.2	8.7	15.9	17.1
24.9	31.1	25.0	17.6	9.2	13.2	14.0
16.3	30.7	21.7	12.2	9.1	14.4	17.8
19.9	31.7	25.2	11.5	11.6	15.0	15.6
19.4	31.5	22.2	13.1	9.7	13.3	15.2
18.8	31.9	21.0	11.9	9.2	12.6	14.6
21.9	31.5	24.6	14.7	8.6	14.4	14.1
22.1	37.3	23.9	14.2	8.5	11.6	14.6
21.5	33.8	22.6	19.7	11.4	16.7	15.3
15.6	32.8	19.7	16.4	11.6	16.0	19.5
15.1	26.7	12.8	17.4	11.6	24.4	15.1
14.7	31.2	20.6	8.8	11.3	19.2	16.1
16.7	30.4	23.6	13.1	9.8	15.2	15.3
22.9	32.1	22.7	10.6	10.9	14.1	16.6
18.0	33.2	21.3	13.8	10.6	18.5	19.1
4.0	36.0	16.0	12.0	4.0	16.0	16.0
16.6	29.7	21.5	13.0	12.9	18.5	16.0
18.2	30.3	19.1	15.9	11.5	19.7	17.8
12.8	26.7	19.8	9.3	4.7	19.8	12.8
14.8	27.8	22.9	15.8	13.0	20.8	15.5
12.8	34.8	17.9	17.6	11.4	13.8	16.6

八、规模（限额）以上企业创新阻碍因素、知识产权及创新战略目标相关情况（2021 年）

8-1 规模(限额)以上企业

项　　目	缺乏内部资　　金	缺乏风险投　　资	缺乏银行贷　　款	创　　新成本过高
总　计	**10.9**	**7.2**	**10.3**	**21.1**
#国有及国有控股	14.8	5.1	7.1	17.5
一、按规模分				
大型企业	11.7	6.6	8.1	31.5
中型企业	11.4	7.0	10.0	23.2
小型企业	11.5	7.7	11.1	22.9
微型企业	8.3	5.5	7.9	11.2
二、按登记注册类型分				
内资企业	11.0	7.3	10.6	20.8
国有企业	13.4	5.0	6.5	14.2
集体企业	10.5	5.7	6.5	11.8
股份合作企业	8.3	4.8	5.5	16.8
联营企业	11.2	5.5	6.1	14.9
#国有联营企业	11.4	4.0	5.4	18.1
有限责任公司	13.1	6.5	10.3	20.6
#国有独资公司	15.2	5.0	7.1	15.7
股份有限公司	13.1	8.8	12.6	32.0
私营企业	10.4	7.5	10.7	20.8
其他企业	7.9	7.3	10.5	17.3
港、澳、台商投资企业	9.8	5.8	6.7	25.6
合资经营企业	10.3	6.8	8.7	29.2
合作经营企业	8.5	5.3	4.6	20.4
港、澳、台商独资经营企业	9.6	5.5	5.8	23.9
港、澳、台商投资股份有限公司	11.1	5.9	10.4	35.7
其他港、澳、台投资企业	11.3	7.9	11.5	28.7
外商投资企业	10.1	5.0	5.4	23.9
中外合资经营企业	11.6	6.4	8.1	27.8
中外合作经营企业	9.8	5.7	8.3	21.0
外资企业	9.6	4.4	4.2	22.0
外商投资股份有限公司	9.9	6.5	9.0	35.1
其他外商投资企业	9.7	4.1	7.1	25.5
三、按行业分				
采矿业	10.5	7.0	10.1	14.2
制造业	12.4	8.4	12.4	29.9
电力、热力、燃气及水生产和供应业	10.2	4.5	7.6	12.5
建筑业	14.6	8.4	11.3	19.3
批发和零售业	8.7	5.8	8.8	12.3
交通运输、仓储和邮政业	8.9	5.2	7.1	10.5
信息传输、软件和信息技术服务业	12.2	9.6	10.9	34.7

创新活动阻碍因素情况

在全部企业中，下列各项是创新主要阻碍因素的企业占比(%)							
缺乏人才或人才流失	缺乏技术信息	缺乏市场信息	难以找到创新合作伙伴	市场已被占领	不能确定市场需求	创新成果易被低成本模仿	没有创新的必要
29.5	**16.6**	**10.3**	**6.8**	**3.4**	**11.9**	**5.4**	**15.0**
32.1	17.2	10.7	5.8	3.6	10.0	3.8	14.2
46.9	21.7	10.6	7.2	4.2	14.5	9.5	7.5
33.8	17.8	10.6	6.9	3.6	12.6	5.8	13.3
31.7	18.2	10.9	7.2	3.4	12.8	6.0	15.0
15.5	9.0	8.0	5.4	3.0	8.0	2.4	17.7
29.3	16.5	10.4	6.9	3.4	11.7	5.2	15.1
27.5	15.1	10.0	5.4	3.4	8.6	2.6	15.6
20.5	13.6	8.8	5.1	3.8	7.5	2.0	20.0
25.2	15.3	7.9	5.5	3.3	11.0	4.2	18.2
25.5	13.7	11.2	6.4	3.3	8.5	4.0	17.3
30.2	14.8	12.8	5.4	3.4	7.4	6.7	17.5
31.3	16.5	10.5	6.3	3.4	11.0	4.6	14.3
31.0	16.6	10.3	5.6	3.2	9.5	3.1	14.5
45.9	21.6	11.7	7.9	4.2	14.0	9.0	7.8
28.6	16.4	10.4	7.0	3.3	11.9	5.3	15.4
18.8	13.6	8.9	4.2	4.7	5.8	3.1	11.5
32.7	18.1	9.6	6.4	3.5	14.5	8.3	12.7
38.3	21.4	10.3	7.1	3.3	14.8	9.2	10.6
28.1	14.6	7.8	6.2	4.3	11.9	7.1	16.7
30.1	16.7	9.4	6.1	3.5	14.6	7.8	13.7
50.2	24.0	11.6	8.0	4.7	13.7	13.3	7.1
33.2	20.0	7.3	5.9	3.4	13.8	8.5	9.9
30.7	17.0	9.8	6.2	3.8	14.6	8.7	14.1
37.9	19.7	11.1	7.0	3.8	15.3	9.1	11.0
28.1	18.6	10.0	6.0	3.3	11.7	6.4	14.0
27.4	15.8	9.2	5.9	3.7	14.5	8.6	15.4
45.2	21.9	12.9	6.9	4.7	15.4	9.9	8.2
32.9	16.1	9.7	4.8	4.8	11.5	7.7	16.3
23.1	16.3	7.6	5.2	1.4	8.6	1.7	24.0
40.1	23.6	11.5	7.3	3.0	15.2	8.6	10.5
18.9	13.3	5.9	3.7	1.7	6.0	1.3	23.1
28.9	18.5	9.6	8.0	3.1	11.6	2.7	20.9
18.0	9.2	9.7	6.3	3.9	9.2	2.9	18.6
16.8	9.2	8.3	5.6	3.3	7.1	1.9	20.8
45.0	17.9	11.5	8.6	5.2	14.7	7.4	6.8

8-1 续表

项　目	缺乏内部资金	缺乏风险投资	缺乏银行贷款	创新成本过高
租赁和商务服务业	8.6	5.3	6.1	12.1
科学研究和技术服务业	11.7	7.2	7.8	24.4
水利、环境和公共设施管理业	13.0	6.5	10.0	15.3
四、按地区分				
东部地区	10.1	6.8	8.7	21.7
中部地区	12.2	8.4	12.6	21.3
西部地区	12.7	7.3	13.2	19.8
东北地区	10.2	6.1	11.1	15.1
北　京	8.7	5.8	7.3	21.2
天　津	8.5	5.5	8.9	15.8
河　北	9.9	6.3	11.0	17.3
山　西	11.1	6.1	11.1	14.1
内蒙古	10.1	5.0	11.8	13.3
辽　宁	9.7	5.8	10.0	14.9
吉　林	10.6	6.1	12.5	16.2
黑龙江	11.1	6.7	12.4	14.6
上　海	9.3	6.2	6.6	19.7
江　苏	9.5	7.3	7.9	20.6
浙　江	8.9	6.2	5.8	24.2
安　徽	11.2	8.5	13.7	23.9
福　建	11.1	7.4	9.0	20.5
江　西	13.2	8.8	12.8	22.1
山　东	10.6	6.9	11.3	18.1
河　南	12.0	8.5	12.0	18.9
湖　北	12.2	8.4	14.0	22.6
湖　南	13.0	8.8	11.8	22.9
广　东	11.6	7.1	10.5	25.7
广　西	12.7	6.9	13.6	19.9
海　南	9.7	5.4	8.5	16.2
重　庆	12.8	7.5	11.4	22.8
四　川	12.8	7.9	12.0	22.8
贵　州	15.4	7.2	16.0	18.3
云　南	13.1	7.7	15.9	20.3
西　藏	14.3	6.4	13.1	15.2
陕　西	12.4	8.6	13.7	19.3
甘　肃	14.4	6.6	17.0	17.2
青　海	14.2	6.0	13.7	14.9
宁　夏	13.6	6.1	14.5	22.6
新　疆	9.5	5.4	11.2	13.0

在全部企业中，下列各项是创新主要阻碍因素的企业占比(%)							
缺乏人才或人才流失	缺乏技术信　　息	缺乏市场信　　息	难以找到创新合作伙　　伴	市场已被占　　领	不能确定市场需求	创新成果易被低成本模仿	没有创新的 必 要
20.0	9.4	9.1	6.3	3.2	8.6	3.0	18.4
37.6	17.8	11.7	7.4	3.5	11.4	5.7	12.1
24.2	14.0	8.3	5.8	2.4	8.0	2.9	15.6
29.8	16.9	10.1	6.8	3.3	12.3	6.2	14.0
30.1	16.6	10.4	6.8	3.3	11.2	4.7	14.8
29.3	16.4	11.5	7.2	4.0	11.9	4.0	19.2
22.3	12.2	9.1	5.9	3.1	8.9	3.1	15.8
27.9	13.4	9.9	6.5	3.4	11.4	5.0	16.2
20.0	11.5	9.4	5.4	2.6	8.7	3.7	15.6
28.7	16.9	10.8	6.0	2.7	11.4	4.5	17.2
26.5	15.1	10.7	5.7	2.7	9.1	2.5	18.6
24.1	15.2	11.0	6.6	2.8	9.7	2.5	22.9
21.1	11.6	8.3	4.9	2.8	7.5	3.1	13.1
23.2	13.4	9.8	7.1	3.4	9.9	2.9	17.7
24.0	12.6	10.1	7.2	3.4	10.8	3.1	20.1
25.0	12.3	7.9	6.8	3.5	10.8	6.1	15.3
29.0	16.9	9.3	6.5	3.1	10.1	5.7	11.2
34.4	21.9	11.5	8.0	3.0	16.6	7.8	15.7
35.4	18.6	10.0	6.7	3.0	10.3	5.3	9.4
27.3	15.1	10.0	7.0	3.3	13.2	5.0	15.9
31.3	17.3	10.7	8.2	3.3	12.5	5.2	15.5
29.8	17.4	12.2	7.0	3.2	11.9	5.0	17.4
27.5	16.2	10.5	5.7	3.2	11.0	4.1	18.8
29.8	16.3	11.4	7.8	4.1	13.1	5.5	15.9
29.3	15.8	9.2	6.7	3.1	10.6	4.8	11.5
31.5	16.6	9.6	6.7	3.8	12.5	7.4	11.1
27.4	16.9	11.3	6.9	3.8	13.0	3.5	19.1
20.7	12.7	9.3	6.3	3.9	11.2	2.9	20.0
29.2	16.1	10.7	7.2	4.1	11.7	4.9	17.3
29.8	15.8	10.4	7.4	4.1	12.7	5.3	18.8
28.4	15.9	10.2	6.8	4.1	10.9	3.3	20.3
31.6	18.0	13.2	8.0	4.0	13.1	4.1	18.4
31.7	16.4	13.4	6.5	3.8	11.2	2.3	21.1
30.6	16.9	13.1	7.0	4.2	11.8	3.6	18.1
32.8	18.5	14.0	7.2	3.8	10.8	2.7	19.2
34.0	19.3	13.7	7.0	4.2	10.2	2.2	23.7
35.9	22.3	13.0	7.4	4.0	12.4	4.0	19.0
25.7	14.0	11.6	6.7	3.8	10.0	2.5	22.1

8-2 规模以上工业企业

项目	缺乏内部资金	缺乏风险投资	缺乏银行贷款	创新成本过高
总计	**12.3**	**8.2**	**12.1**	**28.8**
#国有及国有控股	15.9	5.2	8.2	22.1
一、按规模分				
大型企业	10.8	6.7	8.5	38.2
中型企业	11.7	7.8	10.5	35.3
小型企业	12.8	8.6	12.8	29.8
微型企业	9.4	6.0	9.7	15.7
二、按登记注册类型分				
内资企业	12.5	8.5	12.7	28.8
国有企业	13.9	5.7	7.7	18.5
集体企业	11.2	5.8	7.3	16.2
股份合作企业	10.3	5.9	8.4	28.0
联营企业	16.7	6.7	10.0	18.9
#国有联营企业	18.2	2.3	6.8	22.7
有限责任公司	14.4	7.3	12.9	27.4
#国有独资公司	15.5	4.9	7.1	19.1
股份有限公司	13.1	9.2	14.0	38.8
私营企业	12.1	8.7	12.7	29.0
其他企业	7.5	1.9	13.2	26.4
港、澳、台商投资企业	10.6	6.2	7.4	29.8
合资经营企业	10.9	7.1	9.1	32.6
合作经营企业	9.0	5.2	3.8	24.2
港、澳、台商独资经营企业	10.5	5.9	6.5	28.2
港、澳、台商投资股份有限公司	11.0	7.1	11.6	40.8
其他港、澳、台投资企业	10.6	7.5	10.6	32.5
外商投资企业	10.8	5.4	6.2	27.8
中外合资经营企业	12.1	6.5	8.4	30.3
中外合作经营企业	11.8	6.6	8.2	24.0
外资企业	10.2	4.8	4.9	26.1
外商投资股份有限公司	10.6	7.9	11.3	43.5
其他外商投资企业	10.6	3.9	9.5	35.2
三、按行业分				
采矿业	**10.5**	**7.0**	**10.1**	**14.2**
煤炭开采和洗选业	11.2	6.5	10.5	11.6
石油和天然气开采业	17.5	5.6	3.5	18.2
黑色金属矿采选业	8.0	6.0	9.2	13.8
有色金属矿采选业	13.2	8.9	12.9	18.9

创新活动阻碍因素情况

在全部企业中，下列各项是创新主要阻碍因素的企业占比(%)							
缺乏人才或人才流失	缺乏技术信息	缺乏市场信息	难以找到创新合作伙伴	市场已被占领	不能确定市场需求	创新成果易被低成本模仿	没有创新的必要
38.8	**23.0**	**11.1**	**7.1**	**2.9**	**14.7**	**8.1**	**11.4**
38.3	22.2	11.0	5.6	3.3	10.9	4.9	13.9
57.8	28.1	11.6	7.2	4.0	17.3	13.0	4.2
49.7	27.3	11.7	6.7	3.1	15.8	10.6	7.2
39.9	23.9	11.6	7.4	3.0	15.3	8.4	11.6
20.0	13.1	7.6	5.3	2.4	9.5	3.6	14.5
38.9	23.2	11.2	7.1	2.9	14.5	7.9	11.3
29.3	18.6	10.3	4.1	2.9	9.1	3.2	15.1
25.6	18.1	9.5	5.4	2.0	8.8	3.6	16.7
37.6	24.6	9.5	7.5	2.3	16.2	7.1	14.5
35.6	20.0	17.8	5.6	5.6	14.4	5.6	21.1
38.6	13.6	18.2	9.1	2.3	6.8	6.8	22.7
39.9	22.4	11.0	6.2	3.0	12.8	6.7	11.9
35.0	20.5	10.0	5.3	2.9	9.8	3.6	14.7
55.5	27.3	12.8	7.9	3.8	16.0	11.6	4.5
38.4	23.3	11.2	7.3	2.8	14.8	8.1	11.3
35.8	22.6	7.5	5.7	5.7	3.8	7.5	9.4
39.4	22.8	10.9	6.7	3.3	16.5	9.9	11.0
43.7	24.5	11.1	7.2	3.3	16.2	10.7	9.0
33.2	16.6	8.3	6.6	4.2	12.8	8.7	13.8
36.9	21.9	10.8	6.4	3.2	16.7	9.4	12.0
56.4	28.1	13.3	8.3	4.8	15.5	15.8	5.1
40.6	25.6	6.9	6.3	3.1	18.1	10.6	8.8
36.8	21.2	11.0	6.6	3.8	16.6	10.5	12.1
41.9	22.6	11.8	7.1	3.8	16.6	10.3	9.9
31.3	21.4	10.2	7.2	3.6	12.2	7.2	13.2
33.7	20.3	10.5	6.4	3.7	16.7	10.5	13.4
55.1	28.3	14.0	7.0	3.9	17.6	11.9	5.3
43.0	22.3	11.7	6.1	5.0	13.4	10.6	13.4
23.1	**16.3**	**7.6**	**5.2**	**1.4**	**8.6**	**1.7**	**24.0**
23.9	16.9	7.6	5.0	1.1	7.7	1.2	23.1
27.3	21.7	5.6	3.5	1.4	6.3	2.8	19.6
19.7	13.9	6.0	5.0	0.7	7.0	1.2	25.2
29.1	18.9	5.6	4.9	0.3	6.5	1.7	20.6

8-2 续表 1

项　目	缺乏内部资　金	缺乏风险投　资	缺乏银行贷　款	创　新成本过高
非金属矿采选业	9.5	7.4	9.3	15.5
开采专业及辅助性活动	8.8	7.9	12.0	17.3
其他采矿业	20.0			
制造业	**12.4**	**8.4**	**12.4**	**29.9**
农副食品加工业	13.1	9.0	16.1	24.5
食品制造业	11.6	7.8	13.0	29.8
酒、饮料和精制茶制造业	15.4	9.8	16.4	28.6
烟草制品业	6.3	1.6	1.6	18.3
纺织业	10.7	8.5	9.9	25.4
纺织服装、服饰业	10.8	7.7	7.5	22.1
皮革、毛皮、羽毛及其制品和制鞋业	10.9	7.2	7.6	23.9
木材加工和木、竹、藤、棕、草制品业	13.1	10.0	12.0	21.1
家具制造业	12.6	8.0	10.0	28.9
造纸和纸制品业	10.9	6.8	10.6	26.7
印刷和记录媒介复制业	11.7	8.0	9.9	28.9
文教、工美、体育和娱乐用品制造业	11.7	8.4	9.6	28.3
石油、煤炭及其他燃料加工业	13.2	7.9	15.0	22.5
化学原料和化学制品制造业	11.8	8.7	13.4	30.7
医药制造业	13.3	9.3	14.4	41.3
化学纤维制造业	12.0	8.8	11.2	29.6
橡胶和塑料制品业	11.5	7.6	10.8	30.1
非金属矿物制品业	12.6	7.8	13.4	22.7
黑色金属冶炼和压延加工业	10.5	7.3	12.1	24.0
有色金属冶炼和压延加工业	13.1	8.4	15.8	27.8
金属制品业	12.5	8.3	12.5	28.3
通用设备制造业	12.5	8.7	11.7	34.5
专用设备制造业	13.3	9.1	13.2	36.9
汽车制造业	13.3	7.9	11.9	33.8
铁路、船舶、航空航天和其他运输设备制造业	13.8	8.0	11.3	32.8
电气机械和器材制造业	13.5	8.6	13.3	36.1
计算机、通信和其他电子设备制造业	13.0	9.1	13.8	39.4
仪器仪表制造业	11.0	9.0	11.6	40.5
其他制造业	11.8	7.9	9.1	31.4
废弃资源综合利用业	10.9	9.0	14.2	20.7
金属制品、机械和设备修理业	11.1	5.2	10.0	23.5
电力、热力、燃气及水生产和供应业	**10.2**	**4.5**	**7.6**	**12.5**
电力、热力生产和供应业	10.1	4.4	8.0	12.5
燃气生产和供应业	9.6	4.7	6.5	11.1
水的生产和供应业	11.2	4.6	7.3	13.6

在全部企业中，下列各项是创新主要阻碍因素的企业占比(%)							
缺乏人才或人才流失	缺乏技术信　　息	缺乏市场信　　息	难以找到创新合作伙伴	市场已被占　　领	不能确定市场需求	创新成果易被低成本模仿	没有创新的 必 要
20.4	15.0	8.6	5.4	2.2	11.2	2.4	26.0
35.2	20.1	11.3	6.9	2.2	6.6	1.9	20.8
60.0	40.0				40.0		20.0
40.1	**23.6**	**11.5**	**7.3**	**3.0**	**15.2**	**8.6**	**10.5**
32.7	20.4	11.9	7.1	3.1	15.7	6.1	14.0
40.3	22.6	12.5	7.1	3.8	19.7	11.0	8.3
35.7	19.9	12.3	8.0	3.8	17.6	6.8	9.3
54.0	39.7	15.9	11.1	10.3	21.4	18.3	7.1
33.6	23.6	12.0	7.3	2.5	17.0	8.0	11.7
30.0	17.7	10.5	6.9	2.1	14.2	5.8	13.6
30.9	18.8	9.5	6.0	2.5	14.6	7.8	13.0
28.1	20.0	10.7	7.0	2.3	13.5	4.7	15.6
36.7	20.9	11.4	7.4	2.9	18.1	11.2	9.6
34.0	22.9	10.6	6.5	3.2	15.0	7.9	14.0
36.8	23.8	11.4	7.1	2.9	15.5	7.2	12.2
36.9	21.2	11.5	7.2	2.9	16.9	11.6	10.5
32.4	22.1	11.5	6.7	2.6	12.3	4.4	12.1
42.3	25.5	11.6	8.4	3.1	15.3	8.9	9.5
51.6	26.9	10.9	7.8	3.4	16.1	6.8	5.6
38.4	24.1	9.9	7.8	2.5	17.0	8.2	10.1
40.3	25.7	11.7	7.4	3.2	16.5	9.7	10.6
30.0	20.1	10.4	6.1	3.1	13.5	6.0	16.9
32.2	22.5	10.4	6.4	3.0	13.1	4.8	15.5
37.1	24.1	10.5	7.3	2.4	12.6	6.0	12.8
39.0	24.4	11.1	7.0	2.5	14.7	7.9	11.0
47.9	26.6	12.3	7.7	2.9	14.7	11.0	7.3
50.4	26.3	12.1	8.2	3.1	14.3	12.7	6.0
45.6	26.0	12.1	7.2	3.2	14.9	7.1	8.3
45.3	24.2	11.4	7.0	3.3	15.5	8.9	8.2
47.6	26.3	12.2	7.9	3.6	16.5	10.9	6.9
51.4	25.6	11.7	7.7	3.7	15.5	10.5	5.5
57.5	25.8	12.7	8.6	4.1	15.6	13.8	4.5
41.7	26.3	11.8	7.8	3.3	18.2	12.8	9.7
30.5	18.9	9.2	6.4	2.2	10.1	3.6	17.2
38.1	22.1	9.9	7.4	1.9	9.9	4.7	16.1
18.9	**13.3**	**5.9**	**3.7**	**1.7**	**6.0**	**1.3**	**23.1**
18.7	13.3	5.8	4.0	1.8	5.9	1.2	23.7
17.9	13.2	7.7	3.8	2.6	7.6	1.7	23.5
20.5	13.7	4.4	2.6	0.7	5.1	1.2	20.9

8-2 续表 2

项 目	缺乏内部资金	缺乏风险投资	缺乏银行贷款	创新成本过高
四、按地区分				
东部地区	11.4	7.8	10.1	30.2
中部地区	13.8	9.6	15.1	27.7
西部地区	13.7	8.1	15.7	26.6
东北地区	11.8	7.2	15.0	22.0
北 京	10.6	6.7	9.9	37.6
天 津	10.4	6.8	10.7	27.2
河 北	11.0	7.3	13.2	22.2
山 西	12.1	6.7	12.7	18.6
内蒙古	10.9	5.8	14.6	17.3
辽 宁	11.5	7.0	14.3	23.2
吉 林	12.1	6.7	16.0	22.1
黑龙江	12.2	7.8	15.6	19.6
上 海	10.8	6.9	8.0	32.5
江 苏	11.2	8.8	9.5	29.4
浙 江	9.3	6.6	5.5	31.8
安 徽	12.6	9.8	16.8	31.4
福 建	11.8	8.2	9.9	27.6
江 西	14.5	9.2	14.2	27.7
山 东	12.2	7.9	13.6	25.1
河 南	13.5	9.9	13.9	23.8
湖 北	14.0	9.8	16.8	29.7
湖 南	15.3	10.0	14.6	29.5
广 东	13.0	8.1	12.0	34.4
广 西	13.3	7.6	15.2	25.3
海 南	11.4	5.2	9.4	27.7
重 庆	15.7	8.7	14.2	34.2
四 川	13.6	8.7	14.2	29.3
贵 州	16.0	8.2	20.2	23.2
云 南	13.9	8.2	18.4	26.7
西 藏	10.4	6.6	15.3	21.9
陕 西	13.5	9.8	16.4	26.6
甘 肃	15.6	7.2	20.2	22.7
青 海	14.6	5.7	16.5	20.1
宁 夏	13.6	5.7	17.7	28.5
新 疆	10.2	5.7	12.8	18.1

在全部企业中，下列各项是创新主要阻碍因素的企业占比(%)							
缺乏人才或人才流失	缺乏技术信息	缺乏市场信息	难以找到创新合作伙伴	市场已被占领	不能确定市场需求	创新成果易被低成本模仿	没有创新的必要
40.6	24.3	11.6	7.3	3.1	15.8	9.6	10.1
37.2	21.3	10.2	6.6	2.6	12.4	6.4	11.1
35.9	21.7	11.2	7.1	3.0	14.5	5.8	16.7
30.6	17.7	10.2	6.3	2.6	11.0	4.5	13.7
45.6	21.9	12.0	6.4	3.9	16.2	11.1	9.0
32.3	19.3	11.2	5.5	2.8	12.6	7.7	11.5
34.3	21.8	11.4	6.5	2.3	13.7	6.2	15.8
32.7	21.0	9.9	5.5	1.9	9.7	3.4	15.9
30.4	21.1	10.5	6.0	1.7	11.4	3.7	22.1
31.0	17.6	9.8	5.0	2.6	9.9	5.0	10.4
30.6	19.0	10.1	7.1	2.5	10.8	3.8	15.7
30.0	16.9	11.1	8.1	2.8	13.3	4.1	18.7
41.1	21.4	10.7	7.9	3.8	14.5	12.1	9.3
40.2	24.2	10.8	7.4	3.0	13.1	8.6	8.1
44.8	30.1	13.3	8.4	3.0	21.0	11.2	10.5
43.5	23.4	9.9	6.8	2.4	11.6	7.0	7.4
36.0	21.1	10.8	7.2	2.7	16.6	7.7	11.8
37.1	21.5	10.3	7.7	2.7	13.9	6.8	12.4
39.4	24.5	12.6	7.2	2.7	14.4	7.6	12.8
34.1	20.9	10.2	5.4	2.7	11.7	5.6	14.5
36.7	21.0	11.7	7.5	3.2	15.1	7.6	12.4
36.3	19.8	9.1	6.4	2.4	11.6	6.4	7.0
41.5	22.3	10.7	6.8	3.6	15.3	11.1	8.2
32.3	22.3	10.6	6.5	2.4	16.3	4.8	19.4
31.4	21.3	8.0	3.6	2.7	16.0	4.4	17.4
40.4	23.0	11.9	7.6	3.8	15.3	8.0	10.9
35.6	20.3	10.2	7.3	3.4	15.6	7.6	16.1
33.8	19.9	9.5	6.5	3.1	12.0	4.3	17.5
37.6	23.7	12.2	8.0	2.6	16.5	5.6	16.9
29.5	18.0	12.0	8.7	2.7	16.9	3.3	21.9
38.5	22.6	13.0	7.3	3.2	13.8	5.0	14.9
38.6	23.2	13.0	6.6	2.6	11.8	3.3	17.1
38.6	23.3	13.4	7.0	4.1	10.6	1.7	18.7
46.4	29.6	13.0	7.5	3.6	13.8	5.5	15.0
31.1	19.0	10.9	6.6	2.7	12.1	3.5	22.2

8–3 规模(限额)以上企业

项　　目	采取了知识产权保护或相关措施的企业数（个）	采取了知识产权保护或相关措施的企业占全部企业的比重（%）		
			申请了发明专利	申请了实用新型或外观设计专利
总　计	**488913**	**49.9**	**8.0**	**11.5**
#国有及国有控股	34172	45.8	13.4	15.0
一、按规模分				
大型企业	16916	71.1	34.9	36.4
中型企业	78095	52.5	11.5	13.9
小型企业	340449	53.9	8.1	12.7
微型企业	53453	30.6	0.9	1.5
二、按登记注册类型分				
内资企业	453033	49.6	7.7	11.1
国有企业	4223	39.7	7.4	8.5
集体企业	1044	31.1	1.3	2.0
股份合作企业	713	42.5	4.1	5.6
联营企业	132	40.1	6.1	7.3
#国有联营企业	69	46.3	7.4	8.1
有限责任公司	76283	48.5	10.7	13.2
#国有独资公司	6782	42.4	11.2	12.6
股份有限公司	10769	70.7	31.7	33.0
私营企业	359794	49.7	6.6	10.3
其他企业	75	39.3	11.0	11.5
港、澳、台商投资企业	16378	54.7	12.3	17.3
合资经营企业	4532	62.9	18.1	25.0
合作经营企业	203	46.5	8.9	15.1
港、澳、台商独资经营企业	10721	50.9	9.1	13.6
港、澳、台商投资股份有限公司	698	76.3	40.4	43.6
其他港、澳、台投资企业	224	63.1	13.8	17.5
外商投资企业	19502	54.4	11.6	16.2
中外合资经营企业	6017	63.5	18.8	24.4
中外合作经营企业	211	50.2	10.5	14.0
外资企业	12384	50.2	8.0	12.3
外商投资股份有限公司	681	73.2	37.2	37.1
其他外商投资企业	209	53.3	9.7	12.2
三、按行业分				
采矿业	3934	34.6	4.0	5.9
制造业	277428	67.2	15.4	23.4
电力、热力、燃气及水生产和供应业	6008	34.7	5.0	7.0
建筑业	26963	42.6	3.7	4.8
批发和零售业	108046	33.7		
交通运输、仓储和邮政业	12372	28.9	0.7	0.9
信息传输、软件和信息技术服务业	19157	71.6	18.9	13.5

注：年末拥有有效发明专利数不包含资质等级二级的建筑业以及批发零售业企业数据，以下各表同。

知识产权及相关情况

在全部企业中，采取下列知识产权保护或相关措施的企业占比(%)						年末拥有有效发明专利数(件)
申请了注册商标	进行了版权登记	形成了国家或行业技术标准	对技术秘密进行内部保护	应用了难以复制的复杂技术	发挥了时间上的先发优势	
10.5	**3.2**	**5.5**	**11.6**	**2.5**	**18.6**	**2171394**
6.2	4.4	9.3	11.2	2.3	14.7	600713
16.5	11.9	18.5	23.4	5.6	16.6	1012588
12.1	5.0	7.1	12.7	2.7	17.7	395640
11.5	3.1	5.5	12.7	2.6	19.1	728346
4.6	1.1	2.5	5.0	1.3	17.9	34820
10.5	3.2	5.4	11.0	2.4	18.9	1840125
4.5	3.3	7.5	8.7	1.8	15.4	40188
4.0	0.8	3.8	5.2	1.2	17.4	1233
7.6	1.4	5.2	10.0	1.6	16.7	937
5.8	3.0	6.7	7.9	2.4	17.3	3445
4.7	3.4	8.1	7.4	2.7	16.8	3286
8.6	4.3	7.0	12.0	2.6	16.7	664982
5.7	3.7	8.6	8.9	2.0	15.0	99362
21.4	11.0	17.2	22.4	4.8	16.4	368570
10.8	2.8	4.8	10.7	2.3	19.5	759879
8.9	0.5	4.7	12.6	4.7	13.6	891
11.9	4.0	6.6	17.1	3.2	14.7	168353
14.2	4.7	8.9	19.2	3.3	14.9	39183
10.1	3.9	7.1	12.4	1.1	14.6	702
10.4	3.4	5.2	16.0	3.1	14.6	105899
27.5	12.4	20.1	28.1	5.8	15.5	21364
21.4	9.0	6.5	16.9	3.7	16.3	1205
9.5	3.2	6.3	20.6	4.1	14.0	162916
13.2	4.6	8.4	22.2	4.3	14.7	56885
7.6	2.4	8.1	16.9	3.1	12.1	963
7.5	2.4	5.0	19.9	4.0	13.7	82053
24.9	10.3	18.8	26.9	5.5	14.8	22358
12.5	4.6	5.6	16.1	4.8	17.3	657
2.2	0.8	4.6	7.4	2.0	16.2	16064
15.9	3.4	8.0	18.7	3.6	17.4	1625986
1.6	1.3	6.5	6.3	1.7	12.6	49859
4.1	1.6	5.6	6.6	2.3	20.7	50971
6.8	1.5	2.8	4.8	1.2	20.5	860
3.1	1.1	2.6	3.6	1.0	19.2	3840
17.5	28.2	6.1	21.0	4.7	16.9	243182

8-3 续表

项 目	采取了知识产权保护或相关措施的企业数(个)	采取了知识产权保护或相关措施的企业占全部企业的比重(%)		
			申请了发明专利	申请了实用新型或外观设计专利
租赁和商务服务业	15880	31.8	0.9	1.1
科学研究和技术服务业	16785	61.1	16.8	20.6
水利、环境和公共设施管理业	2340	39.6	5.6	7.8
四、按地区分				
东部地区	303569	51.0	8.8	12.9
中部地区	102894	52.0	8.2	11.3
西部地区	66968	45.4	5.2	7.0
东北地区	15482	40.8	4.3	7.0
北 京	13443	46.2	10.1	10.1
天 津	7905	39.7	5.0	8.7
河 北	13042	46.3	6.2	10.0
山 西	6250	37.8	3.7	5.2
内蒙古	2731	35.0	4.1	5.0
辽 宁	8269	40.5	4.7	8.8
吉 林	3242	41.5	4.0	5.3
黑龙江	3971	40.7	3.6	4.9
上 海	18928	45.6	7.0	8.6
江 苏	59446	51.5	11.4	15.5
浙 江	55651	56.8	9.4	15.4
安 徽	19858	55.7	13.7	15.5
福 建	22762	47.4	4.8	7.9
江 西	15444	53.3	6.7	12.2
山 东	36439	50.8	7.2	10.6
河 南	24893	53.8	4.7	8.9
湖 北	17655	51.6	8.2	11.7
湖 南	18794	52.1	10.5	12.2
广 东	74988	53.2	9.8	15.1
广 西	6961	40.1	3.7	5.2
海 南	965	33.8	4.1	3.7
重 庆	9472	51.3	7.5	10.3
四 川	17295	47.0	6.4	8.5
贵 州	5995	50.4	4.8	5.4
云 南	5575	46.7	4.0	6.5
西 藏	367	45.3	1.9	1.6
陕 西	9719	47.6	5.4	7.0
甘 肃	2877	47.3	4.3	5.4
青 海	713	44.0	4.0	5.2
宁 夏	1372	50.0	11.4	14.7
新 疆	3891	34.0	2.0	3.0

在全部企业中，采取下列知识产权保护或相关措施的企业占比(%)						年末拥有有效发明专利数（件）
申请了注册商标	进行了版权登记	形成了国家或行业技术标准	对技术秘密进行内部保护	应用了难以复制的复杂技术	发挥了时间上的先发优势	
6.1	2.4	2.3	4.7	1.1	18.3	44828
9.1	7.6	9.7	16.7	3.2	16.0	131340
7.5	2.2	4.3	5.8	1.6	16.9	4464
11.3	3.7	5.5	12.2	2.5	17.8	1622123
9.8	2.6	5.4	11.3	2.8	20.9	304412
8.9	2.3	5.7	10.1	2.2	19.6	189251
7.3	1.9	5.3	9.1	1.9	16.2	55608
10.2	8.4	4.9	11.9	2.0	13.0	252178
6.2	2.5	4.6	9.0	1.7	15.5	34284
8.6	1.5	3.6	10.3	1.7	20.1	40158
4.9	1.3	4.8	7.0	1.6	18.1	15107
5.4	1.4	5.2	6.7	1.1	14.2	7385
6.3	1.9	5.2	10.2	2.0	15.0	37075
7.6	1.9	5.7	8.6	1.9	17.1	7856
9.1	1.7	5.2	7.1	1.6	18.1	10677
10.7	4.9	5.0	12.0	2.6	15.3	108381
10.5	2.6	5.4	12.5	2.4	17.1	270558
11.7	2.3	6.1	12.9	2.3	18.7	140044
12.7	3.2	6.6	13.7	2.8	18.7	86401
11.8	3.3	4.6	9.6	2.4	19.4	50878
9.7	2.3	5.2	11.4	2.9	21.8	22883
8.8	2.2	5.8	12.2	2.4	21.9	119791
8.5	2.5	5.1	10.2	2.7	26.1	49447
10.1	3.0	5.7	11.3	2.7	19.8	76999
10.5	2.7	5.0	12.3	3.3	17.9	53575
14.6	5.8	6.0	13.3	3.0	16.7	603174
8.2	2.0	5.6	8.7	2.1	17.1	16149
6.3	2.6	4.6	7.2	1.6	15.4	2677
9.7	2.7	4.8	11.8	2.6	20.7	29728
9.7	2.7	5.3	12.2	2.5	19.0	62792
10.2	2.6	6.5	10.7	2.6	23.6	10982
11.3	2.2	6.7	9.9	2.0	19.3	12750
8.6	2.2	9.1	9.2	2.1	20.1	261
8.8	2.5	6.0	9.2	2.3	22.1	32011
7.4	1.6	7.9	8.0	2.1	23.9	5527
6.0	1.4	7.3	8.7	2.9	20.2	1502
8.6	2.7	8.1	11.7	2.1	16.4	3610
5.6	1.3	5.0	6.7	1.2	16.9	6554

8-4 规模以上工业企业

项　　目	采取了知识产权保护或相关措施的企业数(个)	采取了知识产权保护或相关措施的企业占全部企业的比重(%)		
			申请了发明专利	申请了实用新型或外观设计专利
总　计	**287370**	**65.1**	**14.7**	**22.3**
#国有及国有控股	14530	57.5	23.9	27.7
一、按规模分				
大型企业	7354	86.6	54.9	60.2
中型企业	30357	78.0	32.0	41.4
小型企业	230623	67.2	13.5	21.8
微型企业	19036	37.5	2.8	4.9
二、按登记注册类型分				
内资企业	259972	65.3	14.5	22.2
国有企业	1219	46.7	15.2	18.3
集体企业	357	40.0	4.0	6.4
股份合作企业	462	61.5	8.3	11.9
联营企业	56	62.2	14.4	18.9
#国有联营企业	30	68.2	15.9	20.5
有限责任公司	37885	63.2	19.5	25.8
#国有独资公司	2422	52.3	20.2	22.7
股份有限公司	6726	84.7	47.8	51.7
私营企业	213233	65.4	12.8	20.9
其他企业	34	64.2	39.6	41.5
港、澳、台商投资企业	12504	63.3	16.4	24.6
合资经营企业	3730	69.7	22.2	31.6
合作经营企业	147	50.9	10.0	19.0
港、澳、台商独资经营企业	7949	59.7	12.4	20.2
港、澳、台商投资股份有限公司	556	85.9	51.9	57.7
其他港、澳、台投资企业	122	76.3	24.4	33.8
外商投资企业	14894	62.8	15.9	23.0
中外合资经营企业	4959	69.5	22.3	30.1
中外合作经营企业	177	58.2	13.5	18.1
外资企业	9145	59.0	11.5	18.6
外商投资股份有限公司	502	85.7	52.9	55.1
其他外商投资企业	111	62.0	17.9	22.9
三、按行业分				
采矿业	**3934**	**34.6**	**4.0**	**5.9**
煤炭开采和洗选业	1329	29.1	3.0	4.4
石油和天然气开采业	75	52.4	28.0	30.1
黑色金属矿采选业	451	30.6	3.6	4.6
有色金属矿采选业	495	42.2	6.7	12.5

知识产权及相关情况

在全部企业中，采取下列知识产权保护或相关措施的企业占比(%)						年末拥有有效发明专利数(件)	对最主要的主营产品拥有品牌所有权的企业占全部企业的比重(%)	
申请了注册商标	进行了版权登记	形成了国家或行业技术标准	对技术秘密进行内部保护	应用了难以复制的复杂技术	发挥了时间上的先发优势			#该品牌由本企业独立开发的企业占全部企业的比重
15.0	**3.3**	**7.8**	**18.0**	**3.5**	**17.2**	**1691909**	**33.3**	**30.5**
8.0	4.0	13.7	18.3	3.4	12.4	389604	30.1	25.8
23.5	10.3	28.2	37.3	8.3	17.3	725160	57.1	52.2
19.4	5.5	14.2	25.1	4.9	15.7	294054	47.4	43.7
15.4	3.1	7.2	18.1	3.5	17.8	651587	33.7	30.9
7.6	1.4	3.8	8.6	1.9	14.5	21108	15.6	13.7
15.4	3.3	7.8	17.4	3.4	17.5	1450729	33.2	30.6
6.5	3.0	11.0	14.8	3.0	12.5	29564	22.6	19.4
8.0	1.5	5.8	8.5	1.6	14.8	901	19.0	16.2
13.0	2.0	8.0	17.0	2.5	17.0	877	30.5	27.3
11.1	6.7	10.0	18.9	4.4	21.1	3283	27.8	24.4
6.8	4.5	11.4	13.6	2.3	22.7	3201	29.5	25.0
12.0	3.8	10.4	19.4	4.0	15.1	484602	34.8	30.7
7.1	3.2	12.7	15.1	3.0	12.5	64572	25.0	21.7
27.0	10.1	24.6	30.3	6.0	15.6	268900	64.4	61.5
15.8	3.0	6.9	16.8	3.3	18.1	661711	32.2	30.0
9.4	1.9	13.2	26.4	11.3	9.4	891	45.3	41.5
13.1	3.4	8.2	20.6	3.7	14.4	111913	33.0	29.7
15.1	4.2	10.5	22.4	3.5	14.3	34907	39.4	36.0
10.4	2.8	7.6	14.5	1.4	13.1	532	27.0	23.9
11.4	2.6	6.5	19.4	3.5	14.4	56316	28.8	25.6
31.5	12.2	24.6	33.2	7.6	15.3	19218	66.3	63.8
18.8	6.3	9.4	20.6	5.0	15.0	940	38.1	34.4
10.3	2.8	7.4	24.8	4.8	13.9	129267	35.3	28.9
13.1	3.8	9.4	25.5	4.7	14.8	49130	39.2	33.7
8.2	1.3	8.9	19.4	2.3	12.5	849	31.6	26.3
8.2	2.1	5.9	24.3	4.8	13.6	59305	32.4	25.5
29.7	10.8	23.9	32.6	6.5	13.3	19491	66.2	63.3
12.8	4.5	8.9	24.0	6.7	14.0	492	37.4	33.0
2.2	**0.8**	**4.6**	**7.4**	**2.0**	**16.2**	**16064**	**6.1**	**5.3**
1.1	0.5	4.3	5.3	1.8	15.0	3240	4.2	3.4
3.5	6.3	19.6	14.0	5.6	13.3	5271	11.2	7.7
1.4	0.7	4.1	6.5	2.0	15.2	2212	3.9	3.5
2.6	0.6	5.6	11.9	2.5	12.8	1106	7.7	7.2

8-4 续表 1

项 目	采取了知识产权保护或相关措施的企业数(个)	采取了知识产权保护或相关措施的企业占全部企业的比重(%)		
			申请了发明专利	申请了实用新型或外观设计专利
非金属矿采选业	1445	39.0	2.8	4.8
开采专业及辅助性活动	135	42.5	10.7	12.3
其他采矿业	4	80.0	20.0	20.0
制造业	**277428**	**67.2**	**15.4**	**23.4**
农副食品加工业	14151	61.3	6.6	8.9
食品制造业	6174	69.6	12.8	15.6
酒、饮料和精制茶制造业	3734	65.9	8.4	10.7
烟草制品业	102	81.0	45.2	55.6
纺织业	11411	57.7	7.2	11.8
纺织服装、服饰业	6278	47.6	3.7	6.8
皮革、毛皮、羽毛及其制品和制鞋业	4561	54.8	4.4	8.3
木材加工和木、竹、藤、棕、草制品业	5492	49.1	3.8	5.7
家具制造业	4642	64.9	7.5	16.0
造纸和纸制品业	4225	58.7	8.9	16.0
印刷和记录媒介复制业	4090	62.1	10.4	19.3
文教、工美、体育和娱乐用品制造业	6463	64.7	9.5	18.2
石油、煤炭及其他燃料加工业	1206	54.0	12.9	15.5
化学原料和化学制品制造业	16707	72.0	21.7	23.2
医药制造业	6967	80.7	30.9	28.4
化学纤维制造业	1379	66.2	15.6	20.8
橡胶和塑料制品业	15790	67.9	13.2	22.7
非金属矿物制品业	24573	55.7	8.3	12.8
黑色金属冶炼和压延加工业	3040	53.9	11.0	15.9
有色金属冶炼和压延加工业	5371	63.8	15.4	21.7
金属制品业	20385	65.2	12.0	21.6
通用设备制造业	23580	77.3	21.2	35.5
专用设备制造业	19297	80.9	27.5	41.5
汽车制造业	12322	71.4	18.5	31.6
铁路、船舶、航空航天和其他运输设备制造业	4102	73.1	21.8	32.7
电气机械和器材制造业	23653	78.1	22.1	37.0
计算机、通信和其他电子设备制造业	19411	80.4	29.6	42.3
仪器仪表制造业	5254	87.1	35.8	51.0
其他制造业	1361	69.5	13.8	24.4
废弃资源综合利用业	1350	50.9	11.4	15.0
金属制品、机械和设备修理业	357	56.0	14.6	23.2
电力、热力、燃气及水生产和供应业	**6008**	**34.7**	**5.0**	**7.0**
电力、热力生产和供应业	3925	35.4	6.0	7.9
燃气生产和供应业	946	31.2	2.1	4.5
水的生产和供应业	1137	36.0	4.7	6.4

在全部企业中，采取下列知识产权保护或相关措施的企业占比(%)						年末拥有有效发明专利数(件)	对最主要的主营产品拥有品牌所有权的企业占全部企业的比重(%)	
申请了注册商标	进行了版权登记	形成了国家或行业技术标准	对技术秘密进行内部保护	应用了难以复制的复杂技术	发挥了时间上的先发优势			#该品牌由本企业独立开发的企业占全部企业的比重
3.6	0.8	4.2	8.5	1.8	19.6	1013	8.2	7.1
3.1	3.5	6.3	10.4	3.5	12.6	3218	11.0	10.4
			40.0			4	40.0	20.0
15.9	**3.4**	**8.0**	**18.7**	**3.6**	**17.4**	**1625986**	**35.1**	**32.3**
25.1	2.9	5.7	13.7	2.2	17.3	16668	50.6	45.9
29.5	4.9	8.2	20.8	2.9	15.5	18262	58.2	53.7
31.7	5.0	8.0	15.9	3.4	15.6	5250	56.6	51.3
36.5	11.9	22.2	34.1	8.7	14.3	6343	50.8	47.6
10.6	1.6	5.3	14.9	3.2	21.4	17434	18.7	17.1
11.9	1.6	3.6	9.4	2.2	20.4	5960	17.1	15.2
14.3	1.6	3.7	10.5	2.4	21.6	3518	19.8	17.8
11.2	1.2	4.8	9.7	2.3	21.1	4543	18.7	17.0
17.1	3.1	5.3	14.3	3.1	19.4	7556	33.6	31.3
11.8	2.2	5.4	13.9	2.9	18.1	9329	23.1	21.0
9.1	2.6	6.1	15.2	3.6	19.2	9996	16.3	15.0
17.1	4.3	5.6	15.0	3.0	18.8	13073	29.9	27.5
9.5	1.7	7.6	18.0	3.2	13.6	6617	24.9	21.9
17.8	2.8	10.9	24.8	4.2	15.1	86796	45.7	41.9
26.8	4.9	14.4	25.1	4.9	15.1	64511	59.7	53.9
13.2	1.2	8.9	19.6	3.6	20.2	5417	28.5	26.3
14.9	2.5	7.1	18.7	3.5	16.9	44609	30.4	28.1
10.1	1.6	7.5	14.7	2.8	18.5	50879	24.9	21.9
9.2	1.1	8.1	14.1	2.6	15.8	23471	22.4	20.0
12.1	1.6	9.1	18.5	3.6	16.8	23818	27.7	25.6
13.1	2.0	7.1	16.5	3.1	17.4	59520	26.9	24.7
16.9	4.0	9.6	23.0	4.5	16.1	128191	43.1	40.2
19.1	6.2	10.7	25.5	5.1	16.3	140623	48.4	45.6
11.5	2.3	7.6	21.9	3.8	16.0	80855	31.6	28.4
13.8	3.7	9.7	23.5	4.1	15.6	49771	36.4	33.0
19.4	4.7	10.5	21.3	4.0	16.3	191831	45.2	42.1
17.9	8.3	8.9	26.8	6.0	17.3	496094	39.9	37.2
22.0	13.1	14.2	29.3	6.5	15.5	43744	59.3	56.5
17.7	3.9	7.2	17.1	3.1	17.5	6320	33.3	31.0
6.2	1.2	7.0	13.0	2.8	16.1	3321	13.7	11.8
4.7	3.3	6.0	16.6	3.6	13.6	1666	14.4	13.0
1.6	**1.3**	**6.5**	**6.3**	**1.7**	**12.6**	**49859**	**6.4**	**4.4**
1.3	1.4	6.5	6.5	1.9	12.2	47236	5.4	4.0
1.8	1.0	4.9	5.2	1.4	14.4	725	9.0	4.6
2.3	1.0	8.0	6.6	1.7	12.4	1898	7.3	5.8

8-4 续表 2

项　　目	采取了知识产权保护或相关措施的企业数(个)	采取了知识产权保护或相关措施的企业占全部企业的比重(%)		
			申 请 了发明专利	申请了实用新型或外观设计专利
四、按地区分				
东部地区	179765	68.0	16.2	25.4
中部地区	64333	64.1	14.4	20.2
西部地区	34560	56.8	10.2	14.2
东北地区	8712	54.3	8.8	14.7
北　京	2194	71.3	32.8	37.4
天　津	3524	62.3	12.8	24.3
河　北	9088	56.4	9.5	15.9
山　西	3052	44.5	7.1	10.3
内蒙古	1474	44.7	8.7	10.2
辽　宁	4749	55.9	9.7	18.8
吉　林	1704	52.9	8.4	11.1
黑龙江	2259	52.0	7.1	9.4
上　海	6289	67.7	19.2	27.4
江　苏	39313	69.9	20.8	29.3
浙　江	40160	74.7	15.4	26.2
安　徽	13633	68.6	22.6	25.9
福　建	11976	59.4	9.8	17.0
江　西	10095	63.8	11.4	21.1
山　东	21566	65.2	13.4	20.4
河　南	13798	63.7	8.5	16.4
湖　北	11018	65.6	13.9	20.9
湖　南	12737	65.7	17.8	20.7
广　东	45356	68.4	17.0	28.4
广　西	4029	50.0	6.7	9.5
海　南	299	53.1	15.5	13.9
重　庆	5025	68.7	15.2	22.5
四　川	9521	57.9	11.1	15.8
贵　州	3131	61.4	9.1	10.5
云　南	2692	58.9	8.3	13.9
西　藏	102	55.7	6.6	5.5
陕　西	4435	58.7	11.3	15.2
甘　肃	1276	56.4	9.3	11.9
青　海	327	51.7	8.1	9.5
宁　夏	872	63.0	20.4	26.0
新　疆	1676	41.4	4.3	6.7

在全部企业中，采取下列知识产权保护或相关措施的企业占比(%)						年末拥有有效发明专利数(件)	对最主要的主营产品拥有品牌所有权的企业占全部企业的比重(%)	#该品牌由本企业独立开发的企业占全部企业的比重
申请了注册商标	进行了版权登记	形成了国家或行业技术标准	对技术秘密进行内部保护	应用了难以复制的复杂技术	发挥了时间上的先发优势			
16.0	3.7	8.0	19.0	3.5	17.2	1224079	33.6	31.1
13.7	2.8	7.2	16.5	3.8	18.6	264278	33.7	30.7
13.5	2.5	8.1	16.5	3.2	15.9	155092	31.0	27.7
12.5	2.2	7.9	15.1	2.9	13.0	48460	33.7	29.6
15.5	8.2	9.6	25.7	4.4	11.5	70538	51.2	47.3
12.3	3.3	8.6	19.1	3.2	13.2	26326	33.8	30.1
12.5	1.7	4.0	14.7	2.3	19.7	34240	32.4	29.6
7.3	1.3	7.0	10.7	2.2	13.6	12336	20.0	17.9
8.8	2.1	7.4	10.7	1.9	10.6	6847	22.3	18.2
10.7	2.5	8.0	17.8	3.1	12.3	31740	32.5	28.9
12.6	1.9	8.5	13.5	3.0	12.7	7109	33.7	29.7
15.9	1.9	7.2	11.0	2.4	14.7	9611	36.0	30.9
15.7	5.0	9.5	22.7	4.5	13.0	66509	42.4	38.1
15.3	2.9	8.0	19.5	3.4	16.2	242423	33.8	30.9
15.5	2.2	8.7	18.8	3.0	19.2	120873	30.3	28.6
17.1	3.5	8.8	19.4	3.7	16.6	78480	37.6	34.7
16.2	3.4	6.2	15.5	3.4	16.9	45695	28.9	27.0
13.0	2.4	6.5	15.6	3.9	19.2	21690	30.6	28.2
13.4	2.7	8.6	19.4	3.5	19.5	103410	34.5	32.0
12.3	2.6	6.8	14.5	3.6	23.3	42849	32.6	29.2
14.0	2.9	7.5	17.2	3.7	18.9	61986	36.6	33.2
14.2	3.3	6.4	17.9	4.6	16.4	46937	36.0	32.6
19.5	6.1	8.3	19.9	4.3	16.1	511717	35.2	32.8
12.9	2.1	7.3	13.4	2.7	14.7	14995	25.7	22.5
15.5	3.4	10.8	15.3	2.7	11.7	2348	34.6	29.5
14.3	2.9	6.9	20.5	3.9	17.4	24388	33.7	30.7
14.1	2.5	7.3	19.3	3.6	16.1	48898	34.6	31.4
15.9	3.1	8.7	16.3	3.4	20.3	9357	28.7	25.2
17.5	2.4	10.3	16.7	3.0	14.6	11021	36.1	32.9
19.7	3.3	12.0	17.5	3.3	11.5	227	32.8	29.0
13.6	3.0	9.3	16.3	3.7	17.0	24226	34.6	31.5
11.7	2.0	11.7	13.7	2.6	17.4	4842	28.7	26.2
9.0	1.7	9.8	13.1	3.8	15.3	1224	28.3	25.8
12.3	2.5	10.6	17.2	3.0	13.8	3397	28.6	24.7
9.1	1.7	7.8	11.3	1.9	13.1	5670	22.5	18.5

8–5 规模(限额)以上

项　　目	制定创新战略目标的企业数（个）	制定创新战略目标企业占全部企业的比重（%）	保持本领域的国际领先地位
总　计	**416751**	**42.6**	**3.9**
#国有及国有控股	37249	49.9	4.1
一、按规模分			
大型企业	17172	72.2	9.5
中型企业	75930	51.1	5.1
小型企业	284503	45.1	3.5
微型企业	39146	22.4	2.8
二、按登记注册类型分			
内资企业	384802	42.1	3.3
国有企业	4539	42.6	3.2
集体企业	790	23.5	1.6
股份合作企业	525	31.3	1.7
联营企业	126	38.3	4.0
#国有联营企业	68	45.6	1.5
有限责任公司	75374	47.9	3.8
#国有独资公司	7626	47.7	3.1
股份有限公司	10491	68.9	6.5
私营企业	292892	40.4	3.0
其他企业	65	34.0	9.2
港、澳、台商投资企业	14240	47.5	9.1
合资经营企业	4021	55.8	7.9
合作经营企业	174	39.8	9.2
港、澳、台商独资经营企业	9172	43.6	9.8
港、澳、台商投资股份有限公司	679	74.2	7.7
其他港、澳、台投资企业	194	54.6	5.7
外商投资企业	17709	49.4	14.2
中外合资经营企业	5532	58.4	9.8
中外合作经营企业	188	44.8	10.6
外资企业	11141	45.2	16.8
外商投资股份有限公司	653	70.2	10.4
其他外商投资企业	195	49.7	8.7
三、按行业分			
采矿业	3376	29.7	2.0
制造业	230115	55.7	4.5
电力、热力、燃气及水生产和供应业	6078	35.1	4.0
建筑业	23327	36.9	1.5
批发和零售业	91549	28.5	3.2
交通运输、仓储和邮政业	11722	27.4	3.0
信息传输、软件和信息技术服务业	17932	67.0	5.0

企业创新战略目标制定情况

在制定创新战略目标企业中，制定下列目标的企业占比(%)				
赶超同行业国际领先企业	赶超同行业国内领先企业	增加创新投入，提升企业竞争力	保持现有的技术水平和生产经营状况	其他目标
4.3	**18.7**	**48.7**	**19.0**	**5.3**
4.7	20.0	50.3	15.5	5.5
8.3	21.9	49.4	8.6	2.3
5.3	20.7	47.8	16.3	4.8
4.0	18.6	50.0	19.0	4.9
3.0	14.7	40.5	28.4	10.6
4.1	18.9	49.1	19.2	5.5
3.7	16.8	49.7	18.9	7.7
1.9	8.2	45.4	32.2	10.6
2.5	17.1	47.4	25.9	5.3
3.2	17.5	47.6	19.8	7.9
4.4	22.1	48.5	14.7	8.8
4.5	20.6	49.2	16.5	5.4
4.1	18.4	50.5	17.3	6.6
7.5	23.7	51.0	8.7	2.6
3.9	18.3	49.0	20.2	5.6
1.5	24.6	41.5	16.9	6.2
7.1	17.9	45.9	16.5	3.5
6.5	21.1	47.9	13.5	3.1
4.6	19.5	42.0	18.4	6.3
7.0	16.3	44.6	18.6	3.7
11.6	20.5	51.0	7.5	1.8
9.8	21.1	49.0	10.8	3.6
8.0	16.2	42.5	16.1	3.1
7.8	19.6	46.3	13.4	3.0
6.4	13.8	46.3	20.7	2.1
7.9	14.2	40.1	17.8	3.2
11.0	19.8	47.9	9.0	1.8
6.7	22.6	46.2	11.8	4.1
2.4	12.4	49.1	27.8	6.3
5.2	19.8	53.1	14.8	2.6
3.9	18.5	42.8	24.9	6.0
1.9	12.1	49.8	28.1	6.6
3.2	17.5	38.4	26.4	11.3
3.8	19.9	36.6	27.5	9.1
4.5	20.0	55.3	12.2	3.0

8-5 续表

项 目	制定创新战略目标的企业数（个）	制定创新战略目标企业占全部企业的比重（%）	保持本领域的国际领先地位
租赁和商务服务业	15313	30.7	3.7
科学研究和技术服务业	15066	54.8	4.4
水利、环境和公共设施管理业	2273	38.5	2.2
四、按地区分			
东部地区	255331	42.9	4.5
中部地区	87460	44.2	3.1
西部地区	60166	40.8	2.7
东北地区	13794	36.3	5.0
北 京	12305	42.2	5.4
天 津	7217	36.2	5.1
河 北	11881	42.2	3.6
山 西	6327	38.2	2.7
内蒙古	2786	35.7	3.0
辽 宁	7329	35.9	6.0
吉 林	3046	39.0	3.6
黑龙江	3419	35.1	3.9
上 海	16394	39.5	7.8
江 苏	49817	43.2	4.8
浙 江	45478	46.4	3.6
安 徽	18164	50.9	3.0
福 建	16496	34.4	3.7
江 西	12450	43.0	3.0
山 东	32117	44.8	3.9
河 南	18947	41.0	3.0
湖 北	15888	46.4	3.1
湖 南	15684	43.5	3.7
广 东	62631	44.4	4.3
广 西	6652	38.3	2.6
海 南	995	34.8	4.2
重 庆	7841	42.5	3.3
四 川	15962	43.4	2.7
贵 州	4453	37.4	2.4
云 南	5199	43.5	2.9
西 藏	345	42.5	3.2
陕 西	8588	42.1	2.4
甘 肃	2644	43.5	2.6
青 海	606	37.4	0.7
宁 夏	1278	46.6	2.7
新 疆	3812	33.3	2.5

在制定创新战略目标企业中，制定下列目标的企业占比(%)				
赶超同行业国际领先企业	赶超同行业国内领先企业	增加创新投入，提升企业竞争力	保持现有的技术水平和生产经营状况	其他目标
3.1	18.6	41.3	23.3	10.0
4.1	19.1	52.1	16.6	3.6
2.9	17.9	51.9	18.1	7.0
4.8	19.1	48.5	18.3	4.9
3.6	18.9	50.1	18.8	5.5
3.4	17.2	49.0	21.1	6.7
4.4	18.0	42.8	23.0	6.8
4.4	19.2	45.6	22.3	3.0
4.3	20.0	42.9	22.5	5.2
4.1	20.5	47.7	18.8	5.2
2.9	15.9	44.6	26.4	7.6
4.2	16.7	44.7	26.0	5.3
4.8	18.3	42.7	22.0	6.2
4.4	18.2	43.7	23.1	7.0
3.7	17.2	42.3	25.2	7.7
6.6	20.4	41.8	18.6	4.7
4.9	19.6	47.8	18.1	4.8
4.7	18.4	52.0	17.5	3.8
3.3	19.5	53.6	15.2	5.5
4.3	17.3	49.6	19.5	5.5
3.9	20.6	48.8	17.3	6.4
4.6	19.7	48.1	18.2	5.6
3.4	17.4	48.8	22.4	5.0
3.9	20.5	48.3	19.1	5.1
4.2	18.2	52.7	16.2	5.1
4.9	18.6	49.5	17.4	5.3
2.4	14.9	48.2	22.9	9.0
2.9	17.6	44.8	19.6	10.9
3.9	18.3	50.4	18.7	5.3
3.4	18.2	49.4	20.5	5.9
3.5	16.2	49.4	19.5	9.0
2.7	15.8	51.1	21.7	5.8
1.2	18.3	47.8	20.3	9.3
3.9	18.5	48.7	19.9	6.6
3.0	15.0	50.9	21.7	6.8
3.8	17.7	48.4	23.3	6.3
3.4	19.8	52.3	17.0	4.8
3.0	15.6	43.7	26.3	8.9

九、规模（限额）以上企业企业家对创新的认识情况（2021 年）

9-1 规模(限额)以上企业企业家对创新的总体认识

项 目	在企业家中，认为创新对企业的生存和发展(%)		
	起了重要作用的人员占比	起了一定作用的人员占比	不起作用的人员占比
总 计	**42.1**	**50.6**	**7.4**
#有创新活动的企业	55.3	42.5	2.1
#有技术创新活动的企业	59.1	39.3	1.6
#国有及国有控股	48.1	46.8	5.1
一、按规模分			
大型企业	58.9	38.0	3.1
中型企业	47.2	47.3	5.5
小型企业	39.7	52.5	7.8
微型企业	29.9	56.7	13.4
二、按登记注册类型分			
内资企业	41.5	51.0	7.5
国有企业	40.6	51.9	7.6
集体企业	24.5	62.8	12.7
股份合作企业	36.9	51.4	11.7
联营企业	46.9	37.5	15.6
#国有联营企业	57.1	21.4	21.4
有限责任公司	47.1	46.9	5.9
#国有独资公司	46.7	48.3	5.0
股份有限公司	62.0	34.8	3.2
私营企业	38.2	53.5	8.4
其他企业	20.0	60.0	20.0
港、澳、台商投资企业	47.3	46.5	6.2
合资经营企业	51.6	43.5	4.9
合作经营企业	45.6	47.4	7.0
港、澳、台商独资经营企业	43.7	49.1	7.2
港、澳、台商投资股份有限公司	63.8	33.7	2.5
其他港、澳、台投资企业	56.3	40.6	3.1
外商投资企业	47.8	46.9	5.3
中外合资经营企业	51.7	42.9	5.3
中外合作经营企业	50.0	45.9	4.1
外资企业	44.5	49.9	5.6
外商投资股份有限公司	61.5	37.1	1.4
其他外商投资企业	57.7	40.4	1.9
三、按行业分			
采矿业	31.4	56.4	12.2
制造业	46.4	47.8	5.8
电力、热力、燃气及水生产和供应业	37.4	53.9	8.8
建筑业	25.9	62.0	12.2
批发和零售业	33.7	57.7	8.6
交通运输、仓储和邮政业	31.2	57.5	11.3

9-1 续表

项　目	在企业家中，认为创新对企业的生存和发展(%)		
	起了重要作用的人员占比	起了一定作用的人员占比	不起作用的人员占比
信息传输、软件和信息技术服务业	58.0	39.2	2.8
租赁和商务服务业	30.3	58.5	11.3
科学研究和技术服务业	50.3	44.6	5.1
水利、环境和公共设施管理业	38.0	52.4	9.6
四、按地区分			
东部地区	43.8	49.6	6.6
中部地区	40.8	52.4	6.8
西部地区	41.7	50.4	7.9
东北地区	39.3	50.8	9.9
北　京	47.9	47.0	5.1
天　津	40.2	51.2	8.6
河　北	43.1	48.5	8.4
山　西	36.2	53.6	10.3
内蒙古	36.6	52.6	10.8
辽　宁	39.4	51.4	9.1
吉　林	40.9	50.5	8.6
黑龙江	37.6	50.3	12.1
上　海	44.6	49.1	6.3
江　苏	43.7	51.6	4.8
浙　江	44.3	49.7	6.0
安　徽	45.8	49.9	4.3
福　建	38.0	53.6	8.4
江　西	37.3	54.2	8.5
山　东	50.9	43.8	5.3
河　南	40.0	53.9	6.2
湖　北	42.9	51.4	5.6
湖　南	41.5	52.0	6.6
广　东	43.1	50.6	6.2
广　西	38.5	51.3	10.1
海　南	38.6	52.4	9.0
重　庆	46.6	47.3	6.1
四　川	42.2	50.2	7.6
贵　州	39.4	52.6	8.0
云　南	48.1	45.2	6.7
西　藏	41.0	52.3	6.8
陕　西	41.6	50.6	7.8
甘　肃	40.8	52.4	6.8
青　海	41.0	50.5	8.5
宁　夏	43.8	49.1	7.1
新　疆	37.8	53.7	8.5

9-2 规模(限额)以上企业创新成功影响因素情况

项目	在开展创新活动企业中，认为下列各项因素对创新成功影响程度为“高”的企业家占比(%)								
	有创新精神的企业家	充足的经费支持	高素质的人才	员工对企业的认同感	企业内部的激励措施	有效的技术战略或计划	畅通的信息渠道	可信赖的创新合作伙伴	优惠政策的扶持
总计	**68.4**	**62.9**	**68.4**	**72.2**	**67.8**	**64.7**	**65.1**	**59.1**	**61.9**
#国有及国有控股	73.1	68.3	74.5	76.8	73.5	71.2	69.5	62.4	64.1
一、按规模分									
大型企业	84.0	79.7	85.1	83.0	81.7	81.3	77.9	71.9	72.7
中型企业	74.9	69.0	74.8	77.6	73.8	71.3	70.4	63.6	66.2
小型企业	66.1	60.3	65.7	70.4	65.4	61.9	63.0	57.1	60.3
微型企业	51.4	48.5	54.0	59.8	54.4	50.3	53.2	49.1	50.5
二、按登记注册类型分									
内资企业	67.8	62.2	67.7	71.9	67.3	64.1	64.6	58.6	61.6
国有企业	65.3	60.4	68.5	70.6	66.6	61.6	62.4	55.5	56.4
集体企业	46.9	44.4	50.2	55.6	51.6	42.2	43.3	37.5	41.5
股份合作企业	64.9	57.4	59.6	68.1	58.5	55.3	58.5	51.1	55.3
联营企业	62.1	55.2	58.6	69.0	65.5	69.0	62.1	51.7	55.2
#国有联营企业	66.7	66.7	66.7	66.7	66.7	66.7	66.7	58.3	66.7
有限责任公司	72.1	66.9	73.1	75.8	72.1	69.7	68.5	61.8	64.4
#国有独资公司	72.2	67.9	74.1	76.2	72.8	70.8	69.7	61.9	65.0
股份有限公司	83.0	77.1	82.7	84.1	81.4	79.5	76.6	70.8	73.0
私营企业	65.4	59.5	64.7	69.8	64.7	61.0	62.5	56.9	60.1
其他企业	33.3	33.3	33.3	66.7	33.3	33.3	66.7	33.3	33.3
港、澳、台商投资企业	73.1	70.0	74.0	74.9	72.2	69.9	69.4	63.8	64.8
合资经营企业	79.3	74.2	78.5	77.2	76.6	74.1	73.2	66.7	68.4
合作经营企业	70.5	56.8	68.2	77.3	65.9	61.4	59.1	56.8	54.5
港、澳、台商独资经营企业	68.6	67.2	70.7	72.7	69.1	66.7	66.6	61.5	62.2
港、澳、台商投资股份有限公司	87.7	81.2	85.7	86.4	83.1	83.8	80.5	74.0	73.4
其他港、澳、台投资企业	80.0	66.7	76.7	76.7	76.7	70.0	73.3	70.0	73.3
外商投资企业	74.6	71.0	76.4	75.7	72.0	72.5	70.4	64.2	64.3
中外合资经营企业	78.4	73.5	79.0	77.2	75.0	75.8	73.0	67.8	67.2
中外合作经营企业	73.0	74.6	76.2	74.6	73.0	69.8	69.8	60.3	65.1
外资企业	71.4	68.9	74.3	74.1	69.5	70.0	68.5	61.7	61.5
外商投资股份有限公司	87.5	80.1	86.0	86.8	85.3	82.4	78.7	72.8	79.4
其他外商投资企业	78.3	65.2	71.7	76.1	65.2	69.6	63.0	63.0	65.2
三、按行业分									
采矿业	55.8	53.1	57.5	63.2	58.8	52.2	55.1	48.7	52.0
制造业	72.7	66.8	71.0	74.2	70.1	67.6	67.4	61.7	65.5
电力、热力、燃气及水生产和供应业	63.8	60.1	67.1	70.5	66.1	62.1	62.2	54.3	58.8
建筑业	51.5	47.8	54.4	61.1	55.0	50.5	52.4	46.5	47.3
批发和零售业	60.1	54.7	62.3	71.0	65.7	58.3	62.1	55.7	55.6
交通运输、仓储和邮政业	56.4	52.3	58.3	65.0	60.4	55.6	58.5	52.3	53.2
信息传输、软件和信息技术服务业	82.4	76.5	83.9	84.2	80.9	81.4	79.6	73.5	74.6

9–2 续表

项　目	在开展创新活动企业中，认为下列各项因素对创新成功影响程度为“高”的企业家占比(%)								
	有创新精神的企业家	充足的经　费支　持	高素质的人才	员工对企业的认同感	企业内部的激励措施	有效的技术战略或计划	畅通的信　息渠　道	可信赖的创新合作伙伴	优　惠政　策的扶持
租赁和商务服务业	57.5	51.4	58.9	66.2	60.8	55.6	58.4	52.2	51.2
科学研究和技术服务业	76.8	69.3	80.3	79.9	74.9	74.6	72.3	66.4	66.9
水利、环境和公共设施管理业	65.5	60.0	66.5	71.7	64.7	63.1	61.8	56.0	60.0
四、按地区分									
东部地区	71.2	66.2	71.4	73.6	69.0	67.5	67.0	61.5	62.8
中部地区	71.6	65.7	70.6	74.3	70.8	66.6	67.6	62.1	65.9
西部地区	64.3	58.7	64.5	70.1	65.4	61.4	62.3	55.5	59.5
东北地区	62.3	56.8	63.8	68.5	63.0	59.6	60.3	54.3	56.1
北　京	75.0	68.0	77.1	76.3	69.7	71.9	69.3	62.6	61.5
天　津	68.0	62.0	70.9	73.5	66.7	64.9	65.2	59.5	59.3
河　北	67.5	61.9	67.6	71.4	66.2	62.5	63.2	56.3	61.0
山　西	63.4	56.2	62.3	68.7	64.4	60.2	59.6	52.7	57.7
内蒙古	59.2	53.8	61.3	67.3	61.6	57.3	57.3	50.0	54.4
辽　宁	64.9	59.0	66.0	70.6	65.3	62.5	63.0	56.6	54.9
吉　林	62.0	56.4	63.4	68.2	62.8	59.6	60.0	53.6	58.4
黑龙江	59.6	54.8	61.8	66.5	60.7	56.5	57.4	52.4	55.2
上　海	70.9	65.9	73.0	74.4	68.7	69.6	68.6	62.2	61.0
江　苏	73.6	67.3	73.1	74.9	70.4	67.7	68.5	64.9	61.5
浙　江	75.6	71.1	71.8	75.2	71.5	69.7	70.3	64.2	70.1
安　徽	77.7	72.2	76.9	79.3	76.0	71.7	74.0	70.2	69.4
福　建	66.7	63.7	66.1	69.7	65.5	62.9	62.6	57.9	61.9
江　西	68.2	63.3	66.4	70.8	67.0	63.2	64.9	59.5	65.5
山　东	75.6	70.4	74.6	77.3	74.0	71.1	71.4	64.8	69.7
河　南	71.2	66.0	70.7	73.8	70.8	65.9	67.7	61.3	65.0
湖　北	73.2	67.2	72.3	75.2	72.0	67.6	68.9	62.8	67.5
湖　南	74.0	66.9	72.5	76.6	72.9	69.0	68.2	63.7	68.2
广　东	69.0	66.2	70.4	71.4	68.7	67.5	65.2	61.2	59.0
广　西	62.8	58.1	62.6	66.0	63.1	60.3	59.4	55.5	58.9
海　南	63.4	59.2	65.1	69.1	64.2	61.9	60.5	55.5	58.1
重　庆	70.7	64.3	68.9	74.6	70.4	68.2	68.6	60.8	64.9
四　川	66.5	61.2	66.5	71.8	67.3	62.4	64.1	56.4	61.3
贵　州	63.7	57.0	62.8	69.4	64.1	60.7	61.3	56.5	59.5
云　南	65.7	60.9	65.8	72.5	67.8	64.2	64.7	56.3	60.1
西　藏	58.5	58.8	66.2	68.4	63.5	56.0	58.5	51.6	57.4
陕　西	66.5	60.4	67.1	71.6	66.2	62.5	64.4	57.4	59.5
甘　肃	62.5	54.9	61.6	69.6	64.5	59.5	61.7	54.8	56.9
青　海	56.0	52.5	59.0	63.5	60.9	54.5	57.6	50.9	55.8
宁　夏	63.9	58.7	63.8	68.6	63.9	59.9	60.6	52.3	59.7
新　疆	60.4	54.9	61.9	68.7	63.6	58.8	58.0	52.3	57.9

9-3 规模(限额)以上企业创新激励措施及效果情况

项 目	在开展创新活动企业中，认为下列措施对激励创新效果明显的企业家占比(%)				
	股权或期 权	增加工资或奖金	汽车住房等物质奖励	岗位调整或升职机会	培训或深造机会
总 计	**13.0**	**60.0**	**12.7**	**52.4**	**41.2**
#国有及国有控股	8.6	58.9	8.3	57.1	47.4
一、按规模分					
大型企业	20.7	73.5	14.9	71.5	60.2
中型企业	15.2	64.6	13.3	60.9	48.9
小型企业	11.7	58.4	12.4	49.0	37.8
微型企业	9.6	45.4	10.6	35.2	26.4
二、按登记注册类型分					
内资企业	12.9	59.9	12.7	51.9	40.7
国有企业	8.3	53.4	8.8	48.9	42.1
集体企业	4.1	42.8	8.2	34.9	27.9
股份合作企业	10.6	53.2	12.8	38.3	26.6
联营企业	20.7	51.7	10.3	55.2	34.5
#国有联营企业	16.7	50.0		58.3	50.0
有限责任公司	11.9	59.7	10.6	56.6	45.4
#国有独资公司	7.9	55.6	9.2	54.7	46.0
股份有限公司	21.8	72.1	13.3	69.9	56.7
私营企业	13.0	59.6	13.7	49.0	37.9
其他企业	33.3	66.7		66.7	33.3
港、澳、台商投资企业	14.9	61.1	12.6	58.7	45.5
合资经营企业	14.0	65.1	11.3	62.8	50.7
合作经营企业	13.0	52.2	17.4	52.2	45.7
港、澳、台商独资经营企业	14.3	58.4	12.5	56.0	41.9
港、澳、台商投资股份有限公司	26.9	70.5	21.2	67.9	56.4
其他港、澳、台投资企业	17.9	60.7	7.1	57.1	42.9
外商投资企业	13.3	61.5	11.6	58.0	46.6
中外合资经营企业	14.1	65.3	13.0	61.9	49.6
中外合作经营企业	11.1	74.6	11.1	54.0	41.3
外资企业	11.7	57.3	10.1	54.8	43.7
外商投资股份有限公司	31.4	77.4	22.6	72.3	59.1
其他外商投资企业	13.0	78.3	6.5	63.0	63.0
三、按行业分					
采矿业	8.6	54.6	10.3	41.6	35.9
制造业	14.1	64.9	14.4	55.5	43.7
电力、热力、燃气及水生产和供应业	9.8	52.4	10.0	51.6	42.4
建筑业	8.4	42.9	9.6	37.1	30.2
批发和零售业	12.1	54.5	11.4	48.9	38.3
交通运输、仓储和邮政业	9.1	47.6	9.0	42.7	30.8
信息传输、软件和信息技术服务业	21.6	69.7	12.2	68.3	51.6

9-3 续表

项 目	在开展创新活动企业中，认为下列措施对激励创新效果明显的企业家占比(%)				
	股权或期 权	增加工资或奖金	汽车住房等物质奖励	岗位调整或升职机会	培训或深造机会
租赁和商务服务业	9.6	48.2	10.2	43.5	31.9
科学研究和技术服务业	16.6	65.5	11.9	59.9	47.1
水利、环境和公共设施管理业	8.6	49.0	8.8	48.7	37.4
四、按地区分					
东部地区	14.4	62.2	12.7	54.6	41.1
中部地区	15.5	64.6	16.8	56.2	44.8
西部地区	10.6	55.7	10.3	48.8	40.1
东北地区	9.6	53.6	10.5	46.4	36.1
北 京	12.7	59.7	7.1	55.5	41.2
天 津	9.7	58.4	7.9	51.0	36.1
河 北	10.3	58.5	10.5	49.1	39.1
山 西	8.4	55.8	9.2	46.3	39.7
内蒙古	8.7	55.0	9.1	46.6	38.9
辽 宁	9.1	56.1	10.4	48.3	35.4
吉 林	10.4	54.6	11.2	46.8	39.2
黑龙江	9.3	49.7	9.9	43.7	33.9
上 海	17.5	58.1	10.2	54.8	39.1
江 苏	16.6	65.6	15.1	57.1	40.9
浙 江	14.5	68.2	14.5	55.8	41.4
安 徽	16.1	69.9	16.4	60.7	47.0
福 建	15.8	61.6	16.7	52.8	41.1
江 西	16.4	61.6	18.4	53.3	42.4
山 东	14.9	69.5	15.6	60.9	50.8
河 南	15.2	64.3	18.3	55.4	43.8
湖 北	15.3	66.7	16.1	59.2	47.1
湖 南	19.9	67.3	20.7	59.9	47.6
广 东	16.0	61.3	14.7	55.0	40.6
广 西	8.6	52.8	8.6	44.6	35.2
海 南	11.5	52.2	10.1	46.7	36.3
重 庆	12.5	59.7	11.8	52.3	42.7
四 川	12.3	58.0	11.7	50.8	41.9
贵 州	13.5	53.4	13.3	48.9	41.0
云 南	9.0	54.9	9.1	50.3	42.0
西 藏	12.5	52.2	10.8	47.5	37.2
陕 西	10.8	57.0	10.6	50.2	42.5
甘 肃	10.7	55.0	11.4	48.7	39.3
青 海	7.7	53.3	6.1	45.0	38.9
宁 夏	8.2	56.8	7.8	46.6	38.8
新 疆	10.2	54.6	9.1	47.0	36.3

十、规模（限额）以上企业创新政策效果情况（2021年）

10-1 有关政策对规模(限额)

项目	1.企业研发费用加计扣除税收优惠政策	2.高新技术企业所得税优惠政策	3.企业研发活动专用仪器设备加速折旧政策
总计	**39.7**	**32.2**	**24.3**
#国有及国有控股	36.2	28.9	19.3
一、按规模分			
大型企业	56.7	43.9	31.9
中型企业	46.4	38.3	26.9
小型企业	37.6	30.4	23.8
微型企业	18.7	15.6	12.7
二、按登记注册类型分			
内资企业	39.4	32.3	24.5
国有企业	26.6	22.0	15.6
集体企业	14.8	13.3	9.6
股份合作企业	38.5	34.4	27.1
联营企业	21.4	25.0	21.4
#国有联营企业	9.1	27.3	18.2
有限责任公司	37.9	30.4	20.7
#国有独资公司	31.8	26.3	18.7
股份有限公司	62.3	53.2	34.4
私营企业	39.3	32.3	25.9
其他企业	33.3		
港、澳、台商投资企业	43.1	33.6	22.7
合资经营企业	48.5	37.0	24.7
合作经营企业	30.4	26.1	19.6
港、澳、台商独资经营企业	38.6	30.1	20.3
港、澳、台商投资股份有限公司	66.0	54.5	39.7
其他港、澳、台投资企业	43.3	36.7	16.7
外商投资企业	41.2	29.3	21.2
中外合资经营企业	49.9	37.2	26.1
中外合作经营企业	34.9	20.6	20.6
外资企业	34.7	23.4	17.3
外商投资股份有限公司	64.0	50.0	36.0
其他外商投资企业	41.3	30.4	21.7
三、按行业分			
采矿业	25.9	19.2	18.9
制造业	48.8	39.4	31.2
电力、热力、燃气及水生产和供应业	20.6	17.2	13.9
建筑业	20.2	18.1	12.4
批发和零售业	12.8	11.8	9.2
交通运输、仓储和邮政业	14.1	9.6	8.0
信息传输、软件和信息技术服务业	56.8	47.0	24.2

以上企业创新的影响情况

在开展创新活动企业中，认为下列政策效果明显的企业家占比(%)						
4.技术转让、技术开发收入免征增值税和技术转让减免所得税优惠政策	5.鼓励企业吸引和培养人才的相关政策	6.金融支持相关政策	7.创造和保护知识产权的相关政策	8.优先发展产业的支持政策	9.促进科技成果转化相关政策	10.关于推进大众创业万众创新的各项政策
18.6	**28.5**	**28.5**	**30.3**	**27.3**	**26.6**	**23.4**
17.2	29.2	23.7	29.7	25.6	25.0	19.7
26.7	44.2	34.1	47.1	38.8	39.0	29.2
20.7	33.7	30.2	35.4	30.9	31.0	25.8
17.7	26.1	28.5	28.3	25.9	25.0	22.9
11.3	16.5	18.5	14.7	16.4	13.8	14.5
18.7	28.5	29.1	30.3	27.5	26.7	23.7
14.2	23.0	19.2	22.2	21.2	18.7	16.4
10.0	15.1	11.8	10.0	11.1	10.3	12.2
15.6	24.0	25.0	25.0	22.9	21.9	18.8
14.3	25.0	17.9	32.1	28.6	28.6	17.9
9.1	36.4	9.1	27.3	27.3	27.3	9.1
16.7	28.5	24.5	29.3	25.9	25.1	20.4
17.2	28.4	24.7	26.9	24.8	22.7	18.7
28.5	44.8	41.5	51.2	42.7	44.2	33.4
19.1	27.8	30.7	30.0	27.6	26.8	24.9
18.3	28.8	24.5	32.1	26.4	26.5	21.9
18.1	33.2	28.4	37.3	28.7	31.4	24.6
23.9	26.1	23.9	28.3	26.1	26.1	23.9
17.2	25.1	21.2	27.6	23.4	22.4	19.1
30.1	45.5	39.7	54.5	46.8	46.2	36.5
16.7	26.7	23.3	30.0	30.0	23.3	23.3
17.2	29.1	21.1	28.9	23.8	23.9	18.9
20.4	34.2	26.3	34.6	28.7	30.1	22.9
17.5	28.6	17.5	22.2	19.0	22.2	17.5
14.4	24.5	16.7	23.9	19.7	19.3	15.6
27.9	50.7	41.9	55.1	43.4	40.4	34.6
21.7	30.4	21.7	26.1	23.9	19.6	15.2
14.5	21.3	20.2	19.5	19.0	18.4	16.9
22.1	33.5	35.0	37.7	33.7	33.4	29.0
12.1	20.8	20.7	17.4	19.1	15.7	14.9
11.3	17.1	17.8	16.5	14.5	14.2	13.3
8.6	16.8	18.8	12.1	13.1	10.5	11.5
7.0	14.0	15.0	9.9	11.7	8.6	9.4
26.9	37.0	25.8	39.5	32.7	32.5	27.1

10-1 续表

项　　目	1.企业研发费用加计扣除税收优惠政策	2.高新技术企业所得税优惠政策	3.企业研发活动专用仪器设备加速折旧政策
租赁和商务服务业	15.8	12.9	9.4
科学研究和技术服务业	53.6	45.4	25.4
水利、环境和公共设施管理业	24.7	19.5	12.3
四、按地区分			
东部地区	44.2	35.7	23.5
中部地区	45.2	38.0	32.9
西部地区	32.2	24.8	20.1
东北地区	33.0	28.2	19.9
北　京	54.3	47.5	18.8
天　津	36.6	30.9	17.7
河　北	37.1	30.9	24.2
山　西	31.2	21.4	19.1
内蒙古	25.5	20.5	14.7
辽　宁	37.1	32.3	22.4
吉　林	33.8	29.3	20.9
黑龙江	27.6	22.6	16.0
上　海	44.2	36.0	18.2
江　苏	46.3	37.2	27.0
浙　江	56.6	40.5	29.8
安　徽	50.5	41.8	33.9
福　建	34.2	27.6	23.9
江　西	45.3	38.6	33.2
山　东	43.2	33.2	27.9
河　南	39.8	34.4	30.4
湖　北	46.9	40.6	34.8
湖　南	53.8	47.7	43.2
广　东	47.0	40.1	23.9
广　西	27.3	22.7	16.5
海　南	26.9	22.7	15.1
重　庆	41.8	34.0	27.5
四　川	35.0	25.1	22.9
贵　州	31.2	24.1	22.2
云　南	34.5	23.7	19.7
西　藏	25.6	23.1	16.8
陕　西	34.0	28.2	21.4
甘　肃	28.8	23.0	17.3
青　海	27.9	23.4	16.0
宁　夏	37.4	22.2	21.7
新　疆	25.3	20.2	14.8

在开展创新活动企业中，认为下列政策效果明显的企业家占比(%)						
4.技术转让、技术开发收入免征增值税和技术转让减免所得税优惠政策	5.鼓励企业吸引和培养人才的相关政策	6.金融支持相关政策	7.创造和保护知识产权的相关政策	8.优先发展产业的支持政策	9.促进科技成果转化相关政策	10.关于推进大众创业万众创新的各项政策
8.7	15.8	16.0	11.6	12.0	10.5	12.0
24.0	34.7	25.7	38.8	29.6	31.7	24.2
10.3	19.4	19.9	18.7	17.9	15.1	14.3
17.7	28.8	26.4	31.8	25.6	26.5	21.8
26.0	36.1	38.3	37.8	36.9	35.2	33.4
15.2	24.1	25.7	25.0	24.0	21.8	19.4
15.4	23.3	21.9	24.1	21.3	22.0	18.5
19.4	27.5	19.3	36.1	22.1	24.3	16.6
13.0	24.2	19.0	26.5	20.3	21.2	16.3
16.7	28.1	26.2	29.6	25.8	26.4	23.8
13.6	22.7	22.0	22.0	20.6	19.3	18.1
10.6	20.8	19.7	20.4	18.5	18.3	14.5
16.8	25.4	21.8	26.0	22.0	23.5	18.7
16.6	23.9	23.1	25.6	22.2	23.3	20.2
12.8	20.4	21.0	20.6	19.6	19.1	16.5
16.6	27.5	22.8	30.5	22.6	24.4	17.3
20.0	31.4	29.9	34.4	29.0	30.8	24.8
18.3	32.8	34.0	36.4	30.7	31.3	28.3
22.8	37.1	40.0	39.4	37.5	36.8	32.3
18.5	27.7	29.2	29.0	26.0	25.8	23.1
26.8	36.5	40.1	37.5	37.1	35.2	35.1
20.7	34.6	33.5	34.8	31.3	30.9	28.5
26.5	36.4	37.5	38.3	38.1	35.6	36.4
27.5	36.2	41.4	38.2	37.5	36.4	33.1
36.3	45.0	45.4	47.7	47.1	44.4	42.1
16.6	25.7	23.8	31.3	23.6	25.0	18.6
13.0	19.8	26.0	21.0	20.8	18.1	15.6
12.2	23.4	16.7	18.7	17.1	15.8	13.1
19.5	28.6	31.7	32.8	29.9	27.7	25.7
17.1	26.1	28.7	28.2	26.9	25.0	21.9
18.7	26.7	27.8	28.9	29.8	25.8	25.4
14.4	21.7	21.8	24.4	21.5	20.3	17.4
16.0	27.0	26.7	20.1	23.4	18.7	17.6
16.4	25.8	26.1	25.8	24.9	22.3	19.1
13.2	23.7	23.8	21.6	21.1	19.4	16.9
13.9	21.4	21.2	21.1	20.7	18.3	16.2
12.7	23.6	25.6	25.3	23.4	21.5	19.3
11.8	21.0	22.7	17.9	19.5	16.2	15.4

10−2 规模(限额)以上企业

项　　目	1. 企业研发费用加计扣除税收优惠政策					
	不知道此政　　策	不具备享受该政策的 资 格	吸引力不　足	办理手续繁　　琐	政府部门政策执行力度不够	其他原因
总　计	**8.2**	**72.7**	**6.0**	**4.5**	**0.7**	**7.8**
#国有及国有控股	7.7	72.4	4.4	3.2	1.0	11.2
一、按规模分						
大型企业	5.5	71.8	5.5	5.4	0.8	11.0
中型企业	7.6	72.5	5.8	4.3	0.8	8.9
小型企业	8.3	73.0	6.2	4.8	0.7	7.0
微型企业	10.2	72.2	5.2	3.3	0.9	8.2
二、按登记注册类型分						
内资企业	8.5	72.4	6.1	4.5	0.8	7.7
国有企业	8.6	71.5	5.4	2.6	1.9	10.0
集体企业	7.5	73.0	8.9	0.9	1.3	8.4
股份合作企业	7.4	77.8	5.6	1.9		7.4
联营企业	9.1	72.7	9.1			9.1
#国有联营企业	10.0	70.0	20.0			
有限责任公司	8.1	73.3	4.7	3.5	0.8	9.6
#国有独资公司	8.4	73.3	4.1	2.7	0.7	10.7
股份有限公司	7.4	65.0	6.5	5.8	1.4	13.9
私营企业	8.8	72.3	6.7	5.0	0.7	6.5
其他企业		100.0				
港、澳、台商投资企业	5.0	74.4	5.7	5.2	0.3	9.5
合资经营企业	5.5	74.5	4.8	5.5		9.8
合作经营企业	3.2	77.4	3.2	3.2		12.9
港、澳、台商独资经营企业	5.0	74.4	6.1	5.2	0.5	8.9
港、澳、台商投资股份有限公司	3.8	69.8	5.7	3.8		17.0
其他港、澳、台投资企业		82.4	11.8			5.9
外商投资企业	4.9	77.4	4.8	4.0	0.4	8.6
中外合资经营企业	4.7	76.5	6.5	4.4	0.8	7.0
中外合作经营企业	4.9	80.5	4.9			9.8
外资企业	4.7	77.9	4.1	4.1	0.2	9.2
外商投资股份有限公司	8.3	70.8	4.2	2.1	2.1	12.5
其他外商投资企业	11.1	74.1	3.7	3.7		7.4
三、按行业分						
采矿业	8.1	75.1	5.8	4.6	0.9	5.5
制造业	7.5	70.6	7.8	6.4	0.7	6.9
电力、热力、燃气及水生产和供应业	8.5	75.7	3.2	2.8	0.7	9.0
建筑业	13.5	69.4	5.3	3.8	1.1	6.8
批发和零售业	7.2	80.6	3.8	1.6	0.3	6.6
交通运输、仓储和邮政业	8.7	75.3	3.5	1.6	0.7	10.2
信息传输、软件和信息技术服务业	5.3	72.8	4.4	2.5	0.5	14.5

有关政策效果不明显的主要原因

在认为下列政策效果不明显或未享受下列政策的企业家中，对主要原因作出不同判断的企业家占比(%)											
2.高新技术企业所得税优惠政策						3.企业研发活动专用仪器设备加速折旧政策					
不知道此政策	不具备享受该政策的资格	吸引力不足	办理手续繁琐	政府部门政策执行力度不够	其他原因	不知道此政策	不具备享受该政策的资格	吸引力不足	办理手续繁琐	政府部门政策执行力度不够	其他原因
6.6	**77.1**	**4.4**	**3.5**	**0.5**	**7.9**	**8.7**	**71.4**	**7.7**	**3.4**	**0.3**	**8.4**
6.5	77.7	3.0	1.9	0.5	10.4	10.0	71.0	5.6	2.3	0.4	10.6
4.5	78.7	3.0	2.7	0.6	10.5	8.4	64.4	10.2	4.3	0.5	12.2
5.9	77.2	4.0	3.3	0.5	9.0	8.5	69.3	8.8	3.6	0.4	9.5
6.7	77.0	4.7	3.7	0.5	7.3	8.8	72.4	7.6	3.4	0.3	7.5
8.5	76.3	4.3	2.7	0.5	7.7	9.3	75.7	4.4	1.9	0.3	8.3
6.9	76.7	4.5	3.5	0.6	7.9	9.0	71.5	7.6	3.4	0.4	8.3
7.3	76.9	3.9	1.3	1.0	9.5	9.8	72.3	4.9	1.9	0.8	10.2
6.1	78.2	4.8	2.2	1.3	7.4	6.4	80.5	4.2	1.7	0.8	6.4
5.5	76.4	7.3	1.8	1.8	7.3	11.3	72.6	9.7	1.6		4.8
15.8	73.7				10.5	5.0	70.0	5.0	5.0		15.0
12.5	87.5						62.5	12.5			25.0
6.7	77.5	3.3	2.6	0.5	9.5	9.4	71.3	6.5	2.5	0.3	10.0
6.7	77.6	3.3	1.6	0.8	10.0	10.2	72.7	4.3	1.5	0.2	11.0
5.2	73.7	4.1	2.4	0.8	13.8	9.3	59.2	12.0	5.1	0.8	13.5
7.0	76.4	5.0	4.1	0.6	6.9	8.7	72.1	8.0	3.8	0.3	7.1
	100.0						66.7	33.3			
3.6	79.7	3.9	3.6	0.2	9.0	5.8	71.5	10.0	3.4	0.2	9.1
3.8	79.7	2.6	3.5	0.4	10.1	6.7	72.3	7.9	3.7		9.4
3.0	81.8	9.1			6.1	8.6	74.3	2.9	2.9		11.4
3.5	79.7	4.4	3.9	0.2	8.3	5.2	72.1	10.5	3.3	0.4	8.6
4.2	77.5	1.4	1.4		15.5	7.4	57.4	19.1	2.1		13.8
	84.2	10.5			5.3	4.0	72.0	12.0	4.0		8.0
3.9	82.4	2.9	2.7	0.2	7.8	6.7	70.7	9.1	3.3	0.1	10.2
4.1	81.8	4.0	2.8	0.4	7.0	7.7	69.3	10.7	3.0	0.1	9.2
6.0	80.0	2.0			12.0	10.0	80.0	4.0			6.0
3.8	83.0	2.4	2.9	0.1	7.8	5.7	72.0	8.0	3.5	0.1	10.6
3.0	74.2	4.5	1.5	1.5	15.2	11.8	49.4	18.8	3.5		16.5
6.3	84.4	3.1			6.3	11.1	80.6	2.8			5.6
7.4	78.9	5.0	2.7	0.7	5.3	9.0	76.6	5.5	3.1	0.5	5.3
5.6	76.0	5.5	4.8	0.6	7.6	8.9	67.5	10.7	4.8	0.4	7.9
7.7	79.4	2.5	1.8	0.5	8.0	9.3	77.2	3.1	1.3	0.4	8.7
11.3	73.9	4.3	3.1	0.7	6.7	12.8	73.4	4.4	2.2	0.6	6.6
6.4	82.4	3.1	1.5	0.3	6.3	5.9	83.7	2.4	0.6	0.1	7.3
7.7	80.0	2.4	0.9	0.4	8.6	7.5	79.4	2.3	1.0	0.2	9.5
4.0	75.7	2.8	2.7	0.1	14.8	6.3	68.5	8.0	2.4	0.1	14.8

10-2 续表 1

项目	1.企业研发费用加计扣除税收优惠政策					
	不知道此政策	不具备享受该政策的资格	吸引力不足	办理手续繁琐	政府部门政策执行力度不够	其他原因
租赁和商务服务业	9.1	77.1	3.2	1.5	0.5	8.6
科学研究和技术服务业	6.6	73.6	5.1	4.0	0.9	9.8
水利、环境和公共设施管理业	7.0	77.0	3.6	1.7	0.8	9.8
四、按地区分						
东部地区	7.9	72.9	6.1	4.7	0.6	7.8
中部地区	8.2	71.0	8.1	5.1	0.8	6.8
西部地区	8.1	73.9	4.8	4.4	0.9	7.9
东北地区	9.9	71.4	5.8	3.2	0.6	9.1
北　京	7.3	73.7	5.0	3.3	0.5	10.3
天　津	8.0	70.7	6.7	4.0	0.5	10.1
河　北	10.4	70.4	6.3	5.2	0.2	7.5
山　西	9.6	72.9	4.3	3.9	0.9	8.2
内蒙古	8.9	73.6	4.4	2.4	0.7	10.0
辽　宁	9.3	69.1	7.3	3.6	0.6	10.1
吉　林	11.5	71.4	4.8	3.2	0.5	8.5
黑龙江	9.0	73.7	5.3	2.8	0.7	8.5
上　海	7.3	75.8	5.1	4.3	0.7	6.7
江　苏	8.1	70.2	7.7	5.6	1.0	7.4
浙　江	4.7	77.2	5.1	5.0	0.4	7.7
安　徽	5.7	73.6	7.7	4.7	1.1	7.2
福　建	7.6	74.3	7.1	5.2	0.9	5.0
江　西	7.0	72.3	8.1	5.7	0.7	6.1
山　东	7.5	75.5	5.4	3.2	0.5	7.8
河　南	10.0	68.5	10.8	4.5	0.4	5.8
湖　北	7.2	73.1	7.8	4.9	0.9	6.1
湖　南	9.9	64.9	9.5	6.9	1.0	7.7
广　东	9.7	67.4	6.6	6.8	0.7	8.8
广　西	8.2	74.5	4.8	4.6	1.1	6.8
海　南	7.8	77.3	3.0	2.0	1.1	8.8
重　庆	6.8	75.2	4.8	6.1	0.7	6.4
四　川	7.0	77.6	4.6	4.5	0.4	6.0
贵　州	10.1	69.3	5.5	6.2	1.0	8.0
云　南	6.6	74.0	4.4	5.2	1.3	8.5
西　藏	11.6	66.8	6.0	4.9	0.7	10.1
陕　西	8.8	72.8	5.5	5.4	0.6	6.9
甘　肃	9.3	73.9	5.1	2.6	1.2	7.9
青　海	9.6	74.1	4.2	2.7	1.3	8.0
宁　夏	7.4	75.0	4.1	3.8	0.9	8.9
新　疆	6.6	73.7	4.3	3.1	0.8	11.5

在认为下列政策效果不明显或未享受下列政策的企业家中，对主要原因作出不同判断的企业家占比(%)											
2.高新技术企业所得税优惠政策						3.企业研发活动专用仪器设备加速折旧政策					
不知道此政策	不具备享受该政策的资格	吸引力不足	办理手续繁琐	政府部门政策执行力度不够	其他原因	不知道此政策	不具备享受该政策的资格	吸引力不足	办理手续繁琐	政府部门政策执行力度不够	其他原因
8.1	80.2	2.5	1.2	0.2	7.8	6.8	81.6	2.2	0.8	0.2	8.4
5.5	75.0	3.3	3.1	0.6	12.4	7.9	67.1	9.0	3.3	0.4	12.3
6.6	80.7	2.1	1.5	0.5	8.6	7.9	76.3	4.5	1.8	0.2	9.3
6.0	77.7	4.4	3.8	0.4	7.7	7.9	69.7	9.6	3.8	0.3	8.7
6.7	75.6	6.1	3.8	0.6	7.2	8.6	70.7	8.8	3.8	0.3	7.7
6.7	77.7	3.4	3.2	0.6	8.4	9.4	73.8	5.4	2.9	0.4	8.1
8.3	75.3	4.4	2.5	0.6	8.9	9.9	71.3	6.5	2.3	0.4	9.7
5.3	77.1	4.0	2.7	0.4	10.5	6.2	68.9	9.8	3.4	0.1	11.5
6.0	74.9	4.7	4.0	0.3	10.2	7.3	69.7	9.7	2.5	0.1	10.8
8.4	73.1	5.8	4.0	0.4	8.4	11.4	67.6	8.3	4.1	0.1	8.5
8.2	77.1	3.4	2.2	0.7	8.5	9.7	72.9	6.7	2.6	0.2	7.9
7.6	77.5	3.3	1.4	0.1	10.0	10.1	74.6	4.0	2.2	0.3	8.9
6.8	73.5	5.8	2.9	0.8	10.3	8.7	69.2	8.3	2.4	0.6	10.8
9.6	75.3	4.3	2.3	0.5	8.1	11.6	71.5	4.9	2.4	0.1	9.5
8.7	77.1	3.3	2.3	0.5	8.1	9.5	73.4	5.9	2.1	0.4	8.8
5.8	79.5	3.5	3.6	0.3	7.3	6.9	71.4	9.7	3.4	0.3	8.3
5.8	77.1	4.9	4.1	0.6	7.4	7.8	68.4	10.5	4.5	0.4	8.3
3.4	82.1	3.1	4.4	0.1	6.9	5.5	69.1	11.4	4.2	0.2	9.6
4.9	78.0	5.4	3.4	0.5	7.8	6.1	71.6	9.6	2.8	0.2	9.8
6.6	78.5	5.6	4.1	0.3	4.8	8.5	72.8	9.2	4.0	0.4	5.1
5.4	76.2	6.3	4.3	0.6	7.2	8.2	71.7	9.4	4.1	0.5	6.2
5.5	81.8	3.6	2.0	0.4	6.7	7.5	73.8	7.2	3.3	0.3	7.9
8.2	73.8	8.4	3.5	0.4	5.8	9.6	70.2	9.5	3.5	0.3	6.9
5.6	76.8	6.5	4.3	0.5	6.3	7.0	72.4	8.5	4.2	0.4	7.5
8.1	71.5	6.5	5.3	1.1	7.5	11.9	64.8	9.0	6.0	0.5	7.8
7.2	72.9	5.6	5.6	0.6	8.2	10.4	65.2	11.0	4.9	0.3	8.2
7.1	76.5	3.9	4.3	1.1	7.2	10.5	71.3	5.8	3.6	0.6	8.3
6.2	80.1	2.6	1.9	0.8	8.4	8.4	72.5	6.0	1.9	0.4	10.9
5.2	77.8	3.3	5.0	0.5	8.3	7.6	72.1	7.5	5.1	0.2	7.6
5.4	79.9	3.3	3.5	0.3	7.6	7.8	75.7	5.8	2.9	0.3	7.5
7.9	74.9	4.2	4.2	0.6	8.1	11.8	70.3	5.7	3.9	0.2	8.0
5.4	77.9	2.7	3.6	0.8	9.7	8.4	73.7	5.7	3.9	0.6	7.7
11.2	70.5	3.4	5.6	0.4	9.0	14.7	68.5	4.5	2.7		9.6
7.3	78.0	3.7	3.1	0.4	7.5	10.8	74.4	6.0	2.0	0.5	6.3
7.3	77.6	4.3	2.0	0.8	8.0	9.1	75.0	5.2	1.4	1.0	8.3
8.8	78.6	2.4	2.0	0.7	7.5	11.1	76.4	2.8	1.5	0.2	8.0
6.8	79.8	1.4	2.2	0.6	9.3	8.9	76.1	3.5	2.4	0.5	8.6
5.8	79.0	3.4	1.6	0.5	9.6	7.2	76.2	4.0	1.9	0.4	10.4

10–2 续表 2

项　目	4.技术转让、技术开发收入免征增值税和技术转让减免所得税优惠政策					
	不知道此政　策	不具备享受该政策的资格	吸引力不　足	办理手续繁　琐	政府部门政策执行力度不够	其他原因
总　计	**7.3**	**79.0**	**3.7**	**2.0**	**0.3**	**7.7**
#国有及国有控股	7.0	77.8	3.0	1.5	0.3	10.3
一、按规模分						
大型企业	5.7	76.2	3.9	2.4	0.5	11.3
中型企业	6.8	78.7	3.6	2.0	0.4	8.6
小型企业	7.4	79.5	3.7	2.1	0.3	7.0
微型企业	8.5	78.3	3.2	1.6	0.2	8.1
二、按登记注册类型分						
内资企业	7.4	78.8	3.7	2.0	0.3	7.7
国有企业	7.0	77.0	4.2	1.5	0.7	9.6
集体企业	5.5	80.0	3.4	1.7	1.7	7.7
股份合作企业	5.5	82.2	5.5	1.4		5.5
联营企业	4.5	86.4				9.1
#国有联营企业		88.9				11.1
有限责任公司	7.2	78.4	3.0	1.6	0.3	9.5
#国有独资公司	7.4	77.7	2.6	1.4	0.3	10.5
股份有限公司	6.4	74.4	4.5	2.2	0.5	12.1
私营企业	7.6	79.3	3.9	2.3	0.3	6.6
其他企业		100.0				
港、澳、台商投资企业	5.6	80.8	3.4	2.3	0.2	7.7
合资经营企业	6.0	80.1	3.8	2.2	0.1	7.8
合作经营企业	9.1	84.8	3.0			3.0
港、澳、台商独资经营企业	5.2	81.6	3.0	2.5	0.2	7.6
港、澳、台商投资股份有限公司	6.4	73.4	6.4	1.8		11.9
其他港、澳、台投资企业	4.0	88.0	4.0			4.0
外商投资企业	5.2	81.0	3.2	1.7	0.2	8.7
中外合资经营企业	5.6	80.3	3.1	2.0	0.3	8.7
中外合作经营企业	7.7	82.7		1.9		7.7
外资企业	4.6	82.0	3.3	1.5	0.1	8.6
外商投资股份有限公司	9.4	68.8	5.2	2.1	1.0	13.5
其他外商投资企业	8.3	80.6	2.8	2.8		5.6
三、按行业分						
采矿业	7.8	80.7	4.0	2.2	0.4	4.9
制造业	7.1	78.1	4.6	2.5	0.3	7.3
电力、热力、燃气及水生产和供应业	7.7	80.5	2.3	1.2	0.4	7.9
建筑业	11.3	76.7	2.9	1.8	0.5	6.9
批发和零售业	6.0	84.3	1.7	1.0	0.1	6.8
交通运输、仓储和邮政业	6.8	81.8	1.7	0.6	0.1	8.9
信息传输、软件和信息技术服务业	4.7	78.2	2.5	1.6	0.3	12.7

在认为下列政策效果不明显或未享受下列政策的企业家中，对主要原因作出不同判断的企业家占比(%)											
5.鼓励企业吸引和培养人才的相关政策						6.金融支持相关政策					
不知道此政策	不具备享受该政策的资格	吸引力不足	办理手续繁琐	政府部门政策执行力度不够	其他原因	不知道此政策	不具备享受该政策的资格	吸引力不足	办理手续繁琐	政府部门政策执行力度不够	其他原因
14.0	**62.7**	**15.5**	**2.4**	**0.9**	**4.5**	**12.8**	**62.0**	**9.8**	**7.1**	**1.5**	**6.7**
13.3	61.8	16.0	1.4	1.4	6.1	12.6	66.0	7.8	3.6	1.3	8.7
13.7	54.4	21.1	2.8	1.9	6.1	12.3	59.8	10.9	4.7	1.6	10.7
14.2	59.6	18.0	2.6	1.2	4.4	12.8	61.2	10.1	6.6	1.6	7.6
14.1	63.8	14.8	2.4	0.8	4.1	12.9	62.0	9.9	7.8	1.5	5.9
13.1	67.9	10.5	1.9	0.5	6.1	13.0	66.4	7.2	5.8	0.9	6.7
14.2	62.5	15.6	2.4	0.9	4.4	13.0	61.9	9.7	7.4	1.6	6.4
13.6	62.8	14.8	1.4	1.4	5.9	11.9	66.5	8.9	3.5	1.2	7.9
9.3	65.6	15.4	1.8	1.3	6.6	7.3	72.5	9.0	3.4	1.3	6.4
14.1	65.6	15.6	3.1		1.6	12.1	65.2	10.6	4.5	1.5	6.1
10.5	63.2	26.3				19.0	71.4	9.5			
	66.7	33.3				11.1	88.9				
14.5	60.9	15.9	2.0	1.2	5.5	13.2	63.4	8.4	5.3	1.5	8.2
13.8	61.7	14.3	1.2	1.6	7.4	13.1	65.2	7.7	3.4	1.6	9.0
14.0	52.9	22.3	2.7	2.1	5.9	13.9	55.9	11.5	6.8	2.3	9.6
14.1	63.5	15.1	2.6	0.8	3.9	13.0	61.2	10.3	8.5	1.6	5.4
33.3	33.3	33.3						33.3	33.3		33.3
11.7	65.0	15.4	2.2	1.0	4.7	10.8	63.4	10.9	5.6	1.0	8.3
11.7	64.8	15.5	2.2	1.0	4.8	11.8	66.7	9.9	4.0	0.8	6.7
6.1	69.7	15.2			9.1	12.1	66.7	6.1	6.1		9.1
11.1	66.0	14.9	2.3	0.9	4.8	9.9	62.4	11.7	6.2	1.0	8.9
21.2	52.9	20.0	2.4	2.4	1.2	15.1	55.9	7.5	6.5	4.3	10.8
18.2	54.5	27.3				13.0	60.9	13.0	4.3		8.7
12.6	64.4	14.8	2.3	1.1	4.8	11.3	63.6	10.2	3.7	0.8	10.4
14.1	64.5	13.8	2.3	1.5	3.8	12.6	62.9	10.4	4.7	1.1	8.3
6.7	71.1	11.1	2.2		8.9	9.6	69.2	3.8	1.9	1.9	13.5
12.1	64.7	15.1	2.3	0.9	4.9	10.9	64.3	9.9	3.2	0.5	11.3
10.8	49.2	23.1	3.1	3.1	10.8	10.3	48.7	17.9	3.8	3.8	15.4
9.4	68.8	12.5	3.1	3.1	3.1	2.8	77.8	11.1	2.8		5.6
12.3	66.8	14.7	2.2	0.7	3.3	11.5	68.1	7.9	6.7	1.5	4.2
13.5	60.9	18.1	2.9	1.0	3.7	12.4	59.0	12.0	8.9	1.6	6.1
13.2	67.6	10.9	1.4	1.0	5.9	12.7	70.8	4.8	4.3	1.3	6.0
16.5	62.7	12.6	2.5	1.0	4.8	16.3	61.8	8.0	7.1	1.6	5.4
12.4	69.0	11.6	1.6	0.6	4.9	11.3	70.9	6.7	4.2	1.3	5.6
13.3	68.4	10.0	1.1	0.7	6.5	12.5	68.9	6.0	3.4	1.1	7.9
17.9	55.8	15.2	2.6	1.5	7.0	13.5	57.1	9.6	5.2	1.5	13.1

10−2 续表 3

项　目	4.技术转让、技术开发收入免征增值税和技术转让减免所得税优惠政策					
	不知道此政　策	不具备享受该政策的资格	吸引力不　足	办理手续繁　琐	政府部门政策执行力度不够	其他原因
租赁和商务服务业	6.6	82.9	1.6	0.6	0.2	8.1
科学研究和技术服务业	6.2	76.6	3.7	2.4	0.4	10.6
水利、环境和公共设施管理业	6.2	82.7	1.3	0.7	0.2	9.0
四、按地区分						
东部地区	6.8	79.3	3.7	2.1	0.2	7.8
中部地区	7.2	77.8	5.1	2.5	0.3	7.1
西部地区	7.5	80.0	2.8	1.8	0.4	7.6
东北地区	8.4	76.8	3.4	1.5	0.3	9.6
北　京	4.4	79.7	2.7	2.4	0.1	10.6
天　津	6.5	77.6	4.0	1.4	0.1	10.4
河　北	9.7	74.9	4.2	2.5	0.1	8.6
山　西	9.0	77.7	3.9	1.5	0.3	7.7
内蒙古	8.2	78.8	2.7	0.9	0.5	9.0
辽　宁	7.1	76.0	3.9	1.5	0.5	11.0
吉　林	10.0	76.9	2.7	1.4	0.2	8.8
黑龙江	8.3	77.5	3.5	1.7	0.3	8.8
上　海	6.8	79.0	3.6	2.6	0.2	7.7
江　苏	6.7	79.7	3.9	2.1	0.2	7.4
浙　江	4.8	82.7	3.2	1.6	0.1	7.7
安　徽	4.6	82.3	3.6	1.6	0.2	7.7
福　建	7.5	81.0	4.5	2.5	0.4	4.2
江　西	7.1	78.2	5.6	2.9	0.6	5.7
山　东	5.9	82.0	3.6	1.5	0.2	6.9
河　南	8.3	74.6	7.5	3.0	0.2	6.3
湖　北	5.6	79.8	4.5	2.9	0.2	7.0
湖　南	9.4	73.2	5.4	3.4	0.6	8.0
广　东	9.1	76.4	4.2	2.7	0.3	7.2
广　西	8.6	78.4	3.3	1.9	0.6	7.2
海　南	6.8	79.7	2.4	0.6	0.6	9.8
重　庆	5.8	81.4	3.0	2.6	0.3	6.9
四　川	6.4	82.0	2.3	2.0	0.3	7.1
贵　州	9.7	76.3	3.3	2.8	0.2	7.7
云　南	6.9	79.7	2.7	2.2	0.5	8.0
西　藏	10.6	74.4	2.0	3.1		9.9
陕　西	8.1	80.3	3.5	1.6	0.2	6.2
甘　肃	7.1	80.6	3.1	1.2	0.8	7.2
青　海	7.9	80.7	2.5	1.5	0.2	7.4
宁　夏	7.3	83.3	1.6	0.9	0.4	6.6
新　疆	6.1	80.0	2.4	1.0	0.5	10.1

在认为下列政策效果不明显或未享受下列政策的企业家中，对主要原因作出不同判断的企业家占比(%)											
5.鼓励企业吸引和培养人才的相关政策						6.金融支持相关政策					
不知道此政策	不具备享受该政策的资格	吸引力不足	办理手续繁琐	政府部门政策执行力度不够	其他原因	不知道此政策	不具备享受该政策的资格	吸引力不足	办理手续繁琐	政府部门政策执行力度不够	其他原因
13.2	69.0	9.9	1.1	0.8	6.0	13.6	68.9	5.9	3.7	0.9	6.9
18.0	56.4	16.7	2.5	1.2	5.2	13.9	57.6	10.5	5.9	1.3	10.8
13.4	68.2	11.3	1.2	0.7	5.3	12.6	68.4	6.0	3.9	1.5	7.5
13.8	62.5	15.9	2.5	0.9	4.4	13.1	61.5	10.9	6.0	1.2	7.2
13.4	61.6	17.3	2.7	0.9	4.1	11.9	60.6	11.1	8.5	1.8	6.1
14.3	63.4	14.5	2.3	1.1	4.4	12.7	63.2	7.9	8.1	1.8	6.3
14.9	63.4	13.8	1.7	0.7	5.6	13.8	63.1	9.2	5.2	1.1	7.7
18.0	59.0	14.4	2.6	0.9	5.2	13.1	60.7	8.4	5.7	1.3	10.9
13.2	61.4	16.1	1.6	0.8	6.9	13.6	59.3	12.5	4.3	0.9	9.3
16.7	60.1	16.1	2.4	0.3	4.5	15.0	60.2	10.2	6.9	0.8	6.9
15.2	62.4	15.8	1.8	0.5	4.4	14.6	64.9	7.4	6.6	1.3	5.1
14.9	63.4	14.5	1.1	0.7	5.3	14.2	65.8	6.4	5.0	1.1	7.5
15.7	61.7	14.0	1.4	1.0	6.3	14.6	60.8	10.6	4.2	1.2	8.6
15.8	64.2	13.2	1.5	0.6	4.7	14.7	62.6	9.2	5.1	0.9	7.5
13.1	64.4	14.1	2.1	0.6	5.7	11.9	66.0	7.7	6.4	1.0	6.9
14.9	63.0	14.1	3.1	1.0	4.0	14.3	62.6	10.2	5.3	1.2	6.3
11.6	65.9	15.4	2.2	0.8	4.1	11.9	63.4	11.8	5.3	1.0	6.8
9.5	67.4	15.6	2.5	1.0	4.0	11.6	64.3	11.4	4.9	1.5	6.3
10.1	65.3	16.3	2.3	1.1	4.8	9.6	64.4	10.6	6.7	1.6	7.1
11.1	67.0	15.5	2.5	1.2	2.7	11.3	65.2	11.2	6.6	1.7	4.0
13.0	63.9	15.5	3.4	1.1	3.1	11.6	60.4	11.2	9.7	2.2	5.0
11.4	64.7	17.7	1.9	0.4	3.8	11.0	64.3	9.6	6.6	1.2	7.3
14.4	60.0	18.2	2.4	0.8	4.2	11.1	59.6	13.2	8.0	1.9	6.3
13.3	60.4	19.1	2.7	0.7	3.8	10.4	59.8	12.3	9.4	2.2	6.0
14.9	56.4	19.2	4.0	1.1	4.4	14.2	53.4	12.0	11.4	1.6	7.4
18.7	55.4	17.1	3.4	1.1	4.3	15.4	54.6	13.4	8.3	1.3	7.0
15.6	62.6	13.1	2.8	1.1	4.9	14.0	62.0	7.5	8.8	1.8	5.9
12.2	57.9	19.2	3.1	1.5	6.1	15.5	61.5	9.2	4.4	2.1	7.3
13.7	66.1	13.7	2.9	0.7	3.0	11.2	63.2	8.7	8.7	2.1	6.1
12.6	69.1	12.4	2.0	0.5	3.4	11.2	64.5	9.6	7.7	1.3	5.7
16.1	59.9	14.6	3.0	1.3	5.1	14.6	60.3	7.3	10.2	1.2	6.3
14.5	63.6	13.2	2.9	1.5	4.4	12.3	62.8	8.2	8.4	2.5	5.9
16.5	60.8	11.0	5.1	1.6	5.1	13.7	55.3	8.2	14.5	2.0	6.3
15.2	60.5	16.7	2.8	1.3	3.6	13.3	61.5	9.2	8.3	1.9	5.8
13.6	59.7	18.9	1.3	1.9	4.5	12.0	64.6	7.7	7.1	3.0	5.7
15.4	62.8	14.4	0.5	1.3	5.6	11.0	66.2	6.1	7.9	2.3	6.5
13.3	65.6	15.0	1.3	1.4	3.3	13.5	64.2	6.4	8.6	1.5	5.8
12.1	62.8	14.9	1.7	1.2	7.4	12.1	65.2	6.7	6.5	1.2	8.3

10−2 续表 4

项　　目	7. 创造和保护知识产权的相关政策					
	不知道此政　策	不具备享受该政策的资格	吸引力不　足	办理手续繁　琐	政府部门政策执行力度不够	其他原因
总　计	**12.3**	**73.3**	**6.4**	**2.6**	**0.7**	**4.7**
#国有及国有控股	10.8	73.9	6.0	1.5	0.9	6.9
一、按规模分						
大型企业	11.5	69.6	8.4	2.8	1.3	6.3
中型企业	12.0	72.6	7.0	2.5	0.9	5.0
小型企业	12.6	73.5	6.4	2.7	0.6	4.2
微型企业	11.2	75.7	4.4	2.1	0.4	6.3
二、按登记注册类型分						
内资企业	12.4	73.1	6.4	2.7	0.7	4.7
国有企业	8.6	75.5	6.0	1.4	1.1	7.4
集体企业	6.5	78.0	5.2	2.6	0.9	6.9
股份合作企业	10.9	78.1	6.3	3.1		1.6
联营企业	5.9	94.1				
#国有联营企业		100.0				
有限责任公司	12.3	73.2	5.8	1.9	0.8	5.9
#国有独资公司	11.1	72.8	6.5	1.0	0.6	8.0
股份有限公司	13.7	64.3	9.0	3.6	2.3	7.1
私营企业	12.6	73.2	6.7	3.0	0.6	4.0
其他企业		66.7				33.3
港、澳、台商投资企业	10.7	74.8	6.7	2.3	0.8	4.6
合资经营企业	11.7	75.3	6.4	2.0	0.5	4.0
合作经营企业	9.4	84.4	6.3			
港、澳、台商独资经营企业	10.0	75.1	6.7	2.5	0.7	5.0
港、澳、台商投资股份有限公司	15.7	64.3	10.0	1.4	5.7	2.9
其他港、澳、台投资企业	14.3	71.4	9.5			4.8
外商投资企业	10.4	75.9	6.0	2.0	0.5	5.2
中外合资经营企业	10.7	74.6	7.2	2.9	0.6	3.9
中外合作经营企业	14.3	71.4	6.1			8.2
外资企业	10.2	76.8	5.1	1.8	0.4	5.6
外商投资股份有限公司	10.2	71.2	8.5		1.7	8.5
其他外商投资企业	6.1	75.8	12.1			6.1
三、按行业分						
采矿业	9.5	78.3	5.8	2.4	0.5	3.5
制造业	13.0	70.5	8.4	3.6	0.9	3.7
电力、热力、燃气及水生产和供应业	9.9	80.1	3.0	0.9	0.3	5.8
建筑业	13.8	73.3	5.4	1.7	0.6	5.2
批发和零售业	9.3	81.5	3.0	1.2	0.1	4.9
交通运输、仓储和邮政业	10.0	78.9	2.7	0.9	0.3	7.2
信息传输、软件和信息技术服务业	16.1	67.0	5.7	2.4	1.2	7.6

在认为下列政策效果不明显或未享受下列政策的企业家中，对主要原因作出不同判断的企业家占比(%)											
8.优先发展产业的支持政策						9.促进科技成果转化相关政策					
不知道此政　策	不具备享受该政策的资格	吸引力不　足	办理手续繁　琐	政府部门政策执行力度不够	其他原因	不知道此政　策	不具备享受该政策的资格	吸引力不　足	办理手续繁　琐	政府部门政策执行力度不够	其他原因
16.1	**71.3**	**5.9**	**1.8**	**1.0**	**3.8**	**12.8**	**74.7**	**5.6**	**2.0**	**0.5**	**4.4**
13.9	72.9	5.0	1.2	1.4	5.6	11.0	74.9	5.3	1.3	0.8	6.7
15.9	69.6	5.5	2.0	1.5	5.5	12.0	71.2	6.6	2.7	1.3	6.2
16.5	70.9	6.0	1.6	1.1	3.9	12.8	74.2	5.9	2.0	0.5	4.6
16.3	71.3	6.1	1.9	0.9	3.4	13.0	75.0	5.5	2.0	0.5	4.0
14.4	73.6	4.4	1.6	0.6	5.4	11.9	76.1	4.1	1.5	0.4	6.0
16.2	71.1	6.0	1.9	1.0	3.9	12.9	74.5	5.6	2.0	0.5	4.4
12.3	72.8	5.3	0.9	1.9	6.8	8.6	77.1	6.0	0.8	0.7	6.7
9.0	74.7	6.4	2.1	1.7	6.0	7.3	78.5	6.0	1.3	0.9	6.0
15.2	74.2	3.0	6.1		1.5	13.4	77.6	4.5	1.5		3.0
22.2	66.7		5.6	5.6		16.7	83.3				
	71.4		14.3	14.3			100.0				
15.9	71.6	5.1	1.4	1.1	4.9	12.8	74.2	5.1	1.5	0.7	5.6
14.1	72.2	5.1	0.9	1.2	6.6	12.4	73.6	5.4	0.9	0.4	7.3
19.1	65.0	6.8	1.7	2.6	4.8	13.4	67.9	8.0	2.3	1.6	6.8
16.4	71.1	6.3	2.1	0.8	3.2	13.1	74.8	5.7	2.3	0.4	3.7
33.3	33.3	33.3					100.0				
14.7	73.5	5.8	1.7	0.7	3.6	11.8	76.4	5.2	1.9	0.3	4.4
14.4	73.4	5.6	2.2	1.1	3.2	11.0	76.8	5.3	2.5	0.2	4.2
15.2	72.7	9.1		3.0		9.4	87.5		3.1		
14.6	73.9	5.7	1.6	0.3	3.9	12.0	76.6	5.1	1.5	0.3	4.5
18.1	67.5	8.4		3.6	2.4	16.7	66.7	8.3	2.4	1.2	4.8
19.0	71.4	4.8			4.8	8.7	73.9	4.3	8.7		4.3
15.6	73.8	5.0	1.1	0.5	3.9	11.8	77.3	4.7	1.5	0.1	4.5
16.3	72.4	6.2	1.5	0.7	2.9	11.8	76.1	5.8	2.1	0.1	4.0
11.8	74.5	5.9			7.8	10.2	77.6	4.1			8.2
15.4	75.0	4.2	0.9	0.4	4.2	11.8	78.4	3.8	1.4	0.1	4.5
16.2	63.5	9.5	1.4	2.7	6.8	16.7	62.8	11.5		1.3	7.7
14.3	80.0	2.9			2.9	8.1	86.5	2.7			2.7
12.1	76.4	5.4	1.9	1.1	3.0	10.8	78.7	4.8	1.8	0.5	3.5
16.9	69.3	7.4	2.5	1.0	2.9	13.6	72.5	7.2	2.8	0.5	3.4
12.9	77.1	3.0	1.2	0.9	4.9	10.6	79.6	2.9	0.8	0.4	5.7
16.6	71.5	5.0	1.5	1.1	4.3	14.1	74.6	4.4	1.4	0.7	4.8
11.0	79.9	3.3	0.7	0.5	4.6	8.7	82.8	2.7	0.6	0.1	5.1
13.1	75.4	3.4	0.8	0.9	6.5	10.1	79.7	2.5	0.4	0.3	6.9
22.3	65.5	4.6	0.8	1.0	5.9	16.3	69.7	5.2	1.7	0.6	6.6

10-2 续表 5

项 目	7.创造和保护知识产权的相关政策					
	不知道此政 策	不具备享受该政策的资格	吸引力不 足	办理手续繁 琐	政府部门政策执行力度不够	其他原因
租赁和商务服务业	9.6	79.4	3.5	0.8	0.4	6.3
科学研究和技术服务业	14.7	68.2	7.2	2.6	0.9	6.4
水利、环境和公共设施管理业	9.2	79.7	3.1	1.4	0.6	6.0
四、按地区分						
东部地区	12.9	72.1	7.1	2.7	0.7	4.6
中部地区	11.5	72.8	7.6	2.9	0.8	4.4
西部地区	11.9	75.0	5.2	2.6	0.7	4.7
东北地区	12.9	72.8	5.9	1.7	0.5	6.2
北 京	14.2	70.6	6.0	2.6	1.2	5.5
天 津	11.8	70.9	7.5	1.9	0.4	7.4
河 北	14.8	69.9	7.3	3.1	0.4	4.6
山 西	12.2	75.0	5.5	1.9	0.5	4.8
内蒙古	13.7	75.5	4.4	0.7	0.1	5.6
辽 宁	12.9	70.8	7.3	1.6	0.8	6.6
吉 林	14.1	73.9	5.2	1.5	0.1	5.2
黑龙江	11.7	74.0	5.2	1.9	0.6	6.6
上 海	14.6	71.1	7.2	2.5	0.8	3.9
江 苏	11.6	73.6	7.4	2.7	0.5	4.3
浙 江	10.7	75.0	7.3	2.4	0.6	4.0
安 徽	9.1	76.1	7.4	2.2	0.8	4.5
福 建	11.5	74.2	7.9	2.9	0.6	2.9
江 西	11.0	74.5	7.1	3.2	0.9	3.3
山 东	10.1	76.4	6.8	2.1	0.4	4.2
河 南	12.6	69.7	9.4	2.9	0.9	4.6
湖 北	10.7	73.2	7.6	3.5	0.9	4.0
湖 南	13.7	67.1	8.5	4.1	1.1	5.5
广 东	16.9	66.0	7.8	4.1	1.1	4.2
广 西	12.4	74.1	4.6	3.2	0.8	4.9
海 南	12.6	74.4	4.5	1.1	1.2	6.3
重 庆	11.3	75.4	5.7	3.7	0.6	3.3
四 川	10.4	77.7	5.3	2.5	0.5	3.6
贵 州	14.0	70.6	6.1	3.9	0.2	5.2
云 南	11.3	74.1	4.9	4.3	0.9	4.5
西 藏	15.5	69.1	6.8	2.2		6.5
陕 西	12.4	74.8	5.6	2.7	0.8	3.7
甘 肃	10.7	76.5	4.9	1.2	1.3	5.2
青 海	11.0	76.4	4.7	1.8	0.4	5.8
宁 夏	11.9	77.3	4.6	1.5	0.6	4.0
新 疆	10.3	75.4	4.9	1.8	1.0	6.7

在认为下列政策效果不明显或未享受下列政策的企业家中，对主要原因作出不同判断的企业家占比(%)											
8.优先发展产业的支持政策						9.促进科技成果转化相关政策					
不知道此政策	不具备享受该政策的资格	吸引力不足	办理手续繁琐	政府部门政策执行力度不够	其他原因	不知道此政策	不具备享受该政策的资格	吸引力不足	办理手续繁琐	政府部门政策执行力度不够	其他原因
14.3	76.4	3.0	0.7	0.4	5.2	10.2	80.5	2.4	0.5	0.3	6.1
21.5	66.5	5.3	1.0	0.9	4.8	15.4	70.2	5.2	2.2	0.9	6.1
12.9	75.2	4.4	1.2	1.2	5.2	9.9	79.7	3.1	1.3	0.3	5.7
17.4	70.8	5.9	1.6	0.7	3.6	13.6	73.7	5.9	2.1	0.5	4.2
14.8	70.7	7.5	2.1	1.1	3.8	12.0	74.1	7.0	2.3	0.5	4.1
15.2	72.5	5.1	2.1	1.3	3.8	12.3	76.3	4.4	1.9	0.6	4.4
16.8	70.6	5.4	1.2	0.7	5.2	13.2	74.1	5.0	1.3	0.3	6.1
19.7	69.6	4.7	1.1	0.5	4.4	14.7	72.4	5.3	1.5	0.5	5.6
17.2	69.5	5.4	1.3	0.7	5.9	12.8	71.6	6.3	1.8	0.3	7.1
18.9	68.0	6.4	2.2	0.4	4.2	16.0	70.3	6.6	2.4	0.2	4.5
15.0	74.8	4.5	1.2	0.7	3.9	12.3	76.1	4.7	1.5	0.5	4.9
16.4	73.0	4.5	0.9	0.8	4.3	13.8	76.0	3.7	0.7	0.4	5.4
17.3	69.5	6.0	0.8	0.7	5.7	13.5	71.9	6.8	0.9	0.4	6.6
17.3	71.2	5.3	1.2	0.3	4.7	14.3	75.3	4.0	1.0		5.3
15.9	71.2	5.0	1.7	1.0	5.2	12.0	75.3	4.0	2.0	0.6	6.1
20.3	69.5	5.6	1.0	0.7	2.9	13.9	73.6	5.4	2.9	0.5	3.6
15.9	72.8	5.5	1.8	0.6	3.4	12.6	75.6	6.1	1.9	0.4	3.4
14.6	75.6	5.1	1.4	0.5	2.9	11.9	77.3	5.4	1.6	0.5	3.4
12.9	74.8	6.4	1.3	0.9	3.7	9.5	78.6	5.6	1.8	0.3	4.2
13.9	73.7	7.2	2.5	0.7	2.1	11.6	76.5	6.5	2.3	0.4	2.6
14.5	69.9	8.3	3.0	1.5	2.9	12.4	74.7	6.8	2.8	0.6	2.8
14.7	73.8	5.8	1.6	0.5	3.6	11.4	77.0	5.5	1.7	0.3	4.0
15.0	68.7	9.3	2.1	0.7	4.2	12.7	71.3	9.0	2.6	0.3	4.2
15.5	70.0	7.9	2.1	1.2	3.4	11.4	74.0	7.9	2.2	0.5	4.0
16.0	64.8	9.3	3.2	1.9	4.8	14.2	68.9	8.1	3.2	0.8	4.9
21.7	64.3	7.3	2.0	1.1	3.6	17.6	68.1	7.0	2.9	0.7	3.8
16.5	71.2	4.7	2.2	1.5	3.9	13.1	74.1	4.4	2.6	1.0	4.7
16.6	72.4	4.0	0.5	1.5	4.9	12.1	75.5	4.0	1.0	1.1	6.2
14.5	74.5	4.8	2.8	0.7	2.8	11.2	77.9	5.0	2.4	0.5	3.0
13.7	76.1	5.2	1.6	0.7	2.8	10.6	80.0	3.8	1.9	0.2	3.4
15.9	68.4	6.5	3.7	1.1	4.5	14.0	72.5	5.3	2.9	0.3	5.0
15.8	70.7	5.0	2.6	2.3	3.8	12.6	75.4	4.3	2.3	1.1	4.4
20.0	69.1	3.4	2.3	0.8	4.5	15.9	71.7	3.5	1.8	1.4	5.7
16.5	70.9	5.8	2.0	1.7	3.1	12.8	76.4	5.0	1.7	0.7	3.4
13.0	73.9	5.8	1.3	1.9	4.1	11.9	76.4	4.8	1.1	1.1	4.7
16.3	71.9	4.7	1.3	1.4	4.5	11.3	78.0	3.8	1.2		5.7
15.7	73.1	5.1	2.1	1.1	2.8	11.8	78.3	4.0	1.9	0.5	3.5
12.7	74.4	4.5	1.4	1.1	5.7	10.4	76.5	4.2	1.4	0.8	6.6

10−2 续表 6

项　目	在认为下列政策效果不明显或未享受下列政策的企业家中，对主要原因作出不同判断的企业家占比(%)					
	10.关于推进大众创业万众创新的各项政策					
	不知道此政　策	不具备享受该政策的资格	吸引力不足	办理手续繁　琐	政府部门政策执行力度不够	其他原因
总　计	**17.1**	**69.2**	**7.2**	**1.7**	**0.6**	**4.1**
#国有及国有控股	14.5	71.1	6.6	1.0	0.7	6.1
一、按规模分						
大型企业	15.6	67.5	8.5	1.2	0.9	6.2
中型企业	17.4	68.7	7.6	1.6	0.6	4.1
小型企业	17.4	69.2	7.2	1.8	0.6	3.7
微型企业	15.3	71.3	5.5	1.7	0.5	5.7
二、按登记注册类型分						
内资企业	17.1	68.9	7.4	1.8	0.7	4.1
国有企业	12.0	73.6	6.1	0.8	0.7	6.8
集体企业	8.6	72.4	9.9	2.2	0.9	6.0
股份合作企业	15.5	70.4	8.5	1.4	1.4	2.8
联营企业	19.0	76.2	4.8			
#国有联营企业	11.1	77.8	11.1			
有限责任公司	16.8	69.2	6.8	1.3	0.7	5.2
#国有独资公司	14.7	70.4	6.6	0.7	0.6	7.0
股份有限公司	17.7	64.8	8.9	1.4	1.2	6.0
私营企业	17.5	68.9	7.6	2.0	0.6	3.4
其他企业	33.3	66.7				
港、澳、台商投资企业	16.3	71.3	6.7	1.2	0.6	4.0
合资经营企业	15.6	70.3	8.3	0.9	0.8	4.1
合作经营企业	11.8	82.4	5.9			
港、澳、台商独资经营企业	16.1	72.1	5.8	1.4	0.5	4.0
港、澳、台商投资股份有限公司	24.2	64.6	6.1	1.0	1.0	3.0
其他港、澳、台投资企业	21.7	56.5	13.0			8.7
外商投资企业	16.9	71.8	5.6	1.0	0.1	4.6
中外合资经营企业	18.2	71.0	5.9	1.1	0.2	3.5
中外合作经营企业	9.6	71.2	5.8	3.8	1.9	7.7
外资企业	16.6	72.5	5.2	0.8	0.1	4.9
外商投资股份有限公司	16.3	64.0	11.6			8.1
其他外商投资企业	7.7	79.5	5.1	5.1		2.6
三、按行业分						
采矿业	12.0	74.8	7.0	1.7	1.0	3.5
制造业	18.1	67.2	8.7	2.2	0.7	3.2
电力、热力、燃气及水生产和供应业	13.0	76.1	4.4	0.8	0.2	5.5
建筑业	18.1	68.2	6.7	1.7	0.8	4.6
批发和零售业	12.3	77.4	4.4	0.8	0.3	4.8
交通运输、仓储和邮政业	14.1	74.2	4.0	0.9	0.4	6.4
信息传输、软件和信息技术服务业	21.5	64.0	6.4	0.8	0.7	6.6

10−2 续表 7

项　目	在认为下列政策效果不明显或未享受下列政策的企业家中，对主要原因作出不同判断的企业家占比(%)					
	10.关于推进大众创业万众创新的各项政策					
	不知道此政　策	不具备享受该政策的资格	吸引力不足	办理手续繁　琐	政府部门政策执行力度不够	其他原因
租赁和商务服务业	15.9	73.1	4.0	0.5	0.6	5.9
科学研究和技术服务业	21.5	63.4	8.0	1.3	0.7	5.1
水利、环境和公共设施管理业	13.6	74.8	4.7	1.0	0.6	5.3
四、按地区分						
东部地区	18.6	68.3	7.2	1.5	0.5	4.0
中部地区	15.6	68.2	9.1	2.3	0.9	3.9
西部地区	16.2	70.8	6.5	1.7	0.7	4.1
东北地区	17.1	69.4	6.2	1.3	0.4	5.6
北　京	20.4	66.3	6.8	0.7	0.5	5.3
天　津	18.1	67.5	6.8	1.4	0.3	5.9
河　北	19.5	66.0	7.7	2.0	0.2	4.6
山　西	15.0	71.6	6.6	1.4	1.1	4.3
内蒙古	17.3	70.1	6.1	1.0	0.6	4.9
辽　宁	17.9	67.3	7.0	1.2	0.4	6.3
吉　林	17.6	70.3	6.0	0.8	0.3	5.0
黑龙江	15.8	70.8	5.6	2.0	0.4	5.4
上　海	22.2	65.0	7.3	1.5	0.5	3.4
江　苏	17.9	69.9	6.6	1.9	0.4	3.4
浙　江	15.9	72.8	6.5	1.4	0.4	2.9
安　徽	14.5	72.4	7.1	1.5	0.5	4.0
福　建	14.9	72.6	7.9	1.6	0.7	2.3
江　西	15.4	68.3	9.5	2.3	1.4	3.0
山　东	15.4	72.3	6.1	1.6	0.5	4.0
河　南	15.0	65.8	11.8	2.7	0.9	3.8
湖　北	16.1	67.5	9.5	2.5	0.7	3.8
湖　南	18.1	62.2	10.7	3.3	0.9	4.8
广　东	22.8	62.2	8.4	1.9	1.0	3.7
广　西	18.1	69.4	5.6	1.8	1.1	4.1
海　南	16.5	69.0	7.0	1.0	0.9	5.6
重　庆	15.4	72.0	6.9	2.5	0.3	2.8
四　川	14.5	74.1	6.2	1.7	0.5	3.0
贵　州	17.8	66.7	7.3	2.8	0.4	5.0
云　南	16.4	69.9	6.5	2.1	1.2	3.9
西　藏	20.3	65.7	6.6	1.7	0.4	5.2
陕　西	17.4	69.6	7.4	1.7	0.9	3.2
甘　肃	14.6	71.7	6.9	1.0	0.9	4.9
青　海	15.9	70.9	6.9	1.0	0.5	4.7
宁　夏	15.3	73.6	6.5	1.0	0.6	2.9
新　疆	13.9	72.0	5.6	1.2	0.8	6.5

十一、规模以下企业创新及相关情况（2021 年）

11−1 规模以下企业

项目	调查企业数（个）	#开展创新活动企业	#实现创新企业	#实现产品或工艺创新企业	#实现产品创新企业	#实现工艺创新企业	#实现组织或营销创新企业
总计	**102536**	**16841**	**15830**	**8288**	**4986**	**4720**	**9027**
一、按行业分							
采矿业	4413	446	416	170	56	124	266
制造业	48130	8351	7939	4560	2492	2944	4161
电力、热力、燃气及水生产和供应业	4791	492	452	193	79	138	295
交通运输、仓储和邮政业	12964	1382	1298	317	240	116	1047
信息传输、软件和信息技术服务业	8824	2368	2167	1379	1050	532	1059
租赁和商务服务业	10280	1235	1167	370	289	125	888
科学研究和技术服务业	7013	1630	1512	901	561	501	773
水利、环境和公共设施管理业	6121	937	879	398	219	240	538
二、按地区分							
东部地区	47169	8361	7810	4465	2682	2584	4090
中部地区	20235	3647	3489	1603	929	913	2174
西部地区	28675	4104	3859	1833	1134	1012	2411
东北地区	6457	729	672	387	241	211	352
北京	2348	452	376	295	182	165	111
天津	3263	492	441	319	185	189	161
河北	4358	631	588	255	140	160	376
山西	2938	489	450	219	112	127	264
内蒙古	2579	376	352	155	104	74	222
辽宁	2877	241	219	151	92	85	92
吉林	1862	234	217	125	87	63	114
黑龙江	1718	254	236	111	62	63	146
上海	3182	479	437	330	213	193	173
江苏	7064	1226	1164	647	340	410	615
浙江	7861	1461	1375	812	479	435	691
安徽	4432	593	562	360	202	229	282
福建	3274	682	650	300	205	157	410
江西	2249	289	276	131	63	78	164
山东	5179	1056	1017	430	246	249	671
河南	4686	1181	1149	375	229	205	826
湖北	2799	458	436	218	152	105	264
湖南	3131	637	616	300	171	169	374
广东	9283	1648	1546	971	620	571	748
广西	2455	327	301	145	89	81	184
海南	1357	234	216	106	72	55	134
重庆	3609	366	348	171	104	98	203
四川	3105	620	582	286	173	159	362
贵州	1485	204	193	80	45	50	135
云南	2618	387	361	179	110	102	222
西藏	3887	309	284	129	76	66	192
陕西	2025	430	410	198	134	102	259
甘肃	2021	309	293	149	99	73	174
青海	1493	199	192	98	55	57	118
宁夏	1538	294	280	148	82	94	154
新疆	1860	283	263	95	63	56	186

创新活动基本情况

#实现组织创新企业	#实现营销创新企业	在调查企业中占比(%) #开展创新活动企业	#实现创新企业	#实现产品或工艺创新企业	#实现产品创新企业	#实现工艺创新企业	#实现组织或营销创新企业	#实现组织创新企业	#实现营销创新企业
5162	**4911**	**16.4**	**15.4**	**8.1**	**4.9**	**4.6**	**8.8**	**5.0**	**4.8**
178	110	10.1	9.4	3.9	1.3	2.8	6.0	4.0	2.5
2012	2698	17.4	16.5	9.5	5.2	6.1	8.6	4.2	5.6
222	102	10.3	9.4	4.0	1.6	2.9	6.2	4.6	2.1
693	455	10.7	10.0	2.4	1.9	0.9	8.1	5.3	3.5
636	561	26.8	24.6	15.6	11.9	6.0	12.0	7.2	6.4
549	426	12.0	11.4	3.6	2.8	1.2	8.6	5.3	4.1
505	350	23.2	21.6	12.8	8.0	7.1	11.0	7.2	5.0
367	209	15.3	14.4	6.5	3.6	3.9	8.8	6.0	3.4
2309	2272	17.7	16.6	9.5	5.7	5.5	8.7	4.9	4.8
1231	1161	18.0	17.2	7.9	4.6	4.5	10.7	6.1	5.7
1409	1291	14.3	13.5	6.4	4.0	3.5	8.4	4.9	4.5
213	187	11.3	10.4	6.0	3.7	3.3	5.5	3.3	2.9
73	48	19.3	16.0	12.6	7.8	7.0	4.7	3.1	2.0
89	92	15.1	13.5	9.8	5.7	5.8	4.9	2.7	2.8
226	184	14.5	13.5	5.9	3.2	3.7	8.6	5.2	4.2
171	115	16.6	15.3	7.5	3.8	4.3	9.0	5.8	3.9
133	107	14.6	13.6	6.0	4.0	2.9	8.6	5.2	4.1
57	49	8.4	7.6	5.2	3.2	3.0	3.2	2.0	1.7
73	56	12.6	11.7	6.7	4.7	3.4	6.1	3.9	3.0
83	82	14.8	13.7	6.5	3.6	3.7	8.5	4.8	4.8
109	103	15.1	13.7	10.4	6.7	6.1	5.4	3.4	3.2
335	348	17.4	16.5	9.2	4.8	5.8	8.7	4.7	4.9
352	393	18.6	17.5	10.3	6.1	5.5	8.8	4.5	5.0
158	164	13.4	12.7	8.1	4.6	5.2	6.4	3.6	3.7
254	207	20.8	19.9	9.2	6.3	4.8	12.5	7.8	6.3
84	95	12.9	12.3	5.8	2.8	3.5	7.3	3.7	4.2
361	405	20.4	19.6	8.3	4.8	4.8	13.0	7.0	7.8
416	474	25.2	24.5	8.0	4.9	4.4	17.6	8.9	10.1
158	137	16.4	15.6	7.8	5.4	3.8	9.4	5.6	4.9
244	176	20.3	19.7	9.6	5.5	5.4	11.9	7.8	5.6
425	429	17.8	16.7	10.5	6.7	6.2	8.1	4.6	4.6
110	101	13.3	12.3	5.9	3.6	3.3	7.5	4.5	4.1
85	63	17.2	15.9	7.8	5.3	4.1	9.9	6.3	4.6
111	110	10.1	9.6	4.7	2.9	2.7	5.6	3.1	3.0
229	176	20.0	18.7	9.2	5.6	5.1	11.7	7.4	5.7
68	89	13.7	13.0	5.4	3.0	3.4	9.1	4.6	6.0
138	117	14.8	13.8	6.8	4.2	3.9	8.5	5.3	4.5
82	121	8.0	7.3	3.3	2.0	1.7	4.9	2.1	3.1
173	127	21.2	20.2	9.8	6.6	5.0	12.8	8.5	6.3
108	90	15.3	14.5	7.4	4.9	3.6	8.6	5.3	4.5
63	70	13.3	12.9	6.6	3.7	3.8	7.9	4.2	4.7
90	82	19.1	18.2	9.6	5.3	6.1	10.0	5.9	5.3
104	101	15.2	14.1	5.1	3.4	3.0	10.0	5.6	5.4

11–2　规模以下工业企业

项　　目	调　查企业数(个)	#开展创新活动企业	#实现创新企业	#实现产品或工艺创新企业	#实现产品创新企业	#实现工艺创新企业	#实现组织或营销创新企业
总　计	**57334**	**9289**	**8807**	**4923**	**2627**	**3206**	**4722**
一、按行业分							
采矿业	**4413**	**446**	**416**	**170**	**56**	**124**	**266**
煤炭开采和洗选业	788	99	95	41	8	33	58
石油和天然气开采业	70	12	12	6	2	5	9
黑色金属矿采选业	892	75	67	29	7	24	41
有色金属矿采选业	587	49	43	18	2	17	26
非金属矿采选业	1067	108	101	40	15	29	68
开采专业及辅助性活动	634	62	57	25	17	10	34
其他采矿业	375	41	41	11	5	6	30
制造业	**48130**	**8351**	**7939**	**4560**	**2492**	**2944**	**4161**
农副食品加工业	2221	318	315	155	90	93	198
食品制造业	1849	333	320	161	110	81	203
酒、饮料和精制茶制造业	2037	357	345	181	97	115	214
烟草制品业	38	5	5	2	1	1	3
纺织业	1595	268	253	105	53	68	180
纺织服装、服饰业	2063	240	234	95	52	58	157
皮革、毛皮、羽毛及其制品和制鞋业	1419	224	215	122	78	56	112
木材加工和木、竹、藤、棕、草制品业	1545	161	155	60	40	31	104
家具制造业	1708	256	242	112	64	69	149
造纸和纸制品业	1409	191	186	92	50	58	110
印刷和记录媒介复制业	1452	189	182	87	41	62	117
文教、工美、体育和娱乐用品制造业	1871	275	261	143	76	88	142
石油、煤炭及其他燃料加工业	971	141	134	71	33	54	73
化学原料和化学制品制造业	1486	330	315	208	111	140	143
医药制造业	1087	310	281	197	105	133	119
化学纤维制造业	639	127	125	50	23	34	86
橡胶和塑料制品业	1896	291	276	152	75	105	150
非金属矿物制品业	2249	329	311	156	84	100	184
黑色金属冶炼和压延加工业	846	97	93	43	23	30	55
有色金属冶炼和压延加工业	922	125	123	70	33	48	66
金属制品业	3140	504	478	267	126	198	263
通用设备制造业	2406	562	528	342	190	223	226
专用设备制造业	2166	534	494	348	183	231	196
汽车制造业	1384	279	263	162	83	107	128
铁路、船舶、航空航天和其他运输设备制造业	1049	205	191	116	58	80	82
电气机械和器材制造业	1931	388	371	266	162	164	153
计算机、通信和其他电子设备制造业	1792	473	448	320	183	208	171
仪器仪表制造业	1274	371	347	253	154	158	123
其他制造业	1238	183	174	83	48	53	110
废弃资源综合利用业	1023	143	138	74	27	59	69
金属制品、机械和设备修理业	1424	142	136	67	39	39	75

创新活动基本情况

		在调查企业中占比(%)							
#实现组织创新企业	#实现营销创新企业	#开展创新活动企业	#实现创新企业	#实现产品或工艺创新企业	#实现产品创新企业	#实现工艺创新企业	#实现组织或营销创新企业	#实现组织创新企业	#实现营销创新企业
2412	**2910**	**16.2**	**15.4**	**8.6**	**4.6**	**5.6**	**8.2**	**4.2**	**5.1**
178	**110**	**10.1**	**9.4**	**3.9**	**1.3**	**2.8**	**6.0**	**4.0**	**2.5**
41	21	12.6	12.1	5.2	1.0	4.2	7.4	5.2	2.7
6	4	17.1	17.1	8.6	2.9	7.1	12.9	8.6	5.7
25	18	8.4	7.5	3.3	0.8	2.7	4.6	2.8	2.0
20	8	8.3	7.3	3.1	0.3	2.9	4.4	3.4	1.4
39	35	10.1	9.5	3.7	1.4	2.7	6.4	3.7	3.3
25	13	9.8	9.0	3.9	2.7	1.6	5.4	3.9	2.1
22	11	10.9	10.9	2.9	1.3	1.6	8.0	5.9	2.9
2012	**2698**	**17.4**	**16.5**	**9.5**	**5.2**	**6.1**	**8.6**	**4.2**	**5.6**
55	160	14.3	14.2	7.0	4.1	4.2	8.9	2.5	7.2
79	157	18.0	17.3	8.7	5.9	4.4	11.0	4.3	8.5
66	177	17.5	16.9	8.9	4.8	5.6	10.5	3.2	8.7
2	1	13.2	13.2	5.3	2.6	2.6	7.9	5.3	2.6
83	125	16.8	15.9	6.6	3.3	4.3	11.3	5.2	7.8
72	105	11.6	11.3	4.6	2.5	2.8	7.6	3.5	5.1
44	77	15.8	15.2	8.6	5.5	3.9	7.9	3.1	5.4
50	64	10.4	10.0	3.9	2.6	2.0	6.7	3.2	4.1
64	98	15.0	14.2	6.6	3.7	4.0	8.7	3.7	5.7
53	72	13.6	13.2	6.5	3.5	4.1	7.8	3.8	5.1
63	74	13.0	12.5	6.0	2.8	4.3	8.1	4.3	5.1
62	98	14.7	14.0	7.6	4.1	4.7	7.6	3.3	5.2
37	41	14.5	13.8	7.3	3.4	5.6	7.5	3.8	4.2
75	88	22.2	21.2	14.0	7.5	9.4	9.6	5.0	5.9
49	91	28.5	25.9	18.1	9.7	12.2	10.9	4.5	8.4
47	60	19.9	19.6	7.8	3.6	5.3	13.5	7.4	9.4
81	89	15.3	14.6	8.0	4.0	5.5	7.9	4.3	4.7
104	110	14.6	13.8	6.9	3.7	4.4	8.2	4.6	4.9
23	37	11.5	11.0	5.1	2.7	3.5	6.5	2.7	4.4
32	39	13.6	13.3	7.6	3.6	5.2	7.2	3.5	4.2
142	157	16.1	15.2	8.5	4.0	6.3	8.4	4.5	5.0
128	135	23.4	21.9	14.2	7.9	9.3	9.4	5.3	5.6
108	105	24.7	22.8	16.1	8.4	10.7	9.0	5.0	4.8
70	71	20.2	19.0	11.7	6.0	7.7	9.2	5.1	5.1
41	51	19.5	18.2	11.1	5.5	7.6	7.8	3.9	4.9
90	93	20.1	19.2	13.8	8.4	8.5	7.9	4.7	4.8
104	94	26.4	25.0	17.9	10.2	11.6	9.5	5.8	5.2
49	85	29.1	27.2	19.9	12.1	12.4	9.7	3.8	6.7
58	64	14.8	14.1	6.7	3.9	4.3	8.9	4.7	5.2
35	39	14.0	13.5	7.2	2.6	5.8	6.7	3.4	3.8
46	41	10.0	9.6	4.7	2.7	2.7	5.3	3.2	2.9

11-2 续表

项目	调查企业数(个)	#开展创新活动企业	#实现创新企业	#实现产品或工艺创新企业	#实现产品创新企业	#实现工艺创新企业	#实现组织或营销创新企业
电力、热力、燃气及水生产和供应业	**4791**	**492**	**452**	**193**	**79**	**138**	**295**
电力、热力生产和供应业	2611	227	202	83	32	64	137
燃气生产和供应业	832	103	94	34	22	19	68
水的生产和供应业	1348	162	156	76	25	55	90
二、按地区分							
东部地区	28120	5029	4739	2819	1536	1833	2375
中部地区	10188	1895	1828	895	433	596	1078
西部地区	15909	2038	1936	1011	549	652	1126
东北地区	3117	327	304	198	109	125	143
北京	634	138	114	98	63	61	26
天津	1715	299	268	201	107	133	89
河北	2613	378	354	171	80	123	208
山西	1227	202	188	111	43	78	86
内蒙古	976	144	137	63	34	39	86
辽宁	1370	117	107	86	48	54	35
吉林	889	90	85	58	37	33	38
黑龙江	858	120	112	54	24	38	70
上海	1187	186	174	144	81	99	57
江苏	4844	825	780	441	207	310	403
浙江	5170	961	907	565	307	334	429
安徽	2452	395	381	256	128	182	179
福建	1860	367	355	169	104	101	217
江西	1561	207	197	95	40	63	116
山东	2960	607	592	274	136	183	368
河南	2285	580	573	189	108	116	411
湖北	1192	199	186	88	48	58	117
湖南	1471	312	303	156	66	99	169
广东	6625	1170	1103	701	422	451	528
广西	1188	124	116	63	32	45	63
海南	512	98	92	55	29	38	50
重庆	2340	215	206	117	60	80	107
四川	1274	222	210	113	71	66	119
贵州	1280	166	160	68	34	49	112
云南	1308	157	147	69	33	47	94
西藏	3080	225	208	107	64	53	127
陕西	865	166	158	78	38	57	99
甘肃	1022	160	155	94	56	54	79
青海	742	117	113	68	32	46	59
宁夏	821	185	174	108	53	77	82
新疆	1013	157	152	63	42	39	99

		在调查企业中占比(%)							
#实现组织创新企业	#实现营销创新企业	#开展创新活动企业	#实现创新企业	#实现产品或工艺创新企业	#实现产品创新企业	#实现工艺创新企业	#实现组织或营销创新企业	#实现组织创新企业	#实现营销创新企业
222	**102**	**10.3**	**9.4**	**4.0**	**1.6**	**2.9**	**6.2**	**4.6**	**2.1**
115	34	8.7	7.7	3.2	1.2	2.5	5.2	4.4	1.3
44	36	12.4	11.3	4.1	2.6	2.3	8.2	5.3	4.3
63	32	12.0	11.6	5.6	1.9	4.1	6.7	4.7	2.4
1214	1465	17.9	16.9	10.0	5.5	6.5	8.4	4.3	5.2
545	661	18.6	17.9	8.8	4.3	5.9	10.6	5.3	6.5
575	691	12.8	12.2	6.4	3.5	4.1	7.1	3.6	4.3
78	93	10.5	9.8	6.4	3.5	4.0	4.6	2.5	3.0
15	14	21.8	18.0	15.5	9.9	9.6	4.1	2.4	2.2
44	55	17.4	15.6	11.7	6.2	7.8	5.2	2.6	3.2
106	123	14.5	13.5	6.5	3.1	4.7	8.0	4.1	4.7
48	47	16.5	15.3	9.0	3.5	6.4	7.0	3.9	3.8
45	48	14.8	14.0	6.5	3.5	4.0	8.8	4.6	4.9
20	25	8.5	7.8	6.3	3.5	3.9	2.6	1.5	1.8
21	22	10.1	9.6	6.5	4.2	3.7	4.3	2.4	2.5
37	46	14.0	13.1	6.3	2.8	4.4	8.2	4.3	5.4
34	35	15.7	14.7	12.1	6.8	8.3	4.8	2.9	2.9
200	242	17.0	16.1	9.1	4.3	6.4	8.3	4.1	5.0
191	274	18.6	17.5	10.9	5.9	6.5	8.3	3.7	5.3
99	110	16.1	15.5	10.4	5.2	7.4	7.3	4.0	4.5
133	116	19.7	19.1	9.1	5.6	5.4	11.7	7.2	6.2
54	74	13.3	12.6	6.1	2.6	4.0	7.4	3.5	4.7
169	264	20.5	20.0	9.3	4.6	6.2	12.4	5.7	8.9
178	260	25.4	25.1	8.3	4.7	5.1	18.0	7.8	11.4
62	73	16.7	15.6	7.4	4.0	4.9	9.8	5.2	6.1
104	97	21.2	20.6	10.6	4.5	6.7	11.5	7.1	6.6
293	313	17.7	16.6	10.6	6.4	6.8	8.0	4.4	4.7
37	35	10.4	9.8	5.3	2.7	3.8	5.3	3.1	2.9
29	29	19.1	18.0	10.7	5.7	7.4	9.8	5.7	5.7
55	61	9.2	8.8	5.0	2.6	3.4	4.6	2.4	2.6
70	62	17.4	16.5	8.9	5.6	5.2	9.3	5.5	4.9
54	77	13.0	12.5	5.3	2.7	3.8	8.8	4.2	6.0
55	56	12.0	11.2	5.3	2.5	3.6	7.2	4.2	4.3
50	83	7.3	6.8	3.5	2.1	1.7	4.1	1.6	2.7
61	54	19.2	18.3	9.0	4.4	6.6	11.4	7.1	6.2
36	58	15.7	15.2	9.2	5.5	5.3	7.7	3.5	5.7
26	41	15.8	15.2	9.2	4.3	6.2	8.0	3.5	5.5
36	56	22.5	21.2	13.2	6.5	9.4	10.0	4.4	6.8
50	60	15.5	15.0	6.2	4.1	3.9	9.8	4.9	5.9

11-3 规模以下服务业企业

项 目	调查企业数(个)	#开展创新活动企业	#实现创新企业	#实现产品或工艺创新企业	#实现产品创新企业	#实现工艺创新企业	#实现组织或营销创新企业
总 计	**45202**	**7552**	**7023**	**3365**	**2359**	**1514**	**4305**
一、按行业分							
交通运输、仓储和邮政业	**12964**	**1382**	**1298**	**317**	**240**	**116**	**1047**
铁路运输业	106	12	10	2	2		8
道路运输业	3931	385	359	71	60	22	310
水上运输业	1377	113	108	32	18	17	82
航空运输业	490	72	65	18	15	4	50
管道运输业	44	11	9	3	3		6
多式联运和运输代理业	2339	234	220	58	50	17	173
装卸搬运和仓储业	2236	218	207	53	36	23	165
邮政业	2441	337	320	80	56	33	253
信息传输、软件和信息技术服务业	**8824**	**2368**	**2167**	**1379**	**1050**	**532**	**1059**
电信、广播电视和卫星传输服务	2002	322	298	135	103	56	193
互联网和相关服务	2275	562	511	286	221	103	297
软件和信息技术服务业	4547	1484	1358	958	726	373	569
租赁和商务服务业	**10280**	**1235**	**1167**	**370**	**289**	**125**	**888**
租赁业	2294	232	220	59	47	24	172
商务服务业	7986	1003	947	311	242	101	716
科学研究和技术服务业	**7013**	**1630**	**1512**	**901**	**561**	**501**	**773**
研究和试验发展	1863	607	568	392	245	229	241
专业技术服务业	3194	531	497	224	126	119	307
科技推广和应用服务业	1956	492	447	285	190	153	225
水利、环境和公共设施管理业	**6121**	**937**	**879**	**398**	**219**	**240**	**538**
水利管理业	1010	141	131	45	26	22	90
生态保护和环境治理业	1634	349	324	217	96	158	136
公共设施管理业	2607	336	320	104	74	46	238
土地管理业	870	111	104	32	23	14	74
二、按地区分							
东部地区	19049	3332	3071	1646	1146	751	1715
中部地区	10047	1752	1661	708	496	317	1096
西部地区	12766	2066	1923	822	585	360	1285
东北地区	3340	402	368	189	132	86	209

创新活动基本情况

		在调查企业中占比(%)							
#实现组织创新企业	#实现营销创新企业	#开展创新活动企业	#实现创新企业	#实现产品或工艺创新企业	#实现产品创新企业	#实现工艺创新企业	#实现组织或营销创新企业	#实现组织创新企业	#实现营销创新企业
2750	**2001**	**16.7**	**15.5**	**7.4**	**5.2**	**3.3**	**9.5**	**6.1**	**4.4**
693	**455**	**10.7**	**10.0**	**2.4**	**1.9**	**0.9**	**8.1**	**5.3**	**3.5**
3	5	11.3	9.4	1.9	1.9		7.5	2.8	4.7
218	123	9.8	9.1	1.8	1.5	0.6	7.9	5.5	3.1
54	34	8.2	7.8	2.3	1.3	1.2	6.0	3.9	2.5
27	27	14.7	13.3	3.7	3.1	0.8	10.2	5.5	5.5
3	3	25.0	20.5	6.8	6.8		13.6	6.8	6.8
118	74	10.0	9.4	2.5	2.1	0.7	7.4	5.0	3.2
112	75	9.8	9.3	2.4	1.6	1.0	7.4	5.0	3.4
158	114	13.8	13.1	3.3	2.3	1.4	10.4	6.5	4.7
636	**561**	**26.8**	**24.6**	**15.6**	**11.9**	**6.0**	**12.0**	**7.2**	**6.4**
93	124	16.1	14.9	6.7	5.1	2.8	9.6	4.6	6.2
180	158	24.7	22.5	12.6	9.7	4.5	13.1	7.9	6.9
363	279	32.6	29.9	21.1	16.0	8.2	12.5	8.0	6.1
549	**426**	**12.0**	**11.4**	**3.6**	**2.8**	**1.2**	**8.6**	**5.3**	**4.1**
112	74	10.1	9.6	2.6	2.0	1.0	7.5	4.9	3.2
437	352	12.6	11.9	3.9	3.0	1.3	9.0	5.5	4.4
505	**350**	**23.2**	**21.6**	**12.8**	**8.0**	**7.1**	**11.0**	**7.2**	**5.0**
148	127	32.6	30.5	21.0	13.2	12.3	12.9	7.9	6.8
224	105	16.6	15.6	7.0	3.9	3.7	9.6	7.0	3.3
133	118	25.2	22.9	14.6	9.7	7.8	11.5	6.8	6.0
367	**209**	**15.3**	**14.4**	**6.5**	**3.6**	**3.9**	**8.8**	**6.0**	**3.4**
69	26	14.0	13.0	4.5	2.6	2.2	8.9	6.8	2.6
94	59	21.4	19.8	13.3	5.9	9.7	8.3	5.8	3.6
155	98	12.9	12.3	4.0	2.8	1.8	9.1	5.9	3.8
49	26	12.8	12.0	3.7	2.6	1.6	8.5	5.6	3.0
1095	807	17.5	16.1	8.6	6.0	3.9	9.0	5.7	4.2
686	500	17.4	16.5	7.0	4.9	3.2	10.9	6.8	5.0
834	600	16.2	15.1	6.4	4.6	2.8	10.1	6.5	4.7
135	94	12.0	11.0	5.7	4.0	2.6	6.3	4.0	2.8

11-3 续表

项 目	调查企业数(个)	#开展创新活动企业	#实现创新企业	#实现产品或工艺创新企业	#实现产品创新企业	#实现工艺创新企业	#实现组织或营销创新企业
北 京	1714	314	262	197	119	104	85
天 津	1548	193	173	118	78	56	72
河 北	1745	253	234	84	60	37	168
山 西	1711	287	262	108	69	49	178
内蒙古	1603	232	215	92	70	35	136
辽 宁	1507	124	112	65	44	31	57
吉 林	973	144	132	67	50	30	76
黑龙江	860	134	124	57	38	25	76
上 海	1995	293	263	186	132	94	116
江 苏	2220	401	384	206	133	100	212
浙 江	2691	500	468	247	172	101	262
安 徽	1980	198	181	104	74	47	103
福 建	1414	315	295	131	101	56	193
江 西	688	82	79	36	23	15	48
山 东	2219	449	425	156	110	66	303
河 南	2401	601	576	186	121	89	415
湖 北	1607	259	250	130	104	47	147
湖 南	1660	325	313	144	105	70	205
广 东	2658	478	443	270	198	120	220
广 西	1267	203	185	82	57	36	121
海 南	845	136	124	51	43	17	84
重 庆	1269	151	142	54	44	18	96
四 川	1831	398	372	173	102	93	243
贵 州	205	38	33	12	11	1	23
云 南	1310	230	214	110	77	55	128
西 藏	807	84	76	22	12	13	65
陕 西	1160	264	252	120	96	45	160
甘 肃	999	149	138	55	43	19	95
青 海	751	82	79	30	23	11	59
宁 夏	717	109	106	40	29	17	72
新 疆	847	126	111	32	21	17	87

		在调查企业中占比(%)							
#实现组织创新企业	#实现营销创新企业	#开展创新活动企业	#实现创新企业	#实现产品或工艺创新企业	#实现产品创新企业	#实现工艺创新企业	#实现组织或营销创新企业	#实现组织创新企业	#实现营销创新企业
58	34	18.3	15.3	11.5	6.9	6.1	5.0	3.4	2.0
45	37	12.5	11.2	7.6	5.0	3.6	4.7	2.9	2.4
120	61	14.5	13.4	4.8	3.4	2.1	9.6	6.9	3.5
123	68	16.8	15.3	6.3	4.0	2.9	10.4	7.2	4.0
88	59	14.5	13.4	5.7	4.4	2.2	8.5	5.5	3.7
37	24	8.2	7.4	4.3	2.9	2.1	3.8	2.5	1.6
52	34	14.8	13.6	6.9	5.1	3.1	7.8	5.3	3.5
46	36	15.6	14.4	6.6	4.4	2.9	8.8	5.3	4.2
75	68	14.7	13.2	9.3	6.6	4.7	5.8	3.8	3.4
135	106	18.1	17.3	9.3	6.0	4.5	9.6	6.1	4.8
161	119	18.6	17.4	9.2	6.4	3.8	9.7	6.0	4.4
59	54	10.0	9.1	5.3	3.7	2.4	5.2	3.0	2.7
121	91	22.3	20.9	9.3	7.1	4.0	13.6	8.6	6.4
30	21	11.9	11.5	5.2	3.3	2.2	7.0	4.4	3.1
192	141	20.2	19.2	7.0	5.0	3.0	13.7	8.7	6.4
238	214	25.0	24.0	7.7	5.0	3.7	17.3	9.9	8.9
96	64	16.1	15.6	8.1	6.5	2.9	9.1	6.0	4.0
140	79	19.6	18.9	8.7	6.3	4.2	12.3	8.4	4.8
132	116	18.0	16.7	10.2	7.4	4.5	8.3	5.0	4.4
73	66	16.0	14.6	6.5	4.5	2.8	9.6	5.8	5.2
56	34	16.1	14.7	6.0	5.1	2.0	9.9	6.6	4.0
56	49	11.9	11.2	4.3	3.5	1.4	7.6	4.4	3.9
159	114	21.7	20.3	9.4	5.6	5.1	13.3	8.7	6.2
14	12	18.5	16.1	5.9	5.4	0.5	11.2	6.8	5.9
83	61	17.6	16.3	8.4	5.9	4.2	9.8	6.3	4.7
32	38	10.4	9.4	2.7	1.5	1.6	8.1	4.0	4.7
112	73	22.8	21.7	10.3	8.3	3.9	13.8	9.7	6.3
72	32	14.9	13.8	5.5	4.3	1.9	9.5	7.2	3.2
37	29	10.9	10.5	4.0	3.1	1.5	7.9	4.9	3.9
54	26	15.2	14.8	5.6	4.0	2.4	10.0	7.5	3.6
54	41	14.9	13.1	3.8	2.5	2.0	10.3	6.4	4.8

11—4 规模以下企业技术创新资金来源情况

项　目	调查中实现技术创新企业数(个)	在实现技术创新企业中，从以下来源筹集创新资金的企业占比(%)							
		自有资金	众筹	风险投资	银行贷款	政府资金	民间借贷	接受委托资金	其他
总　计	**8288**	**91.0**	**2.5**	**1.1**	**21.6**	**4.5**	**3.9**	**0.7**	**1.0**
一、按行业分									
工业	4923	91.6	2.2	0.5	22.0	3.2	3.9	0.2	0.8
采矿业	170	88.2	4.1	0.6	15.3	1.2	6.5		
制造业	4560	92.1	2.1	0.5	22.3	3.0	3.8	0.2	0.7
电力、热力、燃气及水生产和供应业	193	82.4	4.7	1.0	20.2	10.4	3.6		3.1
服务业	3365	90.2	2.9	1.9	21.1	6.4	4.0	1.5	1.2
交通运输、仓储和邮政业	317	82.3	6.3	1.9	24.0	5.0	6.0	0.9	1.6
信息传输、软件和信息技术服务业	1379	92.4	2.0	2.0	21.2	5.4	3.3	1.3	1.2
租赁和商务服务业	370	87.3	4.1	1.4	16.5	3.2	4.3	0.8	1.6
科学研究和技术服务业	901	92.1	2.8	1.9	20.0	8.5	3.9	2.6	1.3
水利、环境和公共设施管理业	398	87.4	3.0	1.8	24.9	8.8	4.3	0.5	0.5
二、按地区分									
东部地区	4465	92.4	1.7	1.3	21.2	3.2	2.9	0.5	0.9
中部地区	1603	89.3	3.6	0.6	22.9	5.1	3.7	0.6	0.5
西部地区	1833	89.1	3.7	1.0	22.6	6.9	6.6	1.3	1.4
东北地区	387	91.2	1.8	0.8	16.0	4.7	2.8	1.3	1.6
北　京	295	92.5	1.0	3.1	14.6	1.4	4.4	1.4	1.7
天　津	319	95.3	0.6	0.6	16.3	1.6	1.6	0.6	0.3
河　北	255	93.7	2.0	0.4	15.7	4.7	3.5	0.8	1.6
山　西	219	89.5	4.1		16.0	6.8	5.5	0.5	
内蒙古	155	88.4	1.9	2.6	25.8	8.4	5.2	1.9	2.6
辽　宁	151	90.7	1.3	1.3	17.2	3.3	1.3	0.7	2.0
吉　林	125	95.2	2.4	0.8	12.0	7.2	4.8	1.6	0.8
黑龙江	111	87.4	1.8		18.9	3.6	2.7	1.8	1.8
上　海	330	92.7	1.8	1.8	22.1	4.5	3.6	1.5	0.6
江　苏	647	91.8	1.1	1.9	22.1	3.9	2.9		1.2
浙　江	812	92.2	1.4	1.1	24.0	2.8	1.2	0.1	0.6
安　徽	360	93.3	1.7		27.8	3.6	4.2		0.6
福　建	300	93.7	4.7	1.7	25.0	4.3	3.3	0.7	1.0
江　西	131	89.3	5.3	1.5	26.7	4.6	0.8		
山　东	430	92.6	1.6	0.2	17.9	3.0	4.0	0.2	0.2
河　南	375	87.7	5.1	1.3	21.1	4.0	4.5	1.1	1.1
湖　北	218	88.1	4.1	0.9	22.5	6.4	3.2	1.4	
湖　南	300	87.0	2.7	0.3	23.0	6.3	2.7	0.7	0.7
广　东	971	92.0	2.0	1.0	23.2	2.8	3.4	0.4	1.1
广　西	145	87.6	4.1		22.8	8.3	6.2	0.7	0.7
海　南	106	84.0	2.8	1.9	23.6	7.5	2.8		0.9
重　庆	171	91.2	1.8	0.6	25.7	2.9	7.6		0.6
四　川	286	93.4	4.5	1.4	19.6	2.8	7.0	2.8	
贵　州	80	86.3	6.3	1.3	25.0	5.0	5.0	1.3	1.3
云　南	179	91.6	3.4	1.1	23.5	6.7	6.1	1.7	1.7
西　藏	129	88.4	3.1		16.3	10.1	6.2	0.8	3.1
陕　西	198	87.9	6.1	2.5	21.7	4.5	7.6	2.0	2.0
甘　肃	149	83.9	4.0		24.8	9.4	8.7	1.3	1.3
青　海	98	83.7	3.1		20.4	14.3	4.1		2.0
宁　夏	148	92.6	2.7		25.7	12.8	5.4		1.4
新　疆	95	86.3	2.1	1.1	21.1	3.2	8.4		1.1

11–5　规模以下企业技术创新技术来源情况

项　目	调查中实现技术创新企业数（个）	在实现技术创新企业中，利用以下技术来源的企业占比(%)				
		独立研发	合作开发	购买技术	委托开发	其他
总 计	**8288**	**72.8**	**22.2**	**11.2**	**8.5**	**2.6**
一、按行业分						
工业	4923	74.9	18.7	10.3	6.2	2.3
采矿业	170	45.9	17.1	27.1	12.9	4.7
制造业	4560	77.0	18.8	9.0	5.8	2.1
电力、热力、燃气及水生产和供应业	193	50.3	17.6	25.9	10.4	4.7
服务业	3365	69.8	27.3	12.4	11.9	2.9
交通运输、仓储和邮政业	317	39.4	26.8	25.2	11.4	9.1
信息传输、软件和信息技术服务业	1379	79.3	24.1	9.4	13.9	1.0
租赁和商务服务业	370	53.8	29.2	15.7	11.1	7.3
科学研究和技术服务业	901	77.1	30.9	9.1	9.3	1.7
水利、环境和公共设施管理业	398	59.3	28.6	17.1	11.8	3.5
二、按地区分						
东部地区	4465	78.1	20.3	8.6	8.0	2.2
中部地区	1603	69.6	22.2	14.5	8.5	1.9
西部地区	1833	62.7	26.9	14.6	9.5	3.9
东北地区	387	72.9	21.7	10.3	10.1	3.9
北　京	295	87.1	18.0	6.8	13.2	1.0
天　津	319	85.3	21.3	4.7	10.3	0.9
河　北	255	64.3	19.2	15.3	5.5	4.3
山　西	219	53.9	25.1	24.7	9.6	1.8
内蒙古	155	59.4	31.6	13.5	11.6	4.5
辽　宁	151	82.1	21.2	4.0	8.6	4.6
吉　林	125	68.8	25.6	10.4	8.8	2.4
黑龙江	111	64.9	18.0	18.9	13.5	4.5
上　海	330	83.3	22.1	5.8	7.0	1.2
江　苏	647	79.3	21.2	6.8	7.9	1.2
浙　江	812	79.9	19.1	7.1	7.4	1.5
安　徽	360	80.8	19.7	8.9	6.7	0.8
福　建	300	68.0	23.7	14.3	7.3	5.7
江　西	131	69.5	23.7	13.0	5.3	2.3
山　东	430	70.5	24.4	12.6	8.1	1.9
河　南	375	68.3	24.0	13.6	8.3	3.2
湖　北	218	69.3	23.4	15.1	10.1	3.2
湖　南	300	69.3	19.3	15.0	10.3	0.7
广　东	971	82.0	16.1	8.1	6.5	2.6
广　西	145	59.3	31.7	18.6	14.5	2.1
海　南	106	50.9	35.8	13.2	15.1	5.7
重　庆	171	66.1	16.4	21.1	7.6	2.9
四　川	286	70.6	27.6	8.7	8.7	1.7
贵　州	80	63.8	27.5	11.3	2.5	2.5
云　南	179	69.3	25.1	13.4	5.6	2.8
西　藏	129	61.2	26.4	13.2	15.5	6.2
陕　西	198	64.1	25.8	15.2	13.1	6.6
甘　肃	149	49.7	30.9	18.1	11.4	6.7
青　海	98	57.1	30.6	13.3	6.1	3.1
宁　夏	148	64.9	27.0	12.2	5.4	2.7
新　疆	95	52.6	24.2	22.1	9.5	6.3

11−6 规模以下企业技术创新合作情况

项　目	调查中实现技术创新企业数(个)	#有技术创新合作企业数	有技术创新合作企业占比(%)	在技术创新合作企业中，与以下伙伴开展合作的企业占比(%)					
				产学研合作	高校	科研院所	客户或供应商	其他企业	其他
总　计	**8288**	**1838**	**22.2**	**41.7**	**33.1**	**18.6**	**43.1**	**38.7**	**1.9**
一、按行业分									
工业	4923	921	18.7	38.4	29.5	15.6	43.2	33.0	2.2
采矿业	170	29	17.1	10.3	6.9	3.4	41.4	55.2	3.4
制造业	4560	858	18.8	39.4	30.2	15.9	43.2	31.7	2.2
电力、热力、燃气及水生产和供应业	193	34	17.6	38.2	32.4	20.6	44.1	47.1	
服务业	3365	917	27.3	45.0	36.8	21.6	43.1	44.5	1.5
交通运输、仓储和邮政业	317	85	26.8	20.0	12.9	10.6	44.7	54.1	5.9
信息传输、软件和信息技术服务业	1379	332	24.1	39.2	35.2	12.7	50.3	50.9	0.6
租赁和商务服务业	370	108	29.2	31.5	26.9	12.0	50.9	42.6	3.7
科学研究和技术服务业	901	278	30.9	62.6	48.2	38.5	33.5	37.4	0.7
水利、环境和公共设施管理业	398	114	28.6	50.9	40.4	23.7	36.8	37.7	0.9
二、按地区分									
东部地区	4465	905	20.3	39.1	31.3	15.8	45.7	37.1	1.1
中部地区	1603	356	22.2	50.3	38.2	25.3	41.6	36.5	1.1
西部地区	1833	493	26.9	38.1	31.4	17.2	41.6	42.6	3.7
东北地区	387	84	21.7	54.8	41.7	28.6	31.0	42.9	2.4
北　京	295	53	18.0	49.1	35.8	30.2	43.4	41.5	1.9
天　津	319	68	21.3	51.5	38.2	22.1	41.2	38.2	1.5
河　北	255	49	19.2	46.9	30.6	22.4	38.8	34.7	
山　西	219	55	25.1	45.5	32.7	20.0	36.4	41.8	1.8
内蒙古	155	49	31.6	40.8	40.8	14.3	34.7	55.1	
辽　宁	151	32	21.2	65.6	50.0	40.6	31.3	50.0	
吉　林	125	32	25.6	37.5	28.1	21.9	28.1	40.6	6.3
黑龙江	111	20	18.0	65.0	50.0	20.0	35.0	35.0	
上　海	330	73	22.1	41.1	32.9	21.9	41.1	41.1	2.7
江　苏	647	137	21.2	45.3	39.4	13.9	35.8	32.8	
浙　江	812	155	19.1	38.1	29.7	12.9	42.6	40.0	0.6
安　徽	360	71	19.7	60.6	47.9	26.8	32.4	28.2	
福　建	300	71	23.7	23.9	19.7	11.3	62.0	42.3	1.4
江　西	131	31	23.7	32.3	25.8	12.9	51.6	38.7	
山　东	430	105	24.4	41.0	33.3	17.1	48.6	34.3	
河　南	375	90	24.0	52.2	37.8	30.0	46.7	38.9	1.1
湖　北	218	51	23.4	41.2	41.2	19.6	47.1	37.3	2.0
湖　南	300	58	19.3	56.9	36.2	32.8	39.7	36.2	1.7
广　东	971	156	16.1	29.5	25.0	10.9	58.3	30.8	2.6
广　西	145	46	31.7	26.1	19.6	15.2	37.0	60.9	
海　南	106	38	35.8	34.2	28.9	7.9	34.2	52.6	
重　庆	171	28	16.4	35.7	32.1	14.3	39.3	50.0	
四　川	286	79	27.6	31.6	24.1	17.7	50.6	36.7	3.8
贵　州	80	22	27.5	27.3	18.2	9.1	40.9	31.8	4.5
云　南	179	45	25.1	48.9	37.8	24.4	40.0	37.8	2.2
西　藏	129	34	26.4	38.2	29.4	17.6	52.9	35.3	5.9
陕　西	198	51	25.8	49.0	39.2	23.5	47.1	45.1	7.8
甘　肃	149	46	30.9	43.5	34.8	19.6	47.8	30.4	2.2
青　海	98	30	30.6	23.3	23.3	6.7	23.3	60.0	6.7
宁　夏	148	40	27.0	55.0	47.5	22.5	32.5	30.0	5.0
新　疆	95	23	24.2	26.1	21.7	8.7	39.1	39.1	8.7

11−7 规模以下企业技术创新中的主要困难情况

项 目	在实现技术创新企业中，创新遇到以下困难的企业占比(%)					
	资金不足	人才短缺	知识产权保护不力	适用技术短 缺	市场环境不 佳	其他
总 计	**48.8**	**53.8**	**5.3**	**15.8**	**34.8**	**1.5**
一、按行业分组						
工业	45.9	52.8	5.1	17.3	32.7	1.3
采矿业	51.8	36.5	1.2	13.5	34.1	2.4
制造业	45.6	53.5	5.3	17.4	33.2	1.3
电力、热力、燃气及水生产和供应业	48.7	50.8	3.6	19.7	19.2	1.6
服务业	53.0	55.2	5.7	13.6	37.9	1.8
交通运输、仓储和邮政业	58.0	44.8	6.0	12.3	38.2	2.8
信息传输、软件和信息技术服务业	50.9	59.7	4.9	13.8	39.7	1.2
租赁和商务服务业	54.9	44.1	6.2	12.7	41.1	2.2
科学研究和技术服务业	52.7	58.4	7.2	12.9	34.9	2.3
水利、环境和公共设施管理业	54.8	51.0	4.5	16.3	35.2	1.3
二、按地区分						
东部地区	43.2	54.1	5.6	15.5	35.2	1.7
中部地区	51.5	55.7	4.9	16.9	29.1	0.8
西部地区	59.0	53.0	5.6	16.8	39.1	1.3
东北地区	53.5	45.5	3.6	10.6	32.8	2.6
北 京	44.7	49.8	5.4	9.5	39.3	2.7
天 津	43.9	45.5	3.4	10.3	37.9	1.6
河 北	50.6	46.3	4.3	16.1	31.8	3.5
山 西	55.3	55.7	5.0	16.9	33.8	
内蒙古	52.9	51.6	8.4	18.1	38.7	2.6
辽 宁	51.0	43.0	4.0	11.3	31.8	2.6
吉 林	55.2	50.4	4.0	8.8	29.6	3.2
黑龙江	55.0	43.2	2.7	11.7	37.8	1.8
上 海	41.5	60.9	6.4	14.8	35.8	1.8
江 苏	36.8	56.4	4.8	15.9	29.8	1.2
浙 江	37.6	56.8	5.3	17.7	31.0	2.0
安 徽	43.3	63.1	3.1	15.3	24.2	1.4
福 建	49.7	56.3	7.3	19.0	32.3	1.7
江 西	62.6	58.0	0.8	13.7	29.8	2.3
山 东	42.6	54.4	5.8	16.0	34.4	0.7
河 南	50.7	54.4	7.5	17.6	28.3	0.8
湖 北	60.1	49.5	5.5	15.6	36.7	0.9
湖 南	48.3	52.0	5.0	20.3	27.0	
广 东	46.7	54.7	6.6	14.6	40.8	1.5
广 西	65.5	53.1	8.3	15.9	38.6	1.4
海 南	59.4	42.5	4.7	23.6	46.2	2.8
重 庆	56.1	43.3	5.8	12.9	41.5	
四 川	53.1	55.6	6.3	17.5	38.1	1.0
贵 州	62.5	46.3	6.3	16.3	36.3	1.3
云 南	65.9	55.3	5.0	12.3	43.0	1.1
西 藏	60.5	51.2	4.7	21.7	34.9	5.4
陕 西	59.1	55.6	4.0	15.2	41.4	1.5
甘 肃	64.4	55.7	5.4	15.4	35.6	0.7
青 海	66.3	46.9	5.1	25.5	32.7	
宁 夏	52.0	60.8	2.7	18.9	44.6	0.7
新 疆	58.9	52.6	4.2	16.8	38.9	

11-8 规模以下企业享受创新政策情况

项目	享受了创新相关政策的企业数(个)	享受了创新相关政策的企业占开展创新活动企业比重(%)	在享受创新相关政策企业中，享受了以下相关政策的企业占比(%)						
			税费减免	金融服务	人才保障	知识产权保护	政府采购	平台支撑	其他
总计	**12353**	**73.4**	**77.8**	**11.1**	**10.4**	**12.5**	**5.0**	**10.4**	**2.4**
#实现技术创新的企业	6255	75.5	81.5	11.5	8.3	17.4	5.1	8.6	2.6
一、按行业分									
工业	6547	70.5	75.5	12.2	10.4	12.9	3.7	9.8	2.6
采矿业	287	64.4	66.6	19.9	15.3	7.0	2.1	7.7	1.7
制造业	5914	70.8	76.9	11.5	9.6	13.4	3.4	9.6	2.6
电力、热力、燃气及水生产和供应业	346	70.3	60.7	16.8	19.9	9.0	10.1	16.5	2.6
服务业	5806	76.9	80.2	10.0	10.4	12.0	6.5	11.0	2.3
交通运输、仓储和邮政业	976	70.6	76.8	12.1	12.1	3.9	3.3	17.7	3.0
信息传输、软件和信息技术服务业	1887	79.7	82.2	8.1	8.3	17.4	8.1	10.9	2.2
租赁和商务服务业	971	78.6	79.7	11.9	12.6	6.9	6.4	8.3	1.5
科学研究和技术服务业	1272	78.0	83.2	8.6	10.5	15.3	4.5	9.4	2.2
水利、环境和公共设施管理业	700	74.7	75.0	11.6	10.3	9.7	10.9	8.7	2.9
二、按地区分									
东部地区	6012	71.9	79.2	9.0	8.9	14.8	3.5	8.7	2.6
中部地区	2745	75.3	70.5	16.8	15.4	11.1	5.9	13.3	1.4
西部地区	3051	74.3	81.0	11.1	8.9	9.2	7.4	11.2	2.9
东北地区	545	74.8	80.2	6.2	9.7	11.4	4.4	9.2	3.3
北京	348	77.0	86.5	4.0	3.4	16.7	2.6	5.5	0.9
天津	366	74.4	77.9	5.5	6.3	22.1	1.4	4.4	3.8
河北	445	70.5	77.5	7.4	13.5	9.9	4.0	8.3	2.5
山西	346	70.8	89.6	8.7	8.1	5.8	4.9	6.1	1.7
内蒙古	299	79.5	88.6	7.4	8.0	8.0	8.0	8.4	3.0
辽宁	203	84.2	77.8	3.9	7.4	14.3	1.5	9.9	5.4
吉林	165	70.5	84.8	5.5	12.1	11.5	7.9	9.7	0.6
黑龙江	177	69.7	78.5	9.6	10.2	7.9	4.5	7.9	3.4
上海	346	72.2	81.2	5.5	6.9	16.8	1.2	8.4	4.9
江苏	896	73.1	73.1	10.5	8.5	17.7	1.9	10.8	2.1
浙江	1023	70.0	84.9	10.5	8.8	12.6	4.3	6.9	2.6
安徽	475	80.1	74.7	12.6	9.3	16.6	3.8	11.4	1.5
福建	509	74.6	80.2	11.8	11.4	11.0	6.5	10.4	2.4
江西	215	74.4	70.2	20.9	15.3	8.8	4.7	10.7	0.9
山东	766	72.5	70.5	13.1	13.6	10.8	6.4	14.4	1.2
河南	849	71.9	59.8	19.4	21.0	9.7	3.8	16.3	0.9
湖北	349	76.2	79.9	15.2	11.2	11.5	7.7	14.0	2.3
湖南	511	80.2	65.0	20.9	19.6	12.7	11.2	15.9	1.6
广东	1143	69.4	81.8	7.3	6.4	17.1	2.0	6.6	3.6
广西	255	78.0	85.5	11.4	7.5	6.3	10.6	8.2	3.1
海南	170	72.7	84.1	7.1	10.0	15.9	4.1	10.6	1.8
重庆	253	69.1	78.3	17.4	9.9	16.6	6.3	1.6	2.4
四川	439	70.8	81.5	11.4	12.1	12.3	6.2	12.5	1.6
贵州	141	69.1	78.0	10.6	12.8	6.4	5.7	16.3	3.5
云南	268	69.3	85.1	15.7	7.8	11.6	6.7	11.9	1.9
西藏	247	79.9	63.2	17.0	11.7	4.9	7.3	18.2	4.9
陕西	317	73.7	83.0	6.9	7.6	9.5	4.1	10.7	3.8
甘肃	235	76.1	79.1	7.2	6.0	11.9	6.4	14.0	2.6
青海	160	80.4	81.9	8.1	5.6	5.0	13.1	13.8	2.5
宁夏	233	79.3	82.0	11.2	9.4	7.3	7.7	9.9	2.6
新疆	204	72.1	81.9	8.8	6.4	4.4	10.8	12.3	3.9

11−9 影响规模以下企业创新政策落实的主要因素

项目	在开展创新活动企业中，对影响创新政策落实的原因作出以下判断的企业占比(%)					
	不知道有相关政策	不满足享受政策的条件	政策吸引力不足	政策办理手续繁琐	政策执行力度不够	其他
总计	**29.7**	**49.3**	**14.7**	**14.7**	**8.8**	**5.0**
#实现技术创新的企业	33.3	47.8	15.6	17.0	9.3	4.5
一、按行业分						
工业	27.2	50.0	14.2	13.3	7.7	5.0
采矿业	22.4	47.1	14.8	13.0	7.4	6.1
制造业	27.7	50.3	14.1	13.3	7.7	4.7
电力、热力、燃气及水生产和供应业	23.2	46.5	15.4	13.2	8.1	8.3
服务业	32.8	48.4	15.3	16.5	10.2	4.9
交通运输、仓储和邮政业	31.7	46.7	15.7	12.9	9.5	6.6
信息传输、软件和信息技术服务业	34.8	50.3	16.0	17.8	11.0	3.7
租赁和商务服务业	34.3	45.7	14.7	16.5	9.4	4.6
科学研究和技术服务业	31.2	50.2	14.0	18.3	9.8	5.0
水利、环境和公共设施管理业	30.1	46.7	15.8	15.3	10.7	5.8
二、按地区分						
东部地区	30.7	50.7	14.2	14.5	7.6	4.4
中部地区	25.1	48.1	18.2	15.7	8.9	4.1
西部地区	32.1	47.7	12.8	14.8	11.4	6.1
东北地区	28.5	46.9	13.7	11.5	8.5	8.5
北　京	29.2	54.0	13.5	13.7	5.1	5.3
天　津	33.9	45.9	11.4	15.9	6.3	6.1
河　北	31.1	42.2	15.5	12.2	8.6	7.6
山　西	35.6	45.2	11.0	13.7	7.4	5.5
内蒙古	41.2	41.5	10.4	13.6	10.4	4.3
辽　宁	27.8	46.5	14.9	14.5	9.5	8.3
吉　林	30.3	50.0	11.5	10.3	7.3	6.0
黑龙江	27.6	44.5	14.6	9.8	8.7	11.0
上　海	33.4	50.1	18.0	19.8	6.9	3.1
江　苏	28.2	53.8	13.3	12.3	6.7	3.3
浙　江	32.2	51.3	12.5	11.7	6.1	4.4
安　徽	23.4	50.9	16.4	19.2	6.1	3.9
福　建	28.7	51.3	14.8	12.9	10.0	5.3
江　西	21.8	45.3	19.0	19.7	9.3	3.5
山　东	29.2	51.8	15.0	14.1	7.1	4.1
河　南	20.3	51.1	18.2	13.6	9.4	3.6
湖　北	26.0	50.2	17.5	18.6	11.6	4.6
湖　南	28.4	41.8	25.4	14.1	9.4	3.9
广　东	31.6	51.9	14.6	18.2	9.0	3.6
广　西	34.6	45.0	14.7	19.9	11.3	8.0
海　南	30.3	44.4	17.1	19.2	13.2	5.6
重　庆	26.0	52.5	17.8	16.4	8.2	6.0
四　川	31.5	50.6	13.4	20.5	8.5	4.8
贵　州	26.0	53.4	9.8	8.8	6.9	6.9
云　南	31.3	50.4	12.4	16.0	13.7	4.7
西　藏	30.4	36.2	10.0	10.4	22.7	11.0
陕　西	34.9	52.3	13.3	14.2	10.2	4.9
甘　肃	32.4	49.2	12.0	8.4	11.7	6.1
青　海	40.2	36.7	12.6	14.1	15.1	6.0
宁　夏	28.2	51.7	10.2	14.6	11.9	5.8
新　疆	27.2	46.6	15.2	12.0	8.8	8.1

11—10 规模以下企业创新发展规划情况

项 目	调查企业数（个）	有创新发展规划的企业数（个）	有创新发展规划的企业占比（%）
总 计	**102536**	**25176**	**24.6**
一、按行业分组			
工业	57334	13738	24.0
采矿业	4413	709	16.1
制造业	48130	12184	25.3
电力、热力、燃气及水生产和供应业	4791	845	17.6
服务业	45202	11438	25.3
交通运输、仓储和邮政业	12964	2250	17.4
信息传输、软件和信息技术服务业	8824	3266	37.0
租赁和商务服务业	10280	2096	20.4
科学研究和技术服务业	7013	2310	32.9
水利、环境和公共设施管理业	6121	1516	24.8
二、按地区分			
东部地区	47169	12186	25.8
中部地区	20235	5471	27.0
西部地区	28675	6452	22.5
东北地区	6457	1067	16.5
北 京	2348	664	28.3
天 津	3263	804	24.6
河 北	4358	961	22.1
山 西	2938	760	25.9
内蒙古	2579	573	22.2
辽 宁	2877	440	15.3
吉 林	1862	342	18.4
黑龙江	1718	285	16.6
上 海	3182	748	23.5
江 苏	7064	1865	26.4
浙 江	7861	2049	26.1
安 徽	4432	1196	27.0
福 建	3274	831	25.4
江 西	2249	457	20.3
山 东	5179	1275	24.6
河 南	4686	1453	31.0
湖 北	2799	746	26.7
湖 南	3131	859	27.4
广 东	9283	2555	27.5
广 西	2455	519	21.1
海 南	1357	434	32.0
重 庆	3609	797	22.1
四 川	3105	834	26.9
贵 州	1485	314	21.1
云 南	2618	629	24.0
西 藏	3887	559	14.4
陕 西	2025	631	31.2
甘 肃	2021	508	25.1
青 海	1493	276	18.5
宁 夏	1538	408	26.5
新 疆	1860	404	21.7

十二、国际比较

12-1 部分国家企业创新

地　区	2014-2016年(CIS10)				
	下列各类企业在全部企业中占比(%)				
	开展创新活动企业	#开展技术创新活动企业	#实现创新企业	#实现技术创新企业	#实现产品创新企业
欧盟27国②	**50.6**	**39.5**			**25.9**
欧元区19国③	**57.0**	**44.6**			**29.4**
比利时	68.1	62.1	59.6	48.5	35.4
保加利亚	27.2	19.8	25.1	17.3	12.8
捷克	46.3	37.3	44.9	34.8	25.7
丹麦	51.5	36.6			24.9
德国	63.7	50.0	60.8	42.7	31.9
爱沙尼亚	47.7	44.4	46.1	42.5	20.5
爱尔兰	57.3	42.8	55.9		29.1
希腊	57.7	47.1	56.9	45.0	30.7
西班牙	36.9	22.7	34.9	19.3	11.3
法国	57.7	43.2	55.9	39.5	27.9
克罗地亚	48.0	33.6	47.5	32.0	20.5
意大利	53.8	44.1	52.2	41.4	31.4
塞浦路斯	36.5	29.2	36.5	29.2	19.5
拉脱维亚	30.3	21.4	29.5	19.9	13.4
立陶宛	50.5	40.8	49.8	39.3	26.4
卢森堡	63.8	44.6	62.7	41.5	31.0
匈牙利	29.0	21.2	27.6	19.0	14.3
马耳他	33.9	26.8	31.8	23.9	16.5
荷兰	59.7	52.2	57.5	49.0	35.9
奥地利	62.0	47.9	61.4	46.4	34.4
波兰	22.0	17.7	21.0	16.4	10.0
葡萄牙	66.9	58.5	65.8	56.6	40.0
罗马尼亚	10.2	5.4	9.8	4.9	3.3
斯洛文尼亚	39.8	31.3	37.4	27.8	20.4
斯洛伐克	30.7	23.3	29.3	21.2	14.0
芬兰	64.8	58.2	62.6	55.2	42.7
瑞典	54.2	42.6	52.6	39.2	29.5
冰岛	55.3	50.1	53.3	45.7	33.5
挪威	71.0	60.4	68.9	56.1	43.8
瑞士	72.6	48.4	72.3	46.4	35.2
土耳其	61.5	47.3	59.5		31.8

注：① 根据《奥斯陆手册》(2018版)，将创新类型分为产品创新(Product Innovation)和业务流程创新(Business Process Innovation)(暂定名)。业务流程创新相当于工艺创新、组织创新和营销创新的统称。CIS(欧盟创新调查)从2018年起参照该标准进行。本章以下各表同。

② 欧盟27国包括比利时、保加利亚、捷克、丹麦、德国、爱沙尼亚、爱尔兰、希腊、西班牙、法国、克罗地亚、意大利、塞浦路斯、拉脱维亚、立陶宛、卢森堡、匈牙利、马耳他、荷兰、奥地利、波兰、葡萄牙、罗马尼亚、斯洛文尼亚、斯洛伐克、芬兰、瑞典。

③ 欧元区19国包括比利时、德国、爱沙尼亚、爱尔兰、希腊、西班牙、法国、意大利、塞浦路斯、拉脱维亚、立陶宛、卢森堡、马耳他、荷兰、奥地利、葡萄牙、斯洛文尼亚、斯洛伐克、荷兰。

活动总体情况(2014—2018年)

			2016—2018年(CIS11)			
			下列各类企业在全部企业中占比(%)			
#实现工艺创新企业	#实现组织创新企业	#实现营销创新企业	开展创新活动企业	#实现创新企业	#实现产品创新企业	#实现业务流程创新企业①
24.9	**28.5**	**22.9**	**50.3**	**46.5**	**29.8**	**41.0**
27.6	**33.1**	**25.7**	**56.0**	**51.6**	**32.9**	**46.1**
36.8	37.6	27.8	67.8		30.0	58.1
11.9	12.9	12.0	30.1	26.8	18.4	20.8
27.7	17.6	26.3	46.8	44.2	26.8	40.3
23.0	30.4	29.7	57.1	54.0	32.3	46.6
27.4	35.6	31.7	67.8	63.7	40.1	55.4
34.3	16.7	13.7	73.1	68.6	49.4	53.2
30.5	40.6	34.7	45.5	44.1	28.6	38.5
39.3	32.3	38.3	60.3	58.5	42.5	55.2
14.8	23.6	15.6	31.1	28.8	14.6	23.8
30.5	39.2	28.5	51.5	49.0	33.6	40.5
27.0	27.1	28.5	52.5	52.1	38.7	46.3
31.4	29.4	25.9	63.2	56.7	36.4	53.9
26.3	21.2	19.8	68.2	68.2	48.6	65.9
15.1	17.5	13.8	32.9	30.5	17.5	26.0
33.5	23.8	25.7	50.5	48.4	31.2	44.5
24.7	46.2	30.8	50.6	48.6	30.4	40.2
10.6	12.9	12.9	28.7	26.0	20.3	19.8
19.0	20.9	17.7	46.5	45.7	31.3	40.6
31.8	24.5	19.3	49.7	46.2	27.4	40.0
36.0	41.1	35.1	62.6	60.3	34.6	55.2
13.1	8.6	8.3	23.7	21.9	13.4	18.8
46.8	32.2	37.3	37.8	36.6	28.1	32.6
3.5	5.8	5.1	14.6	14.3	9.9	8.0
18.9	20.3	21.2	48.6	44.6	36.8	37.4
14.2	14.6	15.0	30.5	26.7	15.4	22.6
41.0	38.0	32.1	61.9	55.7	36.8	47.5
23.5	22.3	29.2	63.1	61.4	42.6	48.2
34.0	30.9	27.3	58.0	54.2	28.6	43.5
39.8	37.9	41.3	67.6		45.4	51.9
27.1	42.4	43.6	49.9	47.2	35.3	27.6
34.0	34.0	42.0	36.0	29.9	20.9	29.0

12-2 部分国家制造业企业

地 区	2014-2016年(CIS10)				
	下列各类企业在全部企业中占比(%)				
	开展创新活动企业	#开展技术创新活动企 业	#实现创新企 业	#实现技术创新企业	#实现产品创新企业
欧盟27国	**53.2**	**44.2**			**29.5**
欧元区19国	**60.3**	**50.4**			**33.8**
比利时	74.5	69.0	65.9	55.6	41.0
保加利亚	31.8	25.6	28.6	21.9	16.1
捷克	51.7	43.9	50.4	41.6	31.1
丹麦	51.8	39.1			26.3
德国	70.1	58.5	65.9	51.0	39.7
爱沙尼亚	54.1	51.4	52.2	49.0	23.1
爱尔兰	64.8	53.7	63.3		39.2
希腊	59.5	48.2	58.6	45.5	33.6
西班牙	39.1	28.1	36.6	24.0	14.8
法国	60.2	48.4	58.0	44.0	30.6
克罗地亚	47.9	34.6	47.2	32.6	21.8
意大利	57.8	50.4	55.8	47.1	35.3
塞浦路斯	38.9	33.1	38.9	33.1	23.0
拉脱维亚	33.7	25.9	32.8	24.3	17.2
立陶宛	51.6	41.9	51.0	40.8	29.9
卢森堡	66.2	51.6	64.9	50.0	34.4
匈牙利	29.2	22.4	27.1	19.6	15.2
马耳他	37.1	33.0	35.2	30.7	22.0
荷兰	64.6	58.7	62.7	55.5	41.5
奥地利	64.6	54.8	64.1	53.7	39.4
波兰	24.7	20.2	23.5	18.5	12.9
葡萄牙	64.1	57.8	63.0	55.9	39.3
罗马尼亚	11.1	6.4	10.4	5.7	4.0
斯洛文尼亚	43.4	36.5	41.0		25.4
斯洛伐克	33.6	27.0	31.8	24.3	15.7
芬兰	71.2	66.1	69.0	62.8	46.7
瑞典	56.3	47.5	53.4	42.8	30.3
冰岛	49.5	46.7	47.0	42.3	31.6
挪威	69.7	62.2	67.1	57.8	44.9
瑞士	74.8	56.5	74.6	54.3	41.6
土耳其	65.3	52.8	63.2		35.5

创新活动总体情况(2014—2018年)

			2016—2018年(CIS11)			
			下列各类企业在全部企业中占比(%)			
#实现工艺创新企业	#实现组织创新企业	#实现营销创新企业	开展创新活动企业	#实现创新企业	#实现产品创新企业	#实现业务流程创新企业
	27.5	**22.8**	**54.0**	**49.6**	**33.5**	**43.6**
32.6	**32.2**	**25.6**	**60.4**	**55.2**	**37.0**	**49.4**
44.0	41.6	29.7	73.4		34.4	62.7
15.1	12.8	12.5	36.1	31.8	22.3	24.4
33.1	18.1	27.7	50.9	48.4	30.5	44.0
25.3	30.6	27.6	59.3	56.0	36.3	46.7
31.7	37.4	31.9	72.4	67.2	44.9	59.0
39.8	18.0	13.2	73.9	68.8	51.4	49.6
41.5	45.9	36.9	54.7	53.1	36.7	44.5
39.7	29.4	42.7	62.9	60.0	44.4	55.4
18.5	22.6	15.6	34.6	31.6	17.0	25.9
34.6	38.6	26.6	57.0	54.0	37.4	43.7
27.5	26.5	28.9	53.5	52.9	42.3	47.0
36.8	28.3	26.1	66.5	59.5	40.0	56.6
28.2	18.6	22.1	69.5	69.5	52.9	66.1
17.4	18.3	15.1	39.4	36.3	23.4	29.7
33.9	20.9	27.5	55.7	54.2	37.8	48.9
35.1	42.5	28.2	57.1	55.2	37.0	44.8
11.3	11.4	12.5	28.9	26.6	21.5	19.0
27.7	20.5	14.8	46.0	44.9	33.1	38.3
35.9	25.7	18.9	54.9	50.7	32.5	43.4
43.2	39.4	34.7	68.3	65.5	39.0	60.7
15.0	9.6	9.5	26.5	24.6	17.9	20.2
47.9	28.7	32.7	38.0	36.9	29.2	32.7
4.5	6.7	4.8	17.0	16.8	13.0	7.7
	20.9	22.5	53.9	51.4	44.0	41.2
17.0	14.3	14.7	36.6	32.2	20.4	25.7
48.3	40.9	32.7	66.5	59.3	41.3	48.6
28.4	19.3	26.0	63.1	60.4	41.9	46.0
30.8	23.1	20.9	56.4	52.1	29.2	40.5
40.0	34.9	37.3	68.8		47.3	51.3
31.5	39.8	49.5	56.4	53.7	40.7	29.7
39.6	33.8	47.1	39.7	33.6	24.9	32.5

12-3　部分国家服务业企业

地　区	2014-2016年(CIS10)				
	下列各类企业在全部企业中占比(%)				
	开展创新活动企业	#开展技术创新活动企业	#实现创新企业	#实现技术创新企业	#实现产品创新企业
欧盟27国	**48.8**	**36.0**			**23.5**
欧元区19国	**54.7**	**40.4**			**26.6**
比利时	64.3	58.0	56.0	44.4	32.4
保加利亚	22.1	14.1	21.2	12.9	9.8
捷克	41.1	30.6	39.7	27.9	20.6
丹麦	51.5	35.1			24.4
德国	59.0	44.0	57.1	36.7	26.4
爱沙尼亚	40.7	36.8	39.3	35.3	18.8
爱尔兰	54.3	38.3	52.9		25.1
希腊	56.5	46.1	55.8	44.4	29.1
西班牙	35.5	18.6	33.9	15.8	8.7
法国	56.2	39.8	54.7	36.6	26.3
克罗地亚	48.3	32.4	48.0	31.3	19.8
意大利	48.2	35.0	47.4	33.3	26.3
塞浦路斯	35.6	27.4	35.6	27.4	18.0
拉脱维亚	28.5	18.6	27.8	17.1	11.2
立陶宛	49.9	40.0	49.0	38.1	25.1
卢森堡	63.4	42.8	62.1	39.3	30.3
匈牙利	29.1	20.3	28.3	18.6	13.8
马耳他	32.8	24.3	30.7	21.1	14.5
荷兰	57.6	49.6	55.4	46.4	33.8
奥地利	61.1	44.3	60.4	42.7	32.1
波兰	18.5	14.5	17.8	13.6	6.9
葡萄牙	71.3	59.9	70.5	58.2	41.8
罗马尼亚	10.0	4.9	9.8	4.6	2.9
斯洛文尼亚	36.9	26.8	34.3	23.4	16.6
斯洛伐克	28.4	19.5	27.3	18.1	12.3
芬兰	60.5	53.1	58.7	50.6	41.3
瑞典	53.3	40.3	52.4	37.6	29.6
冰岛	59.6	51.9	58.0	48.5	36.1
挪威	72.5	60.4	70.8	56.5	45.5
瑞士	71.6	44.2	71.2	42.3	32.1
土耳其	57.7	41.5	55.8		28.2

创新活动总体情况(2014–2018年)

			2016–2018年(CIS11)			
			下列各类企业在全部企业中占比(%)			
#实现工艺创新企业	#实现组织创新企业	#实现营销创新企业	开展创新活动企业	#实现创新企业	#实现产品创新企业	#实现业务流程创新企业
21.7	**29.7**	**23.6**	**47.6**	**44.5**	**27.3**	**39.2**
23.9	**34.0**	**26.2**	**52.6**	**49.0**	**30.0**	**43.6**
32.3	35.2	27.1	64.4		27.8	55.4
8.8	12.7	11.6	24.6	22.3	15.3	17.5
21.9	17.5	25.4	43.7	40.9	24.2	37.4
21.6	30.3	31.3	56.1	53.2	30.8	46.5
24.4	34.8	32.1	64.9	61.8	37.3	53.0
27.4	15.3	14.7	71.5	67.9	48.1	55.7
25.7	38.1	34.5	41.0	39.7	24.6	35.6
38.7	34.1	36.5	58.9	57.8	41.7	55.3
12.0	24.6	16.1	28.5	26.7	12.8	22.4
27.7	39.7	30.4	47.8	45.6	31.0	38.5
26.0	28.4	30.4	52.7	52.4	37.0	46.3
23.5	31.5	26.6	59.1	53.3	32.1	50.6
25.3	22.4	19.5	68.3	68.3	47.8	66.4
13.4	17.3	13.7	29.3	27.5	14.6	24.1
33.1	26.2	25.4	46.8	44.5	28.0	41.6
22.1	46.8	31.7	48.9	46.9	29.5	38.5
10.0	14.4	13.6	29.0	26.0	19.9	21.0
15.4	21.3	19.2	46.8	46.0	30.7	41.6
30.1	23.9	19.8	47.3	44.4	25.3	38.6
32.0	42.6	35.9	59.5	57.7	32.9	52.3
10.4	7.6	7.2	21.0	19.6	9.6	17.5
45.5	37.6	44.8	38.0	36.6	27.5	32.8
2.7	5.3	5.6	12.9	12.6	7.4	8.5
15.1	19.7	20.6	44.5	39.1	31.5	34.7
11.4	15.1	15.8	26.5	23.0	11.7	20.6
36.2	36.2	32.2	58.5	53.4	34.5	46.4
20.7	23.8	31.0	63.5	62.3	43.8	49.5
36.5	35.6	32.2	58.7	55.2	28.9	44.8
39.8	39.1	45.0	67.2		45.9	52.6
24.6	44.0	40.0	46.9	44.1	32.8	26.7
27.7	34.3	36.8	32.4	26.3	17.0	25.5

12-4 部分国家企业

地　区	开展创新合作企业数(个)	开展创新合作企业占全部企业比重(%)			
			集团内部其他企业	集团以外私营企业	市场咨询机构
比利时	4084	28.1	50.6	84.9	54.8
保加利亚	743	4.8	23.6	88.2	37.4
捷克	3210	13.2	36.2	81.6	29.8
丹麦	1412	15.2	127.2	136.1	119.3
德国	24793	16.8	32.1	77.4	31.5
爱沙尼亚	1096	28.6	32.8	79.2	30.5
爱尔兰	980	22.2	54.6	96.2	77.0
希腊	2619	21.4	11.3	96.7	71.4
西班牙	5502	7.8	27.6	79.5	38.7
法国	10433	15.0	44.6	87.6	
克罗地亚	1035	13.9	36.9	92.0	54.6
意大利	17764	15.0	24.4	95.2	72.9
塞浦路斯	896	43.8	20.8	99.2	43.4
拉脱维亚	329	6.9	37.7	82.7	38.9
立陶宛	1115	14.4	25.8	90.0	49.8
卢森堡	276	14.2	55.1	89.1	54.7
匈牙利	1821	10.9	27.3	95.1	47.0
马耳他	96	9.0	43.8	86.5	49.0
奥地利	3218	17.8			
波兰	3236	5.2	44.4	73.2	46.4
葡萄牙	1790	8.6	35.8	83.1	49.4
罗马尼亚	852	3.0	29.0	89.4	35.1
斯洛文尼亚	744	15.3	46.1	95.2	61.3
斯洛伐克	813	9.5	42.7	88.3	37.4
芬兰	2553	29.3	41.1	92.9	62.2
瑞典	3072	16.7	60.2	100.0	70.3
冰岛	210	24.7	49.5	96.2	47.1
挪威	2843	29.0	39.8		40.8
土耳其	6223	6.3	149.1	187.2	166.2

创新合作情况(2016–2018年)

在创新合作企业中，与下列伙伴开展合作的企业占比(%)						
供应商	私人领域的客户或消费者	竞争对手或同行业其他企业	高校或其他高等教育机构	政府或公共研究机构	公共领域的客户或消费者	非营利组织
60.2	28.5	13.0	38.4	22.4	7.2	5.3
66.2	46.7	16.2	28.8	15.5	9.7	5.8
55.6	32.3	4.5	38.8	14.3	5.8	1.2
126.6	125.6	117.8	121.4	115.1	117.1	115.8
37.6	27.3	28.2	62.4	29.4	13.5	24.6
55.6	12.1	6.9	39.5	8.9	11.7	6.3
80.3	65.3	39.9	51.3	46.3	34.4	24.8
87.7	55.0	16.8	34.1	19.6	14.8	13.0
39.2	20.3	9.4	28.4	19.2	5.2	7.6
58.6	40.9	11.7		19.5	23.1	9.6
76.1	52.2	18.5	34.2	18.9	13.4	6.7
63.2	38.8	12.9	33.5	17.8	14.8	12.6
96.1	34.4	7.6	8.3	5.6	4.0	2.5
61.4	43.5	20.4	32.2	11.2	15.2	7.9
55.6	45.4	19.7	28.0	18.9	14.5	12.4
66.3	38.4	17.8	27.2	23.2	11.2	9.4
70.8	51.8	19.4	28.6	9.7	9.7	9.2
69.8	47.9	16.7	26.0	14.6	11.5	10.4
48.3	36.2	15.1	48.0	30.1	12.4	7.4
60.3	41.6	11.7	47.9	19.6	10.2	12.7
77.0	52.2	28.3	33.2	21.4	20.0	18.3
79.4	61.8	17.9	52.6	37.6	23.4	7.7
75.5	58.3	25.6	33.0	10.1	15.9	9.7
58.2	47.7	15.9	50.4	29.3	13.5	11.4
96.5	99.3	19.4	50.1	29.1	24.2	17.0
55.2	54.8	13.8	21.9	22.4	14.8	5.2
45.1		12.9	19.3	20.0	8.3	3.3
163.2	150.7	132.4	119.5	117.8	114.5	110.4

附　　录

附录 1 2021 年全国企业创新调查简要技术说明

调查依据：国家统计局《企业创新活动统计报表制度》（国统字[2021]117 号）。

调查时期：调查的标准时点为 2021 年 12 月 31 日，调查的报告期为 2021 年度。

调查对象：规模（限额）以上企业包括规模以上工业企业，特、一、二级总承包、专业承包建筑业企业，限额以上批发和零售业企业，规模以上交通运输、仓储和邮政业，信息传输、软件和信息技术服务业，租赁和商务服务业，科学研究和技术服务业，水利、环境和公共设施管理业企业。

规模以下企业包括规模以下工业（包括采矿业，制造业，电力、热力、燃气及水生产和供应业）企业，规模以下交通运输、仓储和邮政业，信息传输、软件和信息技术服务业，租赁和商务服务业，科学研究和技术服务业，水利、环境和公共设施管理业企业。

调查方法：规模（限额）以上企业对上述范围内的调查对象采用全面调查和抽样调查结合的方法。企业创新情况表调查样本量共计 97.9 万家，其中规模以上工业企业 44.2 万家，特、一、二级总承包、专业承包建筑业企业 6.3 万家，限额以上批发和零售业企业 32.1 万家，规模以上重点服务业企业 15.3 万家。企业家问卷调查样本量约 8 万家。

规模以下企业对上述范围内的调查对象采用抽样调查方法，有效样本量约 10.3 万家。

统计标准：调查执行国家有关统计分类标准及规定。其中，规模以上工业企业包括年主营业务收入 2000 万元及以上的工业企业法人；特、一、二级建筑业企业包括资质等级为特级、一级和二级的总承包和专业承包建筑业企业法人；限额以上批发和零售业企业包括年主营业务收入 2000 万元及以上的批发业、年主营业务收入 500 万元及以上的零售业企业法人；规模以上服务业企业包括年营业收入 2000 万元及以上的交通运输、仓储和邮政业，信息传输、软件和信息技术服务业，水利、环境和公共设施管理业企业法人，以及年营业收入 1000 万元及以上的租赁和商务服务业，科学研究和技术服务业企业法人。高技术产业仅包含高技术制造业。国民经济行业分类采用 GB/T 4754-2017 标准。其他统计标准的具体内容可查询国家统计局网站：http://www.stats.gov.cn/tjsj/tjbz/。

调查表式：规模以上企业创新调查的基层表式有 4 张，包括供工业企业、建筑业企业和服务业企业分别填报的创新情况表（3 张）和企业家问卷（1 张）。国家统计局统计一套表中的其他调查表式，特别是企业研发活动年度统计调查的部分内容作为此调查的重要补充。规模以下企业创新调查有基层表式 1 张。

数据处理：国家统计局通过联网直报平台布置调查表，完成数据采集、审核、汇总和上报等工作。联网直报平台数据处理程序由国家统计局统一研制并提供。联网直报平台地址：http://www.lwzb.gov.cn。

调查特点：调查在第 3 版奥斯陆手册的基本框架下开展，可满足国际比较的基本要求；调查在国家统计局一套表统计调查体系下开展，部分统计结果取自其他调查内容，保持了统计调查的一致性；调查针对我国实际情况对大量内容进行了调整和改进，向调查对象代表、主要有关部门、有关专家学者、基层统计部门广泛征求了意见，在满足政策需求和降低填报负担之间、符合国际标准和体现本国特色之间取得了较好的平衡。总的来说调查基本兼顾了科学性、适用性、系统性、可比性和可操作性。

国际比较：国际比较中各国数据基本都为奥斯陆手册体系下以 CIS 为标准问卷或参考设计的调查结果。

奥斯陆手册（Oslo Manual）是目前国际上在创新调查领域使用范围最广、权威性最强、认同度最高的标准规范。CIS 即欧盟创新调查（Community Innovation Survey），是 OECD 和欧盟统计局组织开展的企业创新调查，为目前国际上影响较大、发展较成熟、开展较广泛的创新调查。

附录2　主要指标解释

创新：指本企业推出了新的或有重大改进的产品或工艺，或采用了新的组织管理方式或营销方法。此处的“新”是指它们对本企业而言必须是新的，但对于其他企业或整个市场而言不要求一定是新的。

产品创新：指企业推出了全新的或有重大改进的产品。产品创新的“新”要体现在产品的功能或特性上，包括技术规范、材料、组件、用户友好性等方面的重大改进；不包括产品仅有外观变化或其他微小改变的情况，也不包括直接转销。

这里的产品既包括货物，也包括服务。对工业企业而言，货物方面产品创新的例子有新能源汽车、新功能手机等；服务方面产品创新的例子有新的保修服务，如显著延长的新产品保修期限等。对建筑业企业而言，货物方面产品创新的例子有功能或特性有重大改进的房屋、桥梁或配套的建筑构配件、建筑制品等；服务方面产品创新的例子有新形式的装修售后服务等。对服务业企业而言，货物方面产品创新的例子有新面世的盒装或下载版软件等；服务方面产品创新的例子有新型理财产品、显著改进的咨询服务、有突破进展的设计方案等。

工艺创新：指企业采用了全新的或有重大改进的生产方法、工艺设备或辅助性活动，其中辅助性活动是指企业的采购、物流、财务、信息化等活动。工艺创新的“新”要体现在技术、设备、软件或流程上；不包括单纯的组织管理方式的变化。

对工业企业而言，生产工艺方面工艺创新的例子有采用新型自动化包装生产线替代人工包装等；对建筑业企业而言，施工工艺方面工艺创新的例子有新工法、显著改进的工具等；对服务业企业而言，推出服务或产品的方法方面工艺创新的例子有采用新型自动控制系统调配交通工具等。辅助性活动方面工艺创新的例子有首次采用条形码追踪原材料走向、开发新的软件进行财务管理等。

技术创新：产品创新和工艺创新统称为技术创新。

组织创新：指企业采取了此前从未使用过的全新的组织管理方式，主要涉及企业的经营模式、组织结构或外部关系等方面；不包括单纯的合并或收购。应是企业管理层战略决策的结果。

经营模式方面组织创新的例子有首次使用供应链管理、质量管理、信息共享制度等；组织结构方面组织创新的例子有首次使用机构设置、职责划分、权限管理、决策方式等；外部关系方面组织创新的例子有首次使用商业联盟、新式合作、外包或分包等。

营销创新：指企业采用了此前从未使用过的全新的营销概念或营销策略，主要涉及产品设计或包装、产品推广、产品销售渠道、产品定价等方面；不包括季节性、周期性变化和其他常规的营销方式变化。

产品设计或包装方面营销创新的例子有对现有产品的创意设计、为特定消费群体推出饮料新口味等；产品推广方面营销创新的例子有首次使用新型广告媒体、全新品牌形象、推出会员卡等；产品销售渠道方面营销创新的例子有首次使用电子商务、直销、特许经营、独家零售等；产品定价方面营销创新的例子有首次使用自动调价、折扣系统等。

创新活动：指为实现创新而进行的科学、技术、组织、商业等各种活动的总称。具体包括：开展了产品或工艺创新活动，或实现了组织或营销创新。

产品或工艺创新活动：是研发活动以及为实现产品创新或工艺创新而进行的各种活动的总称。主要的产品或工艺创新活动包括内部研发活动、外部研发活动、获得机器设备和软件、从外部获取相关技术，以及相关的培训、设计、市场推介、可行性研究、测试、工装准备等活动。产品或工艺创新活动不仅包括成功的，也包括正在进行的和中止的；它本身可能具有新颖性，也可能并不新颖却是实现创新所必需。

正在进行的产品或工艺创新活动：指正在进行、尚未完成预定目标任务的产品或工艺创新活动。

中止的产品或工艺创新活动：指由于各种原因中断、延期、放弃或失败的产品或工艺创新活动。

新颖度类别：指产品或工艺的新颖程度，按照从低到高依次分为无创新、本企业新、国内市场新、国际市场新。其中无创新是指未推出新的产品或工艺，或原有的产品或工艺未发生重大改进；本企业新是指产品或工艺对于本企业而言是全新的或有重大改进的，但对于其他企业或整个市场而言并不是；国内市场新是指产品或工艺对于国内市场而言是全新的或有重大改进的，但对于国际市场而言并不是；国际市场新是指产品或工艺在世界范围内是全新的或有重大改进的。

国际市场新的产品或工艺同时一定也是国内市场新和本企业新的；国内市场新的产品或工艺同时一定也是本企业新的。

建筑业和服务业的调查中将国内市场新与国际市场新合并称为市场新，指产品或工艺不仅对于本企业而言是全新的或有重大改进的，对于国际或国内市场及其他企业而言同样也是。

内部研发：研发是研究与试验发展(Research and Experimental Development,即 R&D)的简称，指在科学技术领域，为增加知识总量、以及运用这些知识去创造新的应用进行的系统的创造性的活动，包括基础研究、应用研究、试验发展三类。内部研发指本企业内部开展的研发活动。

外部研发：指企业委托其他单位或与其他单位合作开展的研发活动。

创新合作：指企业与其他企业或机构共同开展产品或工艺创新活动。创新合作要求企业必须是积极主动参与的，不包括纯外包项目，双方不一定要取得商业利益。

专利：是专利权的简称，是对发明人的发明创造经审查合格后，由专利局依据专利法授予发明人和设计人对该项发明创造享有的专有权。包括发明、实用新型和外观设计。反映拥有自主知识产权的科技和设计成果情况。

发明专利：指对产品、方法或者其改进所提出的新的技术方案。是国际通行的反映拥有自主知识产权技术的核心指标。

期末有效发明专利数：指报告期末企业作为第一专利权人拥有的、经境内外知识产权行政部门授权且在有效期内的发明专利件数。这里不包括实用新型和外观设计专利。

先发优势：指企业由于率先开发出某种产品或工艺创新，或率先进入某一个领域，从而获得领先其他企业的市场竞争优势。

东部地区：包括北京，天津，河北，上海，江苏，浙江，福建，山东，广东和海南 10 个省市。

中部地区：包括山西，安徽，江西，河南，湖北和湖南 6 个省。

西部地区：包括内蒙古，广西，重庆，四川，贵州，云南，西藏，陕西，甘肃，青海，宁夏和新疆 12 个省区市。

东北地区：包括辽宁，吉林和黑龙江 3 个省。